FILOSOFIA
DO DIREITO

FILOSOFIA DO DIREITO

Gianluigi Palombella

Tradução
IVONE C. BENEDETTI

Revisão técnica
ARI SOLON

wmf **martinsfontes**

Esta obra foi publicada originalmente em italiano com o título
FILOSOFIA DEL DIRITTO.
Copyright © 1996 by Cedam – Padova.
Copyright © 2005, Livraria Martins Fontes Editora Ltda.,
São Paulo, para a presente edição.

1ª edição 2005
2ª edição 2021

Tradução
IVONE C. BENEDETTI

Revisão técnica
Ari Solon
Acompanhamento editorial
Luzia Aparecida dos Santos
Revisões
Angela Maria Cruz
Maria Regina Ribeiro Machado
Dinarte Zorzanelli da Silva
Produção gráfica
Geraldo Alves
Paginação
Studio 3 Desenvolvimento Editorial
Capa
Katia Harumi Terasaka Aniya

Dados Internacionais de Catalogação na Publicação (CIP)
(Câmara Brasileira do Livro, SP, Brasil)

Palombella, Gianluigi.
   Filosofia do direito / Gianluigi Palombella ; tradução Ivone C. Benedetti ; revisão técnica Ari Solon. – 2ª ed. – São Paulo : Editora WMF Martins Fontes, 2021. – (Biblioteca jurídica WMF)

   Título original: Filosofia del diritto.
   ISBN 978-65-86016-48-2

   1. Direito – Filosofia I. Solon, Ari. II. Título. III. Série.

21-56055   CDU-340.12

Índices para catálogo sistemático:
1. Filosofia do direito   340.12

Cibele Maria Dias - Bibliotecária - CRB-8/9427

Todos os direitos desta edição reservados à
Editora WMF Martins Fontes Ltda.
Rua Prof. Laerte Ramos de Carvalho, 133 01325-030 São Paulo SP Brasil
Tel. (11) 3293.8150 e-mail: info@wmfmartinsfontes.com.br
http://www.wmfmartinsfontes.com.br

Índice

Preâmbulo 1

PRIMEIRA PARTE

I. Direito natural, razão, artifício 5
   1. Um olhar de conjunto 5
   2. A chave hobbesiana 11
   3. O artifício em Hume 16
   4. Razão natural 22

II. Direito e moral: uma hipótese interpretativa .. 26
   1. Direito indisponível 26
   2. Ambivalência do direito e suas declinações 30

III. Direitos e tradições. Idéias em evolução (e revolução) histórica 38
   1. O constitucionalismo: tradição e inovação 38
   2. Percursos constitucionais e garantia dos direitos . 48

IV. Direito e liberdade moderna. A partir de Kant 62
   1. O homem jurídico e o direito kantiano 62
   2. O Estado e as duas liberdades 69
   3. *Status negativus* 76

V. Além da revolução: liberdade de Estado 83
   1. O *pensamento* alemão 83
   2. Direito abstrato, sociedade e Estado segundo Hegel 91

VI. Além do jusnaturalismo. Codificar 101
   1. A vertente anglo-saxônica 101
   2. A experiência continental 106
   3. A reflexão alemã 112

VII. Juspositivismo e Estado 119
   1. O direito como ele é 119
   2. Direito científico 123
   3. Teoria do Estado 131

VIII. Estado de direito 136
   1. Duas vocações 136
   2. Direito neutro, Estado e primado jurídico 142
   3. Direito formal, racionalidade, justiça 150

SEGUNDA PARTE

I. O normativismo de Hans Kelsen 161
   1. O edifício kelseniano 161
   2. Sistema dinâmico 169
   3. Direito *vs.* Força 174

II. Direito, decisão, instituição 180
   1. Democracia e direito 180
   2. A ordem e o soberano 192
   3. Direito-instituição 201

III. Realismo, normativismo, jusnaturalismo 206
   1. O direito das Cortes 206
   2. A realidade do direito e a sua força vinculante 210
   3. Direito válido e obrigatoriedade 217
   4. Caminhos do neojusnaturalismo 225
   5. Neojusnaturalismo: estrutural e objetivista 235

IV. A encruzilhada: em torno de H. L. A. Hart 245
   1. Direito e sanção 245
   2. As normas e o ponto de vista interno 250
   3. Textura aberta. Conteúdo do direito 254
   4. Sobre o juízo de validade 263

V. Interpretar e justificar 272
   1. Aplicar/interpretar 272
   2. Limites do intérprete 279
   3. O raciocínio jurídico e seu ambiente epistemológico 291
   4. Hermenêutica jurídica 302
   5. A racionalidade do discurso jurídico. Contribuição analítica 309
   6. Arcabouço e escolhas 321
   7. O caso Dworkin: direitos morais e *integrity* 325

VI. Legitimidade, direito, instituição: a identidade alternativa do direito... 341
   1. Contexto 341
   2. Funcionalismo sistêmico (N. Luhmann) 345
   3. Direito, mundo vital, consenso (J. Habermas) 356
   4. Perspectivas do direito-instituição 371

Índice onomástico 383

Preâmbulo

Este livro nasce da exigência de reconstituir a filosofia do direito num quadro único, seja em sua evolução histórica, seja na variedade dos temas mais característicos e centrais. As múltiplas correntes de pensamento que, no plano metodológico, filosófico, teórico e epistemológico, enriqueceram as pesquisas dos filósofos do direito definem, em seu conjunto, uma área relevante, significativamente ampla, de objetos, temas e problemas, que constituem um patrimônio importante nos planos cultural e científico. A esse patrimônio recorrem estudiosos empenhados em vários e diferentes campos de pesquisa.

O trabalho reconstrutor partiu inicialmente de uma finalidade introdutória e está marcado pela convicção de que há um vínculo indissolúvel entre aspectos históricos e teóricos. As filosofias do direito e seus resultados não podem, de qualquer modo, ser entendidos sem uma elaboração disposta a enfrentar também sua densidade teórica. O recorte interpretativo, que seria dificilmente evitável, não pretende obscurecer a multiplicidade das perspectivas, a complexidade dos debates, a variedade das teses, mas, ao contrário, visa a torná-los reconhecíveis, somando-lhes eventualmente, do modo mais explícito possível, um contributo ulterior de reflexão.

Ainda que utilizando algumas seleções inevitáveis, sem as quais a massa do trabalho se tornaria incontrolável, tentei não privar o leitor dos meios necessários para que ele remonte à integridade da matéria.

Gostaria de agradecer àqueles que me deram sugestões preciosas, amigos que não pretendo envolver na responsabilidade de um trabalho cujos deméritos cabem apenas ao autor. De todo modo eles sabem perfeitamente que, sem sua ajuda, este livro teria sido diferente.

Ainda um agradecimento aos muitos estudantes que na última década precisaram acompanhar os meus cursos; dessa experiência nasceu em mim a convicção de que um ponto de referência textual que tenda a ser completo pode desempenhar papel essencial na preparação universitária, ao passo que constituiria um erro, até mesmo no modo de conceber a oferta didática das nossas universidades, entendê-lo como auto-suficiente em relação aos cursos.

PRIMEIRA PARTE

I. *Direito natural, razão, artifício*

SUMÁRIO: 1. Um olhar de conjunto – 2. A chave hobbesiana – 3. O artifício em Hume – 4. Razão natural

1. Um olhar de conjunto

O direito natural remete a uma ordem normativa, objetiva e racional, que, de vários modos, o *jusnaturalismo* argumenta (especulativa ou teoricamente) estar inscrita ontologicamente na natureza. As versões prevalentes do jusnaturalismo relacionam-se com uma derivação voluntarística dessa ordem, determinada por um poder divino, ou com uma sua derivação racionalística, dedutível por meio da razão humana no modo de ser dos homens, na «natureza das coisas».

Tradicionalmente, o jusnaturalismo é contraposto ao juspositivismo, movimento que, com respeito ao primeiro, tende a ter uma relação inconciliável.

No plano filosófico e no plano epistemológico, as assunções teóricas próprias do jusnaturalismo, na qualidade de teoria do direito natural, levam a pressupor a existência de um outro direito diferente do direito posto e vigente, de todo distinto deste último; em geral, trata-se de um direito concebido de tal modo que constitui o fundamento ético-natural sobre o qual se apóia ou deveria apoiar-se o direito positivo.

O jusnaturalismo adota uma perspectiva "cognitivista" e "objetivista" que considera cognoscíveis os princípios éticos ou jurídicos tanto quanto os fatos da natureza, assumindo-os como dados anteriores à própria atividade cognitiva e independentes desta. Por isso, o jusnaturalismo julga poder conhecer características constantes (propriedades universais, prescrições eternas etc.) até mesmo do objeto "direito", pensado como um dado estável e desvinculado de qualquer contingência "subjetiva", assim como de qualquer contexto histórico-social. O filósofo do direito jusnaturalista não por acaso se mede diretamente com o modo de ser do direito, por sua "natureza", com as suas qualidades ontológicas e remonta aos fundamentos últimos do direito, a que sempre se pode chegar de modo objetivo, portanto cognoscíveis.

Graças a essa óptica cognitivista e objetivista, o jusnaturalista é de modo geral também um "derivacionista": de fato, ele não só considera possível conhecer universalmente verdades objetivas (como pertencentes à realidade da natureza, do ser, dos fatos), mas destas *derivam* proposições normativas, preceitos, incidindo assim na *falácia naturalística*[1], que constitui um indevido salto lógico do ser ao dever-ser.

A chamada *Escola do direito natural* é o nome que reúne experiências filosóficas diversas e muitas vezes opostas, surgidas na modernidade, convencionalmente a partir do *De iure belli ac pacis* (1625) de Huig van der Groot (1583-1645, conhecido com o nome latino de Grotius, donde o italiano Grozio), experiências que chegaram pelo menos até o século XIX (entre as quais não pode faltar a de certo Hobbes, além de Pufendorf, Leibniz, Locke, Rousseau, Kant), para declinarem com a emergência do juspositivismo, as codificações, o historicismo jurídico, o hegelianismo.

Mas trata-se de uma atitude filosófica que sempre volta à tona. Segundo ela, a razão cognitiva tem condições de descrever *leis naturais*, que acompanham ontologicamente a convivência humana, ou *direitos inatos* dos indivíduos, conaturais à sua humanidade, que consistem em espaços de liberdade ou de movimento que não lhes podem ser subtraídos a não ser violando seu estatuto ontológico.

---

1. Hoje um clássico, G. CARCATERRA, *Il problema della fallacia naturalistica*, Milão, 1969. Mas cf. também B. CELANO, *Dialettica della giustificazione pratica. Saggio sulla legge di Hume*,Turim, 1994. Sobre o tema, ver adiante, neste capítulo, § 3.

Uma variante fundamental do jusnaturalismo é representada pela filosofia de Kant (1724-1804), que não atribui à razão *teórica* (cognitiva) a tarefa de descrever postulados éticos ou jurídicos segundo os mesmos parâmetros dos fatos naturais, mas, ao contrário, confia à razão *prática* a definição de postulados gerais e abstratos, tanto quanto indefectíveis, de uma ordem ética universal baseada na liberdade. A separação entre o reino do ser e o do dever-ser, entre os fatos e os valores e as prescrições, entre a razão *teórica* e a *prática* (que guia os comportamentos) exprime uma atitude jusnaturalista mas não *derivacionista*, no sentido de que não institui uma relação de derivação entre os elementos cientificamente confirmáveis como dados de natureza e os princípios do comportamento, que, ao contrário, são confiados à razão prática. Mas mesmo o jusnaturalismo kantiano continua objetivista e recusa qualquer relativismo em matéria ética e jurídica. Também de modo objetivo, embora separadamente do conhecimento teórico, a razão prática é considerada por Kant:

a) em condições de argumentar e justificar, para fins práticos e morais, normas e valores últimos aos quais conformar os critérios de nossa conduta, e portanto

b) em condições de definir de modo global as coordenadas de um universo de normas morais e jurídicas que se impõem como justas acima e além do direito positivo (ou da moral positiva, ou seja, efetivamente vigente).

Trata-se de uma versão não estritamente "naturalística" de normas e valores, mas, antes, de uma versão racionalística, que de qualquer modo acaba pertencendo ao mais amplo âmbito do jusnaturalismo moderno.

Estejam ou não ligadas a uma ontologia natural de normas e valores, o que parece unificar as diversas almas do jusnaturalismo moderno é sobretudo o racionalismo jurídico e ético, ou seja, a *Nova Methodus* (*discendae docendaeque jurisprudentiae*, Leibniz, 1667) que encara o direito e a moral com intuitos demonstrativos, visando a provar racionalmente em vez de persuadir, confiando na possibilidade de conhecer o justo e o injusto de modo indubitável e não só provável: o conhecimento aristotélico de justo e injusto (conhecimento entendido como *provável*) é substituído pelo raciocínio matemático e pela busca científica de regras certas para as ações humanas. O método *a posteriori* (usado por Aristóteles e Cícero e depois de novo no" historicismo" setecentista de Gian Battista Vico) atingia a verdade com base no argumento do consenso, segundo o qual se deve considerar como correspondente à natureza, à verdade etc. aquilo *que se encontra e confirma em todos os povos*. O racionalismo jurídico moderno, porém, mede seus passos pelo método *a priori*, que se apóia nas deduções da *recta ratio*, de uma razão especulativa, abstrata, mas apta a "descobrir" imutáveis leis eternas[2], *pari passu* com o abandono da teologia e da tradição por parte da física, que Galileu e Newton estenderam a fronteiras renovadas.

É a partir desse jusnaturalismo que assumiu relevância autônoma a dedução dos direitos subjetivos como conaturais ao indivíduo, prevalecendo a função *crítica* do direito natural em relação ao direito posto e vigente, ou seja, ao direito positivo.

Isso explica também uma indiscutível função histórica desempenhada pelo jusnaturalismo ao dar fundamento filosófico à oposição política ao poder absoluto (e despótico) e às grandes revoluções do século XVIII.

O arcabouço jusnaturalista, mesmo na sua versão racionalista moderna, acabará por parecer arbitrário tanto para um empirista como David Hume (1711-1776), que nega a uniformidade da razão e sua capacidade de ditar princípios universais de direito e de justiça, quanto para G. W. F. Hegel (1770-1831), que, ao reafirmar a unidade e o papel da razão, recusa seu uso unilateral: ele tem em mente uma reconstrução do homem a partir de um *estado de natureza*, prescindindo

---

2. N. BOBBIO, *Il modello giusnaturalistico*, in N. BOBBIO, M. BOVERO, *Società e stato nella filosofia politica moderna. Modello giusnaturalistico e modello hegelo-marxiano*, Milão, 1979, pp. 17 ss.

de sua história e de sua cultura, ou seja, de modo puramente abstrato (em especial chegando a conclusões gerais que, na realidade, são postas arbitrariamente até nas premissas)[3].

Mas não se deve esquecer que o retorno contemporâneo do tema dos direitos e da justiça, até como pressuposto de um Estado constitucional democrático, põe em primeiro plano a questão de seu fundamento "natural" e/ou racional (também em sentido simplesmente "prático"), como possível alternativa para perspectivas filosóficas "construtivistas" ou convencionais, relativistas etc. E de resto, o retorno ou a presença do problema do direito natural recebe confirmações periódicas: entre estas é paradigmático o reconhecimento, dentro de qualquer concepção do direito positivo, de um "conteúdo mínimo de direito natural" por parte de Hart, filósofo do direito positivista e normativista do século XX[4].

Como se verá, o direito natural vale-se da pressuposição de um *estado de natureza,* que ele contrapõe à *sociedade civil* e delineia traços constantes da natureza do homem, segundo ópticas muitas vezes bem diferentes. Se bem que o caráter do estado de natureza seja de qualquer modo atomístico (individualístico), e nele prevaleça o princípio (e o instinto) de conservação, diferentes são as interpretações

---

3. G. W. F. HEGEL, *Sulle diverse maniere di trattare scientificamente il diritto naturale* (1803), in *Scritti di filosofia del diritto,* trad. ital. de A. Negri, Bari, 1962.

4. Cf. H. L. A. HART, *Il concetto di diritto* (1961), org. de M. A. Cattaneo, Turim, 1965. Hart explica essa referência com argumentos que extrai de Hobbes e de Hume. E afirma, em oposição à tese de que o direito positivo "pode ter qualquer conteúdo", que "constitui verdade de certa importância que, para a descrição adequada não só do direito mas de muitas outras instituições sociais, deve-se reservar um lugar, próximo às definições e às afirmações comuns de fato, para uma terceira categoria de afirmações: aquelas cuja verdade depende do fato de que os seres humanos e o mundo no qual eles vivem conservam as características conspícuas que têm agora" (*idem*, p. 232). Hart afirma que, sem um conteúdo mínimo de direito natural, "o direito e a moral não poderiam atender ao objetivo mínimo de sobrevivência que os homens têm em vista quando se associam entre si", isto é, "admitida a sobrevivência como fim, o direito e a moral devem ter um conteúdo específico" (*id.*, p. 225).

e as concepções que os jusnaturalistas expressam: assim, Grócio confirma a *sociabilidade* natural do homem, já defendida por Aristóteles e Cícero, enquanto a Thomas Hobbes (1588-1679) se devem a "descoberta" da *insociabilidade* humana e a definição do estado de natureza como estado de guerra, e a John Locke (1632-1704), a hipótese do *status naturae* como estado de paz, ainda que instável, não dessemelhante do estado provisório de que falará Kant. Como se vê, em todos os casos, para cada um desses autores o estado de natureza, por uma razão ou por outra, deve ser abandonado.

O conteúdo descritivo do estado de natureza sempre tem conseqüências no sistema correlato da sociedade civil e em suas características, pois em negativo ou em positivo o estado de sociedade constrói-se na relação com o estado de natureza: supera seus defeitos (caso se parta de uma avaliação negativa), ou confirma e consolida suas qualidades (se partir de uma avaliação positiva) numa nova ordem político-jurídica construída segundo *os ditames da razão*.

Mas o alcance do jusnaturalismo não seria compreensível, seja em sentido histórico, seja em sentido teórico, a não ser ressaltando-se o valor e o significado do método "contratualístico" que medeia a passagem para o estado civil.

As teorias racionalistas do poder absoluto, que justificam um estado civil dominado por uma autoridade soberana, artífice da lei, à qual os indivíduos atribuíram todo o poder e todo o direito individual com o fim de superar o medo e a guerra (própria, segundo eles, de qualquer estado de natureza), com o fim de garantir uma convivência organizada e segura, e as teorias, como em especial a de Hobbes, que eximem o direito objetivo de qualquer função de garantia, a não ser a do direito à vida, constituem todavia uma decisiva *ruptura com o passado* e uma sensível superação das visões anteriores de direito e de Estado. Hobbes "constrói" um poder que *de qualquer modo* deriva do povo e contrapõe-se a doutrinas monárquicas que, por meio de um suposto direito divino dos reis, postulam uma soberania política unificada à religiosa, anulando os limites medievais ao poder dos reis, bem como a sua submissão ao direito natural e a Deus[5].

A base hobbesiana da autoridade, nas suas modalidades "contratualísticas" (o contrato social entre os indivíduos), introduz um princípio prevalente no jusnaturalismo, ou seja, um expediente mental que justifica o poder desde que este derive de um procedimento específico, capaz de levar os indivíduos, através de um consenso expresso, a uma sociedade por eles desejada.

2. A chave hobbesiana

Hobbes concebeu um Estado absoluto e, como teórico do direito, é em alguns aspectos predecessor do juspositivismo. Isso se depreende, entre outras coisas, do conteúdo do *pactum subiectionis* dos súditos ao soberano e da constante afirmação da prevalência da lei positiva sobre a natural.

Mas Hobbes chega a um direito segundo a razão, de modo não diferente dos outros jusnaturalistas, e também extrai do estado de natureza os argumentos para uma construção *more geometrico* do Estado, como remédio para as paixões humanas: neste sentido o Estado é "artificial". O que permite a construção artificial do estado civil dos homens continua como uma dedução racional a partir das características do *status naturae*; e a nítida cesura que separa estes dois momentos introduz uma novidade revolucionária em relação às mais costumeiras bases da autoridade, por tradição (*ex generatione*) ou por descendência divina (tese corroborada numa obra influente na Inglaterra, *Patriarcha*, de Robert Filmer, publicação póstuma de 1680).

A visão hobbesiana opõe-se também radicalmente à concepção que remonta a Aristóteles, segundo a qual o Es-

---

5. Cf. F. NEUMANN, *Lo Stato democratico e lo Stato autoritario*, trad. ital. de Giordano Sivini, Bolonha, 1973, pp. 173-4.

tado é apenas a mais ampla unidade social construída por meio de uma progressiva expansão do organismo originário que é a família: para Aristóteles, da família ao Estado, a passagem é progressiva e linear, contendo ambos a mesma *entelechìa*, a mesma socialidade, a mesma finalidade natural. Para Hobbes, a sociedade organizada segue-se a uma solução de continuidade em relação à natureza, segue-se a um artifício que os homens produzem ao introduzirem, mediante o "contrato", uma cesura que deixa para trás o *status naturae*.

A natureza do homem continua sendo, porém, o princípio do qual a razão parte para a edificação de um poder que não pode ser em nada arbitrário, devendo, ao contrário, corresponder às razões pelas quais nasceu. Razões que estão na conquista da paz, finalidade vinculada à conservação da vida como valor absoluto. A natureza é um *primum movens* ("Cada um é levado à busca daquilo que é um bem para si, e a fugir daquilo que é um mal, especialmente do maior dos males naturais, que é a morte; e isso ocorre de acordo com uma férrea lei de natureza, não menos rígida do que aquela em virtude da qual uma pedra cai") (Hobbes, *De Cive*, I, 7).

Na *Epístola dedicatória do De Cive*, Hobbes ressalta que o desejo natural de todos sobre o todo (que é também *ius omnium in omnia*) encontra na razão natural (que se esforça por evitar a morte violenta) o pressuposto para impor a necessidade de realizar pactos.

Adquirido o poder por efeito de um *pactum subiectionis* com o qual os indivíduos não se reservam nenhum direito, sendo o soberano o único titular de direitos e do poder, este, por não fazer parte do contrato, não é obrigado a respeitar as leis civis (que ele mesmo impõe). Bobbio escreveu que, em Hobbes, "a verdadeira função da lei natural, única que resiste à demolição, é dar um fundamento, o mais absoluto dos fundamentos, à norma que não pode ser outro direito válido senão o positivo"[6].

---

6. N. BOBBIO, *Da Hobbes a Marx*, Nápoles, 1965, p. 48 (O ensaio é: *Legge naturale e legge civile nella filosofia politica di Hobbes*).

A lei natural que obriga os cidadãos a observar os pactos é o natural fundamento da obediência ilimitada ao poder soberano (a violação dos pactos é violação de uma lei natural, não de uma lei civil: *De Cive*, XIV, 21). A única exceção a tal obediência (obediência que não admite nenhum direito de resistência dos cidadãos contra a injustiça) é a hipótese de o soberano pôr em perigo a vida para cuja salvação o próprio *pactum subiectionis* fora previamente estabelecido. É um direito apenas "implícito", ao qual não corresponde nenhum dever do soberano (de abster-se de fazê-lo).

Hobbes formula então o problema da soberania numa correlação inédita entre sociedade civil e poder, correlação à qual servem bases jusnaturalistas, ou seja, pressupostos capazes de conter e, portanto, de definir as feições do poder a partir de considerações "naturais" dos "desejos" e das necessidades, das paixões indomáveis dos indivíduos associados. A substituição "civil" do (naturalístico) *bellum omnium contra omnes* pelo poder do soberano por meio do contrato significa que a espada da lei, do comando e da sanção coincide com a *solução racional* para o problema da conservação da vida, solução que é também uma organização racional da sociedade.

É esse um dos mais importantes traços do caráter absolutamente "moderno" do jusnaturalismo de Hobbes.

Tal organização racional *parte* de princípios totalmente partilháveis, até por uma sociedade liberal, princípios de conservação da vida (em sentido "físico", e não no sentido ético da "vida boa" da tradição clássica precedente), e liberdade como conservação da propriedade (*De Cive,* XIII), leis de *proteção* (da segurança) das esferas individuais, leis com caráter formal e geral que definem a liberdade de movimento: dentro de "espaços juridicamente neutros, não regulados normativamente em seu conteúdo, para a obtenção legítima do proveito particular"[7]. Mas sobre essas premissas enxer-

---

7. Esta última definição encontra-se em J. HABERMAS, *Prassi politica e teoria critica della società*, org. G. E. Rusconi, Milão, 1971, p. 108 (O ensaio é: *Dottrina politica classica e filosofia sociale moderna*).

ta-se um remédio, na forma absoluta do poder, que parece ser o único capaz de conjurar o retorno ao *status naturae* e de garantir a paz e a vida: portanto, a "ratio liberale do Estado é engolida pelo absolutismo deste, que assim acaba por ser efetivamente um Leviatã"[8].

A modernidade do *jusnaturalismo* de Hobbes, como teoria do direito natural "racional" em relação à teoria do direito natural "clássico", cristão, está exatamente nesse desligamento entre direito e premissas éticas "outras", concepções morais conglobantes ou "abrangentes" da "vida boa" que haviam distinguido as doutrinas anteriores: como em Tomás de Aquino, que conserva e desenvolve o nexo aristotélico entre ética e política, passando da *civitas* à *societas* entendida como ordem da virtude. Se Aristóteles definira o direito em função da justiça, Tomás de Aquino o subordinava ao Bem Comum: *Lex nihil aliud est quam quaedam rationis ordinatio ad bonum commune ab eo qui curam communitatis habet promulgata* (*Summa Theologica*, I, II, q. 90, art. 4). O aspecto ético comunitário, ao qual o direito e o poder estão ligados, é algo mais que o "estado civil" hobbesiano organizado para a paz e a conservação da vida através da certeza das relações de troca e da tutela das esferas de autonomia (de "movimento") dos indivíduos.

É evidente, mesmo levando em conta as considerações precedentes, que em Hobbes o direito posto pelo soberano acaba por prevalecer sobre o direito natural: mas é ao mesmo Hobbes que se considera remontar a teoria dos direitos naturais como direitos individuais (*De Cive*, XIV, 3: "a lei é um vínculo, o direito é uma liberdade, e os dois termos são sem dúvida antitéticos"). É assim que a teoria do estado de natureza se tornará a premissa, para além da conclusão a que chega Hobbes, da "teoria dos limites da soberania", limites baseados não no dever do príncipe, mas nos "direi-

---

8. *Id.*, p. 171 (O ensaio é: *Diritto naturale e rivoluzione*). *Leviathan* (1651) é o título da obra de Hobbes, que indica o Estado com o nome do invencível monstro bíblico (*Livro de Jó*). [Trad. bras. *Leviatã*, São Paulo, Martins Fontes, 2003.]

tos perfeitos do cidadão"⁹. Com esse perfil, os pressupostos hobbesianos do estado de natureza são parte de um modelo racional para a emancipação do indivíduo em relação a um estado de menoridade (além do estado de guerra), que não lhe permite sequer a segurança da sobrevivência. Tais pressupostos "naturais" conduzem ao exercício de uma capacidade de autodeterminação que foi depois interpretada de maneiras diferentes, no que tange a Hobbes, nas doutrinas modernas do direito e do Estado (por exemplo, de modo diferente em Grócio e no mesmo sentido em Espinosa).

Herança de Hobbes é também a *dessacralização* do direito e do poder: com base nas paixões naturais dos homens, ele prefigurou um percurso "construtivo" da sociedade civil orientado em sentido fundamentalmente utilitarista (na acepção simples e geral do termo, que indica a conexão entre interesses e desejos dos homens, de um lado, e as escolhas daí decorrentes, de outro lado). Dissolvia assim um vínculo, prezado pelos outros jusnaturalistas, entre o direito e a moral, que proporia a necessária dependência do direito a premissas éticas (mesmo que entendidas como conteúdos da lei de natureza e separadas, como frisava Pufendorf, da Teologia) e indicaria os princípios da organização social como princípios de justiça em sentido ético.

Hobbes dá uma nova solução ao tema que classicamente foi objeto da disputa entre o sofista Trasímaco e Sócrates (na *República* de Platão): para ele não é a justiça o critério da lei, mas a lei é o critério da justiça; a redução da justiça à lei do soberano não é, porém, exclusivamente afirmação da lei do mais forte (Trasímaco), como tantas vezes se disse. *A lei do mais forte é, ao contrário, o critério de sobrevivência no estado de natureza, e é do domínio dessa "lei" que Hobbes liberta os homens, mediante o contrato e o artifício da sociedade civil.* A lei do soberano e o nascimento do direito posto continuam sendo meios para a conservação da ordem e da vida, são remédios para as paixões e escolhas "convenientes", imputá-

---

9. N. BOBBIO, *Da Hobbes a Marx*, cit., p. 57 (O ensaio é: *Hobbes e il giusnaturalismo*).

veis à vontade racional dos homens. A soberania hobbesiana erige-se como alicerce da justiça, porém mais na autoridade do que na ciceroniana *ratio summa insita in natura* (Cícero, *De Legibus: lex est ratio summa insita in natura*). Mas, convém frisar, a autoridade é intrinsecamente justificada pela poliarquia (assim como pelo natural *bellum omnium contra omnes*), ou melhor, pela dissolução da *ratio naturalis* numa pluralidade de razões particularistas: a autoridade não se impõe segundo uma hipótese simplesmente decisória (como gostaria Carl Schmitt, interpretando Hobbes), mas, se quiser ser autoridade, deverá ser coerente com limites externos (paz, ordem, segurança pública, liberdade econômica) e limites internos (incolumidade e vida dos súditos).

Substancialmente, a justiça do soberano é um artifício, é expressão da razão universal que se efetiva diretamente nos limites acima citados. Uma razão artificial, portanto, assim como artificial é o acordo entre indivíduos que confere autoridade. Claro que o ponto fundamental é que em Hobbes o artifício do *pactum subiectionis* é condição da constituição da soberania: mas não há nenhuma raiz ética, positiva, em virtude da qual ocorra ou subsista um dever em geral de respeito do pacto e de qualquer pacto ou obrigação. O respeito do acordo-contrato é garantido apenas pela espada do soberano (não passando os pactos "de palavras e vento, não têm outra força coercitiva (...) a não ser a que deriva da espada pública, ou seja, da mão não atada do homem ou da assembléia de homens que detém a soberania" (*Leviatã*, cap. XVIII). Portanto, lei e soberania são conseqüência e ao mesmo tempo condição do *pactum*. O contrato é, pois, condição e conseqüência da *justiça*. A artificialidade é, sem dúvida, uma das características mais relevantes e peculiares do contratualismo hobbesiano dentro do jusnaturalismo moderno.

3. O artifício em Hume

Nesse sentido mostra-se especialmente esclarecedora, em relação a tal concepção hobbesiana da artificialidade, a concepção expressa depois por David Hume (em pleno século XVIII), expoente da filosofia empirista anglo-saxônica: dessa vez em oposição tanto ao contratualismo quanto ao jusnaturalismo. Hume está destinado a representar um ponto de referência importante para a cultura filosófico-jurídica britânica. Para ele (como escreve em famoso trecho das suas *Investigações sobre os princípios da moral*), a justiça (e o direito, ou seja, a sociedade juridicamente ordenada) não nasce de uma promessa (ou contrato), pois a obrigação de cumprir promessas não é "natural", no sentido de que nada na natureza nos obriga a respeitar o acordo: este, como tal, é *flatus vocis*, tanto quanto em Hobbes. Não é o acordo, portanto, o fundamento do sistema jurídico-moral da sociedade. Como também o será para Hegel, o contrato é um instrumento que regula, se tanto, as relações entre particulares dentro de uma ordenação constituída. Diferentemente de Hobbes, porém, não é com base no acordo ou no pacto que Hume imagina o nascimento da sociedade civil (nesse sentido, de modo mais conseqüente). A validade da promessa em si depende só do fato de ela ter sido feita num sistema de justiça existente: o contrato não é causa do seu cumprimento; a causa é o conjunto das regras morais e jurídicas em que ele se situa.

De resto, isto é de todo coerente com uma premissa da lógica humiana, resumível nesse aspecto no célebre trecho (*is-ought paragraph*) do seu *Tratado da natureza humana*[10] que, segundo os intérpretes, contém a chamada "lei de Hume". Tal lei veta extrair conclusões preceptivas de premissas que não contenham preceito algum. E funda a tese da chamada *falácia naturalista* (assim definida pelo inglês George Moore), em virtude da qual se realiza um "salto lógico" (violando-se, portanto, justamente uma lei lógica) quando se extrai um preceito de uma asserção ou uma asserção de um preceito. Entre fatos e valores, como entre descrições e prescri-

---

10. D. HUME, *Trattato sulla natura umana* (1739-40), in *Opere*, org. E. Lecaldano e E. Mistretta, Bari, 1971, I, pp. 496-7.

ções, existe uma grande "divisão", em vista da qual não se podem fundar normas ou juízos de valor sobre simples juízos de fato. No entanto, é isso o que caracteriza o procedimento mental do jusnaturalismo, para o qual o fato de um *evento ser natural acaba por representar o fundamento da sua aprovação como justo*[11].

Sem dúvida, há uma implícita coerência entre esse princípio e a tese de que a obrigação de cumprir a promessa deriva da existência, histórica e empiricamente verificável, de um "sistema" de normas de justiça, tese que lembra a rejeição paralela de Hobbes à força vinculativa *intrínseca* do "fato" de ter assumido uma obrigação. Embora a polêmica entre os lógicos, sobre esse aspecto, tenha ainda hoje resultados um tanto mutáveis, a questão da "promessa" parece ser definível só com base no pressuposto de que o seu valor vinculativo e obrigante provém do fato de ser ela feita dentro de um contexto prescritivo (moral e/ou jurídico) que permite inferir o preceito (cumprir a promessa) não do fato em si (tê-la feito), mas da implícita premissa prescritiva a ela ligada. Abordando a questão por essa óptica, Hume parece ter razões para afirmar que toda norma que venha a constituir o edifício da justiça na sociedade civil se forma por meio de um insensível processo de aquisição e aperfeiçoamento histórico empírico, convencionalmente, mas não com base num contrato (que, ao contrário, por ser exterior e anterior à "justiça", seria isento de força e caráter obrigante).

Isso permite entender a relutância de Hume em extrair de elementos de fato puramente "naturais" os critérios do dever-ser jurídico e moral. Hume não reconstitui, de fato, a dicotomia natureza-civilização e, construindo o "artifício" justiça diretamente como um produto da experiência histórica dos homens, não infere de um hipotético estado de natureza juízos de valor e prescrições para a fundação contratualística da sociedade civil.

---

11. Defendido por N. BOBBIO, *Giusnaturalismo e positivismo giuridico*, Milão, 1965, p. 172.

É verdade, por outro lado, que, assim como em Hobbes, em Hume realiza-se uma coincidência entre o direito e a moral, entendidos como construção artificial: mas aquilo a que a "justiça" corresponde é justamente esse conjunto de leis comuns (em especial a propriedade, sua transferência por consenso, o cumprimento das promessas) depositadas nas tradições civis dos consociados e por eles lentamente construídas.

Com isso, em relação a Hobbes, mudam temas e prioridade: Hobbes formulava o tema da justiça (o tema do *cuique suum*) negligenciando qualquer critério formal ou substancial com base no qual se definisse o justo e o que cabe a cada um, salvo o critério da autoridade, do quem decide (*quis predicabit*). A pergunta "o que é justo" só pode ter resposta na decisão do soberano, pois só pode ser justo o que o soberano decidir (seja lá o que decidir). Nesse sentido, pode-se afirmar que em Hobbes a questão do *cuique suum* se resolve na questão do *quis predacabit*.

Mas exatamente o critério e o tema da autoridade soberana como órgão de definição do conteúdo da justiça desaparecem em Hume e são expungidos do contexto do artifício-justiça: que, em primeiro lugar, não é justiça *porque* "decidido" por um órgão soberano e, em segundo lugar, não é artifício *porque* imposto, para além da natureza, pela autoridade constituída. É, ao contrário, artifício por ser expressão de uma "natural" faculdade construtiva, compositiva, dos indivíduos em sociedade, fruto de um *percurso* histórico-natural.

Dando um passo atrás, exatamente na dicotomia natureza-civilização, a posição de Hume é nítida. O estado de natureza é uma ficção filosófica: sempre houve e sempre haverá uma socialidade natural e embrionária a caracterizar os homens, que, como no apetite aristotélico e na união entre os sexos, tendem a deixar-se guiar por afecções benévolas quanto à formação de núcleos essencialmente naturais como a família. No entanto, a própria família (que é coisa bem diferente do estado de natureza aventado pelos jusnaturalistas) é ao mesmo tempo um elemento tipicamente histórico-natural, da qual Hume (diferentemente de Aristóteles) não espera uma evolução *progressiva* para o Estado. Da família não emana uma tensão natural rumo ao Estado, mas, ao contrário, a extensão da "socialidade" ocorre (mais uma vez) por artifício: o pressuposto é que a família não constitui um núcleo (só) "natural", mas um conjunto "histórico" dotado, em seu interior, de um mínimo de regulamentação jurídico-econômica e moral; a ampliação da convivência, além dos limites da família, ocorre por meio de progressivas correções e inovações nas regras, por meio da produção de esquemas sociais de justiça que se vivenciam e se modificam convencionalmente. A família como sede da *paixão natural* não conduz ao Estado, mas o que a ele conduz é o artifício como *paixão modificada*. O artifício pressupõe a idéia de que a liberdade se exprime em planos e projetos humanos não arbitrários, porém conformes à espécie e, com esse perfil, *naturais* no sentido de "necessários como o calor e o frio". A "virtude" da justiça é artificial porque não nasce de uma inclinação natural, mas de uma correção, realizada com a reflexão e a experiência, com um contínuo julgamento racional de utilidade que, mesmo sendo escravo das paixões e estando a seu serviço, indica à paixão dominante, o *self-interest,* a utilidade de sua "obliquação" no *common interest,* ou seja, a compatibilidade com o interesse público (e uma vantagem futura), caso este último seja proposto como meta geral da ação. Em sociedades amplas, essa função, essa "obliquação", é possibilitada também pela intervenção da "simpatia", sentimento que permite a aprovação moral (desinteressada) das regras de justiça, exatamente porque aprecia as ações também de modo desinteressado.

A razão predispõe à cooperação por meio de um juízo de experiência (de fato e sobre os meios), não inibindo a meta do *self-interest,* mas mostrando o caminho de sua satisfação estável e ótima pelo *common interest,* ou seja, através do respeito às regras de direito que garantem uma interpretação geral do interesse público. O conjunto "artificial" do direito corresponde à moralidade "artificial".

Um último ponto: para Hume existe uma moralidade *natural*, que pouco ou nada tem a ver com a justiça. É caracterizada também pelo fato de que os seus atos em si mesmos esgotam sua função, realizando cada um por si seu próprio fim (deveres naturais dos pais para com os filhos, ou, em outro sentido, atos de voluntária eqüidade moral, de benevolência etc.). Podendo ser, portanto, apreciados singularmente, eles são bem diferentes daqueles que se inscrevem na moralidade "artificial". Os atos conformes ao direito, que dependem de uma obrigação artificial, se isolados, não têm sentido: só o têm se exprimirem uma aquiescência geral às regras comuns de justiça. Isso que distingue o direito-artifício da moral natural poderia ser definido como *extensão*, ou seja, pertença a um *plano conglobante.* O critério da extensão revela-se oposto ao critério que, como veremos, de Cristiano Tomásio a Kant, distingue ação moral e ação jurídica, com base na exterioridade, ou seja, atribuindo à primeira uma relevância em foro *intimo* e à segunda, uma relevância apenas *no foro externo* (simples conformidade dos caracteres objetivos e externos da ação à norma).

Se bem que construída sobre o princípio da utilidade, a sociedade humana não parece ser a representação direta de uma lógica individualista absoluta, uma vez que não põe o direito na dependência exclusiva (e auto-referencial) dos objetivos puramente egoísticos dos homens. O direito não é apenas o critério de garantia das posições individuais, pois introduz uma ótica não imediata e ulterior, que é a do *conjunto.* O direito é, sobretudo, o lugar de mediação entre *self* e *common interest,* manifestando em si uma lógica conglobante, propondo uma racionalidade suplementar não implícita nem idêntica à harmonia natural que a economia política clássica fazia derivar diretamente da livre perseguição dos interesses egoísticos por parte dos indivíduos.

A isso deve somar-se, por outro lado, a irredutibilidade da filosofia jurídica e moral de Hume à de um jusnaturalismo reescrito. O fato de o ponto de partida das suas teorias ser representado pelas paixões humanas não significa que as regras do direito sejam, por conseguinte, *naturais*. São artificiais, num sentido que entrelaça história e natureza, em sentido histórico-natural portanto, como mencionamos; são produto da natural capacidade da espécie humana de aprender com a experiência e de modificar-se historicamente: pressuposição não comparável, também por isso, à lição jusnaturalista, e não só pela evidente inspiração anti-racionalista e empirista. A essa concepção histórico-natural deve-se também associar o conjunto das leis áureas fundamentais de convivência que, para Hume, são a propriedade, a transferência por consenso e o cumprimento das promessas. O filósofo do direito contemporâneo, Hart, vê em Hume o antecedente filosófico do seu "conteúdo mínimo de direito natural", conteúdo que não pode faltar em nenhuma sociedade civil: mas essa interpretação confirma e reconhece também o caráter "determinado" daquelas "leis", pois, assim como Hume, ele as entende como necessário produto das condições objetivas (escassez relativa de bens) e subjetivas (altruísmo limitado etc.) que marcam a vida histórica dos homens, segundo uma linha de continuidade não puramente abstrata, especulativa ou racionalista.

4. Razão natural

A filosofia (também jurídica) continental, de Pufendorf a Cristiano Tomásio, Leibniz e até Kant, ao contrário, é uma progressão do pensamento racional, sensível a exigências radicalmente diferentes das anglo-saxônicas e à influência dos princípios do direito romano.

Quanto aos direitos de liberdade, tendem a destacar-se os dois motivos – humanístico e religioso – que determinam sua oscilação entre a afirmação da liberdade pura e simples em sentido laico e o bem mais limitado reconhecimento da dignidade do indivíduo (porém) como parte de uma ordem universal providencialmente dada, que esse mesmo indivíduo não pode violar, segundo uma tradição de cunho medieval.

Já com Pufendorf (1632-1694) tende a delinear-se uma esfera de liberdade natural que permanece como tal no que não seja vetado ou não disposto pelas leis civis.

A liberdade natural, tal qual entendida por Pufendorf, é ao mesmo tempo afirmação da liberdade do indivíduo em matéria religiosa e nas questões de consciência, sendo as questões teológicas bem diferentes das que são próprias à jurisprudência (o direito divino e a lei moral conhecem-se por revelação; o direito se conhece exercitando a razão). A laicização do direito preparada por Pufendorf é definida com mais clareza por Cristiano Tomásio (1655-1728), no sentido da diversidade de objeto da ciência jurídica em relação à teologia. Por outro lado, o objetivo do direito é a paz externa. À distinção entre direito e moral, de Pufendorf a Cristiano Tomásio, soma-se a representação da norma (jurídica) como comando sancionado, mas também a definição de limites "naturais" ao exercício da regulamentação (coativa) do soberano. A Cristiano Tomásio deve-se a clara aversão à confusão entre teologia e direito tanto quanto entre moral e direito. *Honestum* como princípio da ética; *decorum,* da política, *justum,* do direito: a incoercibilidade da consciência moral dos indivíduos (a moral diz respeito ao foro íntimo) é oposta à coercibilidade do *justum* (foro externo), segundo uma distinção que Kant abraçou plenamente. O tom geral da filosofia do direito continental é dado, porém, pela *nova methodus* de Leibniz, pelo projeto de construir racionalisticamente uma ciência universal do direito baseada em princípios natural-racionais.

O racionalismo metafísico de Leibniz reelabora os preceitos romanistas do *honeste vivere, suum cuique tribuere, nemanem laedere,* como expressões e graus diversos da justiça. Na verdade para ele, na polêmica com Cristiano Tomásio e com Pufendorf, direito e teologia se intersectam, numa visão metafísica que põe no ápice a perfeição da justiça divina, a salvação cristã, a superioridade de um direito conformado pelo amor de Deus (direito superior ao direito natural ou ao chamado direito estrito). A sabedoria esclarecida do soberano poderá, portanto, infundir na vida do Estado os princípios de caridade e justiça que aproximam os indivíduos da felicidade (segundo os fundamentos da teoria paternalista do soberano esclarecido do século XVIII, à qual Kant reagirá resolutamente).

Além disso, Leibniz, tentando uma racionalização do *Landrecht*, do direito consuetudinário germânico, chega a uma elaboração do direito privado que define suas categorias e institutos (sujeitos, capacidades, bens etc.), assume o direito como conjunto de proposições verdadeiras interligadas por regras lógicas, que a sujeitos atribuem predicados, tais como direitos e deveres. E com efeito, por sujeito, de maneira inovadora, Leibniz só entende o sujeito de *proposições* jurídicas, entes a que faz referência o direito, portanto não o súdito *(subjectum* ao soberano).

As elaborações "científicas" de Leibniz, mas também as do formalismo de Wolff, na França as de Domat e Pothier, são testemunhos da exigência predominante de organizar a matéria jurídica segundo esquemas e institutos formais, encetando o caminho que, entre o fim do século XVIII e o início do XIX, levará a codificações gerais do direito, entendido como direito dos particulares. Nesse percurso rumo às codificações está a exigência mínima, própria das regiões européias, de um direito uniforme e o mais possível unitário, perante uma pulverização de poderes, fontes do direito, fronteiras locais, regionais e estatais.

O desenvolvimento das doutrinas na área alemã expressará, a partir dessas premissas, uma forte estabilidade, mas também uma progressiva capacidade de filtro (e em parte também de assimilação, "no pensamento") das elaborações de além-Mancha e, sobretudo, das reviravoltas da época, contidas no período revolucionário francês. Mas como já se pode entender, trata-se de uma história "filosófica"bem diferente da anglo-saxônica, e de um percurso técnico-jurídico que leva a experiências como as compilações e depois as codificações, que são substancialmente desconhecidas na Inglaterra (ainda que certamente não ignoradas na discussão filosófica e jurídica). Exatamente a atitude racionalista, que chega ao auge no século do Iluminismo, seguirá produzindo uma ciência, como a da legislação, voltada para a definição dos cânones e conteúdos de um direito certo e imutável: aspiração científica ligada, por um lado, ao amadurecimento da atitude jusnaturalística "moderna" e, por outro, à vontade de superar não só a confusão de linguagem do direito "histórico" e tradicional (direito consuetudinário e direito comum, acima de tudo), mas também as incrustações de privilégio (e de "*ancien régime*", como se poderá dizer depois da Revolução Francesa) que nele estavam estratificadas.

II. Direito e moral: uma hipótese interpretativa

SUMÁRIO: 1. Direito indisponível – 2. Ambivalência do direito e suas declinações

1. Direito indisponível

Na elaboração autônoma do direito em relação à moral, desempenha papel significativo o crescimento da tendência à positivização do direito, tendência que nasce no próprio âmago das disposições filosóficas dos jusnaturalistas. Este último aspecto revela os contornos contraditórios e complexos da relação entre direito e moral.

A diferenciação e a separação entre eles é perseguida, como em Kant, principalmente, segundo a óptica da "superioridade" dos imperativos (natural-racionais) do âmbito moral.

É moderna a delineação das fronteiras entre as duas esferas.

Sucede-se à ordem medieval, na qual a influência cristã permite atribuir validade ao direito apenas como expressão de um direito natural de origem divina. Na ordem medieval esse direito de origem antiga, sentido como direito "sacro"[1], vale como norma fundamental, mas também como moldura tradicional para um direito corrente, ao qual cabe administrar o território em suas minúcias: "Ao mesmo tempo o soberano – situado no vértice de uma administração organi-

---

1. J. HABERMAS, *Morale, diritto, politica*, trad. ital. de L. Ceppa, Turim, 1992, p. 56.

zada segundo cargos burocráticos – serve-se do direito também como instrumento que confere aos seus comandos (em forma de editos e decretos) força coletiva vinculante"[2].

Em outros termos, o exercício do poder e, neste, portanto, a "decisão"de uma norma positiva são legítimos desde que não se choquem com os limites das tradições jurídicas "sacralizadas". Estas observações tendem a definir uma hipótese de bipartição do direito, entre *instrumental* (de serviço, ou seja de administração, logo de exercício e manutenção concreta do poder através de decisões ordinárias) e *indisponível* (direito pressuposto para as decisões ordinárias de administração e tratamento dos conflitos). Na hipótese, emerge uma tensão e uma necessária coexistência às quais nem mesmo o direito medieval, pensado como de inspiração monolítica, é alheio. A indisponibilidade do direito, que se pode indicar tanto na sua sacralidade cristã quanto em sua ligação com uma moral natural, representa o limite para o arbítrio soberano. Além disso, indica uma área normativa intangível para o próprio poder que se queira manter digno da investidura que, de todo modo, é dele derivada; área que tende a manter-se "separada", mas da qual depende a possibilidade e a legitimidade mesmas de grande parte do direito "concreto"que segue critérios e objetivos "instrumentais", no sentido indicado. Mas, de qualquer modo, existe um direito instrumental.

É possível encontrar várias confirmações, por exemplo na historiografia medieval. A Idade Média representa um significativo âmbito de compreensão dessa ambivalência ou duplicidade do direito, trazida de tempos remotos, mas apta a projetar-se nos períodos históricos subseqüentes. A persistência de elementos jurídico-normativos fortemente *tradicionais,* a submissão do poder temporal à lei divina (aspecto teocrático do direito e do poder medievais) indicavam em substância um direito por se redescobrir (no sentido latino de *invenio)* e não por se criar ou produzir. O que em si

---

2. *Ibid.*

depõe a favor da existência de uma área normativa "fundamental"(porque capaz de estruturar em profundidade a organização social e territorial da época), subtraída à disponibilidade de qualquer titular do poder, mesmo o soberano. É significativo o que C.-H. McIlwain[3] escreve, excluindo a natureza despótica das atitudes soberanas do poder medieval e ressaltando a necessária aceitação por parte do rei "das antigas usanças". Mas é sobretudo fundamental a coexistência, que ele reafirma, entre dois âmbitos normativos distintos, um submetido aos tempos e às circunstâncias, logo dependente das ordens do Rei, que não são limitáveis com base em princípios internos, e outro "perpétuo", estranho aos atos de governo, ou deles independente, e de conteúdo já dado, constituindo o terreno e o pressuposto fundador da própria capacidade normativa do poder soberano, mas de cujo reconhecimento e conservação a este cabe o encargo.

O crescimento do direito posto e a superação da praxe consuetudinária, tradicional, suscitam problemas derivados da maior evidência e incidência do direito instrumental, problemas que se resumem na tensão em relação ao direito indisponível.

Essa interpretação produz efeitos heurísticos sobre a relação entre direito e moral. Habermas escreve: "... as imagens religiosas de mundo cedem terreno ao pluralismo dos ídolos privados e as tradições do direito consuetudinário vão sendo progressivamente neutralizadas pelo *usus modernus* da jurisprudência acadêmica"; por conseguinte, o "direito restringe-se a uma dimensão apenas, ocupando doravante a posição antes ocupada pelo direito burocrático do soberano. O poder político deste último emancipa-se do vínculo com o direito sacro, tornando-se assim poder 'soberano' em sentido moderno"[4].

Mas a garantia (moldura) de validade do direito, antes representada pelo direito sacro, tende a tornar-se necessária

---

3. *Il pensiero politico occidentale dai Greci al tardo Medioevo*, Veneza 1959, pp. 236 ss.
4. HABERMAS, *Morale, diritto, politica,* cit., p. 58.

e a ser representada de outras formas, mesmo posteriormente e até no direito de nossos dias, visto não ser compreensível como sustentar-se um direito puramente "político", instrumental, e anularem-se a área de indisponibilidade e a exigência de respeito a pressupostos morais compartilhados (ainda que mínimos).

A questão da relação entre direito e moral, que vimos reunir várias correntes do pensamento jusnaturalista, mostra-se, portanto, ainda mais radicada na própria estrutura do direito do que nas aspirações racionalistas ou éticas dos filósofos do direito.

A afirmação de sua separação não indica, pois (e não só porque nasce no próprio cerne do jusnaturalismo moderno), o declínio de uma função validante da moral em relação ao direito. A separação das duas esferas tem como contrapartida, na realidade, a hipótese de que as próprias condições estruturais do direito são de natureza moral (e indisponível). Em outros termos, a hipótese consiste em pensar o direito como necessariamente dotado de um núcleo de indisponibilidade, que permanece interno ao seu modo de ser.

Mesmo a distinção em relação à moral não é apenas uma autodiferenciação histórica e/ou científica do direito; não indica um desligamento definitivo das duas "esferas", o que seria pouco compatível até mesmo com a origem jusnaturalística da própria distinção, portanto incompatível tanto com a prioridade jusnaturalística da moral sobre o direito quanto com a definição valorativa e prescritiva do direito como direito segundo a "natureza". Essa diferenciação é, ao contrário, simultaneamente individualização e valorização, de resto tipicamente jusnaturalística, dos traços de moralidade necessária ou de indisponibilidade, que ao direito não falta e não pode faltar: até por razões de legitimação global do exercício do poder. O direito continua sendo, de fato, chave de determinação e conservação do poder porque contém intrinsecamente razões ou elementos morais aos quais o poder, que depende do direito fundamental da terra, não pode em última instância subtrair-se.

Desse ponto de vista, a unicidade da legislação jurídica e moral, que a "razão pura prática" produzirá segundo Kant, não é senão o testemunho desse conceito, segundo o qual a separação entre direito e moral diz respeito aos aspectos *funcionais*, e não *estruturais*, tanto quanto ao modo como em *foro íntimo* a legislação racional é percebida (moralmente, se sentida como uma obrigação interior, de consciência; juridicamente, se de outro modo).

Depois de Hobbes, o que o jusnaturalismo continuará ensinando não será somente a prioridade da moral sobre o direito, mas também a secularização das razões (sacras) de *indisponibilidade* do direito como tal. O que é substancialmente diferente. No primeiro caso, o elo entre direito e moral atribui validade ao direito desde que conforme, no conteúdo, aos ditames (morais) da razão natural (prioridade da moral); no segundo caso o direito, mesmo que pensado na sua distinção em relação à moral (Cristiano Tomásio e Kant), contém em si mesmo alguns caracteres preconizados pelas normas morais, que definem sua estrutura essencial e funcionam como limites não transponíveis pelo poder, como vínculos indisponíveis para ele, que assumem um fundamento racional (secularizado) e perdem a antiga fonte "sacra".

Desse ponto de vista, a própria evolução "teórica" da filosofia continental (que distingue teologia, moral e direito) constitui um passo à frente nessa direção, abrindo a questão da relação entre as duas "áreas" (direito e moral) para um reconhecimento mais "moderno" (ainda que muitas vezes implícito) da ambivalência do direito: presença dos catálogos (indisponíveis) de uma metafísica (jusnaturalística) dos direitos ao lado de aspectos instrumentais de um direito que é de todo modo aceito como estrutura e método de exercício do poder. Duas "áreas" distintas, portanto, mas não separáveis.

2. Ambivalência do direito e suas declinações

No que diz respeito a essa fase evolutiva, tanto Hobbes quanto Locke são antecedentes "parciais" ou, em termos hegelianos, unilaterais, porque captam com prioridade (mesmo que não com exclusividade) um lado da ambivalência do direito.

No "modelo" hobbesiano podem-se encontrar, por um lado, a afirmação de um princípio de autofundação do poder político e do direito (lei) (o Estado-máquina, nascido como artifício com base em postulados utilitários) e, por outro, a confirmação de que até o modelo mais instrumental do direito tem raízes em razões "indisponíveis" agora secularizadas, razões sempre ricas de "valor" e ineludíveis, razões cuja violação ou cuja ausência expõem à derrocada do artifício sobre o qual se sustenta o poder; raízes indisponíveis que estão pelo menos na vontade (não do soberano) dos indivíduos (contratual) de conservar a vida: "Está implícito que a obrigação dos súditos para com o soberano dura enquanto durar esse poder mediante o qual este os protege [...]. A soberania é a alma do Estado: uma vez fora do corpo, já não é capaz de conferir movimento aos membros. A finalidade da obediência é a proteção" (*Leviatã,* cap. XXI).

O elenco das razões "indisponíveis" amplia-se quando o jusnaturalismo hobbesiano é superado nas teorias propostas para enunciar os termos de uma ordem histórico-política pós-absolutista, como a que brotou da Revolução Gloriosa.

A *Glorious Revolution* (1688), consolidando os direitos do povo e do Parlamento perante a Coroa inglesa, mas restituindo à Inglaterra uma monarquia constitucional, foi o lugar histórico mais apto a confirmar a evolução em sentido "liberal" das teorias do contrato social. Assim, os *Two Treatises of Government* (de 1690, mas escritos pouco antes da Revolução) de Locke instituem uma relação, ausente em Hobbes, entre soberania e povo, que liga os dois termos em bases de reciprocidade da obrigação política, tornando a autoridade, escolhida mediante o contrato, parte contratante por ele limitada. O caráter liberal da síntese lockiana está justamente na sua peroração dos direitos naturais dos homens, inalienáveis e insuprimíveis, como a vida, a liberdade, a propriedade (justificada pela "especificação" da posse natural, que é o trabalho). Direitos naturais que a natureza não insociável do homem permite supor como princípios ativos dentro do *status naturae*, mas que merecem ser consolidados por meio de uma autoridade política e uma organização social cujas regras sejam um complemento necessário para a estabilidade da sua fruição. A afirmação e a garantia dos direitos individuais estão na raiz da delegação de soberania por parte do povo que é seu titular, assim como a violação do pacto e o arbítrio por parte do soberano são razões justificadas para a perda do consenso popular e para o "recurso ao céu" (direito de resistência) que restitui o poder à soberania popular e simboliza a eliminação do tirano[5].

O modelo racional, portanto, reaparece pondo a lei natural em primeiro plano, confirmando o direito dos cidadãos a que o soberano respeite a justiça, isto é, garanta os direitos individuais. Essa concepção da justiça como liberdade (segurança e garantia das esferas de liberdade natural dos indivíduos) conforma os conteúdos da lei positiva e limita e condiciona o poder por privá-lo do absolutismo que impossibilitava qualquer confronto com o consenso popular. De forma diferente, o soberano hobbesiano decide de modo infundado, ou seja, até arbitrário e falto de qualquer referência a prévios conteúdos normativos estabelecidos como justos pela lei da natureza.

Hobbes põe a nu a substância "terrível" do poder como decisão, mais-valia "criativa" própria a todo ato deliberativo da autoridade constituída. A norma adquire um *status* independente dos "fatos" de natureza, ou, mais simplesmente, é um valor em si, na qualidade de decisão, e não pode nem deve ser declaração de valores já dados porque provenientes da natureza e por conseguinte do povo (na forma de direitos individuais).

---

5. J. LOCKE, *Secondo trattato sul governo* (1690), in *Due trattati sul governo. Secondo trattato,* trad. ital. de L. Pareyson, Turim, 1968, p. 378: "E quando o corpo do povo, ou de um único homem, é privado de seu direito, e não encontra recurso na terra, então tem a liberdade de recorrer ao céu." [Trad. bras. *Dois tratados sobre o governo,* São Paulo, Martins Fontes, 1998.]

Locke expõe uma doutrina do direito e do *Government* que incorpora de modo diferente do de Hobbes a matriz contratualista e também a metafísica do jusnaturalismo.

É oportuno, entretanto, lembrar que o empirismo lockiano não é notoriamente capaz de manter-se, como inspiração unitária, além de sua teoria do conhecimento (a mente como *tabula rasa,* o associacionismo, o conhecimento *a posteriori*, como experiência): assim, no plano filosófico-jurídico e político, Locke fica muito distante do conceito mais coerente com uma filosofia empirista, que, em pleno século XVIII, é o artifício justiça de David Hume; este, apoiando-se na distinção entre convenção e acordo, entre tradição-construção e invenção, representa a negação de dois pilares (fundamentalmente antiempiristas) do jusnaturalismo moderno, a teoria do contrato (um experimento mental) e a teoria do homem em *statu naturae,* com suas assunções apodíticas, e abstratas.

O antiempirismo do Locke filósofo do direito e da política é, ao contrário, como mencionei, a confirmação de ambas. Mas tanto o catálogo dos direitos de natureza quanto a escolha contratual de estabilizar a tutela destes constituem a repercussão de uma instância refundadora do poder em bases novas, até com efeitos de continuidade com a estrutura histórica e econômica e com as tradições de segurança das *properties* (em sentido lato: vida, liberdade, propriedade como direito de natureza), já costumeiras para a Inglaterra do século XVII.

Nesse âmbito, a teoria lockiana da propriedade, que põe o trabalho no centro da relação entre indivíduo e natureza (e mundo exterior), permite construir toda a rede social como projeção e produto do indivíduo (trabalho), portanto como função da propriedade. Esta adquire caráter originário e precedência em relação à formação social, exatamente em razão do pressuposto individualístico da exposição lockiana. O mundo social e as relações de produção giram em torno do fulcro proprietário (individualista): não são resultado de um equilíbrio coletivo preexistente e previamente definido.

Para Locke, já não dependem da organização feudal, segundo a qual a propriedade derivava da ordem global das disposições territoriais, como efeito de concessão por um proprietário precedente. Ao contrário, parece que a ordem político-social depende da propriedade como seu pressuposto, sendo ela anterior, originária, independente.

O catálogo dos direitos de natureza assim evidente na afirmação lockiana das *properties* é, essencialmente, inviolável em si, mas também constitui pressuposto funcional da teoria do contrato. A ordem (política) justa, como sustenta Polin[6], não o é porque baseada no consenso ou no pacto; o contrato (ou o pacto) é que é fundado na (idéia natural de) justiça. Também as leis civis só extraem legitimidade das leis de natureza. O consenso provém de uma espécie de obrigação moral dos titulares dos direitos de natureza em conservá-los em virtude da renúncia a um direito único, de fazer justiça por si. Ao Estado não se transfere mais poder do que o poder possuído no estado de natureza. O *pactum societatis* não é assistido por um *pactum subjectionis,* mas sim por um *Trust,* uma relação de confiança em que o *trustor* tem direito de destituir o *trustee:* o que explica a admissão lockiana do direito de resistência e indica o dever do soberano de tutelar o bem comum, entendido naturalmente não como bem orgânico da comunidade, mas, com base em pressupostos individualistas, como a soma (e portanto resultado da proteção) dos interesses individuais.

Donde, em Locke, também a definição de um Estado no qual o poder legislativo é *separado* do poder executivo e para o qual a veia democrática da soberania legislativa (própria do povo) desdobra apenas em sentido liberal, ou seja, apenas se limitada pela existência de uma lei (natural) superior. O governo da sociedade por meio da lei torna-se garantia de liberdade porque impede que cada um seja submetido ao arbítrio de outro (da vontade alheia). Mas, justamente, as

---

6. R. POLIN, *A giustizia nella filosofia di Locke* (1963), in F. Pintacuda De Michelis (org.), *Locke,* Milão, 1978, p. 110.

leis civis não podem violar a vida, a propriedade, a liberdade, os direitos naturais; elas não podem tornar-se normas arbitrárias e extemporâneas, mas devem permanecer como leis promulgadas e estabelecidas. Por fim, deve-se administrar com juízes previamente constituídos e publicamente investidos de autoridade.

Inserida no poder executivo, a função judiciária é, portanto, separada do poder legislativo, que sintetiza a soberania "limitada" e compete à Câmara dos Comuns, aos Lordes e ao Rei, conjuntamente.

Se a lógica da *democracia* entendida como fundamento do poder do Estado está, sem dúvida, compreendida na doutrina lockiana, ainda mais essencial nela é o *liberalismo*, que, como já se disse, assume a posição de *exigência universal* da razão.

Portanto, o que em Locke aparece como realmente *indisponível* é a *confiança* (com finalidade de garantia) com que os cidadãos investem o titular do poder: mas indisponível é ao mesmo tempo o próprio catálogo de direitos, que se vale de um fundamento separado, natural-racional.

O jusnaturalismo, portanto, na sua evolução rumo à afirmação dos princípios liberais do poder, amplia a vertente de indisponibilidade em relação ao poder "instrumental". Mas tende também a inverter os termos e as proporções dessa relação.

O princípio absolutista do poder soberano parecia ocultar as fundações sacras a que, no entanto, continuava ligado (que só um poder também despótico poderia ter violado) e, portanto, o âmbito de indisponibilidade a que o próprio soberano estava "sujeito"; o jusnaturalismo "liberal" tende a reduzir todo o poder soberano apenas aos pressupostos morais (princípios natural-racionais, direitos individuais), deixando na sombra o aspecto instrumental do direito e do poder, entendido como o âmbito de governo concreto que cabe "aos decretos do rei".

É compreensível que os aspectos de "indisponibilidade" fossem aumentando proporcionalmente à afirmação de prioridades novas, acarretadas pela evolução histórica e por exigências de reformulação dos equilíbrios jurídico-políticos, antes desconhecidas. Apesar disso, o aspecto "instrumental" do poder (e do direito) continuava co-natural a ele, ainda que (muitas vezes) programaticamente *excluído* da exposição teórica.

Não é pouco importante a circunstância de que o contraponto sobre o qual o próprio Locke construía sua doutrina dos direitos e do contrato[7] fosse o incansável tradicionalismo paternalista que fazia do rei o soberano absoluto, com base na descendência divina e "paterna" (o já lembrado R. Filmer). Locke opta por opor uma versão do fundamento do poder muito menos moderna do que a hobbesiana.

Nisso o equilíbrio realístico descrito por Hobbes, tão desequilibrado sobre a irresponsabilidade absoluta do poder, acaba por indicar a necessidade "natural" de que o âmbito instrumental seja ampliado ao máximo; mas, ao mesmo tempo, manifesta uma convicção substancialmente oposta à de Locke, ou seja, de que o poder *tout court* seja garantia e satisfação do (spinoziano) *conatus sese conservandi*. E isso decerto não em bases "tradicionalistas", mas sim utilitaristas e racionais, como já se disse.

Portanto, o que é verdadeiro para Locke, segundo quem não há poder cujo exercício não dependa da tarefa específica de tutelar o direito natural do homem, não é verdadeiro para Hobbes: para este não há poder que tenha outro interesse que não seja o de ser poder. O *conatus sese conservandi* do indivíduo em *statu naturae* coincide com o instinto de conservação de toda autoridade constituída, ou seja, do próprio poder. Por conseguinte, o poder, como tal, para além das modalidades do seu exercício, é o *remédio*.

Em Hobbes reduz-se assim ao mínimo possível a vertente de *indisponibilidade*. Esta é limitada aos elementos fundadores descritos como vida e ordem. Mas estes são tam-

---

7. Cf. J. LOCKE, *Primo trattato sul governo* (1690), in *Due trattati sul governo*, cit.

bém os requisitos mínimos, as condições de todo tipo de poder: pode, por certo, haver poder soberano que não respeite direitos de liberdade, ao passo que é evidente que não haveria poder algum em que não fossem garantidas a vida dos súditos e a organização funcional do reino (ordem); mesmo porque nem sequer haveria mais um real *objeto* para ele. A indisponibilidade a que Hobbes reduz o direito é simplesmente a que coincide com as bases de sobrevivência do poder, as razões de indisponibilidade que coincidem com a fundação do poder como tal.

A essa descrição do poder "totalmente" instrumental opõe-se, portanto, a descrição jusnaturalística que enfatiza os aspectos morais dele (absolutamente indisponível) (Locke).

Quando com Kant especialmente (e em definitivo) direito e moral se distinguirem, como já foi ressaltado, será aberta uma nova fase da relação entre ambos, que tenderá a justificar os aspectos instrumentais mas, ao mesmo tempo, também o colateral de indisponibilidade do direito, sobre equilíbrios diferentes. Coerção e liberdade se apresentarão como faces da mesma medalha.

Sob essas luzes, também o dilema de Trasímaco mostra-se mais intricado. Ser a justiça critério da lei ou ser a lei apenas afirmação dos "interesses" do poder é questão mal formulada. O direito é perene e radicalmente portador de ambas as instâncias, e qualquer expressão histórica sua é uma forma específica e diferente de articulação. Sua racionalidade moderna reúne nele "valores", por um lado, e meios de poder, por outro.

III. Direitos e tradições. Idéias em evolução (e re-volução) histórica

SUMÁRIO: 1. O constitucionalismo: tradição e inovação – 2. Percursos constitucionais e garantia dos direitos

1. O constitucionalismo: tradição e inovação

Mesmo quem investiga com especial preferência o mundo medieval reconhece que o conjunto das limitações ao poder nele existente adere a uma sociedade fortemente comunitária, "coletiva" em seus segmentos e organizada hierarquicamente. Direitos e liberdade dizem respeito não tanto aos indivíduos quanto aos grupos (feudos, cidades, corporações, estratos sociais etc.). É assim que a reivindicação individual permanece como instância decididamente moderna e classicamente introduzida pelos períodos revolucionários, sobretudo americano e francês. Se a ordem do mundo medieval é já *dada,* a moderna é *desejada,* como demonstra a história do "constitucionalismo moderno".

Mas a esse propósito existem relações diferentes entre os novos direitos e o tecido normativo próprio das heterogêneas tradições locais (ou, como hoje diríamos, nacionais). Assim, conforme se sabe, a reivindicação dos direitos em sentido individualístico na Inglaterra não foi descontínua em relação à tradição de *common law* (direito comum da terra), ou seja, não é caracterizada, como na França, pela atitude iluminista anti-historicista, de ruptura com a tradição (inclusive a medieval).

Na Inglaterra, por outro lado, a centralidade das leis civis, do poder legislativo, é um traço característico da tradição constitucional, ratificado com a Revolução Gloriosa e na teoria jurídico-política de Locke.

A razão histórica é clara: da *Magna Charta* de 1215[1] à *Petition of Rights* do 1628, do *Habeas Corpus Act* de 1679 ao *Bill of Rights* de 1689, a Inglaterra por um lado reúne numa unidade diferentes fases históricas, em constante afirmação dos direitos e das liberdades e por outro atravessa por antecipação, resolvendo em equilíbrios mais estáveis e temperados fases de oposição entre instituições (Parlamento e Monarquia), fases revolucionárias depois de fechamentos absolutistas (Cromwell e a *Glorious Revolution,* a revolução incruenta) e consolida princípios cruciais do liberalismo moderno (político e jurídico, dos dois *process of Law* ao *Habeas Corpus*), mantendo-se fiel à *common law* e à elaboração jurisprudencial da matéria das liberdades.

A *common law* na Inglaterra representara a limitação à prerrogativa soberana do Rei, o nexo de reciprocidade e o terreno comum que ligava soberano e feudatários, o tecido tradicional contra o qual se chocava qualquer pretensão absolutista[2]. A tal ponto que mesmo as revoluções inglesas continuaram a institucionalizar e a aperfeiçoar essa relação. Com o *Act of Settlement* de 1701 o poder judiciário "foi declarado independente do rei"[3], ao mesmo tempo que se ia afirmando o poder de controle do parlamento sobre os atos do rei e dos seus ministros (o crescimento político do Parlamento inglês ocorreu sob os Tudor, e o conflito entre monarquia e parlamento foi uma conseqüência do advento dos Stuart).

---

1. Veja-se por exemplo o art. 12: "Nenhum tributo será imposto no nosso reino a não ser por consenso comum do nosso reino"; art. 39: "Nenhum homem livre será preso ou aprisionado ou expropriado ou banido ou exilado ou de outro modo atingido [...] a não ser com base num julgamento legal dos seus pares e segundo a lei do país."

2. Afirma McIlwain, *Costituzionalismo antico e moderno* (1947), Bolonha 1990, p. 119: mesmo sendo designados pelo rei, os juízes deviam julgar segundo a "lei", ainda que na época medieval não existissem mecanismos aptos à tutela do princípio. Tais mecanismos, num segundo momento, se transformariam em sanções internas ao direito público.

3. *Id.*, p. 155.

Depois da revolução, o rei teria ficado "*legibus solutus* como antes, mas isso já significava apenas que sua pessoa estava subtraída à força coercitiva da lei; não significava mais [...] que os seus atos oficiais estivessem fora da competência das cortes ou imunes ao controle político dos representantes do povo no parlamento"[4].

A soberania, como se disse, está no ponto de mediação, no conjunto rei e parlamento (*King in Parliament*).

A doutrina da separação dos poderes teve Montesquieu (*O espírito das leis*, livro XI)[5] como artífice. Montesquieu atentou principalmente para a experiência inglesa, se bem que de fato seu modelo constitucional tenha ficado de algum modo diferente dela. Ao poder judiciário Montesquieu concedeu não só decidida independência como também atribuiu papel de contrapeso em relação ao legislativo, traduzindo o constitucionalismo lockiano em sentido institucionalmente mais forte na vertente da garantia dos direitos naturais. O poder judiciário funciona como oposição e freio à onipotência ubíqua da lei soberana, custodiando *as naturais relações entre as coisas*.

Diferentemente da Inglaterra, cuja história se caracteriza como progressiva consolidação e potenciação das tradições constitucionais, a França defrontará o absolutismo, por sua vez fortemente arraigado nas tradições, com uma reviravolta histórica e com o recurso ao poder constituinte do povo, afirmando "o direito moderno de base individualista, o poder civil dos códigos e o poder público-constitucional das declarações dos direitos"[6]. A França revolucionária, nesse aspecto, não tem e não pode ter como único inspirador Montesquieu. Ela declara a soberania da nação, arran-

---

4. *Id.*, p. 146.
5. CH. L. DE SECONDAT (barão de) MONTESQUIEU, *Lo spirito delle leggi* (1748), trad. ital. de S. Cotta, Milão, 1952 [trad. bras. *O espírito das leis*, São Paulo, Martins Fontes, 2.ª ed., 1996]. Sobre o assunto, são esplêndidas as páginas de F. NEUMANN, *Montesquieu*, in *Lo stato democratico e lo stato autoritario*, cit. V. em especial, *id.*, p. 232.
6. Cf. M. FIORAVANTI, *Appunti di storia delle costituzioni moderne. I. Le libertà: presupposti culturali e modelli storici*, Turim, 1991, p. 24.

cando o poder das mãos da velha estratificação das ordens reais e nobiliárias (*Declaração dos direitos*, 1789). A declaração dos direitos imprescritíveis dos indivíduos será acompanhada do crescimento do Estado como fruto da soberania, Estado que sintetizará em si os poderes de defesa das liberdades e a expressão da vontade política dos cidadãos. Caberá à lei, como manifestação do Estado, entendido este como instituição constituída pela soberania da nação, representar o ponto de encontro entre a defesa dos direitos dos indivíduos e o exercício do poder democrático, conter em um só âmbito os direitos de derivação natural-racional e a tutela do princípio democrático, que entre tais direitos exige também a liberdade política, a liberdade de governar o país através da vontade geral (Rousseau).

Com a Revolução Francesa a lei afirma-se num papel que põe em segundo plano a obra do juiz, de quem se espera apenas a aplicação das normas de lei.

Por outro lado, a superioridade da lei, com o percurso revolucionário, está, na origem, efetivamente ligada à afirmação dos direitos, no sentido de que, na experiência doutrinária e histórica francesa, é exatamente a forte constituição do poder ou soberania da nação que impede o retorno às tradições absolutistas pregressas. O que de fato permitia formular a questão dos direitos de modo não abstrato, resolvendo-a concretamente através de uma nova ordem *institucional* que fosse sua definitiva garantia.

A lição rousseauniana, que por meio da lei unifica a vontade geral acima dos particularismos, torna-se a justificação da coerência (e o elo) entre soberania-democracia e tutela dos direitos individuais. A generalidade da lei, já amplamente defendida por Montesquieu, indica para Rousseau "que a lei considera os súditos como corpo coletivo e as ações como abstratas, nunca um homem como indivíduo ou uma ação particular. Assim, a lei pode decretar que haja privilégios, mas não pode atribuí-los nominalmente a ninguém; pode instituir mais classes de cidadãos e estabelecer até os requisitos para se ter o direito de pertencer a cada uma delas, mas não pode especificar que a elas deve ser admitido este ou aquele [...]; em suma, qualquer função que se refira a um objeto particular não compete ao poder legislativo". Por essa razão e pelo fato de ser expressão da vontade geral, a lei une "a universalidade da nossa vontade e a do objeto"[7].

À luz da evolução histórica e filosófica subseqüente, a equação lei-direitos tenderá a ser desenvolvida em sentido unilateral, ou seja, com uma perda do caráter originário da questão dos direitos, bem como com sua passagem à posição secundária em relação à tutela da instituição Estado e da lei como fonte globalizante do direito. Em todo o continente europeu permanecerá substancialmente axiomática a submissão do juiz à lei, sendo indireta a referência aos direitos, e haverá uma tendência progressiva à atenuação do aspecto de garantia em favor do estatalismo[8]. Assim o problema da ordem institucional, como pressuposto da própria afirmação dos direitos, prevalecerá sobre a exigência apresentada pelo jusnaturalismo, ou seja, a *prioridade* dos direitos.

Também é possível expressar de modo diferente os termos da questão, observando que em âmbito anglo-saxão o direito mantém maior autonomia em relação ao poder e à dimensão política, autonomia que o põe como derivação direta das tradições históricas mencionadas e numa linha coerente de continuidade com as doutrinas jusnaturalistas de Locke. O direito é assim limitação ao poder, sem levar em conta a natureza e a forma que este assume. A ordem organizativa do poder, a forma de Estado não são entendidas como de per si suficientes para propor e resolver (portanto não são capazes de absorver) o tema da garantia dos direitos. Diferentemente, a inspiração continental soma a afirmação dos direitos com a ordem do poder constituído e

---

7. J. J. ROUSSEAU, *Il contratto sociale* (1762) (livro II, cap. VI), in *Scritti politici*, vol. II, org. M. Garin e introdução de E. Garin, Bari, 1971, pp. 112-3. [Trad. bras. *O contrado social*, São Paulo, Martins Fontes, 3.ª ed., 1996.]

8. Esse é o tema da obra de D. CORRADINI, *Garantismo e statualismo*, Milão, 1971.

o Estado, esperando-se deste, de forma mediata e conseqüente, também a tutela dos direitos individuais.

Essa evolução permite também articular o nexo entre moral, direito e política: no continente, será assim progressivamente perdido o elo originário entre a *reivindicação dos direitos,* baseada nas teorias jusnaturalistas (na qualidade de teorias da moralidade necessária do direito), e o seu *fundo moral.*

Isto porque o *fundamento moral dos direitos* (das liberdades) foi sendo amplamente substituído pelo *fundamento (apenas) político do direito:* direito como expressão da vontade popular, como suprema afirmação da capacidade dos homens de impor-se uma regra comum de vida. É oportuno notar que também o fundamento político-democrático do direito provém de uma teoria natural e racional dos direitos do homem (a liberdade *positiva* de autodeterminação, de construção de um mundo dependente da vontade dos indivíduos)[9]. Mas, lentamente, o fundamento político-democrático do direito ganha autonomia em relação à sua raiz. Tal ganho de autonomia consiste na separação entre liberdade como autogoverno e autodeterminação e liberdade como independência dos indivíduos em relação a laços e vínculos externos (a chamada liberdade *negativa*).

Pode-se afirmar que os países anglo-saxões permanecerão fiéis a uma concepção liberal dos direitos, enquanto nos continentais será mais determinante, na evolução institucional que levará ao Estado de direito, a influência do pensamento democrático. Isso sem falar da progressiva absorção tipicamente continental da própria questão da liberdade democrática, ou positiva, na soberania da lei, antes, e do Estado, depois.

Trata-se, por outro lado, de uma tese intencionalmente esquemática, passível de notável abrandamento, até em ra-

---

9. Cf. J. J. ROUSSEAU, *Il contratto sociale,* cit., p. 113: "O povo submetido às leis deve ser seu autor: somente aos que se associam compete estabelecer as condições da sociedade."

zão de elementos que serão vistos a seguir, entre os quais não são pouco importantes a conhecida diferença entre o cunho judiciário norte-americano e o cunho parlamentar inglês e a tendência apenas mencionada (que Neumann atribui com agudeza ao liberalismo em geral) a conceber "a legislação como legislação do Estado, e não como algo proveniente do direito consuetudinário ou natural"[10].

Essas observações põem em primeiro plano o tema do constitucionalismo moderno, cujas bases estão no direito consuetudinário inglês, no conceito de leis fundamentais do *Ancien Régime*, assim como no direito natural.

O binômio tradição-inovação parece ser a mais perspícua chave interpretativa do constitucionalismo, levando-se em conta também os problemas propostos pelo relativo debate historiográfico.

No entanto, não se pode negar que a hipótese teórica do contratualismo jusnaturalista está decididamente no fundo do constitucionalismo, que representa em certo sentido uma das suas expressões históricas preeminentes. Mas, além dos elementos comuns, a história impõe que se distinga o constitucionalismo inglês, baseado na sedimentação de elementos constitucionais consuetudinários, no qual se enxerta a própria doutrina lockiana (e que não se baseia numa constituição escrita, mas na *common law*, nos princípios da soberania parlamentar e do *rule of law*) do constitucionalismo americano e francês, determinado o primeiro por uma secessão em relação à metrópole e o segundo, pela revolução de 1789. Um marcado pela ênfase dos direitos e pela oposição ao Parlamento britânico; o outro, por uma ruptura jusnaturalística e contratualística com o passado histórico-institucional da França absolutista.

As instâncias norte-americanas delineiam-se progressivamente como assimilação e utilização com feições reformadoras do pensamento "tradicionalista" (ver a seguir) inglês, reproposto, em especial, na recente defesa do direito con-

---

10. F. NEUMANN, *Lo Stato democratico e lo stato autoritario*, cit., p. 256.

suetudinário por W. Blackstone (1723-1780), em cujos *Commentaries on the Laws of England* (cuja publicação se iniciou em 1765 e terminou em 1769) podiam ser detectados os elementos de uma conveniente teoria da limitação do poder legislativo através da função judiciária, fiadora da liberdade dos indivíduos, mesmo perante a lei.

Hamilton, Madison, Jay[11], o próprio Thomas Paine (inglês, que também participou da Revolução Francesa) chegam, no contexto ultramarino, a delinear os contornos de uma reivindicação de autonomia que, segundo alguns intérpretes, se apóia na força do "poder constituinte". É exatamente esse conceito que, como veremos, separa, mais do que outros, a constituição tradicional da Inglaterra da constituição que ganha forma na América do Norte.

Mas expressão de um poder constituinte é sobretudo a ideologia revolucionária francesa. É isso o que distingue, em última instância, constituição como tradição e constituição como vontade (constituinte).

Na França, a Declaração dos Direitos do Homem e do Cidadão, de 28 de agosto de 1789, no artigo 16, instituiu que

---

11. Hamilton, Madison e Jay divulgaram o projeto da constituição americana numa série de intervenções coligidas depois, em 1788, no *Federalist*. O *Federalist* representa o mais vívido manifesto do constitucionalismo americano dos "Pais Fundadores" (Cf. *Il Federalista,* org. M. D'Addio e G. Negri, Bolonha 1980). Como ressaltou B. Ackerman, *We the People* (1991), Cambridge-Londres, 1993: "procuraremos em vão nos *Federalist Papers* uma descrição desenvolvida do 'estado de natureza' ou uma análise penetrante dos nossos 'direitos naturais', lockianos ou outro": tais temas não eram a verdadeira preocupação dos Pais Fundadores, empenhados que estavam em convencer os americanos da boa qualidade da constituição que propunham; o que realmente se encontra, segundo Ackerman, no *Federalist,* "é um profundo diagnóstico das perspectivas e das patologias da cidadania no mundo moderno" (p. 30). Ackerman defende, em suma, a tese, que representa uma útil chave de acesso à filosofia jurídico-política revolucionária, de que os Pais Fundadores não eram acima de tudo libertários, mas sim *republicanos.* Era, portanto, essencial que não usassem tanto uma teoria abstrata, mas a experiência do tempo presente, e se apoiassem na idéia de uma *civitas* cujas virtudes fossem constitucionalmente defendidas e protegidas. O pensamento de Paine, nesse aspecto, parece (ver a seguir) de inspiração diferente.

não se podia afirmar a existência de nenhuma constituição numa sociedade "em que a garantia dos direitos não esteja assegurada, nem fixada a separação dos poderes". Essa concepção "substancial" de constituição (que exclui qualquer outra puramente "formal", como carta que contenha uma ordem qualquer, configurada seja lá como for) marca o constitucionalismo moderno. Tal afirmação dava-se no sentido de negar que a França revolucionária pudesse ter uma constituição "transmitida" da época absolutista; por conseguinte, a França deveria munir-se de uma constituição, entendida como ato constitutivo, *ex novo*, de uma ordem dos poderes determinada pela vontade e pela razão[12].

Essa escolha induz, segundo McIlwain[13], a afirmar que só existe constituição desejada conscientemente e concebida como algo anterior a qualquer ato de governo ou de exercício dos poderes nela definidos, atribuídos e harmonizados. Donde que a concepção voluntarista (e não tradicionalista) da constituição pretende colocar-se num plano normativo (ao contrário da outra) e não no plano descritivo de um sistema de elementos políticos essenciais preexistentes.

Já se ressaltou que a França revolucionária conjuga o voluntarismo de modo mais orgânico e ao mesmo tempo mais restrito que a América do Norte, pois pressupõe a unidade de um povo-nação como dado precedente ao qual imputar o ato constitucional e remeter o poder constituinte. Assim, a França revolucionária atribui à constituição tarefas de organização dos poderes públicos mais que de definição de princípios primeiros do vínculo social[14], ao passo que a

---

12. Sobre esse assunto, ver, entre outros, M. DOGLIANI, *Introduzione al diritto costituzionale*, Bolonha, 1994, pp. 176-7, e M. FIORAVANTI, *Potere costituente*, in *Stato e costituzione*, Turim, 1993, esp. pp. 219 ss.
13. C. H. McILWAIN, *Costituzionalismo antico e moderno* cit., p. 33.
14. Entre Constituição e declaração dos direitos haveria, na verdade uma relação complexa (na qual insiste G. Floridia, *"Costituzione": il nome e le cose*, in "Analisi e diritto", 1994, pp. 138-9), que é interpretada de modos diferentes por quem considerava a Declaração dos Direitos, na França, como preliminar e anterior à Constituição, que deveria ser sua realização e seu instru-

constituição americana expressa tanto um contrato *social* quanto um contrato constitucional. E isso em virtude da falta de uma preliminar ou antecedente teoria do povo ou da nação como poder[15].

Mas postas essas premissas e voltando ao tema tradição-inovação, a referência mais clássica é a reconstrução de McIlwain[16], que, mesmo evidenciando os fatores caracterizadores das "modernas" constituições, deslinda um fio de continuidade entre antigo e moderno com base no modo de comportar-se de duas instâncias político-jurídicas presentes no mundo medieval, o *gubernaculum* e a *jurisdictio* (a distinção remonta a Bracton – 1216-1268 –, que com o primeiro indicava a discricionariedade do soberano, mesmo o que age para o bem do país mas sem limitações e exercendo suas prerrogativas; com a segunda, indicava a esfera da adjudicação dos direitos dos súditos, na qual ele está submetido à lei). A modernidade acentua o fator *político* do projeto constitutivo da sociedade civil, mas não pode ignorar e não ignora os aspectos de garantia dos direitos e a especifi-

---

mento, e por quem, ao contrário, pretendia, por meio da Constituição, "circunscrever" a Declaração dos Direitos e depois coordená-la com a estruturação dos poderes. Num dos casos a Declaração assume valor ideológico-político; no outro, um significado jurídico direto. A experiência americana, prossegue Floridia, teria sido inicialmente mais orientada para a legitimação da ordem política até mesmo com base em direitos como "self evident truths", na Declaração de Independência de 1776. Em termos de Constituição Federal, a prevalência da disciplina organizativa é, porém, derrubada com a introdução das dez emendas por ocasião da ratificação dos Estados (o chamado *Bill of Rights* americano). Do mesmo autor, cf. *La costituzione dei moderni. Profili tecnici di storia costituzionale,* Turim, 1991, em esp. caps. III e IV.

15. Assim se expressa DOGLIANI, *Introduzione* cit., p. 201, retomando a tese de FIORAVANTI, in *Potere costituente* cit. Dogliani afirma que o constitucionalismo "francês dá por pressuposta a existência de um povo entendido como sujeito político unitário (portanto a constituição não forma a união social); o americano não pressupõe nenhuma subjetividade política coletiva, mas atribui à constituição a tarefa de dar vida, em termos apenas jurídicos, a uma unidade entre sujeitos portadores de direitos individuais (portanto a constituição forma a união social)" (*id.,* pp. 201-2).

16. *Costituzionalismo antico e moderno,* cit.

cidade quanto à autonomia da *jurisdictio*. Em outros termos, o princípio da separação dos poderes e a função de garantia do governo limitado, correlacionados no artigo 16 da Declaração dos Direitos, representam dois aspectos separados no mundo medieval: um coincidente com o âmbito de exercício do poder político (*gubernaculum*) potencialmente absoluto, o outro coincidente com a proteção dos direitos e das liberdades individuais.

Em parte, filosoficamente, essa distinção reforça a outra na qual antes insistimos, ou seja, a que existe entre poder instrumental e esfera de indisponibilidade. A divisão dos poderes e a resolução de seu caráter autocrático, por meio da submissão do poder à função de representação política e à lei, não comportam a superveniência de uma indistinção das duas esferas, que, ao contrário, mantêm sua autonomia. Assim, as declarações dos direitos, mesmo que acolhidas nos contextos constitucionais, tendem a desenhar uma área de indisponibilidade em relação ao poder, seja qual for a forma que este assuma.

Por outro lado, a continuidade no tempo dos elementos do *gubernaculum* e da *jurisdictio* permite compreender melhor o aspecto "tradicional" do constitucionalismo anglo-saxão, a partir da afinidade entre *common law* e *jurisdictio*: daí emerge sua caracterização como evolução linear do modelo de garantia elaborado jurisprudencialmente no bojo da *common law* e como afirmação de uma instância separada da do direito político.

2. Percursos constitucionais e garantia dos direitos

O aspecto tradicionalista é enfatizado pelo pensamento historicista de Edmund Burke (1729-1797), cuja famosa crítica da Revolução Francesa (*Reflexões sobre a revolução na França*, 1790), ao invés de indicar simples repúdio de uma perspectiva conservadora às afirmações de princípio da revolução, é, acima de tudo, uma defesa do modelo inglês de constituição, capaz de compor as diferentes instâncias dos indivíduos, do povo e do monarca numa ordem conquistada ao longo do tempo, desde a *Magna Charta* e a *Glorious Revolution* até o momento presente. De resto, Burke só poderia reafirmar as razões de equilíbrio do *Government* britânico, equilíbrio adquirido em nível institucional em correspondência com o equilíbrio entre os estratos sociais, e centrado na estabilidade e na *medietas* daquela aristocracia que, mesmo segundo Montesquieu, é o principal pilar de uma monarquia constitucional. Mas compreender Burke significa também levar em conta que o fundamento dos "direitos" é para ele representado não por um abstrato pressuposto natural, mas sim pelo fato de ser um patrimônio secular: "É impossível não observar que, da *Magna Carta* até a *Declaração dos Direitos,* tenha constituído política uniforme da nossa constituição exigir e afirmar as nossas liberdades como inalienável herança a nós transmitida por nossos antepassados e transmissível à nossa posteridade, como propriedade pertencente de modo especial ao povo deste reino, sem nenhuma referência a qualquer outro direito mais geral ou antecedente"[17], portanto um sistema de desigualdades historicamente justificadas, pois em "todas as sociedades, consistentes em várias espécies de cidadãos, sempre haverá algumas categorias destinadas a prevalecer. Os niveladores só obtêm com a mudança a perversão da ordem social natural"[18]. Burke insere-se, pois, entre os defensores do "sistema" inglês; conquanto seu constitucionalismo seja justamente definível como "sem igualdade"[19], também ele pertence a um quadro conceitual definido: o que remonta à antiga tradição da *common law,* defendida por Coke (1552-1634) numa célebre peroração de um sistema dotado de razão histórica

---

17. E. BURKE, *Riflessioni sulla rivoluzione francese,* in *id.*, *Scritti politici,* org. A. Martelloni, Turim, 1963, p. 192.

18. *Id.*, p. 210. E. Burke acrescenta: "A sociedade deve ser aberta, é verdade, mas não indiferentemente a qualquer homem" (*id.*, p. 211).

19. G. REBUFFA, *Costituzioni e costituzionalismi*, Turim, 1990, p. 27.

sólida, não descontínua, mas também flexível e modificável ao longo do tempo. Coke defendera a *common law* contra o filósofo Bacon, contra o absolutismo dos Stuart, contra a *equity* (justiça administrada por uma corte do rei, Carlo I) que tendia a subtrair ao juiz o poder sobre os direitos em nome da onipotência da lei e do ilimitado poder do rei de proferi-la. Em substância, Coke reservava a *jurisdictio* aos juízes que, com base nos precedentes, administram e formam a *common law*, conferindo assim ao direito uma ordem estável e segura, não alterável pelo arbítrio do soberano. O próprio Hobbes, atacando o sistema de *common law*, ao qual prefere os *Statutes*, deveria contrapor-se às teses de Coke[20].

A arma da *common law*, como limite ao arbítrio soberano, permaneceu como arma do parlamento contra o rei, permitiu a tutela das liberdades da *Magna Charta* contra os Stuart, implicou a submissão do rei à lei: só podia identificar-se com a lei comum da terra. E esta nada mais era que o direito historicamente afinado com a evolução dos tempos, de acordo com o que era ditado por uma razão concreta, empírica: uma sabedoria que bem se distingue da racionalidade abstrata e puramente anti-histórica da lei natural de cunho continental, depois iluminista. Nessa continuidade que conduz idealmente de Coke a Hume, encontra-se, pois, historicamente incluído o pensamento de Burke.

A atitude de Burke, de óbvio espírito historicista, não é portanto, de per si, reacionária, mas funda-se na supremacia da *common law*. E de resto, foi Burke que defendeu as razões dos colonos da América (razões que, não ouvidas, levaram à declaração de independência, quando os colonos reivindicaram seus direitos políticos perante a metrópole)[21]. Apesar disso, foi inevitável a polêmica de Thomas Paine com

---

20. A referência é à obra de TH. HOBBES, *Dialogo tra un filosofo e un studioso del diritto comune d'Inghilterra* (1665-1666), in *id., Opere politiche*, org. N. Bobbio, Turim, 1959.
21. Cf. E. BURKE, *Discorso di E. Burke nel presentare la sua mozione di conciliazione con le colonie* (1775), in *id., Scriti politici*, cit., pp. 69-147.

Burke. Paine, grande inspirador do constitucionalismo americano, surpreso com a atitude diferente assumida nas *Reflexões sobre a Revolução Francesa*, atacou Burke e quis incluí-lo nas fileiras dos "cortesãos"[22]. No seu *The Rights of Man*, obra de 1791-1792, defende os princípios da Revolução Francesa, evocando os direitos de razão, como direitos naturais a que se deve submeter qualquer poder "civil". As razões dos colonos americanos parecem a Paine simples fruto do senso comum, do bom senso, evidentes por si sós[23]. O ponto talvez mais relevante de choque entre as duas perspectivas está na contraposição de uma versão contratualista da constituição e uma historicista: a primeira tendente a aderir à instância de soberania dos cidadãos (povo, na França); a segunda, a extrair da vontade contingente (disponibilidade) de algumas partes históricas uma estrutura fundamental sobre a qual se apóiam culturalmente, mais que jurídica e politicamente, relações de continuidade entre gerações.

Em hipótese, a experiência americana pode ser entendida por inteiro através do ponto de vista de Burke, ou seja, como continuidade com a tradição inglesa (portanto afastamento em relação aos poderes – sobretudo o parlamentar – da metrópole que a violavam). Mas, ao mesmo tempo, conforme mostra a obra de Paine, reportando-se à revolução francesa, as colônias da América do Norte tinham de fato forjado uma cultura do pacto constitucional do povo (que atribui o poder aos seus governantes, nos limites do respeito aos direitos de liberdade), cultura que, do ponto de vista político, percorre a experiência do contratualismo e a

---

22. TH. PAINE, *I diritti dell'uomo*, in *id.*, *I diritti dell'uomo e altri scritti politici*, org. T. Magri, Roma, 1978, p. 212: "para um cortesão não pode haver nada mais terrível que a revolução francesa. O que é uma bênção para as nações constitui para eles uma desgraça [...] eles tremem diante do avanço dos novos princípios e temem esse precedente que para eles constitui uma ameaça de derrubada".

23. TH. PAINE, *Il senso comune* (1776), in *id.*, *I diritti dell'uomo e altri scritti politici*, cit., pp. 65-107.

ratifica na idéia de fundação de um Estado. Portanto, qualquer interpretação puramente independentista (logo, continuísta em relação à tradição inglesa) seria redutiva, ao passo que uma simples associação com a Revolução Francesa descentraria erroneamente a linha de pensamento que remonta a Coke, a Bolingbroke e a Burke (e ao próprio Locke).

Inversamente, sabe-se que a Revolução em França, com a projeção absoluta da nação e do povo, desfaz a continuidade com os equilíbrios entre os antigos "estados" (ordens de estrato social e de classe). Reafirmar e reequilibrar é o objetivo da Revolução Gloriosa; subverter e reformar mediante um ato supremo de vontade do povo (nação), que zera papéis e funções no interior da própria estratificação social, é, ao contrário, o postulado revolucionário francês: e também o sentido do ato constituinte, produto de um poder constituinte (impensável na versão historicista burkiana).

A modernidade da Revolução Francesa estaria assim em fazer *tabula rasa* dos aspectos convencionais e historicistas, em projetar racionalmente e no pensamento um modelo de direito natural que se traduz em programa político. A prioridade política, portanto, que permite afirmar os valores e os fins de uma nova ordem oposta à antiga, caracteriza a Revolução Francesa, expressão de um "direito natural racional". Nisso, evidentemente, só a Revolução Francesa (e não, claro, a inglesa de 1688) encarna profundamente as duas grandes diretrizes do jusnaturalismo, dos direitos e do contrato, conjugando a artificialidade (contratualística) da ordem política com a fé na absoluta definição racional dos princípios jurídicos.

A Revolução Americana teria, portanto, um alcance menos "significativo" (ou inovador), pelo simples fato de poder ser vista como o exercício de uma faculdade reconhecida até pelo direito natural medieval, faculdade celebrada na própria teoria lockiana, que é a de resistência à atitude tirânica do soberano na metrópole. Resistência que é respeito ao choque entre duas visões de mundo, respeito à afirmação de um anseio *reformulador* da ordem do mundo, resistência que é, na raiz, defesa da ordem tradicional perturbada pelo arbítrio do rei[24].

A bem da verdade, está efetivamente evidente em Paine também um outro argumento da teoria redutora da Revolução Americana. O argumento é o da substancial coincidência entre *rights of man, laws of nature* e *principles of society*: o poder político não é o meio de constituição de uma sociedade racionalmente organizada, o Estado não é o instaurador de uma sociedade civil segundo princípios natural-racionais, mas são só as leis de natureza, que também são as leis da propriedade e da troca, das harmonias internas e igualmente naturais da esfera econômica (como ensinava Adam Smith), que devem poder operar " livremente" (numa sociedade civil não conculcada pelo poder político). O tema e a exigência de independência política das colônias são proeminentes, portanto, também desse ponto de vista filosófico geral; no mesmo sentido, o jogo parlamentar inglês deve ser eliminado simplesmente por ser obstáculo a uma sociedade nova que se apóia em leis *descritíveis* tanto quanto as leis econômicas. E, de fato, tais leis, naturais, são por um lado as da economia clássica de Adam Smith e do liberalismo econômico e, por outro, constituem o catálogo dos direitos próprios do cidadão inglês.

Nesse catálogo não se encontra vestígio da sociedade como sociedade política, da força fundadora do Estado como organização artificial segundo leis racionais. Não se conta com a necessidade de transformação do direito natural em direito positivo, direito posto pela vontade política de um Estado, no sentido que fora da tradição fisiocrática, depois sintetizado na inspiração revolucionária francesa de Sièyés. A Revolução Americana reivindica o *minimal State* que possibilite expressão não obstada ao livre jogo dos equilíbrios da sociedade: não se espera realmente que nenhuma vonta-

---

24. Essa interpretação está contida num ensaio memorável de JÜRGEN HABERMAS, *Diritto naturale e rivoluzione*, agora in *Prassi politica e teoria critica della società*, cit.

de política institua uma organização estatal capaz de plasmar, regular, definir novos equilíbrios sociais. Nisso, a Revolução Americana insere-se principalmente no modelo continuísta-independentista, e não no "moderno" (do direito natural-racional abstrato, ou seja, baseado nas "idéias").

Essa "leitura" é considerada limitada por alguns. A modernidade da Revolução Americana seria captada assim que se confrontasse a estrutura social e institucional das colônias com a da Inglaterra, assim que se percebesse a referência ao poder constituinte que subjaz à definição de uma Constituição, assim que se comparasse a organização do poder e a natureza republicana da ordem estatal-federalista americana com o governo britânico misto que modera e unifica a soberania do povo com o princípio aristocrático.

Não nos deve escapar que no pensamento de Paine está presente a idéia do caráter originário do poder constituinte e do primado dos direitos naturais do homem, como produto racional, segundo a lição jusnaturalística de Locke.

Para além das interpretações, é fato que a doutrina de Locke influencia profundamente o pensamento de Paine e até certo ponto também a cultura revolucionária americana.

A sociedade civil lockiana é a consolidação de equilíbrios já possíveis dentro do estado de natureza, aliás nele já substancialmente presentes (ressalvada sua instabilidade). Sua visão do homem natural está estreitamente ligada aos princípios portadores do individualismo, inerente à constituição de estratos sociais e à ordem dos poderes sociais da Inglaterra do seu tempo: o que explica tanto a sua "tutela" ideológica da desigualdade das propriedades[25] quanto a ga-

---

25. C. B. MACPHERSON, *Libertà e proprietà alle origini del pensiero borghese*, trad. ital. de S. Borutti, Milão, 1973, p. 27: "O indivíduo é livre na medida em que é proprietário de sua própria pessoa e das próprias capacidades; a essência do homem não consiste em depender da vontade alheia, e a liberdade é função daquilo que se possui. A sociedade torna-se assim uma massa de indivíduos livres e iguais, em relação entre si na qualidade de proprietários das próprias capacidades e daquilo que adquiriram fazendo-as produzir. A sociedade consiste em relações de troca entre proprietários. A sociedade política

rantia da estrutura britânica "atual"dos poderes (mistos e limitados, como na tradição constitucional: *old constitution*)[26].

Por outro lado, em Locke a tendência à consolidação de equilíbrio (no sentido da Revolução Gloriosa, do restabelecimento da *old constitution*, do equilíbrio entre rei, lordes e cidadãos comuns, portanto entre poderes) delineia-se e afirma-se com base numa instância teórica peculiar, que é a da função estabilizadora da sociedade civil e em particular da prevenção (legislativa) e do tratamento dos conflitos como *ratio essendi* do poder civil. A ela deve-se somar a ênfase tradicionalística: a diretriz de pensamento que, como vimos, liga Coke a Blackstone e conduz a valorizar, no sistema inglês, a instalação da *common law* e a garantia judiciária dos direitos.

O que depõe a favor da interpretação da Revolução Americana dentro da linha evolutiva de um sistema preexistente, da *old constitution* britânica.

Por esse motivo, se quisermos reconhecer na Revolução Americana uma homogeneidade em termos reformuladores, voluntaristas e anti-historicistas, com a Revolução Francesa é necessário ressaltar os aspectos mais tipicamente contratualistas e políticos.

A única grande família de motivações, nesse aspecto, está nas pretensões avançadas no plano político e constituinte (portanto *coincide com o fato de referir-se ao poder constituinte):* elas não são redutíveis ao equilíbrio lockiano do governo misto, nem à óptica tradicional do "direito de resis-

---

torna-se um mecanismo projetado para defender essa propriedade e manter uma relação organizada de troca"; mas também, com menor grau de "prejulgamento" e no entanto lapidarmente, N. MacCORMICK, *Diritto, "Rule of Law" e democrazia,* in "Analisi e diritto", 1994, p. 203: "Sabe-se quão inigualitária é a teoria dos direitos naturais de Locke."

26. A esse respeito, McIlwain: "A noção tradicional de Constituição, antes do fim do século XVII, compreendia uma série de princípios incorporados nas próprias instituições de uma nação, não exteriores a elas nem anteriores no tempo: era constitucional um Estado que tivesse conservado uma herança de livres instituições" (*op. cit.*, p. 21; mas v. também p. 24).

tência": para o próprio Paine existe um "momento"em que uma nação *constitui* seu governo, e não é o ato "de um governo, mas do povo que constitui um governo; e o governo sem Constituição é poder sem direito. Todo poder exercido sobre uma nação deve ter tido um início. Deve ter sido delegado ou usurpado: não existem outras fontes"[27].

Matteucci, sabiamente, resolve a questão afirmando que os "americanos realizaram a prática do poder constituinte, mas não tiveram sua teoria, enquanto os franceses elaboraram a teoria, mas não a realizaram na prática"[28].

Isso efetivamente se deduz do fato de que as constituições dos estados americanos tiveram a aprovação de convenções populares e de que a tais convenções, *extra ordinem* em relação às assembléias legislativas, eles deliberaram confiar o poder de modificá-las (por meio do procedimento das emendas), o que é reconhecer a existência e a precedência do poder constituinte em relação ao legislativo e ao parlamento (bem como ao governo).

Na França, a forte teorização do poder constituinte do povo não conseguiu, porém, traduzir-se em Constituições que entrassem depois em vigor ou fossem redigidas por assembléias reconhecíveis como o conjunto do povo ou investidas de uma delegação constituinte, do todo diferente da legislativa. Como escreve C. Schmitt : "A Convenção Nacional, reunida em 20 de setembro de 1792, tinha a missão de elaborar um projeto de constituição e era órgão extraordinário de um *pouvoir constituant*. Uma vez elaborado o projeto (24 de junho de 1793) e obtida a aprovação do povo com sufrágio universal, cessou o seu mandato e, com isso, o seu poder. Mas, por causa do estado de guerra e dos movimentos contra-revolucionários internos que ameaçavam a própria existência da nova constituição, a Convenção Nacional decidiu, em 10 de outubro de 1793, que o governo provisório da França fosse "revolucionário"até que se alcançasse a paz.

---

27. TH. PAINE, *I diritti dell'uomo*, cit., p. 256.
28. N. MATTEUCCI, *Costituzionalismo*, cit., p. 139.

De tal modo foi suspensa a Constituição de 1793, que não mais entrou em vigor"[29].

Contudo, estava totalmente maduro o pensamento de uma Constituição política, como mudança de uma sistemática histórica sem razão de ser, ou seja, cuja coesão só era mantida pelo "poder".

Condorcet (1743-1794) mostra continuamente nas suas obras e nas suas intervenções em defesa de uma constituição a separação entre sociedade e poder constituído: os cidadãos, reservando-se o direito de rever ou de aceitar a Constituição, nela depositam todas as razões dos seus direitos e em substância delegam seus poderes, salvo o de poder exprimir-se de novo como poder constituinte. Mas, obviamente, o fio principal do pensamento revolucionário é seguido, nesse aspecto, por Sièyés. O fio condutor do pensamento de Sièyés é a reivindicação dos direitos do terceiro estado na Assembléia dos Estados Gerais de França. Tais direitos tendem a coincidir com os da nação, contra os privilégios dos primeiros dois "estados" (nobreza e clero), fortemente minoritários. "Ninguém é livre – escreve ele – à força de privilégios, mas à força dos direitos do cidadão, que pertencem a todos."[30] Nação e direitos substituem os conceitos de hierarquia, privilégio e prerrogativa. O terceiro estado, na qualidade de nação, deve reunir-se à parte, e não nos estados gerais, para exprimir a vontade da nação e para exercer poderes extraordinários, que são "constituintes". Nasce a Assembléia Nacional, assembléia constituinte na qual se expressa a soberania da nação, que substitui o rei.

O caminho interrompido com a ditadura revolucionária na França, em outubro de 1793, não elimina o sentido da labuta revolucionária, inteiramente voltada para a definição de uma nova ordem constitucional com base numa teoria consciente que teve em Sièyés e em Condorcet seus mais sérios defensores.

---

29. C. SCHMITT, *La dittatura*, trad. ital. B. Liverani, Bari, 1975, pp. 158-9.
30. E. SIÈYÉS, *Che cos'è il terzo stato*, in *Opere e testimonianze politiche*, vol. I, org. G. Troisi Spagnoli, Milão, 1993, p. 213.

O constitucionalismo anglo-saxão, ao contrário, apóia-se numa teoria jurídico-política liberal totalmente encerrada no senso de moderação e equilíbrio. Não se trata por certo da mesma inspiração do jusnaturalismo hobbesiano, portador de uma visão extrema tanto do individualismo natural quanto do seu remédio político (a absoluta soberania sobre a sociedade civil).

A Revolução Francesa é movida por um projeto político racional e radical e voltada para a subversão da ordem do mundo: está ao mesmo tempo, porém, próxima do artifício potente de Hobbes e do caráter extremo da razão política. Exatamente a Revolução Francesa põe em primeiro plano a absolutez (no fundo, hobbesiana) do poder (ainda que democrático, ou seja, do povo), que colide com as imagens clássicas do liberalismo moderado, de Montesquieu e Locke. Ambas expressam uma visão de recomposição entre ordens ou partes da sociedade civil, logo também entre poderes; ambas interpenetram instâncias e articulam o equilíbrio interpondo corpos intermediários entre a autoridade e os cidadãos, e, em monarquias constitucionais, ressaltam a necessidade de equilíbrio entre povo, rei e aristocracia.

A linha doutrinária mantida na América do Norte, nas folhas do *Federalist*, exprime respeito pelo indivíduo como artífice de uma *civitas* marcada pela virtude *republicana* e apóia-se num individualismo não resolvido *ad unum* através do poder; diríamos hoje um pluralismo pensado como funcional para a liberdade de cidadão.

Isto se entrelaça com a "ideologia" de Paine, que é baseada na harmonia natural e na prioridade da sociedade civil, no Estado não como criador de uma ordem, mas como depositário de um poder conseqüente, secundário, mínimo e exterior, limitado à manutenção dos equilíbrios *naturais* entre indivíduos: "A sociedade é produzida pelas nossas necessidades; o governo, pela nossa malvadez; a primeira promove a nossa felicidade, unindo *positivamente* os nossos afetos; o segundo, freando *negativamente* nossos vícios. Uma encoraja as relações; o outro cria as distinções. A primeira protege; o segundo pune. A sociedade é, em qualquer condição, uma bênção; o governo, mesmo na sua melhor forma, não passa de um mal necessário."[31]

Por fim, na França, Sièyés anula na unidade do povo a teoria aristocrático-moderada da articulação social: põe em oposição com uma vontade geral, que tem caráter orgânico, a existência de facções ou partidos; não aspira a nenhuma "equilibração"entre estratos sociais e interesses, mas, numa óptica que foi a de Rousseau, incita o povo, na qualidade de nação, à expressão da vontade geral e à lei como emissão (projeção) formal soberana do interesse geral. Prevalece, no tema dos limites do poder, o tema da sua onipotência e da sua inalienabilidade: "uma nação não pode alienar a faculdade de querer nem dela se abster; e, qualquer que seja a sua vontade, não pode perder o direito de mudá-la sempre que o seu interesse o exigir"[32].

A idéia do constitucionalismo, para a qual todo governo constitucional é por definição um "governo limitado"[33], não é espontaneamente francesa. E assim a idéia de *constituição-garantia,* que contém limites rígidos ao exercício do poder, com função de tutela dos direitos (idéia que descende sobretudo da experiência americana), deve ser considerada complementar (ou, talvez melhor, contraposta) ao pensamento constitucional francês que, de modo diferente, está ligado a uma idéia de *constituição-diretriz,* que visa a determinar valores e princípios nos quais devem apoiar-se as *instituições políticas;* princípios que aparecem não tanto como "limites" ao seu arbítrio, porém mais como fundamento de sua reconhecibilidade, de seu valor intrínseco e, por conseguinte, pressuposto pelo qual elas "devem ser mormente respeitadas" (*Declaração dos direitos do homem e do cidadão,* 1789)[34].

---

31. TH. PAINE, *Il senso comune,* cit., p. 69.
32. E. SIÈYÉS, *Che cos'è il terzo stato,* cit., p. 257. E também: "A Nação não só não está submetida a uma Constituição como também não *pode* nem *deve* estar [...]" (*ibid.*).
33. McILWAIN, *Costituzionalismo,* cit., p. 30.
34. Que pode ser vista em G. FLORIDIA, *La costituzione dei moderni,* cit., p. 207.

Por outro lado, a preeminência da representação política e da lei será uma característica européia, própria do Estado liberal: trata-se de uma matriz, sintetizada no continente no conceito de soberania, que o pensamento liberal modificará e progressivamente deslocará do povo para a nação e da nação para o Estado.

A bem da verdade, o Estado liberal se encaminhará para a "metabolização" e em parte para a limitação, o enfraquecimento da unidade e da centralidade da "política" em relação à unidade do Estado, mas as confirmará substancialmente na forma de unidade e autoridade do "centro" estatal em relação às articulações da sociedade civil e como domínio da lei em relação às razões dos direitos, inclusive razões individuais. As raízes do crescimento de uma autoridade central estarão exatamente nessa unificação e centralização da soberania, por meio do aparato administrativo e da lei, tornando-se, por outro lado, coerente com esse processo também a correlativa transformação da doutrina jurídica em sentido juspositivista, ou seja, no sentido que privilegia a formalidade do direito e a sua validade como direito posto e vigente (em relação às teorias do direito natural e dos direitos individuais).

A "soberania" foi efetivamente o instrumento mais eficaz para fundar – para além da multidão e da pluralidade, para além dos indivíduos e do individualismo – um poder que parte diretamente "de baixo": como na Revolução Francesa, a soberania desenvolve-se para o povo e pelo povo como meio de eliminação dos privilégios e afirmação dos direitos. No entanto, o processo que daí se segue consiste numa espécie de *projeção* sobre o Estado: este se separa da sociedade, assim como tende a prevalecer sobre ela. Correlativamente, em não muito tempo, prevalecerá o *jussum* sobre o *jus* e sobre os *jura*.

O artigo 6 da Declaração dos Direitos do Homem e do Cidadão, consagrando a lei como expressão da vontade geral (*la loi est l'expression de la volonté générale*), investiu a vontade popular da produção do direito, eliminando assim o arbítrio e resolvendo o poder diretamente na sua expressão legislativa. Mas, ao mesmo tempo, erradicando privilégios e prerrogativas anteriores à lei, à vontade legal, impediu que haja (também) direitos de fundamento autônomo e independente em relação às expressões democráticas de vontade por parte do povo: tornou improvável que direitos simplesmente depositados na "tradição" ou fundados no reconhecimento da "razão" adquiram por isso mesmo um valor próprio *juridicamente* relevante, além da lei, ou pelo menos como limite interno e constitutivo da lei.

Em virtude desse processo de afirmação do princípio de soberania da nação, de fortalecimento do Estado e da lei, o crescimento do "poder" que chamamos de "instrumental" será de fato desequilibrado em relação à exigência de proteção dos direitos: o contrário fortalecimento da *jurisdictio* e, portanto, da vertente de "indisponibilidade" encontrará, porém, seu lugar histórico na experiência anglo-americana.

IV. Direito e liberdade moderna.
A partir de Kant

> SUMÁRIO: 1. O homem jurídico e o direito kantiano – 2. O Estado e as duas liberdades – 3. *Status negativus*

1. O homem jurídico e o direito kantiano

Tradicionalmente se atribui a Kant a fundação da subjetividade moderna, uma vez que ele conferiu ao sujeito cognitivo uma posição central com respeito à natureza e ao "objeto" em geral: seguindo o ensinamento de Galileu e de Newton, Kant realizou na *teoria do conhecimento* algo muito semelhante ao que na *ciência* havia sido a "revolução copernicana". A natureza não seria cognoscível se o sujeito que conhece não dispusesse de "títulos", faculdades *a priori* (transcendentais), capacidades de dar espaço e tempo (intuições *a priori*) às coisas, de organizar a experiência segundo categorias do intelecto (sendo a primeira entre todas a lei de causalidade), que ele não extrai da experiência e sem as quais não seria possível nenhuma experiência. O conhecimento dos fenômenos capta, portanto, o lado cognoscível da realidade e deixa para a metafísica, como exigência última de compreensão do mundo, como exigência da razão, a formulação de hipóteses dialéticas sobre tudo o que se oculta por trás dos fenômenos (*númeno*). O homem é, portanto, legislador do universo, propõe as leis e define o mundo segundo elas. À dialética da razão, que deve deixar lugar para a fé, é confiada a busca das verdades últimas, não disponíveis para a ciência. Se esse itinerário pertence à *Crítica da razão pura*, a razão prática (a razão pura prática) o percorre, visto que nos comportamentos "práticos" do homem é possível seguir verdades de razão e princípios morais, como se fossem por nós dotados da certeza científica e cognitiva que não podem ter. A razão prática indica como razão pura, *a priori*, ditames e princípios que o nosso comportamento pode tornar reais.

Essa imagem de "potência" é em um certo sentido confirmada também no conceito kantiano de homem moral.

A distinção (não a separação) entre âmbito moral e âmbito jurídico foi, paradoxalmente, como se mencionou, resultado teórico do jusnaturalismo moderno. O que diz respeito ao foro íntimo, logo à consciência moral, não pode ser submetido ao poder e não diz respeito ao direito, ao qual pertencem só as ações externas dos indivíduos, como tais relevantes para os outros. Essa tese, expressa, como se disse, por Cristiano Tomásio, encontra em Kant decisiva confirmação, mas em bases argumentativas diferentes. Kant define como moral uma ação que derive da *boa vontade,* e é boa a vontade que parta apenas do impulso de obediência ao dever moral, do imperativo categórico, o imperativo moral como único fim. O sujeito moral dá a si mesmo, autonomamente, uma lei e a segue como tal: a ação não é cumprida para perseguir outros fins (*hipotético* é o imperativo que prescreve uma ação como meio para conseguir objetivos particulares) (Kant, *Fundação da metafísica dos costumes,* II e *Metafísica dos costumes,* Introdução, IV).

A novidade da distinção kantiana está no fato de que uma ação moral depende de dois pressupostos, um objetivo, que é a conformidade da ação externa à lei, e outro eminentemente subjetivo, que é a conformidade da máxima da ação, do seu impulso, ao imperativo categórico. O motivo pelo qual se obedece à legislação distingue, portanto, ação moral e ação jurídica.[1]

---

1. KANT, *Critica della ragion pratica,* (1788), trad. ital. de F. Capra, e. rev. por E. Garin e V. Mathieu, Bari, 1982, p. 89: "O essencial de qualquer valor moral das ações depende disto: que a lei moral determine imediatamente a vontade. Se a determinação da vontade ocorrer, sim, em conformidade com a lei moral, mas apenas mediante um sentimento de qualquer espécie [...]; se, portanto, a ação não ocorrer pela lei, a ação conterá legalidade, mas não moralidade." [Trad. bras. *Crítica da razão prática*, São Paulo, Martins Fontes, 2002.]

Postas estas premissas, é peculiar que o "direito" nos introduza num âmbito relativamente diferente, e que o sujeito, visto pelo perfil de sua relação com normas jurídicas, apareça não na expressão da sua autonomia, mas substancialmente heterônomo, ou seja, influenciado ou determinado por motivos diferentes do dever pelo dever: não é a plena autonomia do sujeito que se pretende livre, não é a boa vontade movida apenas por si mesma e pelo imperativo categórico, mas sim a "faculdade inferior de desejar"[2] que caracteriza, ainda que de modo residual, a ação tão-somente jurídica e o sujeito tão-somente jurídico. Faculdade que contém motivos, necessidades, paixões e interesses resumíveis nos objetivos, que são diferentes do cumprimento do dever como tal, que servem de fundamento de uma ação conforme à lei, e em relação aos quais a ação se propõe como meio adequado e necessário. Influenciado ("afetado") pela faculdade inferior de desejar, o sujeito está como submetido à causalidade dos fenômenos, sofre a pressão de seus objetivos como algo externo e estranho à vontade, que a eles se dobra, sendo por eles (hetero-)dirigida. O condicionamento empírico governa a realidade jurídica e caracteriza o sujeito tão-somente jurídico, dependente das próprias "inclinações" e incapaz de dar-se uma liberdade que consiste em disciplina e "elevação"[3].

O sujeito "jurídico" pode assim dispor-se à observância da lei, mas para fins diferentes do seu simples respeito, portanto de modo não livre.

A versão kantiana da tese segundo a qual o direito não pode introduzir-se nas questões de consciência, ou no foro

---

2. "O princípio da felicidade [...] não conteria [...] outros motivos determinantes para a vontade a não ser os que são adequados à faculdade inferior de desejar [...]. Portanto apenas a razão, que determina por si mesma a vontade (não a serviço das inclinações), é uma verdadeira faculdade *superior* de desejar [...]. A razão numa lei prática determina a vontade imediatamente, não mediante a intervenção de um sentimento de prazer ou desprazer, nem de um sentimento por essa lei; e só o fato de que ela, como razão pura, pode ser prática possibilita-lhe ser *legisladora*" (KANT, *Critica della ragion pratica*, cit., pp. 30-1).

3. *Id.*, p. 99.

íntimo, é, portanto, de que o direito não pode aspirar ao governo ou ao controle dos pressupostos subjetivos da ação, mas deve limitar-se à conformidade externa da ação à lei. Não pode, constitutivamente, porque, se assim não fosse, não haveria direito, e toda ação seria uma ação moral.

Se a razão pura prática não determina diretamente a vontade, e se os impulsos da ação podem ser de qualquer natureza, é precária (ou aleatória) também a possibilidade de uma ação jurídica (ou seja, de uma ação exterior e objetivamente conforme à lei). Quando a legislação da razão não é seguida, por impulso direto, pela boa vontade, não há nenhuma garantia de que seja seguida, ainda que como meio para outros fins. Poder-se-ia expressar o conceito ressaltando em termos funcionais que o direito deve ser pensado como conjunto de condições capazes de traduzir a alta improbabilidade de ação legítima pela possibilidade concreta de que ela se verifique.

É por isso que o direito, definido na sua substancial estraneidade em relação aos pressupostos subjetivos ou às intenções da ação, acaba por ser pensado na sua essência, sobretudo no sentido de direito subjetivo (entendido como faculdade de coagir), como um *instrumento de controle da relação entre a intenção e a ação externa, ou seja como coerção.* "O direito estrito pode também ser representado como a possibilidade de uma coação geral e recíproca harmonizada com a liberdade de cada um segundo leis universais."[4]

---

4. KANT, *La metafisica dei costumi* (1797), trad. ital. de G. Vidari, rev. por N. Merker, Bari, 1983, p. 36. Essa definição *a priori* do direito está, portanto, ligada ao problema das paixões (ou, como escreve Kant, das inclinações), que Kant excluiu de modo resoluto e constante de sua racionalista *antropologia* da subjetividade moral/racional. As paixões "retornam", porém, como problema "prático" do direito, problema que o direito enfrenta essencialmente por sua qualidade principal, que é a coercibilidade. Acerca dessa hipótese crítico-reconstrutiva, remeto a meu *Soggetti, azioni, norme. Saggio su diritto e ragion pratica,* Milão, 1990, cap. 1, sobretudo para a relação com David Hume e a hipótese artificial da justiça: Hume não define realmente o direito como coerção e institui um elo necessário (mas *positivo*) entre as paixões (sobretudo o *self interest*) e o direito (pensado como modelo normativo que favorece e tutela

Kant precisa trazer de fora um elo entre subjetividade e norma. A primeira é buscada num mundo de necessidade, de irremediável heteronomia, de tal modo que seu livre-arbítrio não se determine (espontaneamente) numa escolha de "liberdade" (que consistiria na obediência "moral" ao imperativo categórico). O recurso à coerção aparece como o meio-termo lógico entre liberdade e necessidade. Para Kant, a lei obedece ao único valor, o da liberdade, e o direito preestabelecido para esta última é coerção legítima, porque voltada a eliminar um obstáculo à liberdade (segundo o princípio de ação e reação)[5].

Mas a *pressuposição* da liberdade é substancialmente evidente. É verdade que o direito é definido como "o conjunto das condições em virtude das quais o arbítrio de um pode coexistir com o arbítrio do outro segundo uma lei universal de liberdade", mas, justamente, a liberdade é um *produto e não um pressuposto* do direito. Este acaba por ser racionalmente baseado na bem diferente limitação heterônoma do sujeito "jurídico", ou seja, no fato de que a sua dependência da faculdade inferior de desejar *não autoriza nenhuma expectativa no que se refere à conformidade objetiva e exter-*

---

as inclinações). Na realidade, Hume exclui exatamente aquilo que em Kant será o princípio primeiro da moralidade, ou seja, o impulso da boa ação ser exclusivamente dirigido pela sua moralidade (e dela dependente): "pode-se afirmar, como máxima indubitável, *que nenhuma ação pode ser virtuosa ou moralmente boa a menos que, ao produzi-la, não haja na natureza humana algum motivo diferente do senso de sua moralidade*". E tal motivo "não pode nunca ser um respeito pela honestidade da ação; de fato, é erro evidente afirmar que é necessário um motivo virtuoso para tornar honesta uma ação, e que ao mesmo tempo esse respeito pela honestidade é o motivo da ação. Não podemos nunca ter respeito pela virtude de uma ação a menos que a ação seja já antes virtuosa" (*Trattato sulla natura umana*, in *Opere*, cit., pp. 506-7). De qualquer modo, a questão fundamental é que para Hume as paixões não podem ser eliminadas por nenhuma "disciplina" e estão destinadas a servir-se da razão, sem que seja possível construir algum homem moral no sentido que será o kantiano, ou seja, com base na vontade absolutamente racional, insensível a qualquer apelo do "sentimento".

5. KANT, *La metafisica dei costumi*, cit., p. 20.

na da ação à lei. A coerção é aquilo de que o direito dispõe para criar as condições em virtude das quais o arbítrio de um possa coexistir com o do outro segundo uma lei universal de liberdade. A coerção é o direito, no sentido de que este é coerção necessária e essencial à liberdade. É então inevitável que da coerção se possa esperar apenas a legalidade (em sentido kantiano), ou seja, a conformidade da ação, e não da intenção, à lei:

a) visto que, em primeiro lugar, a coerção é possível exatamente em virtude da *suscetibilidade* de heteronomia do sujeito jurídico (já heterônomo porque condicionado pela faculdade inferior de desejar, portanto ainda mais condicionável, ao contrário do sujeito moral);

b) visto que também a coerção é um dos agentes ou uma das causas externas que caracterizam estruturalmente o mundo da normatividade jurídica.

A heteronomia se traduz, portanto, em prioridade do direito e em obsolescência, no plano do direito, da idéia de sujeito legislador, como racional *a priori*. Realmente, é verdade que a legislação é projeção e produto da racionalidade *a priori*, logo, da subjetividade pura, mas, quando precisa dar uma definição ao direito, Kant não pensa no sujeito legislador, mas sim num sujeito fraco, dominado pela causalidade dos fenômenos afetivos, carente, portanto, de "normatividade" própria.

Dessas considerações decorre a necessária revisão de um lugar-comum na literatura crítica do kantismo jurídico. O direito, também em sentido subjetivo, afirma-se por certo como critério puramente formal da convivência, ao menos no sentido de que ele só dita as condições puras e abstratas da *coexistência*. É traçada uma idéia formalista do direito, pensada portanto com base na indiferença dos indivíduos, logo de sua igualdade (indistinção) diante da "categoria jurídica". Donde a construção de uma subjetividade jurídica, que o "direito" leva em consideração de modo abstrato, formal, igualmente indiferente com respeito às condições materiais que distinguem, separam e definem os indivíduos, determinando seus reais vínculos nos quais a "coexistência" se exprime. É evidente que, nas condições próprias à vida social, os indivíduos descobrem sua desigualdade. Diante disso, a invenção do direito como forma geral de coexistência pareceria indicar o poder do projeto burguês (de uma época e de uma classe social), que determina as condições econômico-jurídicas para sua própria realização. Mas ele impõe, exatamente pelo direito, uma representação distorcida da realidade: a ocultação da diferença social pela igualdade da forma jurídica.

Essa interpretação foi um lugar-comum, como se dizia, fundamentado em alguns aspectos mas não tanto em outros. É justamente um de seus pressupostos que se mostra infundado. A filosofia kantiana do direito, por exemplo, não constrói uma subjetividade jurídica "potente" no sentido do sujeito moral ou do sujeito cognitivo legislador do universo: ao contrário, delineia uma subjetividade jurídica fundamentalmente heterônoma, pondo no centro mais o direito como estrutura e como categoria formal do que o sujeito jurídico como expressão de uma normatividade cônscia e responsável. A fraqueza intrínseca do sujeito jurídico é sinônimo da sua impotência em presença das condições materiais, substanciais da convivência, e é por essa impotência que ganha corpo um projeto de *controle* do individualismo das "inclinações". Esse projeto é inteiramente resolvido em certa concepção do direito não tanto como lugar da liberdade que a todos cabe, mas da coerção, que é destinada a "atingir" só os que, ilicitamente, se subtraem à rede de condições que o direito "burguês" impõe. Desse ponto de vista, a própria redução à forma da realidade, pelas lentes da categoria jurídica, não é um artifício poderoso que transforme o mundo ético e as convicções coletivas de uma comunidade, "ocultando" assim hegemonias injustas de classe e reais desigualdades de posses ao impedir sua tomada de consciência. O mundo jurídico kantiano, não por caso, não é o mundo moral, não coincide com ele, assim como não coincidem sujeito jurídico e sujeito moral. Antes, o fato de a categoria formal do direito moderno ("burguês") ser sustentada apenas por uma concepção externamente coercitiva do direito exprime uma tendência interna do Estado liberal que se irá afirmando entre os séculos XIX e XX: a de governar uma sociedade não conciliada e não conciliável de individualismos apenas por meio da eventual intervenção em última instância, intervenção-limite do direito, como faculdade de coagir.

O direito é entendido como delineação de fronteiras, não violáveis se não ilicitamente e impostas pela coerção. Mas trata-se da afirmação de uma cultura do indivíduo, da separação, da liberdade "negativa", conseqüências de uma vontade declarada de não interferir num âmbito que não pode sofrer uma *disciplina interna,* mas apenas limitações externas[6].

2. O Estado e as duas liberdades

A definição do direito como condição "constitutiva", ou seja, condição de pensabilidade e possibilidade da liberdade,

---

6. Ainda que para problematizar, reconheço que essa minha reconstrução pode acarretar ulteriores conseqüências, mas não facilmente argumentáveis neste contexto. Em suma, a partir da intervenção do direito em termos de faculdade de coagir, e pela descrição diferenciada da subjetividade jurídica em relação à subjetividade moral, o direito tende a mostrar-se como elemento interno constitutivo da ação jurídica, capaz de formar de algum modo a vontade e até a dessubjetivizá-la, conduzindo o sujeito para uma racionalidade objetiva que é própria da norma como expressão "racional" de uma vontade universal (universalizável, soberana, no sentido rousseauniano). Essa tendência do pensamento kantiano não é nada secundário: explica a sua concordância com Rousseau no plano da universalidade da lei, e a confiança no soberano em termos de obediência devida explica também a relação entre a concepção do direito e a do Estado, dirigido por um soberano "esclarecido". A vontade soberana racional de Frederico II acaba freqüentemente por representar para Kant a racionalidade jurídica universal, e a liberdade política tende, por essa via, a coincidir freqüentemente com obediência. Como se verá em breve, nessa óptica pode ser entendida certa rigidez política kantiana, não plenamente assimilável para o pensamento liberal maduro europeu.

adapta-se imediatamente à proteção dos direitos subjetivos, unificados em um único direito inato, o direito à liberdade, capaz de compreender qualquer outro (*Dottrina del diritto, divisione della dottrina del diritto*, § B)[7].

O conceito mesmo de "natural" torna-se, em Kant, idêntico a racional; as leis naturais tornam-se imperativos *a priori* da razão. O conceito de estado de natureza se traduz em *idéia da razão*. O direito, por sua vez, não é estudado por aquilo que historicamente vige (*quid juris*), mas por aquilo que uma dedução racional define como pertencente ao *justum* e ao *injustum* e que está (ou deveria estar) no fundamento de toda legislação positiva.

Assim, definitivamente, o direito como razão é fixado como condição racional de garantia da intersubjetividade, ou melhor, de tutela da coexistência. Trata-se de uma condição mínima para qualquer convivência social. Assim como o direito não tem outros conteúdos, além dos que são inerentes à proteção externa da liberdade de cada um, também a sociedade civil é simples coexistência.

Com base nessas premissas, torna-se evidente a relação entre a filosofia kantiana do direito e a fundação do Estado liberal: o Estado é (resolve-se no) direito, é nada mais que tutela das condições mínimas da coexistência, da liberdade em relação a vínculos externos, ao arbítrio do outro: esse Estado não pode ter outras funções nem outros fins, como o de garantir o bem-estar, no sentido setecentista de "felicidade" dos súditos. A independência dos cidadãos concretiza-se na escolha pessoal dos conteúdos das próprias ações, na perseguição dos seus próprios objetivos de vida e das vias da felicidade, sem o auxílio paternalista de um soberano esclarecido (e invasivo). O Estado deve apenas garantir os direitos dos indivíduos e as condições da liberdade externa, não perseguir outros valores, não se introduzir na sociedade civil por meio de limitações adicionais.

---

7. KANT, *La metafisica dei costumi*, cit.

A equação Direito-Estado é, portanto, compreensível como algo baseado numa liberdade essencialmente reduzida à coexistência.

A interpretação dessa liberdade está sem dúvida entre os aspectos mais importantes do pensamento moderno. Mas, preliminarmente, deve-se reforçar a continuidade e a convivência, testemunhada por Kant, entre concepção liberal do Estado e definição coercitiva do direito.

Um Estado baseado numa visão harmônica da sociedade civil em economia e construído sobre o princípio da limitação dos poderes, um Estado, em relação ao qual a necessidade política e jurídica máxima do homem do século XVIII é a conquista da independência e da liberdade de arbítrio (do poder), conserva apenas capacidade de intervenção repressiva dos comportamentos ilícitos, porquanto lesivos à esfera de liberdade alheia. Essa unidade entre definição coercitiva do direito, entre direito e Estado, persiste pelo menos até Kelsen e caracteriza no fundo a concepção liberal do Estado, mesmo em nosso século.

A bem da verdade, à definição coercitiva do direito não é estranha a definição coercitiva da fonte da obrigação jurídica: o motivo pelo qual se tem a obrigação de respeitar uma norma jurídica sempre oscila perigosamente entre o respeito ao seu valor normativo, em si e por si, e a avaliação da sanção que se seguiria a um eventual ilícito. De acordo com Kant, não na vertente da ação moral, mas na da ação jurídica, não é fácil recusar a função que a coerção desempenha na determinação da existência da obrigação jurídica, caso contrário Kant não teria definido na sua essência a atitude (puramente) jurídica do sujeito como condicionada pelas "inclinações".

Mas é interna à concepção liberal do Estado e do direito essa estilização da subjetividade, essa redução dos direitos em termos de liberdade e ao mesmo tempo a definição de fronteiras de "segurança", externas e intransponíveis, que tornam racionalmente justificada a intervenção "repressiva" do Estado.

De resto, a definição proposta por Montesquieu ("Liberdade é o direito de fazer tudo o que as leis permitem"[8]) é o paradigma liberal por excelência: uma vez postos os limites à intervenção do Estado sobre o indivíduo, este dispõe de um espaço físico de movimento em que qualquer atividade sua é permitida. Fique claro: o ponto não é que as "leis" definem todas as atividades permitidas, mas que impedem algumas, portanto *não* impedem todas as outras.

Sabe-se que Benjamin Constant tornou célebre uma distinção, entre liberdade dos modernos e liberdade dos antigos, e "exaltou a primeira para rebaixar a segunda. Ele contrapõe a liberdade como gozo privado, liberdade individual, como propriamente a chama, à liberdade como participação no poder político, isto é, "liberdade coletiva"[9]. Conforme escreveu Sartori, a propósito do fundamento dessa divisão clássica, "na cidade-comunidade dos antigos a liberdade não se afirmava *em oposição* ao Estado: não havia Estado. A liberdade afirmava-se, ao contrário, *na participação* no poder coletivo. Mas uma vez posto o Estado como órgão materialmente distinto e funcionalmente acima da sociedade, o problema inverte-se e, por conseguinte, a instância democrática dos modernos manifesta-se 'em oposição' ao Estado [...]. Os gregos podiam ser livres, a seu modo, mesmo partindo da *pólis* para chegar ao *polites*. Nós não. Poderemos continuar livres, só se procedermos em sentido exatamente oposto: partindo dos 'direitos do homem' e começando pelo cidadão para chegar ao Estado"[10]. A evolução da noção de liberdade como liberdade individual passa pela separação entre Estado e indivíduo e pela delineação de uma oposição fundamental que caracterizará a cultura jurídica até nossos dias, a oposição entre privado e público.

---

8. MONTESQUIEU, *Lo Spirito delle leggi* (1748), cit., I, p. 273 (livro XII, cap. II).

9. É o que se faz num ensaio já clássico, N. BOBBIO, *Kant e le due libertà, Da Hobbes a Marx*, Nápoles, 1965, p. 151.

10. G. SARTORI, *Democrazia e definizioni*, Bolonha, 1957, p. 179.

Para Constant, o sentido de comunidade, de coletividade, implícito na essência da liberdade *política* que ele chama de *liberdade dos antigos,* não pode prevalecer sobre o propósito da segurança das posses ("fruição") privadas que as instituições devem garantir. O sentido de auto-obrigação, idéia das leis como momento de autolegislação, e de autodeterminação coletiva, como exercício da autonomia e capacidade de dar-se normas (dependendo assim apenas da "própria" vontade), caracterizam a liberdade "política", como expressão do *princípio democrático,* ao passo que a liberdade como garantia e segurança das posses, como não-impedimento, a liberdade em função do indivíduo, especificam um dos fulcros da doutrina liberal[11].

No plano institucional, a liberdade individual, pensada como liberdade "negativa", é liberdade jurídica, dependente da tutela jurídica dos direitos e das liberdades: a ela não se pode impor, por parte do Estado, nenhuma finalidade ou conteúdo determinado, portanto se efetiva como expressão direta da liberdade natural. Quanto a Constant, sua "preferência" pela liberdade dos modernos não se dissocia do reconhecimento do papel da liberdade política, entendida como "garantia" indispensável da *liberdade moderna:* também ela essencial, contudo, a tal ponto que sua ausência levaria à perda da primeira[12].

Mas não se deve ignorar que, no pensamento liberal-moderado do século XIX, que inclui Constant, as duas liberdades têm uma *universalidade diferente*, que diz respeito à diferente extensão do próprio conceito de *cidadania*: as liberdade civis e os direitos de liberdade são patrimônio "natural" dos indivíduos; as liberdades políticas dependem de qualidade ou status, e, em particular, a elas se sobrepõem critérios restritivos de ordem sobretudo censitária (além, obviamente, do sexo), aptos a limitar o eleitorado ativo e passi-

---

11. Cf. BOBBIO, *Kant e le due libertà*, cit., pp. 148 ss.
12. B. CONSTANT, *Discorso sulla libertà degli antichi paragonata a quella dei moderni,* in *B. Constant,* org. U. Cerroni, Roma, 1965, p. 260.

vo, a configurar a soberania *"popular"* como meta não desejável, e a substituí-la com o conceito mais abstrato de soberania da *nação*.

A resistência liberal-moderada às liberdades políticas na sua versão eminentemente democrática é coerente com toda a concepção do sistema social e com o papel atribuído ao direito.

Não por acaso, a definição de coexistência, da qual se partiu, mesmo se limitando a indicar condições formais e abstratas, ou melhor, condições constitutivas da convivência *em geral,* não pode ser exaltada na sua "pureza" (no sentido de neutralidade), como pareceria à primeira vista. Mesmo a teoria de coexistência está ligada à vontade de garantir uma ordem social e política e, em particular, de excluir qualquer "coexistência" baseada em elementos qualitativamente complementares ou diferentes da "simples" proteção das fruições (portanto das posses) individuais. Uma doutrina como essa opta, na realidade, como já ocorrera em Locke, pela tutela do indivíduo, cuja personalidade seja visível na sua manifestação proprietária; protege o indivíduo a partir de uma espécie de individualismo metodológico e substancial, segundo o qual a sociedade é construída e reproduzida a partir das exigências e dos propósitos dos sujeitos individuais. Portanto, não só o indivíduo-pessoa existe como tal apenas numa projeção externa (a propriedade) que constitui o fundamento da sua reconhecibilidade (e portanto o torna centro de imputação de interesses), como também toda a *sociedade não acrescenta conceitualmente nada,* não é posta num plano constitutiva ou ontologicamente diferente: porque ela é exclusivamente produto da insociável sociabilidade (*Ungesellige Gesellgkeit* de que fala o próprio Kant) dos homens, ou seja, é simples efeito da natureza "individualista", pressuposta nos indivíduos. Está na tradição do pensamento moderno.

E trata-se no fundo da incapacidade de intuir os aspectos de socialidade como elementos constitutivos e essenciais do comportamento individual, a incapacidade de captar a natureza qualitativamente outra da sociedade (natureza que no entanto marca *ab origine* mesmo o indivíduo) e a lógica "própria"da ação *social*.

Sob outro aspecto, de resto, a coexistência dos arbítrios, que Kant definiu, *a priori* ou em abstrato, como produto de condições "jurídicas", corresponde em grande parte, também no seu significado histórico, à insistência do mesmo Constant nos *limites* que, diante da liberdade "moderna", devem ser impostos ao exercício da *soberania*: diferentemente dos resultados doutrinários que brotaram do pensamento revolucionário francês e do rousseauniano, Constant afirma que "a soberania do povo não é ilimitada; está circunscrita nos confins que lhe são traçados pela justiça e pelos direitos dos indivíduos. A vontade de todo um povo não pode tornar justo o que é injusto"[13].

Não se deve subestimar a importância dessa afirmação. Por várias razões. A tutela das liberdades individuais, portanto dos direitos, torna-se fundamento substancial do exercício do poder soberano, exatamente no sentido de que a própria lei e o próprio legislador não dispõem do mandato para destruir o senso de obrigação política: senso que consiste acima de tudo na garantia dos direitos e da esfera de disponibilidade privada aos quais está, aliás, ligada a sorte da classe social dominante do século XIX. O que ocorre com base no pressuposto de uma ideologia do desenvolvimento harmonioso da sociedade: a sociedade não tem necessidade de nenhuma *subtração (ou regulamentação ou limitação) pública dos espaços de iniciativa privada*, mas, ao contrário, de seu desenvolvimento espontâneo, segundo equilíbrios aos quais o poder político, intervindo, só pode ser obstáculo.

Se, pois, para Constant não são as leis (a Lei) que fazem milagres, fazem-nos, ao contrário, os "arbítrios" submetidos ao direito (legislativo), qual simples tutor da coexistência organizada destes.

---

13. B. CONSTANT, *Principi di politica* (cap. I, *Della sovranità popolare*) in B. *Constant,* cit., p. 74.

Apesar disso, não se deve perder de vista o caráter autenticamente liberal e "constitucionalista" da doutrina de Constant: nela estão genuinamente presentes os *limites internos ao absolutismo do legislador nacional,* que, ao contrário, se irão perdendo na teoria e na história institucional e política do Estado de direito continental entre os séculos XIX e XX.

3. *Status negativus*

Liberdade e coexistência são termos que o pensamento liberal europeu extrairá sobretudo de Kant. A vantagem decorrente de partir de Kant está na presença temática simultânea da inspiração política e da inspiração jurídica da liberdade, uma no sentido de liberdade positiva, outra no de liberdade negativa, uma sustentada por uma concepção da sociedade, outra por uma concepção do indivíduo. Trata-se obviamente da liberdade como não-impedimento e da liberdade como autonomia.

Conquanto se possa considerar como partes de uma mesma medalha, a distinção é útil para compreender o papel do direito na estabilização da liberdade: a liberdade natural, concebida desde Hobbes como liberdade de movimento, é afirmada no pensamento moderno dentro de uma idéia produtivista do sujeito como criador de relações e produtor/possuidor de bens; o poder da vontade e a capacidade de dispor, de negociar, põem o indivíduo na condição de *dominus* da sua própria esfera jurídica, que acaba por representar a *contrapartida,* em âmbito individual, da soberania estatal. O indivíduo senhor do seu próprio espaço, não impedido pelo poder público, soberano. A liberdade, portanto, como *dominium* e, sobretudo, como *propriedade,* qual expressão prototípica do *jus excludendi alios.*

A propriedade é o símbolo da posse concreta de uma liberdade que de outro modo não poderia ser exercida, por carecer do meio necessário para ser. Em outros termos, a liberdade jurídica, a liberdade relevante no plano jurídico, é sempre a liberdade "negativa", enquanto é juridicamente indiferente e, sobretudo, juridicamente ilegítimo limitar ou condicionar a capacidade de domínio, a soberania individual no interior da esfera de liberdade (negativa): nesse "interior" a autonomia individual é radicalmente indecidida e indecidível. O próprio Estado liberal é posto a tutelar essa liberdade como liberdade negativa: o sucesso dessa concepção de Montesquieu a Kant e até nossos dias está ligado à sua inerência a uma concepção liberal mais ampla do mundo e, em particular, a uma concepção liberalista da economia e "mínima" do Estado.

O fato de a liberdade "positiva" estar associada em algumas de suas muitas interpretações a uma concepção democrática e participativa da vida social é, por outro lado, igualmente compreensível pelos mesmos motivos, mesmo que, em parte, só relativamente justificado. O perfil positivo da liberdade só pode ser o inverso "natural" da liberdade negativa, o seu conteúdo.

Todavia, qual dos dois perfis é mais acentuado é questão relevante exatamente para a compreensão do tipo de sociedade e de instituições que dele dependem. A tônica posta nas liberdades positivas indica que, além da garantia de independência, nas sociedades democráticas é indispensável uma noção peculiar de liberdade, em especial a não simplesmente entendida como conteúdo (ou inverso) do *status negativus ac libertatis,* mas no sentido das democracias antigas, retomado por Rousseau, como participação na coisa pública, como exercício do voto (símbolo de todos os direitos políticos, que são exercício de liberdade "positiva"), como positiva autodeterminação da coletividade perante todas as questões que lhe sejam relevantes. O que assinala também uma cultura diferente das liberdades, tendente a pospor a satisfação do indivíduo à satisfação da coletividade, a pensar a primeira apenas no bojo do interesse geral; algo que, segundo Rousseau, ocorre mediante a formação de uma vontade geral, soberana, irredutível à vontade isolada de cada um e bem distinta das tendências egocêntricas do indivíduo.

Não há dúvida, aliás, de que Kant foi "buscar"a liberdade positiva no próprio "sistema" filosófico, liberdade entendida principalmente no sentido *do indivíduo legislador de si mesmo*. O indivíduo não pode submeter-se à lei *que não seja aquela que ele mesmo se tenha imposto*.

Isso mostra que não há nenhuma inconciliabilidade interna entre essas duas vertentes da liberdade. Há, porém, diversidade e até inconciliabilidade entre as duas diferentes concepções de mundo que assumem e absolutizam ambas segundo critérios próprios.

Nessa visão opositiva das duas liberdades, não há dúvida alguma de que, num filósofo como Kant, prevalece a negativa. Acima de tudo, seu conceito de Estado liberal (substancialmente reduzido ao "direito") é bem mais dependente da noção de liberdade jurídica, liberdade negativa, do que da noção de liberdade positiva como liberdade política.

Os lugares da liberdade política em Kant são principalmente lugares "de razão" e não instituições de democracia política. O princípio da autodeterminação, ou melhor, da autolegislação não comporta um procedimento institucional que garanta a expressão popular do consentimento, mas, ao contrário, impõe ao soberano "considerar cada súdito, que quer ser cidadão, como se lhe tivesse dado seu consentimento a tal vontade"[14]. E essa filosofia do "como se", da democracia como idéia reguladora, permeada de forte espírito iluminista, portanto racionalista, não se exprime concretamente na democracia como tal, mas no Estado republicano, entendido como Estado não despótico, conforme ressaltou Bobbio[15], a tal ponto que mesmo "uma monarquia pode ser um estado republicano"[16] quando – escreve Kant – "o estado for administrado pela unidade do monarca com base nas leis

---

14. KANT, *Sopra il detto comune: questo può essere giusto in teoria, ma non vale per la pratica* (1793), in *Scritti politici e di filosofia della storia e del diritto*, org. G. Solari e N. Bobbio, rev. de L. Firpo e V. Mathieu, Turim, 1956, p. 262.

15. BOBBIO, *Kant e le due libertà*, cit., p. 155.

16. *Ibid.*

que o povo imponha a si mesmo segundo princípios de direito universal"[17].

Coerentemente, a hipótese da autodeterminação dos cidadãos, dos súditos, é sempre uma hipótese de exercício de liberdade, mas na realidade limitada às clássicas liberdades liberais modernas, sintetizáveis na "mais inofensiva de todas as liberdades, que é a de fazer uso público da própria razão em todos os campos"[18]. Uma liberdade que parece incongruente com o princípio de participação política, pois o comportamento do soberano não se baseia no pressuposto do consentimento real, garantido, por exemplo, como resultado do exercício real dos direitos políticos, mas no do consentimento potencial, idéia reguladora, racional e abstrata, que o monarca esclarecido deve encarregar-se de seguir.

No entanto, é importante a clareza do projeto com que Kant estrutura uma constituição republicana, que ele pretende fundar "1) no princípio da *liberdade* dos membros de uma sociedade (como homens); 2) no princípio da *dependência de* todos em relação a uma única legislação (como súditos); 3) na lei da igualdade de todos (como cidadãos)"[19]. Também nesse caso, a constituição republicana é, porém, pensada como fundamento de toda "constituição civil", e, além disso, decorre da idéia "do contrato originário, no qual a legislação de todo povo deve basear-se". A autolegislação, implícita nessa ascendência contratualística, é reiterada, como é também reiterado, por meio da menção ao contrato originário, sua feição de idéia de razão, não de instituição histórica. Aliás, deve-se reconhecer que o Estado kantiano é um Estado limitado (mas) essencialmente pela razão.

A esse respeito, o princípio de que o cidadão não pode obedecer a leis que ele mesmo não se tenha imposto, enten-

---

17. KANT, Se il genere umano sia in costante progresso verso il meglio (1798), in *Scritti* cit., p. 222.
18. KANT, *Risposta alla domanda: che cos'è l'illuminismo* (1784), in *Scritti* cit., p. 143.
19. KANT, *Per la pace perpetua. Progetto filosofico* (1795), in *Scritti*, cit., p. 292.

dido como princípio da liberdade positiva, deveria ser visto como coerente com o pressuposto da "soberania popular" (base da democracia como governo do povo). É princípio cuja real aplicação, em sentido político, depende da consistência histórica do conceito de soberania.

Para entender o alcance da questão, bastaria uma rápida menção às democracias contemporâneas. Seu crescimento parece marcado pela obsolescência da soberania do povo, em razão da complexidade dos fenômenos sociais, econômicos e políticos que têm transformado a vida política num âmbito inacessível às determinações dos cidadãos (admitindo-se que haja e possa haver tais determinações), portanto substancialmente heterônomo[20]. Essa tese, formulada com base em análises sociológicas e politológicas, não chega a ser ponto pacífico. A busca de transformações da soberania e a revitalização do princípio de autodeterminação política dos cidadãos são por outros apresentadas exatamente a partir da definição de liberdade positiva feita pelo próprio Kant[21].

A dimensão jurídica e individual da liberdade negativa, como direito a não sofrer nenhum impedimento, nas democracias contemporâneas deve ser entendida na ordem de fins e valores que a comunidade elegeu, geralmente por meio de sua ordem constitucional. Exatamente em virtude disso, em todas as tradições culturais e constitucionais ocidentais de fato a liberdade negativa diz respeito apenas a uma parte dos direitos e das liberdades que foram sendo progressivamente garantidos.

O pleno desenvolvimento e a mais completa auto-realização do indivíduo na comunidade dependem da efetiva

---

20. Sobre o assunto, exatamente em relação às democracias contemporâneas, ver o "realístico" levantamento crítico de D. ZOLO, *Il principato democratico. Per una teoria realistica della democrazia*, Milão, 1992. E N. LUHMANN, *Sociologia del diritto*, trad. ital. de A. Febbrajo, Bari, 1977, pp. 82 ss. Mas, entre as muitas obras do mesmo autor, ver ao menos *Potere e complessità sociale*, org. D. Zolo, Milão, 1979.

21. J. HABERMAS, *Morale, diritto, politica*, cit., ult. cap.

participação, do efetivo concurso à vida política e não menos da autodeterminação e da efetiva possibilidade de escolha no campo econômico.

Em certo sentido, a própria tutela dos direitos nas comunidades em que os indivíduos se encontram comporta o reconhecimento das superposições objetivas entre a esfera pública e a individual. A liberdade de não sofrer impedimentos por parte da comunidade, a liberdade negativa, acaba assim por afirmar-se mais e, talvez sobretudo, quanto maior for a tutela efetiva da liberdade positiva, quanto mais for assegurada a possibilidade de escolha em cada campo, portanto quanto mais a esfera comum ou pública for dependente do exercício da autodeterminação de cada um. Isso significa que, concluindo este breve inciso, a separação "moderna" entre comunidade e indivíduo não só não parece adequada à reflexão sobre as sociedades contemporâneas, como demonstra que o princípio kantiano de autolegislação continuará, como em seu século, sendo uma simples idéia da razão sempre que, além das "retas"aspirações da razão individual, não for esclarecida, definida a questão preliminar da identificação concreta do legislador-soberano, ou quando, em outros termos, a esfera individual exaurir e excluir a relevância autônoma da esfera pública e ignorar suas características e articulações internas.

O individualismo substancial e metodológico próprio da óptica moderna e "liberal" revela-se, portanto, falaz com esse perfil. Sua inadequação, em outros termos, é característica do conceito, redutivo, de liberdade negativa. A posse da independência individual é na verdade um pressuposto para o exercício da liberdade como autonomia. Mas, além disso, o exercício da liberdade como autonomia é o que permite ao indivíduo superar, pelo menos em abstrato, o sentido de estraneidade e de heteronomia com que percebe a esfera pública. A preservação individual da esfera pessoal como esfera privada não está em discussão, mas é fundamentalmente insuficiente para descrever a *ratio* dos ordenamentos jurídico-políticos contemporâneos que não absolutizam o indivíduo a ponto de planejar a vida pública como mera esfera de coexistência, mas, ao contrário, a impregnam de "valores" que são expressão e ao mesmo tempo premissa da auto-realização da pessoa (liberdade positiva). As democracias não podem deixar de apoiar-se em elos comuns de uma esfera pública que depende de cada um. De resto, as Constituições contemporâneas não tutelam a simples coexistência entre indivíduos (na base do único valor fundamental da liberdade individual), mas pretendem elevar a vida associada com base em outros valores fundados na consciência comum e positivados no pacto constitucional: *portanto põem em primeiro plano a coexistência entre valores, que é coisa bem diferente da coexistência (dos indivíduos) no sentido kantiano.*

V. Além da revolução: liberdade de Estado

SUMÁRIO: 1. O *pensamento* alemão – 2. Direito abstrato, sociedade e Estado segundo Hegel

1. O *pensamento* alemão

A cultura alemã, também em razão de sua especificidade em comparação com a francesa revolucionária e pós-revolucionária, foi conquistando decisiva posição central no desenvolvimento do pensamento jurídico e filosófico europeu.

A influência da Revolução Francesa, em especial nos primeiros anos que se lhe seguiram, foi indiscutível, produzindo conseqüências importantes na Europa, mas não demorou para que se mostrasse a irredutível "resistência" do tecido social germânico, de estrutura ainda medieval. Por outro lado, a riqueza e a autonomia crítica do iluminismo alemão e o sentimento antifrancês criado pela derrota de Iena (contra Napoleão, 1806) fizeram o resto. Depois do retorno a um clima mais estável, com a definitiva reorganização dos equilíbrios europeus produzida pela Restauração (e pela queda do mito napoleônico), ganhou solidez uma reflexão política exclusivamente "do pensamento", um repensamento histórico mais que um impulso "imitativo" ulterior.

Depois de Iena, os *Discursos à nação alemã* (1807/8) de Johan Gottlieb Fichte partem do pressuposto de que uma nação não livre não pode dispor do seu próprio futuro, mas que a Alemanha possui uma língua, sobretudo, uma raiz viva, que é o sinal das conotações primitivas do povo alemão: pode expressar-se, por isso, como nação, pode construir um Estado que saiba exaltar o caráter espiritual e a unidade cultural dos alemães, um Estado perfeito capaz de educar o homem perfeito[1]. Esse patriotismo fichtiano acaba por encontrar a anuência de um iluminismo alemão reacionário, desde o início alinhado com Burke e de orientação antifrancesa, como o de F. von Gentz (tradutor das *Reflections* de Burke). Gentz afirma a confiança na emancipação natural e progressiva do homem, traduzindo-a em nítida oposição a um prometéico salto histórico, como o que a revolução, em nome de um saber onipotente, quisera produzir com escassos resultados: a educação de um povo deve considerá-lo "globalmente", não pode consistir na imposição revolucionária (e utópica) de um modelo de classe, a burguesa, de uma cultura "parcial", que não interessa e não diz respeito aos traços comuns de cada um[2].

Por certo o desafio do universal, a racionalidade como arma do espírito, como alma de uma produção "artificial" do mundo, permanecem indiscutidas e assimiladas, como herança do iluminismo francês. Até mesmo a posição kantiana sobre a Revolução Francesa foi uma reiteração da acolhida positiva dos ideais de razão, testemunho da legitimidade da pretensão a uma nova e "progressista" ordem do mundo.

Kant tende a considerar com otimismo aqueles acontecimentos, segundo uma óptica que ele exprime em 1797, a propósito da tendência humana ao progresso para o melhor (*Se o gênero humano está em constante progresso para o melhor*). Considera reprováveis os furores de povo, mas afirma os direitos do homem, "acima da ordem e da tranqüilidade" produzidas pela opressão: "Enquanto as desordens, que irrompem do desejo de justiça, passam."[3]

O pensamento kantiano é favorável aos ideais de razão expressos na Revolução Francesa, com vista à emancipa-

---

1. J. G. FICHTE, *Discorsi alla Nazione tedesca*, Turim, 1942, p. 119 (VI).
2. Cf. F. GENTZ, *Ueber die National Erziehung in Frankreich*, in *Ausgewaelte Schriften*, org. W. Weick, Stuttgart-Leipzig 1836, Bd. II.
3. KANT, *Antropologia dal punto di vista prammatico* (1798), in *Scritti morali*, org. P. Chiodi, Turim, 1970 (II, 1404, XV).

ção, que é assumida como superação da imobilidade das relações sociais, discriminadoras e antiigualitárias: "Cada membro do Estado deve poder atingir [...] o grau de posição social [...] ao qual possa ser elevado por seu talento, sua operosidade e sua sorte, sem encontrar obstáculo nos outros súditos que invoquem prerrogativas hereditárias (como se tivessem o privilégio de determinada classe social) para mantê-lo e aos seus descendentes em perpétua sujeição."[4] A igualdade perante o direito, à lei, é espelho da igualdade dos homens, mesmo na desigualdade social: o que em nada contradiz, mas confirma, o espírito *burguês* "consolidado" no produto jurídico mais elevado da época revolucionária, o código napoleônico que se baseava no dogma da propriedade sagrada e inviolável tanto quanto na centralidade e na intangibilidade da vontade negocial privada[5]. Kant defende o princípio geral de igualdade entendido como algo coexistente com "a máxima desigualdade exterior dos bens de fortuna e em geral dos direitos (e podem ser muitos) de uns em relação a outros"[6].

Mas é exatamente em relação a essa *"pureza" do modelo racional de uma nova ordem,* pureza expressa pelo pensamento revolucionário, que a filosofia jurídico-política alemã, em especial a kantiana, se coloca em linha de continuidade. Mas o gosto pela participação intelectual nos acontecimentos e o uso metódico da razão como razão "privada" distinguem o kantismo como pensamento desvinculado de qualquer compromisso "histórico", ou melhor, de toda e qualquer concretização institucional, reafirmando a separação de princípio entre participação política e reflexão intelectual.

A racionalidade, como faculdade de reconstrução de um projeto "histórico" da ordem do mundo, reaparece, porém,

---

4. KANT, *Sopra il detto comune: "Questo può essere giusto in teoria ma non vale per l a pratica"* (1798), in *Scritti politici,* cit., p. 256.
5. A propósito das características do código napoleônico, D. CORRADINI, *Garantismo e statualismo,* cit.
6. *Sopra il detto comune,* cit., p. 255.

na razão hegeliana, com roupagem antiformalística, como superação do "abstrato". Hegel alinha-se contra a *liberdade subjetiva* que pretende realizar-se como *absoluta*: o movimento inicial do "espírito" revolucionário é captado no instante de sua pretensão, como esforço, e percebido em termos de arbitrariedade ou, como diz Hegel, de unilateralidade, caráter abstrato, falta de fundamentação, ausência de legitimidade. Tanto Robespierre quanto o Terror são manifestações de um furor arbitrário que não carrega consigo as razões universais (ainda que se trate de um momento necessário).

Por outro lado, Hegel aclamou a revolução *acabada*, tornada processo *histórico*, transformação interna da realidade, e Napoleão, como "espírito do mundo a cavalo", "indivíduo cósmico-histórico", por meio de quem a história universal se compraz em realizar-se, aconselhando-lhe a proteção e a consolidação de um novo mundo.

O processo revolucionário é, portanto, um itinerário objetivo da história, uma manifestação do espírito que perde a sua unilateralidade e a sua subjetividade.

A filosofia hegeliana é uma penetração do conceito no fato e a superação (*Aufhebung*, superar conservando) da mera positividade do dado histórico na sua compreensão profunda e racional. A "realidade" é entendida como núcleo racional do puro dado de fato, que de per si só representa uma abstração, uma incompletude, uma "unilateralidade". A "realidade" é plena, se captada no núcleo interno de negação da sua contingência, da obtusa presença daquilo que é, se apreendida (*begreifen*, donde o conceito, *Begriff*) no processo dialético que nega o mero dado (tese) na possibilidade de evolução-superação que ele contém, que nele está radicada (antítese) e que deve projetar-se numa nova síntese (que é realidade plena).

A lógica dialética hegeliana pretende ser o reconhecimento da insuficiência da lógica formal e da inadequação do princípio de não-contradição, sobretudo em relação à realidade produzida pelos homens, na vida social e na história. Lógica formal que divide, distingue e separa, ignora a complexa estratificação do real, a presença simultânea de afirmação e negação nos processos pelos quais a história é movida. Presença simultânea que aspira à superação da cisão, à unidade, à síntese, presença simultânea que a razão dialética (*Vernunft*) assume, tornando-se órgão do conhecimento (ao passo que em Kant era relegada ao reino da metafísica, atribuindo ao intelecto – *Verstand* – toda a tarefa cognitiva). A contradição, verdadeira arma da razão, é o que, ao contrário, anima os processos históricos e é a raiz de sua capacidade de progresso; faz parte do real e, através da emergência da negação, exprime sua verdade intrínseca. O "positivo", o existente, ficará então fechado à compreensão se a razão não iluminar a negação que ele mesmo contém, ou seja, o sentido racional de que ele é potência.

De resto, essa "lógica" dialética é entendida como o modo mesmo de evolução da história. O mundo moderno mostra-se a Hegel como produto da obra vivificante do espírito. Nossa época – escreve ele em *Lições sobre a filosofia da história*[7] – "deve ser comparada ao mundo romano. Do mesmo modo, ele é unidade do universal, porém não unidade do abstrato domínio do mundo, mas sim hegemonia do pensamento autoconsciente, que quer e conhece o universal e governa o mundo. A inteligente finalidade do Estado é agora subsistente na realidade: dissolvem-se privilégios e particularismos, e assim os povos têm o direito, não privilégios, mas o direito de querer. Com isso os povos não são obrigados por tratados, mas por princípios, pelo direito em si e por si".

Por isso a lógica dialética não é apenas método de explicação do real, mas é ao mesmo tempo modo de ser da realidade; lógica e metafísica se fundem: Hegel assim rejeita o dualismo kantiano, que atribuía à lógica da ciência um âmbito separado do âmbito da razão dialética e da metafísica.

---

7. G. W. F. HEGEL, *Lezioni sulla filosofia della storia* (1830-1831), trad. ital. de G. Calogero e C. Fatta, vol. IV (*Il mondo germanico*), Florença, 1975 (III rest.), pp. 14-5.

Mas nessa moldura filosófica fica claro que a atitude de Hegel para com a história do seu tempo não foi e não poderia ter sido nem continuísta, no sentido da exaltação do peso ou do valor da pura tradição e dos fatos, ou seja, no sentido do historicismo de Burke, nem intelectualista, ou seja, de adesão ao anti-historicismo iluminista. Não poderia ter-se resolvido na exaltação de um programa puramente intelectual, abstraído da história e dos fatos, nem na pura afirmação da positividade histórica.

Assim, a filosofia hegeliana do direito é acima de tudo antijusnaturalista[8], pois o direito racional abstrato, puramente pensado e artificiosamente introduzido na eterna fixidez da natureza, era o oposto exato da consciência hegeliana da história e expressão da unilateralidade e da subjetividade de toda atitude intelectualista. O conceito continua sendo, porém, uma encarnação real, não é intelecto abstrato, mas verdade histórica, é, sim, negação, mas negação determinada (como ressaltará com ênfase a recepção da dialética de Hegel por parte de Marx), possibilidade contida nos fatos e nas próprias instituições históricas, como o sentido de sua evolução racional.

Para Hegel, o Estado é um fato cultural e espiritual; como demonstra a experiência napoleônica, da "razão a cavalo", na Espanha, não podem ser transplantadas instituições para

---

8. O direito natural é objeto precípuo da atenção de HEGEL, em *Sobre as diferentes maneiras de tratar cientificamente o direito natural* (1803), em *Escritos de filosofia do direito,* cit. Hegel, obviamente, confirma sua atitude negativa para com o direito natural em praticamente cada obra sua. Importante é sua negação de considerar o homem em geral no estado de natureza, como natureza, e sua insistência na necessidade de considerá-lo "no seu conceito", mais que como ser simplesmente natural (cf. *Filosofia dello spirito jenese,* org. G. Cantillo, Bari, 1971, p. 134) *(Filosofia do espírito em Iena,* 1805-1806). Esclarecedor a esse respeito é um trecho das *Lições sobre a história da filosofia (Lezioni sulla storia della filosofia,* org. E. Codignola e G. Sanna, Florença, 1967, vol. III, 2, p. 174): "O termo natureza tem a seguinte ambigüidade: a natureza do homem é a sua espiritualidade, racionalidade; mas o seu estado de natureza é o outro estado em que o homem se comporta segundo a sua naturalidade."

lugares nos quais elas não correspondam ao desenvolvimento do espírito da época[9].

Por isso, na célebre polêmica entre Thibaut e Savigny[10], Hegel assume indiretamente uma posição nova: ao entusiasmo iluminista do primeiro por uma codificação que fosse fruto da elaboração "universal" do direito pela razão, ele opunha o caráter extrínseco de uma imposição normativa puramente intelectual para a sociedade alemã e suas peculiares instituições; ao respeito religioso e romântico de Savigny e da escola "histórica" do direito para com o direito consuetudinário, para com a continuidade e a permanência das instituições consolidadas (tese que teria impedido o progresso da Alemanha rumo a um direito e a uma codificação à altura dos tempos), Hegel objetava a importância de levar certos conteúdos normativos depositados nas tradições de vida do povo a adquirir uma forma universal, a sair do perene estado de contingência, da sua arbitrária subjetividade[11].

De resto, não se pode negar que Hegel assumia problematicamente as razões de Savigny e Hugo: "Negar a uma nação civil ou à sua classe jurídica a capacidade de fazer um código, visto não poder tratar-se de fazer um sistema de leis *nuovas* quanto ao *conteúdo*, mas sim de conhecer na sua universalidade determinada o conteúdo legal subsistente, ou

---

9. G. W. F. HEGEL, *Vorlesungen ueber Rechtsphilosophie* 1818-1831, Ed. u. Kommentar von K.H. Ilting, *Philosophie des Rechts*, nach der Vorlesungsnachschrift von H. G. Hotho 1822/23, Stuttgart-Bad Cannstatt, 1974, p. 725. Mas também *Lições de filosofia do direito*, segundo o Manuscrito Wannemann, Heidelberg, 1817/1818 (*Lezioni di filosofia del diritto*, trad. ital. de P. Becchi, Nápoles, 1993, p. 224): "A formação espiritual de um povo, que exerce a mais forte influência sobre a constituição, como aquilo que por ela ganha vida, torna uma constituição, que funciona para outro povo, inadequada para esse povo. O racional deve existir, mas só tem existência na autoconsciência de um povo."

10. Sobre a qual, cf. cap. VI.

11. G. W. F. HEGEL, *Lineamenti di filosofia del diritto. Diritto naturale e scienza dello Stato in compendio* (1821), trad. ital. de G. Marini, Bari, 1987, p. ex. § 217, p. 175.

seja, apreendê-lo *pensando*, [...] seria uma das maiores afrontas que poderiam ser feitas a uma nação ou àquela classe"[12]. Tanto que a filosofia hegeliana desempenha um papel de impulso no processo de assimilação da idéia de código. É sobretudo o recurso ao método sistemático e à categoria da totalidade o que, no plano filosófico, abre caminho para uma criação unitária, que abranja instituições e normas num sistema orgânico. Hegel escreve, significativamente, em *Lineamentos de filosofia do direito*, que "Montesquieu indicou a verdadeira visão histórica, o ponto de vista autenticamente filosófico, considerar a legislação em geral e as suas particulares determinações não isolada e abstratamente, mas sim como momento dependente de *uma totalidade*, em conexão com todas as restantes determinações que constituem o caráter de uma nação e de uma época"[13]. A unidade (unicidade) da legislação, que já Kant desejara[14] como projeção da razão pura, torna-se agora também legislação orgânica, qual expressão de uma relação ética, de um edifício histórico cujas conexões internas sejam "necessárias", expressão de uma rede *unitária*[15] na qual a lei, como *ius scriptum*, eleva-se a "xibolete, com o qual se apartam os falsos irmãos e amigos do referido povo"[16], torna-se afirmação do universal e finalmente "direito positivo" (e não mais simplesmente direito abstrato, ou direito natural)[17].

---

12. HEGEL, *Lineamenti*, cit., § 211, p. 171. E alguns anos antes, nas *Lições* de 1817/1818 (ed. cit.), Hegel defendera as razões da universal cognoscibilidade do direito (*id.*, pp. 167-8), qualidade que só um código possuiria; ao mesmo tempo, recusara a conclusividade da obra de codificação, a idéia de que a lei codificada fosse um todo definitivamente posto e pensado como completo: "Um código perfeito, completo, é um ideal inatingível; ao contrário, ele deve ser sempre melhorado. Portanto, deve existir um código de direito, mas sempre a aperfeiçoar-se, a fazer-se; nesse campo da infinidade, a matéria é empírica, as determinações fixadas pelo intelecto sempre se dividem de novo; esse é o campo dos prós e dos contras, em que nunca se acaba" (*id.*, p. 166).
13. HEGEL, *Lineamenti*, cit. (Introdução, § 3), p. 22.
14. KANT, *Per la pace perpetua*, cit.
15. D. CORRADINI, *Garantismo e statualismo*, cit., p. 86.
16. HEGEL, *Lineamenti*, cit., Prefácio, p. 10.
17. *Id.*, § 211, pp. 169-70.

Contudo, existe um elo entre o direito abstrato e o conteúdo normativo (e ideológico) do novo código.

2. Direito abstrato, sociedade e Estado segundo Hegel

O código napoleônico de 1804 aparece como a realização dos princípios de liberdade da Revolução Francesa, princípios que parecem assim finalmente garantidos. O direito positivo e os privilégios foram sendo superados não pela declaração, ineficaz, de simples valores de liberdade e igualdade, mas pela aquisição que estes tiveram de uma forma jurídica, de uma realização formal, portanto positiva. A grande importância que a figura de Napoleão ganha aos olhos de muitos intelectuais alemães, entre os quais Hegel, depende em grande parte do cumprimento jurídico da Revolução em nova carta do direito. O fato de essa carta ter sido um código de direito civil (e não uma carta constitucional) obriga a fazer outras reflexões.

No que se refere a Hegel, é essencial a sua assimilação da economia política moderna: existe uma relação estreita entre o direito abstrato e os processos materiais de produção da riqueza através do trabalho, aliás, através da divisão do trabalho.

O parágrafo 194 dos *Lineamentos de filosofia do direito* ressalta que o trabalho constitui um momento de emancipação. O trabalho aparece como o pressuposto da saída do homem de um estado natural e possibilita a luta pelo reconhecimento da dignidade comum dos indivíduos. O contrato é o mediador universal por meio do qual se instauram relações civis, e a ele também se deve a possibilidade de transformar a simples posse em propriedade, de receber o reconhecimento e de afirmar a titularidade pessoal do direito *erga omnes*. Mas, em certo sentido, como já ocorrera em Locke, o trabalho torna-se o pressuposto lógico para a afirmação do direito de propriedade.

Em Locke, o trabalho é aquilo que o trabalhador "acrescenta" à coisa, representa uma especificação da coisa, portanto aparece apenas como uma justificação filosófica das posses reais e do direito aos bens da vida (mesmo que em função de uma estrutura social que se tornou mais dinâmica que a feudal).

Hegel atinge uma consciência mais elevada do caráter intersubjetivo dos processos de produção através do trabalho, não só como fundamento mais ou menos remoto da aquisição da propriedade, mas também como mediador do possível reconhecimento e, sobretudo, como princípio interno da sociedade moderna, fundamento de um modo de ser histórico específico. Acima de tudo, o trabalho aparece como trabalho social, outrossim como pressuposto da troca. Ora, as formas jurídicas do contrato e da propriedade mostram a pressuposição da liberdade dos indivíduos, na autonomia de sua vontade de sujeitos privados. A igualdade formal que nesse livre agir jurídico nivela todo indivíduo está estreitamente ligada à concreta transformação dos processos sociais e econômicos e do próprio trabalho. É de fato no trabalho que os vínculos e as sujeições, os arbítrios e as diferenças naturais são privados de fundamento, e é no trabalho que a consciência individual pode apropriar-se de uma autoconsciência não servil. O trabalho "social" põe em movimento um processo de emancipação de vínculos que o mundo medieval perpetuara, um processo conjunto ao desenvolvimento da burguesia como classe produtora, ao despertar de novas classes, que não a da economia fundiária. Na *Filosofia do espírito*[18], Hegel descreveu um conceito muito próximo do de trabalho "abstrato": trabalho que não leva diretamente a um valor de uso em si realizado (concreto), mas constitui um serviço parcial; só o trabalho conjunto de muitos produz um objeto apto a satisfazer necessidades. O trabalho do indivíduo não tem, assim, um alcance concreto (em termos de produção de um valor de uso), enquanto o objeto produzido depende da execução de um trabalho ge-

---

18. G. W. F. HEGEL, *Filosofia dello spirito jenese*, cit., pp. 97 ss. (*Filosofia do espírito em Iena*, 1803-1804).

ral que prescinde das identidades (portanto, das contribuições em si) dos indivíduos. E, por outro lado, o caráter abstrato do trabalho se deduz também e inversamente do fato de que o trabalho não constitui para o trabalhador o meio direto de satisfação de suas próprias necessidades. O produto deve ser trocado, exatamente porque esse tipo de trabalho (e esse sistema – "modo"– de produção) produz uma dependência universal e recíproca dos produtores. E a realização prática do lado universal do trabalho passa por um outro universal, um meio que representa coisas, ou seja, o dinheiro. Torna-se assim indiscutível a caracterização percebida e consciente do trabalho social moderno como pressuposto material do direito abstrato. O direito abstrato dispõe de formas gerais, nas quais são indiferentes os aspectos "individuais" concretos da realidade. Ele é projeção dos efeitos do trabalho que se tornou abstrato no interior do "sistema das necessidades" (ou seja, da sociedade de produção e troca). É expressão da indistinta fungibilidade das identidades individuais perante a lei, como norma das relações privadas, como regra da economia, como estrutura jurídica do sistema de necessidades.

Num aspecto diferente, o direito abstrato é concebido por Hegel como o direito que exprime unilateralidade, ou seja, o lado da pura forma, do conceito abstrato, do geral desligado do particular, do direito formal desligado das instituições, da idéia de razão separada da história, em suma, um elemento resultante da decomposição de um universo ético em que o direito é também experiência histórico-institucional, é positiva conexão com as necessidades concretas, é uma relação direta com a história. O direito abstrato conteria então as aquisições formais, abstratas, gerais e de princípio que a razão iluminista declarara essenciais para a vida civil, e com base nas quais constituíra (veja-se o Código Civil francês) novas regras para as inter-relações dos indivíduos, ou seja, dos indivíduos como tais. Mas é justamente esse fundamento e essa função do direito racional que o torna abstrato, porque o direito positivo seria, para Hegel, concreto e universal ao mesmo tempo, e só poderia ser o direito de uma determinada comunidade ética, historicamente definida segundo relações substanciais, que são relações institucionais, morais e sociais determinadas.

Mas esse direito abstrato, como vimos, não é só a representação ideal das conquistas formais da razão revolucionária; é também o critério universal e historicamente determinado para o funcionamento de uma sociedade historicamente determinada. Não é só o fruto das hipóteses sobre o direito natural, mas é também o direito necessário de uma sociedade que produz a necessidade desse direito. Todavia, o que para os jusnaturalistas era um ponto de chegada, para Hegel é o ponto de partida, sem dúvida igualmente imprescindível para a construção de um Estado, ou seja, para a transição do *reino do indivíduo* (do particular que se move no sistema da economia), dominado pela definição da relação jurídico-formal (o direito abstrato), para as *instituições*, que se apóiam num direito "público" racional, alimentado pela universalidade e pela concretude da vida "ética".

Não por acaso, esse Hegel que representa as transformações modernas da economia, até com base nas reflexões de economistas como Adam Smith, torna-se, com a *Filosofia do direito*, também capaz de entrever os efeitos distorcentes (nos processos econômicos e nas relações materiais) que o modo de produção moderno traz consigo, a começar pela "queda de uma grande massa abaixo do nível de certo modo de subsistência". O que acompanha, coerentemente, a configuração hegeliana do direito abstrato, do direito privado moderno, como o simples momento de um conjunto mais vasto, de um mundo mais complexo de relações sociais nem sempre harmonizadas.

Hegel introduz de fato uma "dicotomia" nova que não havia no jusnaturalismo, a dicotomia entre sociedade civil e Estado[19]. Essa dicotomia marca de maneira determinan-

---

19. M. RIEDEL, *Il concetto di società civile e il problema della sua origine storica*, in *Hegel fra tradizione e rivoluzione*, org. E. Tota, Bari, 1975, pp. 123-51.

te o desenvolvimento do pensamento jurídico e político subseqüente.

Os *Lineamentos de filosofia do direito* são dedicados ao desenvolvimento do "Espírito objetivo" ou seja, a parte do sistema hegeliano que dimensiona a razão dialética no interior das objetivações histórico-institucionais, segundo uma divisão entre direito abstrato, moral, eticidade e, nesta, família, sociedade civil e Estado. Só os momentos culminantes, que representam a síntese de unilateralidades precedentes, são algo mais que "abstrações"; apenas a eticidade e, nela, o Estado reproduzem a unidade entre real e racional, a "verdade" a que o sistema aspira.

O conceito de sociedade civil é decididamente moderno, como conjunto de relações econômicas e de vínculos sociais; conceito que não pode ser reduzido às relações de dependência recíproca dos indivíduos no "sistema das necessidades" (as relações econômicas), e que, ao contrário, contém em si uma estrutura jurídico-administrativa[20]. Hegel não projeta uma sociedade civil como lugar de ausência do politismo, como âmbito ao qual o Estado imponha uma regulação política externa. A sociedade burguesa dos indivíduos iguais é o pressuposto de um Estado coerente com ela. Mas não é, como na economia política moderna (e sobretudo em Adam Smith), um centro de gravidade, uma esfera fundadora e autônoma. O que decorre em certo sentido da superação necessária da sociedade civil no Estado, mas sobretudo do fato de que em Hegel a sociedade civil não é pura expressão de elementos naturalísticos, de harmonias naturalmente dadas (como na economia clássica).

Sem dúvida, a parte da sociedade civil que é o sistema das necessidades, o lugar das harmonias naturais da economia política clássica, mostra-se em Hegel como o lugar das contradições e a fonte da crise: ele vê a plebe à margem

---

20. Cf. L. ALFIERI, *Il pensiero dello Stato*, Pisa, 1985; M. BOVERO, *Modello hegelo-marxiano* in N. BOBBIO, M. BOVERO, *Società e stato nella filosofia politica moderna. Modello giusnaturalistico e modello hegelo-marxiano*, cit.

do Estado, animada por ódio e rebelião (*Lineamentos de filosofia do direito,* §§ 244, 245), a desagregação atomística da sociedade, o hiato entre governantes e governados, em que uns poucos oprimem muitos[21], as contradições econômicas que demandam saídas externas[22].

A cegueira da história apresenta conflitos que a filosofia não resolve e que, de qualquer modo, só poderia resolver a partir das conquistas da subjetividade moderna, que estão na propriedade como "direito ao direito", na liberdade, no ordenamento estatal. Aí começa a obra de recomposição que Hegel empreende a partir dos elementos histórico-institucionais e da estrutura social concreta do seu tempo.

Assim, a sociedade civil é vista sobretudo como inervada pelo politismo: não um simples agregado de indivíduos (como no sistema das necessidades), mas uma realidade em cujo interior há múltiplos momentos organizativos, círculos de interesses, associações, corporações, comunidades que servem de contraste ao atomismo (*fracionamento*) do processo de trabalho, que divide o trabalho e separa os indivíduos. Nesse aspecto a sociedade civil é efetivamente um conjunto de funções e de mediações jurídico-estatais[23]. A presença dos estratos sociais e das corporações não é simplesmente uma herança feudal, mas uma proposta política que deve ser recebida na configuração constitucional do Estado. Hegel não delineia uma relação imediata entre indivíduo e Estado, segundo a ideologia liberal revolucionária, que "alijara" os corpos intermediários, exatamente para garantir o ingresso dos cidadãos e do povo no governo das coisas. Os estratos sociais, os *Staende,* são a realidade "determinada" da comunidade social e a "mediação" perante o Estado; permitem que o indivíduo tenha uma "representação" nele, por meio do exercício do poder legislativo. Em es-

---

21. HEGEL, *Lezioni sulla filosofia della storia,* IV, cit., p. 207.
22. *Id.,* I, cit., pp. 229 ss.
23. N. BOBBIO, *Hegel e il diritto,* in Aa.Vv., *Incidenza di Hegel,* Nápoles, 1974, pp. 215-49.

pecial um deles, a categoria dos funcionários (*Beamtstand*), constitui um esqueleto de sustentação da estrutura do Estado, a famosa "classe geral" (o que corresponde efetivamente às características do Estado prussiano surgido em 1806 com o repúdio aos *Junkers,* progressivamente baseado no poder burocrático dos funcionários, de uma aristocracia de técnicos, majoritária no *Statsrat* e muito mais inovadora do que os interesses estáticos dos latifundiários – os *Junkers,* justamente –, até pela sua extração burguesa e intelectual).

Com isso, a sociedade civil não só não constitui, diretamente, o esquema imóvel das velhas classes privilegiadas, mas tampouco o lugar da naturalidade ou do puro direito dos particulares. Por certo essa caracterização da sociedade civil torna problemática a identificação dos aspectos liberais ou liberalistas do hegelianismo, mas também dos aspectos absolutistas do seu Estado, os quais pressuporiam, ao contrário, o desaparecimento da autonomia política da sociedade civil e a sua redução ao poder imposto pelo soberano. Antes, a subjetividade do Estado mostra-se como o desenvolvimento coerente do politismo das esferas ou dos círculos em que o indivíduo vive suas próprias relações. A falta de organicidade e o atomismo da sociedade civil são superados só em formas de ordenamento e de organicidade que definam a relação entre indivíduo e instituições. Mas as instituições da sociedade civil, inversamente, não permitiriam a visão do conjunto, impediriam a elevação da subjetividade ao todo: por isso o Estado é necessário, porque organização unitária do conjunto. Mas o Estado não possui um projeto impositivo de eticidade orgânica e fechada: em relação à sociedade civil e aos indivíduos, ele é apenas a projeção determinada deles no universal, ele constitui sua própria subjetividade como realização deles, como a consecução comum da universalidade.

Ao pensamento liberal faltava, e sempre faltou, exatamente essa tônica, ou melhor, essa preocupação com os destinos do conjunto. E é nesse vazio de pensamento, que é também um vazio cultural, que, do ponto de vista filosófico-político, será possível a apropriação totalitária da totalidade: ela se torna o objetivo primeiro do Estado ético (fascista e nazista) do século XX. O pensamento do Estado, segundo a filosofia hegeliana, ocupa no entanto esse vazio e responsabiliza-se por tais preocupações, alheias ao pensamento liberalista (preocupações que, por outro lado, não indicavam, como se disse, a orientação de um Estado ético em sentido totalitário).

O Estado hegeliano não é redução sintética das lacerações, não é pacificação e anulação das divisões e, assim, exclusão definitiva do indivíduo. No entanto, não é tampouco simplesmente o Estado fiador da segurança e das posses, Estado do "não-impedimento", Estado configurado segundo os seus limites: o que torna complexa a interpretação é, talvez, a caracterização histórica objetiva do Estado hegeliano. Esta decorre do fato de que ele acaba por mostrar-se como um projeto racional mais avançado do que os fatos nus, de tal modo que se nivela de vez em quando com um dos dois extremos entre os quais oscila: um, a legitimação do Estado (existente) prussiano; o outro, a incapacidade histórica de tornar efetivo (e não só ideal) o peso da sociedade civil sobre a formação política da unidade do Estado. Mas exatamente nisso descobrimos a profundidade problemática do Estado moderno, que, também graças a Hegel, se nos mostra em todo o seu valor histórico e na sua complexidade.

Não há dúvida de que o modelo jusnaturalista é superado numa inversão de valores que marca o abandono do individualismo, metodológico e substancial. Não são os indivíduos o pressuposto da formação da coletividade, não é a vontade nem, diretamente, os interesses deles que precedem e produzem o Estado. Isto explica o abandono do contratualismo e da hipótese de "passagem" do estado de natureza à sociedade civil. O direito confere ao homem "personalidade", possibilita e determina o reconhecimento, mas isso acontece dentro da formação social moderna, não fora dela: além desse resultado mínimo do direito privado, o que possibilita a vida coletiva é a resolução do problema da relação entre os indivíduos dentro da esfera ética, ou seja, dentro daquele senso comum, daquela cultura coletiva que se produz inteiramente no interior das instituições e se cumpre na construção do Estado. A autonomia individual não é suficiente como momento fundador da convivência, pois a ela, à filosofia do direito privado, deve somar-se uma filosofia do direito público, uma definição concreta da relação de cada um com a dimensão coletiva e organizada: em certo sentido, Hegel se impõe dentro da sociedade civil a tarefa de evidenciar e de compor as limitações do individualismo e do estado de natureza que o jusnaturalismo acreditava ilusoriamente ter superado diretamente com a *inventio* da sociedade civil. O Estado e a sociedade civil são momentos internos de um desenvolvimento unitário, do qual não pode ser suprimida, por meio de simples artifício mental, a carga de naturalidade e de incompletude que a teoria da nova sociedade (e também o jusnaturalismo moderno) acreditava poder separar da vida civil, empurrando-a para um continente imaginário, que é o estado de natureza.

O indivíduo é concebido ao mesmo tempo como fruto positivo de uma época que sabe fazer emergir a particularidade subjetiva, o pensamento, mas também como uma abstração. É a filosofia hegeliana da história que descreve a idade moderna como época de ruptura definitiva com a idéia de convivência social como um todo orgânico, em que a comunidade substitui o pensamento e incorpora o indivíduo. Mas a emergência da pluralidade, da particularidade, do individualismo não é o ponto de partida para uma *fictio* contratualista, como a dos jusnaturalistas. A composição da sociedade civil obtida por meio de "decisões individuais" sofre do particularismo e das limitações que pretende superar. Uma sociedade "justa", racionalmente planejada, não é, para Hegel, produto da razão abstrata nem da lógica dos interesses privados, mas sim resultado historicamente possível da mediação entre a força do conceito, o impulso crítico da razão e o grau de desenvolvimento histórico-institucional de uma época.

Essa consciência leva Hegel a explicar a história por meio da metáfora da toupeira, que também corresponde ao modo de proceder da razão, que é capaz de trabalhar subterraneamente no espírito do tempo, e não apenas abstraindo-se do presente. Essa consciência não pode ser confundida com a suposição de um papel apologético por parte da razão, nem permite indicar em Hegel uma espécie de glosador da restauração. A história, ao contrário, não pode ser detida por medidas policiais, e o espírito do tempo não pode ser esvaziado pela Santa Aliança.

O pensamento não justifica o presente, mas domina-o e dele recolhe o que nele envelhece; e também nisso, e não só com o esforço revolucionário, propicia sua superação[24].

---

24. Cf. G. W. F. HEGEL, *Lineamenti di Filosofia del diritto*, Prefácio, cit.: essa é uma das interpretações possíveis, entre as diversas havidas, do famoso trecho do *Prefácio* de 1820 aos *Lineamentos:* "Isso, que o conceito ensina, mostra ser necessário, tanto quanto a história, é que só na maturidade da realidade o ideal se mostra diante do real, e que esse ideal constrói para si o mesmo mundo aprendido na substância dele, dando-lhe a forma de um reino intelectual. Quando a filosofia pinta o seu cinzento sobre cinzento, então uma figura da vida envelheceu e com cinzento sobre cinzento ela não se deixa rejuvenescer, mas apenas conhecer; a coruja de Minerva só alça vôo ao anoitecer" (p. 17).

VI. Além do jusnaturalismo. Codificar

SUMÁRIO: 1. A vertente anglo-saxônica – 2. A experiência continental – 3. A *reflexão* alemã

1. A vertente anglo-saxônica

A polêmica sobre a codificação tem raízes por toda parte. Marco significativo é constituído pelo "contratualista" Hobbes. A necessidade de impor o direito por parte do soberano é cumprida, segundo Hobbes, por meio da produção de leis e, assim, em franca oposição à hipótese da *natural law, a fonte do direito não é racionalidade, mas sim a autoridade soberana, em condições de comandar (auctoritas, non veritas facit legem)*[1]. Desse ponto de vista Hobbes torna-se adversário do próprio sistema da *common law of England,* sistema baseado nas decisões dos juízes, cada uma das quais deve respeitar no "espírito", portanto na "ratio", as sentenças que a precederam (*stare decisis*): o "direito comum" (da terra) encerra a lenta consolidação e evolução dos costumes próprios ao povo inglês e, como já vimos, representava substancial amadurecimento de uma classe de juristas que ao longo do tempo foi apurando suas capacidades interpretativas, "desenrolando" os princípios comuns do direito inglês em contínua obra de adaptação às mudanças dos tempos. Essa cultura jurídica substituía radicalmente a de cunho romanista, que

---

1. Compare-se a obra de TH. HOBBES dirigida contra Sir Edward Coke, *Diálogo entre um filósofo e um estudioso do direito comum da Inglaterra* (1665-1666) (*Dialogo tra un filosofo e uno studioso del diritto comune d'Inghilterra*, in *Opere politiche*, cit., vol. 1, p. 417): *não é a sabedoria, mas a autoridade, que cria a lei.*

continuou prevalecendo no continente europeu. Mas, sobretudo a partir de Hobbes, a questão da soberania, contida numa concepção do direito como lei e comando soberano, tenta solapar, sem sucesso, o primado da *common law*. E essa exigência de um legislador que fosse superior ao direito comum, formulada por Hobbes, não teve resultado. No âmbito dos fatos, não só a *Glorious Revolution* e a afirmação da soberania equilibrada e mista (*King in Parliament*), mas também a própria separação em esferas distintas de influência entre poder legislativo e tradição jurídica da *common law*, levaram à consolidação definitiva de uma atitude anticodificadora: a codificação mostra-se estranha à continuidade de um sistema que não só equilibra os "poderes", limita a soberania, mas também constrói as premissas para a autonomia do "judiciário", inclusive por meio da independência histórico-cultural das suas pronúncias com respeito à "lei".

De resto, a própria difusão da teoria jusnaturalista de Locke não é apenas sinal do sucesso do parlamento na sua antiga luta contra o absolutismo real, mas é também a afirmação definitiva da teoria dos limites ao poder legislativo, pensados todos em função de liberdades e direitos, radicados na tradição anglo-saxônica; sua intangibilidade derivava não só de sua definição como "naturais", mas também da garantia estável que encontravam na *common law*.

É verdade que a *common law* é defendida mormente em sentido tradicionalista (pensemos em Burke), em geral contra o rei e o parlamento, mas exatamente por isso representou um fator de equilíbrio e limitação dos poderes, e, no longo prazo, um elemento historicamente "progressista".

Portanto, o tema iluminista, expresso tipicamente na filosofia da Revolução Francesa, de "positivação" dos ideais de razão e direito natural por meio da lei (e em potencial oposição aos órgãos judiciários, em geral dependentes do rei), tema que tem convergências com o tema "político" da projeção da vontade popular nos parlamentos, mostra-se com feições muito diferentes na cultura jurídica inglesa.

Nos lugares em que, como no continente, a codificação do direito e a sacralidade da lei vão sendo substituídas, com o fim explícito de se chegar a um direito cognoscível e seguro, verificam-se razões múltiplas para tanto. Mas entre estas está, indubitavelmente, a confiança de que a lei constitui a defesa mais válida contra o arbítrio, e de que ela limita tanto o poder judiciário quanto o poder do rei. Codificar a lei significa, sobretudo num primeiro momento, garantir ao mesmo tempo os direitos. É por isso que, por exemplo, o código napoleônico percorreu a Europa como manifestação de uma nova energia de emancipação, como tutela e declaração das liberdades, mesmo não sendo aquele que durante alguns anos, teimosamente, os revolucionários franceses teriam desejado, mas sim uma constituição, uma regulamentação na vertente das relações entre os particulares, e não entre estes e o poder constituído.

Por outro lado, a Constituição francesa de 1791 prescrevera a compilação de um código de leis civis comuns a todo o reino, fazendo da codificação, portanto, uma questão de nível constitucional fundamental.

Além disso, a "estabilidade" anglo-saxônica não podia reproduzir-se (e traduzir-se) no continente, a não ser através da codificação. A exigência codificadora está obviamente ligada à situação do direito no continente, que era confusa e fora produzida pela pluralidade incontrolada de fontes e pela sobreposição de direito consuetudinário, direito (romano) comum, direito local e do soberano: tudo isso determinava a incognoscibilidade e a incerteza das normas vigentes, abrindo assim espaços de discricionariedade à casta dos juízes, impedindo qualquer unidade territorial extensa (em sentido "estatal") do direito, onerando, com a persistência de privilégios e de instituições arcaicas, o comércio e o tráfego de mercadorias, coisa que a crescente economia, antes mercantil e depois manufatureira, não podia tolerar sem prejuízos. Por outro lado, foram amadurecendo, também para a convicção filosófica de fonte iluminista, os tempos da razão como algo capaz de delinear uma vez por todas critérios e definições jurídicas, normas e instituições ligadas por um vínculo de coerência e de organicidade (quando não de definitiva completude) e, no conjunto, capazes de impor-se a povos e territórios (como se pensou acerca do Código Napoleônico) ou de produzir sua unificação sob o mesmo direito, sem se considerar o reconhecimento de antigas autonomias, dos estatutos das antigas corporações, de particularismos locais, de privilégios de casta: "vícios públicos" que os opositores das codificações, inclusive romanistas (o maior deles Savigny), acabavam por avalizar pela defesa dos costumes e do caráter originário do direito como expressão do espírito de um povo, historicamente determinado e não produzível por vias intelectuais, por efeito de uma razão abstrata.

É de qualquer modo sob o signo da limitação do poder dos juízes que a pretensão à "certeza do direito" avança rumo à codificação. O dogma da onipotência do legislador, que no continente segue uma linha que passa por Rousseau, Sièyés, Kant, estava, por exemplo, presente também em Cesare Beccaria; nele assumia efetivamente a função de limitação do arbítrio dos poderes (inclusive os judiciários), tanto que o próprio Beccaria (a quem se deve a famosa obra *Dos delitos e das penas* e a formulação de princípios jurídicos fundamentais como *nullum crimen nulla poena sine previa lege poenali*) se pronunciava pela proibição da interpretação judiciária da lei: Beccaria pressupunha que ao juiz deveria ser permitido apenas o seco silogismo perfeito, que aplica a norma ao acaso e não se vale nem sequer do recurso à analogia[2].

---

2. A idéia dominante era a que a liberdade individual passava pela eliminação do arbítrio, e que este, por sua vez, era impedido pela redução da atividade judicial à simples *quaestio facti:* "Quando um código fixo de leis que devem ser observadas à risca não deixa ao juiz outra incumbência senão a de examinar as ações dos cidadãos e julgá-las conformes ou desconformes com a lei escrita, quando a norma do justo e do injusto, que deve dirigir as ações tanto do cidadão ignorante quanto do cidadão filósofo, não é motivo de controvérsia, mas de fato, então os súditos não estão sujeitos às pequenas tiranias de muitos [...]. Assim os cidadãos conquistam a segurança pessoal, que é a justa, por ser esse objetivo pelo qual os homens estão em sociedade" [C. BECCARIA, *Dei delitti e delle pene* (1764), org. G. D. Pisapia, Milão, 1964, p. 19 (trad. bras. *Dos delitos e das penas*, São Paulo, Martins Fontes, 2.ª ed., 1996)].

De resto, a visão positiva em relação à codificação também reaparece periodicamente na Inglaterra, onde encontra um intérprete de grande importância em Bentham (1748-1832). É significativo o fato de que ele escreveu a sua obra mais importante conjugando estreitamente princípios morais a conseqüências jurídicas, por meio do conceito da legislação (*An Introduction to the Principles of Morals and Legislation*, 1789).

No plano filosófico Bentham é um utilitarista, que assume o proveito da comunidade como objetivo fundamental e o dimensiona em termos de somatório do interesse pela felicidade de cada indivíduo (*felicific calculus,* orientado para o princípio da utilidade como algo derivado da alternativa prazer-dor). De acordo com suas convicções, os direitos inatos do jusnaturalismo revolucionário mostram-se "uma bobagem sobre pernas de pau"; apesar disso, no campo moral ele defende a possibilidade de uma definição objetiva e universal das regras morais e, no campo jurídico, a necessidade de uma certeza da legislação que deve ser alcançada por meio da codificação do direito. Bentham pensa numa legislação universal, e envia aos amigos da Assembléia Nacional francesa um ensaio de *Tática política* e um projeto, célebre, de instituição carcerária, caracterizado pela visibilidade de todos os detentos a partir de um ponto de observação estratégico (*Panopticon*). Entre as muitas críticas acerbas que Bentham faz à *common law,* está a impossibilidade do controle democrático sobre o direito jurisprudencial, que estaria implícito na legislação emanada dos parlamentos; a contrapartida à falta de controle popular é a excessiva autonomia de decisões do juiz, que, não estando suficientemente vinculado ao "precedente", viola o princípio da irretroatividade das normas, segundo o qual estas não podem ser aplicadas a casos aos quais elas sejam posteriores. É típica de Bentham a afirmação da conexão científica e universal que deve ser instaurada entre os interesses dos indivíduos e o direito, em virtude da qual este deve tender a *avaliá-los periodicamente e a resolvê-los no sentido da utilidade coletiva* maior. Tese que possibilita afirmar não o valor e o significado "sociológico" da atividade jurisprudencial, mas, ao contrário, a oportunidade de uma *definição legislativa permanente dos critérios de determinação do que é útil para a comunidade,* critérios que devem ser indicados de modo definitivo mas sobretudo sistemático e orgânico (coisa que o direito jurisprudencial não pode fazer). É por essas razões que Bentham, assim como Hobbes, estabelece a coincidência entre o direito e comando soberano.

Mas a codificação permanece como experiência continental. E a lógica que a move foi oportunamente descrita na sua duplicidade, garantista e estatalista[3], que, na inspiração filosófica originária, visava sobretudo à afirmação dos direitos e à garantia da certeza do direito contra o arbítrio; que, na realização histórica, tendia a modificar-se velozmente na defesa do *status quo* alcançado. O processo de codificação passa pela desconfiança do papel dos juízes e, ao contrário do que acontece na experiência inglesa, consegue determinar uma espécie de unificação "político-parlamentar" do direito, com progressiva obsolescência da vertente da "jurisdictio".

Mas esse é sobretudo um dado "francês".

2. A experiência continental

A Revolução Francesa introduziu o princípio de igualdade perante a lei, que visava a desmantelar a divisão em castas e a estrutura social anterior. O código civil de 1804 foi o documento oficial dessa transformação do direito e a representação do sucesso cultural do iluminismo francês, que os exércitos napoleônicos tenderam a traduzir para a Europa como modelo jurídico e político universal.

Mas o processo que conduz às codificações tem raízes profundas também na cultura jurídico-filosófica alemã e eu-

---

3. CORRADINI, *Garantismo e statualismo,* cit.

ropéia em geral desenvolvidas ao longo do tempo, de tal forma que expressavam um ponto de mediação entre a inspiração jusnaturalista e a subseqüente, tendente a privilegiar o direito como direito "positivo". A própria obra de Leibniz, dirigida para a solução, por meio da sistematização lógica, de problemas criados pelo direito vigente, indicava essa direção, tendendo, aliás, à superação da aleatoriedade e da incerteza do juízo proferido pelas magistraturas. Na Europa, ainda em sua época, os juízes não eram vistos como "boca da lei", o que já teria constituído um objetivo respeitável, diante da persistente possibilidade de o juiz recorrer a expedientes improvisados: abster-se, por exemplo, nos casos judiciários, com o *non liquet* que afirmava a incerteza da lei sobre casos dúbios, portanto a impossibilidade de decidir, ou, de outro modo, valer-se de seu próprio "arbítrio prudente", quando não do simples recurso à "sorte", sempre que não trouxesse à baila o chamado "ponto do amigo", e assim por diante. Mas também na França a procura de uma ordem racional do direito (natural ou artificial, segundo a distinção de J. Domat, 1625-1696, *Les Loix civiles dans leur ordre naturel*, Paris 1689-1694, 3 vol.) é exigência sentida e enfrentada segundo técnicas demonstrativas: o direito natural torna-se ciência, em parte intuitiva no que diz respeito aos princípios primeiros, em parte derivada, demonstrativamente, e em condições de criar um sistema, que Domat, aliás, prepara com divisões e capítulos num tratado do direito privado (*natural*) e do direito público (*artificial*), no todo alvo da mesma atenção no que se refere à linguagem e à lógica dos enunciados. Sua obra persiste nos efeitos sobre a cultura jurídica francesa, inclusive num esforço ulterior de Pothier (1699-1772), que adapta a divisão do direito à divisão justiniânea (*pessoas, coisas, ações*) e, sobretudo, visa à sistematização do *droit coutumier*, acolhendo-o no edifício unitário junto com o direito escrito. Além disso, "a influência de Domat foi sistemática, não casuística; ele condicionou a forma mental de gerações de juristas (e de ideólogos), impondo classificações e não soluções de problemas no varejo": Pothier continuou a obra de Domat, e, "cultivando exclusivamente o direito privado, desenvolveu sua obra com uma casuística importante. Esta tornou a obra influente na prática"[4].

No plano das formulações concretas do direito, ao longo do século XVIII passou-se de compilações que tinham em vista exclusivamente a melhor detecção das normas a compilações que assumissem o lugar da legislação nelas contida, mudando a relação com o direito comum ou renovando a legislação; de coletâneas que visavam à simplificação cognitiva do direito a tentativas de redução efetiva do particularismo jurídico, e depois a tentativas de unificação deste, ainda que com base na matéria disciplinada (e não na fonte de produção)[5].

A obra mais relevante foi realizada com *Allgemeines Landrecht für die Königlich-Preussischen Staaten* (*Landrecht*, direito territorial, em suma o código prussiano tencionado por Frederico II), que entrou em vigor no dia 1.º de junho de 1794: concebido segundo critérios inspirados em Leibniz e Wolff, desvinculado da tradição romanista, centrado na concisão e na clareza, substituiu por inteiro o direito comum, mas não os direitos particulares, ou seja, os estatutos citadinos e os costumes mantiveram-se em vigor, conquanto o código devesse supri-los em caso de lacunas ou conflitos. O código continha a proibição da interpretação pelo juiz e a obrigação de resolver os casos dúbios (aliás, os casos de obscuridade ou lacuna) recorrendo à comissão legisladora, para a interpretação autêntica: continha também a proibição de complementações com base em fontes externas (heterointegração). O código era, portanto, capaz de se *autointegrar*, em virtude da analogia *legis* (norma análoga, *rectius*:

---

4. G. TARELLO, *Storia della cultura giuridica moderna. Assolutismo e codificazione del diritto*, Bolonha, 1976, pp. 184-5.

5. Para os vários momentos do processo de codificação, sobre os quais se falará adiante, cf. G. TARELLO, *Storia della cultura giuridica moderna. Assolutismo e codificazione del diritto*, cit.; M. A. VIORA, *Consolidazioni e codificazioni. Contributo alla storia della codificazione*, Turim, 1967; D. CORRADINI, *Garantismo e statualismo*, cit.; N. BOBBIO, *Il positivismo giuridico*, Turim, 1961.

ditada por casos afins e matérias análogas) ou *juris* (princípios gerais internos ao código). O *Landrecht*, porém, não tinha ou não se propunha os objetivos que seriam próprios às codificações do século XIX: contém normas de direito civil, de direito penal, de direito público, várias disposições referentes a questões particulares, distinguidas por classes sociais, atividades e funções, grau ou capacidade de direito público. Basta confrontá-lo com o código de 1797, na Áustria (que teve vigência apenas na Galícia e recebeu formulação definitiva com a comissão ideada por Leopoldo II e presidida por Carl Anton Martini) para entender suas limitações: este último constituía efetivamente a lei ordinária (e substitutiva de direitos particulares e consuetudinários), tratava a matéria referente ao direito civil, realizava, sobretudo, a unificação do sujeito jurídico, entendendo, estavelmente, por sujeito de direito a pessoa do súdito austríaco, enquanto as disposições particulares relativas a categorias específicas de sujeitos não conformam o direito "geral", mas apenas institutos de direito "especial".

O Código Napoleônico representou efetivamente o fruto de um "pensamento" preocupado com a unidade e a universalidade do direito, promovido para suplantar as duas formas dominantes no território: o direito comum (sobre o da França) e o *droit coutumier* (norte da França). Mais uma vez, é Sièyés que, corroborando a tese de Saint Just, para quem a multiplicidade de leis escraviza o homem, afirma a necessidade da codificação com o intuito de reduzir a atividade do juiz a mero juízo de fato (ou melhor, sobre a verificação do fato previsto pela lei), eliminando a *quaestio juris*, ou seja, o problema da norma aplicável (devido à irracional complexidade das normas vigentes).

Depois de várias tentativas, o projeto definitivo do *Code* foi elaborado por uma comissão formada por Napoleão em 1800 (composta por juristas ilustres, de Tronchet a Maleville, de Bigot de Promenau a Portalis), comissão encarregada de abrandar os excessos racionalistas e jusnaturalistas da fase revolucionária e de conciliar as proclamações de um direito natural universal com a inspiração cautelosa dos juristas tradicionais, a tal ponto que o próprio código espelha fundamentalmente as coordenadas do *Tratato de direito civil* do Pothier. Significativamente, a intercessão a favor do direito preexistente e o resíduo do direito consuetudinário e comum, mantido por Portalis e por outros redatores, não serviram para atenuar a conotação de forte descontinuidade que o nascimento do código representou, segundo seus intérpretes, que nele viram uma ruptura radical com a tradição jurídica precedente. Portalis, por exemplo, no discurso de apresentação do Código ao Conselho de Estado, tende a deixar aberta a relação com as fontes exteriores ao código: a eqüidade aparece como ineludível instrumento do ministério do juiz, em matéria civil, enquanto a razão natural e os princípios de direito natural, como a doutrina, as máximas jurisprudenciais, aparecem como o necessário apoio a um sistema de normas codificadas que não poderia, de modo algum, bastar-se a si mesmo[6]. É por isso que um artigo do *Projeto* (depois eliminado) convidava o juiz a recorrer à eqüidade, portanto a um juízo não fundado sobre direito estrito e "posto", exatamente para, segundo pretendiam os redatores, possibilitar que o caso tivesse alguma solução, em observância ao artigo 4.º do *Título Preliminar* do Código que continha a proibição do *não liquet* ("O juiz que se recusar a julgar sob o pretexto do silêncio, da obscuridade ou da insuficiência da lei poderá ser processado como culpado de denegação da justiça"[7]). Uma vez eliminada a possibilidade de hete-

---

6. J. PORTALIS, *Discorso preliminare sul progetto del codice civile della commissione legislativa*, in *Motivi; rapporti opinioni e discorsi pronunziati al Tribunato ed al Corpo legislativo francese per la formazione del Codice Napoleone*, nova tradução, vol. 1, Nápoles, 1838, p. 15: "Quando se carece de lei, é necessário consultar o uso ou a eqüidade. A eqüidade é o retorno à lei natural no silêncio, na antinomia ou na obscuridade das leis positivas." Sobre o direito natural, cf. *id.*, pp. 16 ss.

7. A tradução oficial, adotada no reino das duas Sicílias por "Gioacchino Napoleone" é: "Se um juiz se recusar a julgar sob pretexto de silêncio, obscuridade ou insuficiência da lei, poder-se-á agir contra ele como culpado de negação de justiça" (*Codice Napoleone, Titolo Preliminare*, art. 4, Nápoles, 1808, p. 2).

rointegração do código, quer direito natural, quer através da eqüidade, o artigo 4.º significou de fato que, de per si, o código devia ser considerado completo, isento de lacunas, acentuando-se o fator antijusnaturalista da obra de codificação e traduzindo a luta anterior pela afirmação do direito universal e natural dos homens em veneração pelo direito posto e vigente, ou seja, em seu exato contrário. Baseado no dogma da vontade e no da propriedade, o código francês representou definitivamente as tábuas da lei, não tanto por sua estrutura ou por seu conteúdo normativo, mas principalmente, como em geral acontece, pela obra dos intérpretes que, com razão, merecem o cognome (cunhado por Julien Bonnecase, *L'École de l'Exégèse en droit civil,* Paris, 1824) de Escola da Exegese. Sintomática de sua atitude foi a redução a simples recomendações[8] de normas que possibilitavam a intervenção interpretativa do juiz para dirimir controvérsias em questões de autonomia contratual privada; isso foi feito exatamente com o objetivo de vedar ao juiz qualquer veleidade de "política" jurisprudencial, qualquer presença no sentido de "interposição" entre a norma e o caso. A Escola da Exegese representou a consagração da "letra" do código através de uma obra que renunciava à interpretação doutrinal e aos próprios princípios do direito civil *ut sic* em nome da observância formal e literal da norma escrita (famosa a afirmação do Bugnet: "não sei o que é direito civil; ensino código napoleônico"[9]).

A lei, portanto, tornava-se a única e última fonte do direito: legalismo, estatalismo jurídico, juspositivismo são ca-

---

8. CORRADINI, *op. cit.,* p. 41, que cita B. M. TOULLIER, *Le droit civil français,* III, Bruxelas, 1837, p. 356 (em italiano pode-se ler: M. TOULLIER, *Corso di diritto civile francese secondo l'ordine del codice,* Nápoles, 1820 ss.). Mas, a bem da verdade, tratou-se de uma conquista estável quanto ao valor (não) vinculador das normas sobre a interpretação: cf. *Cass.,* 24 de abril de 1845, *Pas.,* 1846, p. 484: "As regras interpretativas formuladas pelos artigos 1156 e seguintes (do Código Civil) não têm caráter imperativo; são conselhos dados ao juiz pelo legislador, e não regras absolutas cuja inobservância, de per si, comporte a anulação da decisão."

9. BONNECASE, *op. cit.,* pp. 29-30.

racterísticas dominantes da filosofia e da teoria do direito francês de todo o século XIX. Não só todo o direito é direito positivo (não direito natural), como também todo o direito positivo é a lei (portanto, não também o direito consuetudinário ou a elaboração jurisprudencial).

3. A reflexão alemã

A passagem para além do jusnaturalismo, portanto, é mais compreensível por meio da experiência histórica da codificação e é representada com clareza pela própria inversão, em relação à cultura revolucionária, que o código napoleônico determinou. De resto, nesse aspecto, os acontecimentos em âmbito alemão, mesmo apresentando características diferentes, ocorrem no sentido da superação do jusnaturalismo: entre os juristas e filósofos do direito não foi secundária a tomada de posição com respeito ao tema da codificação, que, como vimos, pelo menos a partir de 1794, ou seja, com a entrada em vigor do *Landrecht*, já chamava a atenção dos alemães. Tradicionalismo e historicismo, por um lado, e racionalismo e contratualismo, por outro, representam os componentes mais relevantes da cultura filosófico-jurídica e filosófico-política entre os séculos XVIII e XIX. A filosofia de Hegel terá valor especial para a consciência e a assimilação a que chegam o historicismo e o racionalismo. A linha evolutiva das doutrinas do século XIX tende também a configurar-se em significativa relação com ambos. A famosa polêmica entre Thibaut e Savigny acerca da oportunidade de uma codificação para a Alemanha, em certo sentido expressa a complexa natureza dessas tendências teóricas coexistentes, porém mais uma vez constitui a projeção, na concepção do direito e do Estado, de uma constante tensão entre tradição e inovação que já caracterizara todo o século XVIII.

Na Alemanha, a atitude favorável à codificação é mais tardia que na França; está claro o papel decisivo desempenhado pelo "tradicionalismo". Em essência, os juristas alemães são antijusnaturalistas e, além disso, não estão dispostos à súbita codificação do direito. Substituem o direito natural pelo direito histórico, e não pelo direito positivo no sentido legal-estatal da escola francesa de exegese. Também eles contribuem para a superação rumo ao juspositivismo, mas por outro caminho. A *Escola Histórica* do direito é na verdade a contrapartida, nessa direção, da Escola de Exegese francesa. E a obra de Hugo, em 1798, *Tratado de direito natural como filosofia do direito positivo,* é eloqüente já no título, no que diz respeito à passagem do direito natural ao direito positivo. Se bem que proposto pelo Estado, para Hugo o direito positivo compreende o direito vigente no seu conjunto, inclusive como direito consuetudinário, uma vez que o direito legal não lhe parece em condições de, por um lado, conter a tradição jurídica de um povo nem, por outro, de evoluir com ela, representando a integridade da realidade dos "casos".

O "historicismo", como mentalidade mais ainda que como doutrina filosófica, contém uma sensibilidade "nova" para a história, que ele distingue e separa da "natureza": exalta a individualidade das épocas históricas, valoriza nelas a importância dos fatores não racionais. A própria reflexão sobre o direito é condicionada em sentido antijusnaturalista: basta pensar que o direito das "Pandectas", já tratado (mas em direção racionalista e codificadora) por Thibaut (em 1803), vai ser reproposto como objetivo fundamental da ciência do direito em 1807 por Heise (*Sistema do direito das Pandectas*) e depois na famosa obra de Savigny, *Sistema do direito romano atual* (1840-1849)[10]. Sem dúvida como tendência contrária ao mencionado espírito inovador de Frederico II, que várias vezes solicitara e depois obtivera o *Landrecht* prussiano, para codificar o direito, repudiando o direito romano "estranho"!

---

10. Remetemos à edição italiana organizada por V. Scialoja, Turim, 1886 ss.

A polêmica de 1814 entre Savigny e Thibaut é a fase mais brilhante e das mais significativas de uma discussão que, como se viu, tem muitas raízes. Thibaut, escrevendo *A necessidade de um direito civil geral para a Alemanha* (1814), elabora a resposta iluminista e "nacional" à novidade codificadora francesa. A partir de uma visão filosófica racionalista, não abandona o direito natural, mas auspicia-lhe uma expressão coerente em termos de direito positivo, visto que a limitação do direito natural parece estar na sua intraduzibilidade, por parte da filosofia jurídica (como em Kant), em regra válida e eficaz de comportamento; regra tanto mais necessária quanto mais o amontoado disparatado do direito romano, herdado também na Alemanha, mostrava-se em oposição à clareza e à racionalidade de uma nova legislação positiva, sendo fonte de inquestionável obscuridade[11]. Além disso, a própria disciplina universal dos institutos fundamentais teria impedido as variações locais infundadas e injustificadas que a Thibaut pareciam substancialmente fruto do arbítrio. De resto, a própria codificação, sentida por Thibaut como de cunho iluminista, teria apresentado resultados progressistas para a nação alemã, tanto por lhe permitir dispor de um direito próprio, e não herdado (como era o direito romano), quanto por promover uma unificação jurídica como primeiro passo para essa política. A réplica de Savigny (*A vocação do nosso tempo para a legislação e a jurisprudência*, 1814), sobretudo se for lida em conjunto com sua obra subseqüente (*Sistema do direito romano hodierno*), mostra-se não só como de inspiração antiiluminista e romântica, mas também, inversamente, como conservadora da estrutura da ordem social alemã ainda bem atrasada em relação às ambições unificadoras de Thibaut. Assim como estas, também parece recorrer a um registro nacional, porém oposto: o de *espírito do povo*. A língua de um povo tem precedência sobre qualquer gramática sua, e seus costumes e sua consciência civil e jurídica têm precedência sobre qual-

---

11. Cf. BOBBIO, *Il positivismo giuridico*, cit.; A. F. J. THIBAUT, F. C. SAVIGNY, *La polemica sulla codificazione*, org. G. Marini, Nápoles, 1982.

quer forma de sistematização, que só pode ser uma elaboração puramente intelectual. A época sobre a qual versa esse "espírito" é a do direito consuetudinário, que ainda precisa ser inovado e apurado pelo trabalho dos juristas, que, por sua vez, precisam realizar uma revisão do método da ciência. Para Savigny, o direito positivo é um conjunto – bem mais amplo que o complexo de regras propostas pelo legislador –, que encontra unidade com a elaboração científica, ou medida no conceito de instituto jurídico. Em outros termos, o direito positivo é mais que o direito posto pelo legislador; é parte de uma comunidade viva que não tolera ver-se conculcada pelo arbítrio do legislador.

Na reavaliação do "método" da ciência jurídica, Savigny na realidade interpreta uma convicção difusa, a de que "no código francês os elementos políticos da legislação tiveram maior influência que os técnicos"[12]; essa convicção, por sua vez, estava ligada a outra, correlativa, de que o direito romano dispõe de alta racionalidade técnico-jurídica, a partir da qual se pode empreender com proveito qualquer sistematização: diante desse patrimônio continua incomparável o racionalismo construtivista, puramente especulativo, da codificação universal. História e ciência estão contidos no patrimônio comum do direito germânico, talvez – e sobretudo – porque ele está impregnado de institutos romanistas. Não só a história, portanto. É por isso que a reavaliação do método científico não encontra dificuldades, até pelo fato de acolher, simultaneamente, o dado irrefutável da necessidade de intervir no direito positivo; por fim porque encontra naturalmente a preferência dos juristas e dos acadêmicos em medir-se, diretamente e com os próprios meios, com o estado atual do direito, exaltando seu próprio papel enquanto rechaçam a ora vituperada influência do código napoleônico e o espírito racionalista que o respaldou.

---

12. F. C. VON SAVIGNY, *La vocazione del nostro tempo per la legislazione e la giurisprudenza* (1814), in THIBAUT-SAVIGNY, *La polemica sulla codificazione*, cit., p. 126.

A bem da verdade, com o olhar voltado para os resultados da codificação francesa, nesse aspecto Savigny interpretava uma preocupação realista, qual seja, a de que o código teria representado uma nítida interrupção da tradição jurídica e reduzido a ciência jurídica a uma interpretação esvaziada da capacidade de elaboração criativa, ou seja, "passiva e mecânica". Ao contrário, para Savigny uma codificação só poderia seguir-se ao cumprimento de uma função científica e elaboradora preventiva dos juristas. Para ele, a codificação é, porém, imaginada sobretudo como uma espécie de consolidação, de definição escrita de um direito já historicamente constituído. Sob muitos aspectos, em Savigny e na chamada Escola Histórica do direito (da qual ele é, por certo, o principal expoente), ressoam teses pertencentes a uma mentalidade tradicionalista e historicista que já anteriormente mostramos remontar também a Burke (é esclarecedora dessa atitude tradicionalista a célebre observação de Tocqueville: "Na Inglaterra principalmente pode-se ver com destaque esse tipo de legista que procuro descrever: o legista inglês aprecia as leis não tanto por serem boas quanto por serem antigas"[13]).

Com Savigny efetiva-se então a continuidade com aquele historicismo que tinha como denominador comum a recusa à idéia voluntarista de progresso, assumido este como fruto de um projeto racional, de uma intenção reformadora: a intenção de pôr o mundo "de cabeça para baixo", partindo do "conceito", como teria dito Hegel. O historicismo de Savigny mostra-se, por outro lado, como um historicismo jurídico propriamente dito, que se contrapõe à concepção filosófica do direito, considerando-a uma visão do direito como conjunto de princípios filosóficos de direito natural (racional).

Porém o que mais importa para a evolução subseqüente da ciência jurídica é que a Escola e a metodologia científica

---

13. A. DE TOCQUEVILLE, *La democrazia in America*, in *Scritti politici*, org. N. Matteucci, vol. II, Turim, 1968, p. 316. [Trad. bras. *A democracia na América*, São Paulo, Martins Fontes, vol. I, 1998, vol. II, 2000.]

produzida na Alemanha, o chamado estudo de pandectas (*pandectas ou digesto,* parte do *corpus juris* que compila os pareceres dos juristas romanos), mesmo partindo dessa inspiração histórica (necessariamente conjugada com o direito comum) e com a compreensão das raízes romanistas, abordam e promovem o método sistemático, já necessário para a obra de elucidação e organização do direito positivo.

Ao lado do "sentir histórico", a nova ciência jurídica põe um "sentir sistemático"[14], que vê a norma como parte de um todo conceitual e com isso favorece um método que privilegiará cada vez mais a hierarquia e a relação entre conceitos, abrindo caminho à jurisprudência dos conceitos (*Begriffsjurisprudenz*), que constitui uma via racionalista para o estudo do direito: os elementos historicistas tendem a retroceder para um sistema ao qual faltará exatamente o elo com o sentir substancial que evolui no Espírito do Povo, e no qual a elaboração formal do direito romano se traduz numa genealogia progressivamente anti-histórica dos conceitos. A superação do jusnaturalismo iniciado assim por via historicística desemboca no juspositivismo não mais através dela, porém através da sistematização do direito e da abordagem estritamente formal-racional. Puchta e Windscheid (*Lehrbuch des Pandektenrechts,* 1862-1870) desligaram de fato a escola histórica da idéia savignyana de sistema histórico, ou seja, de sistematização conceitual do direito vivo e dos seus nexos histórico-orgânicos internos, substituindo-os por nexos

---

14. G. F. PUCHTA, *Corso delle Istituzioni,* trad. ital. de A. Turchiarulo, Nápoles, 1854: "a ciência do direito tem dois lados, o sistemático e o histórico, em cuja consumada concepção consiste a verdadeira ciência do direito" (p. 2); "o conhecimento sistemático é o único consumado, visto que o direito é em si mesmo um sistema, e só quem o concebe como tal compreende perfeitamente a sua natureza" (p. 3); "o direito romano tem [...] dupla importância. Por um lado, constitui um elemento sumamente considerável do nosso direito atual, considerado expressamente ou sendo incorporado nas nossas legislações [...] constitui, por outro lado, um centro de comunicação entre todas as nações e confere à nossa jurisprudência, sem lhe subtrair o substrato nacional, uma importância que transcende as fronteiras de um povo" (p. 5).

lógico-dedutivos cada vez mais semelhantes à abstrata elucidação formal de ascendência racionalista (Leibniz-Wolff). O que prevalece é o *juristenrecht*, o direito científico, dos juristas, imaginado como resistência à imposição do legislador (cujo código teria esmagado a liberdade e os usos locais), pensado como suficiente para subtrair ao direito a sua atual obscuridade e, ao mesmo tempo, para garantir seu vínculo com a história das gentes germânicas. O direito transformava-se assim em direito *construído essencialmente* pelos juristas[15].

E é partindo dessa diretriz lógico-sistemática que a escola pandectista abordará com critérios lógico-formais uma sistematização do direito que levará à codificação alemã de 1900.

Em certo sentido, a obra de Savigny permitira, definitivamente, que a cultura jurídica alemã privasse (postergando) o processo de codificação das pretensões de cunho garantista que incorporara na França, acabando por chegar depois a um código que é oportunamente definido como representação áurea do estatalismo. Nesse sentido, passando por tal historicismo tradicional e "romântico", a força projetística da codificação fora substancialmente anulada.

---

15. Ainda SAVIGNY, *Sistema del diritto romano attuale*, cit., vol. I, falara de uma convergência harmônica de legislação, direito científico e direito popular (pp. 73-4). Segundo Savigny, o direito "que em origem era patrimônio comum a todo o povo" "cresce e especializa-se" de tal modo que precisa ser acolhido por uma "classe especial", a dos juristas, que entenda o direito como "uma continuação e um desenvolvimento próprio e ulterior do direito popular: ele tem então dupla vida. Nos seus princípios fundamentais, vive na consciência comum do povo, ao passo que o aperfeiçoamento mais especial e a aplicação nos pormenores constitui a tarefa da classe dos juristas" (p. 68). Os "jurisconsultos elaboram a legislação e servem de meio para que ela se transfunda para a vida real" (p. 71). E Savigny concluía: "designo essa maneira especial de produção do direito com o nome de direito científico; outros a chamam de direito dos jurisconsultos (*juristenrecht*)" (p. 71).

VII. Juspositivismo e Estado

> SUMÁRIO: 1. O direito como ele é – 2. Direito científico – 3. Teoria do Estado

1. O direito como ele é

A filosofia do direito jusnaturalista apresentara-se como fundamento racional-natural da limitação do poder. Em linha geral, o pressuposto do poder e sua justificação funcional tornaram-se dignos de explicitação teórica argumentada, ou seja, tornaram-se questão filosófica resolvida no sentido de delegação de soberania para fins de tutela do delegante. Na realidade, a efetiva limitação do poder é uma conquista do constitucionalismo, sobretudo na sua afirmação americana e consiste, de fato, na supremacia, em princípio, do *conjunto formado por carta constitucional de garantia e common law,* no que diz respeito às decisões do parlamento. A consagração dessa limitação do poder da lei, na experiência americana, ocorreu por meio de uma Constituição rígida (não modificável pela lei ordinária) e de um Tribunal (a Corte Suprema) de garantia, ao qual é submetido o controle da constitucionalidade das leis. Paradoxalmente, o governo das leis (e não dos homens) realiza-se como limitado se é limitado pelo direito, e se essa limitação *age também em relação às leis do Parlamento,* que não podem deixar de encontrar as intransponíveis fronteiras dos direitos e das liberdades dos cidadãos, bem como a ordem organizativa contida na carta constitucional. Essa situação institucional, que já nos primeiríssimos anos do século XIX se afirmou na América do Norte, luta até hoje para ser aceita na Europa, onde, pelas razões já amplamente lembradas, a lei se reveste numa primeira fase (a revolucionária francesa) de forte carga jusnaturalista e democrática, para depois se converter (numa segunda fase) em historicista, positivista e estatalista.

Contratualismo, jusnaturalismo e racionalismo, de que o próprio constitucionalismo estava profundamente permeado, tendem assim a declinar. Por outro lado, ganha força, em relação à lei, a confiança que a mentalidade codificadora negara à classe dos juízes e concedera, ao menos no plano das enunciações, à excelência do princípio democrático, o que ocorreu, mais uma vez, aquém da hipótese de um controle judicial (constitucional) sobre a própria lei.

Afirmadas as codificações, tornam-se dominantes os princípios do positivismo jurídico, com base nos quais se construirão a teoria e a prática do Estado de direito[1]. Isso, obviamente, na área continental européia. Na área anglo-saxônica irá aperfeiçoando-se e consolidando-se a marca constitucionalista, não ocorrendo a afirmação do modelo do Estado de direito, do *Rechtsstaat,* mas sim o do chamado *Rule of Law,* que corresponde àquele em parte, mas em parte é peculiar.

Antes de tratar desse tema, é preciso esclarecer em que consiste a atitude juspositivista e como ela contribuiu para a definição da idéia de Estado de direito.

A bem da verdade, é exatamente em âmbito anglo-saxônico que o positivismo jurídico recebe suas primeiras teorizações e, inegavelmente, a primeira e decisiva caracterização do juspositivismo é a atenção ao direito como ele é, ao direito posto, portanto positivo, que deve ser distinguido das

---

1. Provisoriamente, é útil a definição, de caráter muito geral, que se encontra em R. GUASTINI, *Note su Stato di diritto, sistema giuridico e sistema politico,* em "Analisi e diritto", 1994, p. 170: "1) Num primeiro sentido, Estado de direito é aquele no qual são garantidos os direitos de liberdade dos cidadãos. 2) Num segundo sentido, Estado de direito é o Estado no qual o poder político é limitado pelo direito. 3) Num terceiro sentido, Estado de direito é o Estado no qual todo ato de exercício do poder político está sujeito ao princípio de legalidade." As diversidades históricas da figura "Estado de direito" podem ser atribuídas em grande parte à predominância de um ou de outro desses três sentidos.

avaliações e prescrições acerca do direito como ele deveria ser; estas constituíram o cerne da abordagem jusnaturalista do direito. Jeremy Bentham foi quem primeiro definiu as duas atitudes, jurisprudência expositiva e jurisprudência censória. Mas é preciso reconhecer que a definição factual do direito, sem contaminações deontológicas, como notou Bobbio, remonta no mínimo ao *Defensor pacis* de Marsilio de Pádua, para chegar, também passando por Hobbes, ao juspositivismo. Quanto a Bentham, como mencionamos, é antagonista coerente das teorias dos direitos naturais e das abstrações metafísicas relativas à idéia de justiça. A cientificidade da atividade de estudo do direito provém de se considerar o direito como um "fato", e não como um valor por realizar. O caráter factual do direito possibilita submetê-lo ao "método científico", método que esteja em condições de utilizar como critérios os princípios e a objetividade da ciência, como qualquer outra ciência do "real" (obviamente, o paradigma científico é o das ciências naturais). A teoria do direito deve ser, portanto, separada da moral, exatamente porque o campo do dever-ser moral concerne a valorações, enquanto o cientista do direito verifica, também com o auxílio da lógica, o direito como um fato, como um dado positivo, existente.

Note-se que a positividade do direito acolhida na ciência jurídica não é a positividade de uma realidade socialmente complexa, mas simplesmente a realidade de um conjunto de prescrições assumidas como tais e nas suas relações lógico-sistemáticas. O representante mais ilustre dessa corrente de pensamento é mais uma vez um inglês, J. Austin (1790-1859), aluno de Bentham. As características constitutivas do juspositivismo podem ser encontradas em Austin, que separa o direito da moral (também da moral positiva[2]),

---

2. Em outros termos, o direito distingue-se não só da moral como conjunto de regras e princípios extraídos universalmente da natureza do homem (por meio de uma atividade abstrata e especulativa da razão), mas também da moral positiva, entendida como conjunto das idéias morais efetivamente presentes e compartilhadas em determinada sociedade e em dado momento histórico.

uma vez que só o primeiro é constituído por comandos proferidos por um soberano numa sociedade política independente: a natureza de comando sancionado, proveniente do Estado, identifica sem incertezas o direito como um dado em si e o distingue de outras formas de prescrições (incluídas as leis divinas, que também são comandos, porém emanados de Deus). A concepção de Austin tenderia, por conseguinte, à redução de todo o direito a direito *legislativo*, expondo-se à objeção de não dar conta adequadamente da efetiva existência e do papel central desempenhado pelo direito *jurisprudencial* inglês. No entanto, ele não visa a destituir de validade o *direito judiciário,* mas a enquadrá-lo em moldes diferentes, ditados pela opção estatualista e legalista de sua teoria do direito. Austin afirma que o direito judiciário não é expressão de um poder *outro* e diferente, mas que é apenas um poder, delegado aos juízes, de proferir normas, que são diferentes das leis, porque não são gerais nem abstratas, porém particulares, referentes a controvérsias individuais. O afastamento da *common law,* contudo, é inevitável; Austin propugna uma codificação, de modo coerente, é óbvio, com a tese de que o direito positivo deve dizer respeito fundamentalmente ao Estado, deve ser unitário na fonte e provir de quem exerce a soberania (e dispõe da força).

Nesse quadro, o positivismo jurídico caracteriza-se por um objeto certo (o direito como ele é), por uma visão imperativa da norma (estruturada como comando), por uma concepção estatalista do direito (a fonte da norma é o titular da soberania, o órgão legislativo do Estado). Em Austin essas características estão interligadas, enquanto em outros positivistas, como se verá, não estão. Quanto à cientificidade, nas suas obras *The Province of Jurisprudence Determined* (1832) e *Lectures on Jurisprudence or the Philosophy of Positive Law* (póstuma, 1861-1863), Austin inaugura uma corrente (da chamada *jurisprudence,* teoria do direito) que fará escola na Inglaterra: é a corrente analítica, baseada em critérios lógico-descritivos com vista à identificação das categorias e dos conceitos jurídicos a que se pode chegar não por meio de dedução racionalista, mas de dedução empírico-factual que possibilite abstraí-los, também com métodos comparativos, dos ordenamentos jurídicos positivos. Naturalmente, o costume e o direito internacional, que não se enquadram na sua definição de norma jurídica, não podem valer-se de sua teoria geral[3].

Do ponto de vista filosófico-político, cabe considerar que o juspositivismo anglo-saxônico, no plano histórico-prático e *institucional,* foi irrelevante para o desenvolvimento do direito como fato na Inglaterra. A corrente *científica* analítica, ao contrário, se tornará efetivamente dominante.

2. Direito científico

O tecido jurídico institucional inglês vale-se sobretudo de uma mentalidade determinada por uma *filosofia prática,* por uma *fronesis* de ascendência aristotélica, que passa pela compreensão das características individuais do caso e se inspira na maturação histórica dos princípios e na *ratio* dos precedentes. Não é por acaso que todos os defensores da *common law,* na época, permanecem substancialmente ligados à *prudentia* ciceroniana, que depois passou para a *prudence* de Burke.

Mas é exatamente essa filosofia prática que a ciência do direito abandona, visando à predeterminação dos critérios decisórios, à construção de um sistema que prefigure em abstrato a disciplina concreta dos casos, à definição analítico-conceitual de normas e institutos (ainda que estes não sejam extraídos *de modo abstrato* pela razão, mas colhidos – e depois ordenados conceitualmente – *de modo concreto* dos ordenamentos positivos).

---

3. Entre outras coisas, deriva daí um caráter distintivo do conceito de direito positivo proposto por Austin se comparado a Hugo: haveria na obra de Austin um eco do título da obra de Hugo, *Tratado do direito natural como filosofia do direito positivo* (1798), mas, ao contrário deste último, ele só considera positivo o direito legislativo...

O desenvolvimento do direito e da política como ciência remonta a uma ordem de convicções que, em harmonia com a evolução das ciências experimentais, não só submete o mundo social a critérios científicos como também pressupõe que ele é passível de ser conhecido do mesmo modo e com o mesmo rigor que os fenômenos naturais. Isso começa com Hobbes. E encontra apoio decisivo na época do positivismo filosófico.

Portanto, no plano da filosofia do direito, pode-se traçar uma linha de continuidade entre Hobbes e Austin. Mas essa continuidade subsiste também no plano da concepção "científica" do direito: ainda que distantes entre si, as idéias de ciência positiva de Austin e Hobbes são expressão de uma corrente oposta à da filosofia prática, da *fronesis* como principal instrumento do jurista e do filósofo da política e do direito, efetivamente dominantes no mundo anglo-saxônico. Ciência e sabedoria permanecem em duas frentes que acabam ambas por afirmar-se na Inglaterra, uma no plano da teoria do direito e outra no plano (do discurso jurídico) do caráter concretamente assumido pelo direito. Por outro lado, a postura analítica e a *jurisprudence* de Austin não têm as ambições hobbesianas e apresentam-se num nível estritamente jurídico: a filosofia de Hobbes é social e define "cientificamente" as condições nas quais normas jurídicas, instituições sociais, tendência dos indivíduos e soluções regulativas podem ser disciplinadas segundo critérios gerais, universais. A importância do positivismo analítico de Austin é totalmente diferente e diz respeito apenas à possibilidade de estudar o direito existente segundo suas relações internas, bem como de esclarecer seu conteúdo, sobretudo pela identificação de conceitos, categorias e institutos fundamentais, tudo isso por meio de uma comparação entre os ordenamentos *existentes*. O que prescinde radicalmente da ambição hobbesiana de construir cientificamente o sistema de instituições jurídicas e políticas, de normas e de poderes que fosse *racionalmente mais* adequado à vida em sociedade. Austin atribuía à *jurisprudence* uma tarefa sem dúvida muito diferente e mais circunscrita. Nesse aspecto, evidentemente não pretendia construir uma filosofia prescritiva da sociedade justa e do direito que fosse passível de aprovação política ou moral.

No entanto, a própria definição, certamente não anti-hobbesiana, do direito como comando sancionado de um soberano "político", mesmo desejando ser factual, poderia não parecer nem ser necessariamente "verdadeira". A definição do direito sem dúvida fica como problema aberto, mas é bem por esse motivo que na própria definição factual podem estar ocultos elementos valorativos que não são "cientificamente" fundamentáveis. Por outro lado, o pressuposto para uma ciência do direito positivo é que este último seja identificado e circunscrito, sendo assim separado de elementos valorativos (e, entre outras coisas, de atitudes "censórias"). Pressuposto que pode ser apresentado de modos diferentes e é de fato identificado de modos diferentes. Não é por acaso que a abordagem ao direito como comando, geralmente definido como imperativo e de claro cunho "legalista", é apenas uma entre as muitas possibilidades, inclusive dentro da postura juspositivista global.

Nas suas conseqüências imediatas, o juspositivismo, que alcança resultados importantes no continente e não só no plano científico, é conveniente para a afirmação do direito como direito legal e para a imputação substancial do direito exclusivamente ao Estado, traduzida depois na redução do Estado ao direito (Kelsen). Juspositivismo que, separando direito e moral, pressupõe que o direito é cientificamente *cognoscível*: a convergência entre juspositivismo e codificação é evidente, pelo menos no sentido de que o primeiro consolida a aspiração concreta do legislador a ser fonte de produção única e exaustiva do direito, e de que a segunda, no continente, possibilita à ciência jurídica dispor enfim de um objeto certo e formalmente válido, que pode ser encerrado, de modo relativamente simples, na definição de direito positivo. Donde também uma postura inicial (e nisto a Escola da Exegese francesa constitui o exemplo mais esclarecedor) de *self-restraint* da ciência jurídica, que, para salvaguardar seu objeto e impedir a dissolução deste pela obra de interpretação jurisprudencial, se faz defensora de uma tarefa de aclaramento (textual) da lei e executa a atividade interpretativa como adequação-aplicação mecânica, em suma, como atividade cognitiva (e não de vontade ou decisão), isenta de qualquer discricionariedade.

No plano da postura positivista, há convergência da Escola Histórica do Direito (em âmbito alemão), da Escola da Exegese (francesa) e da *Jurisprudence* analítica (inglesa). Como lembramos, os resultados da primeira são resumíveis no formalismo jurídico, que constitui uma dominante da ciência jurídica entre os séculos XIX e XX e, nessa acepção, é representado pelo método da Jurisprudência dos Conceitos (*Begriffsjurisprudenz*), elaborada em especial por R. von Jhering (*Der Geist der roemischen Rechts,*1852-1865; *Unsere Aufgabe,* 1857). A Jhering deve-se, de fato, a definição de um método destinado a extrair ("fazer evaporar"), da matéria compósita do direito existente, conceitos e categorias (por um procedimento de análise e de decomposição de elementos) que deverão ser depois reconstruídos e religados com base em nexos lógico-sistemáticos. Em especial, Jhering utilizava a análise jurídica para abstrair noções gerais de casos particulares e redefinir, portanto, um catálogo conceitual assim como os critérios ou princípios jurídicos "latentes", no direito positivo. Desse ponto de partida deveria ter tomado forma um sistema de ordenamento em que o reconhecimento precedente fosse capaz de assumir também função produtiva, no sentido de que, por meio de conceitos e de categorias gerais, seguindo um caminho lógico e rigoroso, deveria ser possível extrair novas disposições e novas regras. O caráter formal do método é evidente tanto no aspecto analítico, que se refere exclusivamente ao direito como conjunto de proposições lógicas abstraíveis de sua "matéria", quanto – sobretudo – no aspecto "sintético", que indica a auto-suficiência do sistema não só como "dado", mas também como algo capaz de evoluir com autonomia, por meio de deduções conceituais: também nesse aspecto "produtivo", o direito mostra-se como dedução de "formas" a partir de formas, e não como uma disciplina sempre modificável de fenômenos materiais, concretos, de interesses sociais. O direito não só se apresenta como conjunto cientificamente reconstruível mas também – o que é ainda mais importante – como um conjunto técnica e logicamente reprodutível com base em nexos "internos" injuntivos.

Aqui o conceptualismo formalista invade um campo que, do ponto de vista lógico, não é necessário ao juspositivismo, qual seja, o campo da capacidade de reprodução do direito. O direito ser um dado e, ademais, um sistema, não significa necessariamente dever ser um sistema dotado de capacidades autônomas e de autopoiese. Mas esse é um caráter que, como veremos, marca a *autodiferenciação* do sistema jurídico em comparação com aquilo que, de uma óptica sociológica, constitui os outros sistemas sociais (como o sistema político, o moral e o econômico, principalmente). Por outro lado, do ponto de vista teórico e operacional, sempre foi exigência interna – se não uma implicação – do juspositivismo a consideração do ordenamento (mesmo quando este é representado apenas pelo código) como algo "completo", portanto isento de lacunas, em condições de resolver qualquer problema decorrente dos "casos" por meio do recurso a si mesmo (auto-integração) e não a outras fontes (heterointegração). E é inerente ao juspositivismo o projeto de tutela das fronteiras de seu objeto e o domínio deste: tutela e domínio que a jurisprudência dos conceitos leva ao mais alto grau e que se traduz na passagem da consideração analítico-formal do direito para a sua definição essencial como simples "forma".

Talvez seja exatamente o caráter extremo dessas conclusões que induz o chamado "segundo" Jhering a uma famosa autocrítica (cuja fase célebre é a obra *Der Zweck im Recht*, 1884), que evidencia o caráter teleológico do direito, sua orientação para fins, valores e interesses, reavaliados como sua real razão de ser que, por conseguinte, não concebe os institutos jurídicos como vazios de conteúdo, ou seja, como simples nexos lógico-sistemáticos. A definição do direito essencialmente como forma é, portanto, superada, visto que ao direito cabe também uma consideração substancial que identifique sua relação com concepções de justiça e objetivos sociais. De qualquer modo, o "segundo" Jhering também não renuncia à unidade do ordenamento nem à identificação das qualidades formais do direito, ao seu caráter de norma coercitiva e estatal.

Na realidade, da pandectística (cf. cap. VI, § 3) e da ciência do direito continental, paralelamente ao processo codificador, parte um processo de generalização e de sistematização do direito que o modifica radicalmente, tendendo a submeter à razão os processos de produção, organização e funcionamento do direito e das instituições jurídicas, tendo em vista depreender princípios (no sentido de *rationes*) relevantes na solução dos casos e a generalizá-los para além dos casos específicos, por um lado, e por outro determinar um sistema de nexos lógicos entre eles. O trabalho que a ciência do direito realiza durante o século XIX decorre da casuística e da sistemática e é inegavelmente um trabalho de racionalização do direito. Formal, desta vez, sobretudo no sentido de se pretender dar aos casos uma solução que não decorre de sua particularidade, de sua individualidade concreta, mas sim de sua correspondência impessoal com traços gerais, abstratos, contemplados pela norma para a disciplina do fato comum ao qual possam ser subsumidos.

Não por acaso, na obra de um grande sociólogo como Max Weber é atribuída importância capital para a transformação material da civilização nos últimos dois séculos, a esse desenvolvimento do direito formal e racional, produzido também por mérito da ciência jurídica. Essa formalização, a bem da verdade, provém sobretudo da classe dos juristas formados no estudo do direito romano: o direito científico é fruto da doutrina e dos juristas; para Weber, não é produto da codificação. Esta, ao contrário, teria sido portadora de uma mentalidade bem diferente, politicamente orientada, tendente a fazer penetrar no direito legislativo, posto, o "espírito antiformalista", enfim, a transformar o direito em um meio de produção da felicidade dos súditos (estado paternalista).

Essa tese corrobora a de Savigny. Mas no plano da história tem um valor complementar por ressaltar que, naquela fase, a pretensão de redução do direito à lei tinha também em vista sujeitar o direito formal, abstrato e geral a ser meio de fins contingentes e "particulares", "políticos"[4].

Weber vê com simpatia o direito científico por ser o único capaz de garantir formalidade e racionalidade: estamos no momento em que a ciência jurídica alemã se afasta do historicismo, assim como da antiga postura "conservadora", rumando para o direito consuetudinário e comum, para atribuir depois, pela própria obra, um sucesso definitivo ao direito codificado, que aparece como seu produto (o código alemão é de 1900) e que ganhará vida própria e autonomia em relação às suas fontes, inclusive a vontade do legislador[5]. Mas o direito científico representará, a partir de então, exclusivamente um guardião do direito positivo.

Nessa evolução, que atravessa grande parte do século XIX, tem posição importante o nascimento da *teoria geral do direito* (é paradigmática a obra de Adolf Merkel, 1836-1896: *Sobre a relação entre filosofia do direito e ciência "positiva" do direito* – 1874, mas também importante é a de K. Bergbohm, 1849-1927, *Jurisprudência e filosofia do direito* – 1892), cujo intuito era garantir uma abordagem "científica" (em harmonia, por outro lado, com o espírito da nova filosofia oitocentista, a positivista, filosofia que, como se sabe, aspira a transformar-se em ciência do "dado"), diferente, portanto, da abordagem da *filosofia* do direito, e determinada pela reivindicação do caráter de cientificidade da doutrina, cujo objetivo era servir-se de um posicionamento exclusivamente reconstrutivo, e não especulativo (como, ao contrário, a filosófica),

---

4. M. WEBER, *Economia e società,* org. P. Rossi, vol. II, pp. 110 ss.
5. *Id.,* p. 192.

e definir seus próprios conceitos apenas como resultado de um procedimento de abstração e generalização do direito existente, partindo da sua positiva observação[6].

A linha de continuidade que liga a vocação sistemática expressa por Savigny à chamada *Begriffsjurisprudenz*, e que se resolve no progressivo abandono dos aspectos organicistas e da gênese histórico-comunitária dos "institutos" jurídicos, é representada pelo empenho no plano dos elos conceituais e sistemáticos e pela racionalização, o que se traduzirá na elaboração de um método cada vez mais dedutivo e abstrato.

Esse "progresso" científico da teoria do direito ocorreu, naturalmente, com base no direito romano e concerniu substancialmente o direito privado, levando os estudos alemães de direito civil a um incomparável grau de refinamento técnico.

A teoria geral do direito é antes de mais nada fruto da doutrina privatística e é a consagração e a formalização da atitude juspositivista, cujas características gerais já evidenciamos, atitude que, como na Inglaterra, encontramos na Alemanha, baseada numa *actio finium regundorum* do que é direito positivo e das características distintivas dele (prevalece, também aqui, a concepção imperativista da norma como comando sancionado).

Na verdade, não se pode considerar que todo o desenvolvimento da doutrina geral do direito mantém caráter de cientificidade ao longo do tempo, no sentido indutivo e expositivo, ou seja, em termos de estrita reconstrução a partir do tecido "objetivo" do direito posto. A doutrina muitas vezes e de bom grado ultrapassa o direito como ele é, para exceder-se em grandes construções teóricas de como o direito deve ser: com isso passa, não declaradamente, de teoria descritiva à teoria prescritiva ou normativa e, por outro lado, tem em mira traçar uma concepção "global" da essência do direito, de sua relação com a sociedade e do seu papel nela.

---

6. Sobre o assunto, ver V. FROSINI, *Teoria generale del diritto*, in *Novissimo Digesto Italiano*, vol. XIX, Turim, 1973.

3. Teoria do Estado

A retomada de uma postura substancialmente filosófica por parte de juristas ocorre, não sem razão, na construção do direito público. Tal construção começa com Gerber, Jellinek e Laband, desenvolve-se inicialmente numa Alemanha dividida e aperfeiçoa-se com a unificação alemã em torno da Prússia; o direito público atravessa assim uma fase histórica em que precede e depois sustenta a ordem do Estado alemão. Mas as etapas desse itinerário parecem marcadas por uma atitude prescritiva e filosófica por parte da doutrina, atitude claramente visível na crítica de Gerber à diáspora privatística do direito germânico, na prefiguração e na defesa de um direito público por se construir e na também respeitável obra de Jellinek, tendente a afirmar o fundamento de direitos subjetivos perante o Estado, também em oposição pelo menos com parte da cultura jurídica alemã do tempo[7].

Pode-se acrescentar que também na construção do Estado e do direito público é perceptível o afastamento em relação ao continuísmo e ao organicismo romântico que marcavam o historicismo, a começar sobretudo de Savigny. O formalismo explicita-se ainda numa acepção peculiar, que consiste na tendência da teoria e/ou da filosofia dos juristas a elevar-se acima do dado empírico, evitando reproduzir conceitualmente o estado material das relações sociais, mas visando a constituir em forma de categorias, conceitos e princípios – o mais possível universais e *independentes* da concretude contingente e particular das relações sociais – um edifício racional tão inatacável quanto o erigido pela civilística alemã[8].

---

7. Muito claras nesse sentido as páginas da Introdução de G. JELLINEK ao seu *Sistema dei diritti pubblici subbiettivi* (1892), trad. ital. de G. Vitagliano e prefácio de V. E. Orlando (da II ed. de 1905), Milão, 1912, esp. pp. 6-7, bem como o prefácio de V. E. Orlando, *id.*, esp. p. VIII. A literatura é extremamente ampla. Entre outros, sobre esse aspecto específico, cf. M. DOGLIANI, *Indirizzo politico. Riflessioni su regole e regolarità nel diritto costituzionale*, Nápoles, 1985, p. 99.

8. A respeito é ampla a abordagem de M. FIORAVANTI, *Giuristi e costituzione politica nell'ottocento tedesco*, Milão, 1979, pp. 193 ss. e *passim*, além de DOGLIANI, *op. ult. cit.*, p. 110.

Na verdade, o representante do direito público alemão, na sua manifesta inspiração estatalista, legalista e formalista, é Paul Laband (*Das Staatsrecht des Deutschen Reiches*, 1876-1882: *O direito público do Império Germânico*), que desenvolve um conceptualismo jurídico tendente a construir "dogmas" publicísticos (do mesmo modo como, no direito privado, fora-se aperfeiçoando uma consumada dogmática jurídica).

Posto a fundamento da ordem e do ordenamento jurídico, o Estado aparece, conforme confirma Jellinek, como "pessoa" em condições de instaurar relações de "domínio", às quais corresponde a formal sujeição dos indivíduos[9]: a liberdade natural deles só assume relevância com base no pressuposto de que deve ser formalmente reconhecida pelo Estado-pessoa.

Jellinek funda toda a doutrina dos direitos públicos subjetivos reconhecidos ao indivíduo na autolimitação do Estado-pessoa, numa premissa de auto-obrigação, e não em alguma precedência natural-racional que tivessem e muito menos em alguma tutela constitucional: "Todo o ordenamento interno do Estado é ordenamento jurídico, porque ele não existe para um Estado abstrato, mas para a coletividade concreta de homens pelos quais o Estado é constituído [...]. Não o indivíduo, mas sim a coletividade considerada como unidade, tem interesse jurídico na existência e na manutenção das competências estatais [...] o fundamento jurídico formal da obrigatoriedade jurídica do ordenamento do Estado consiste na auto-obrigação do próprio Estado [...]. A coletividade do povo é que tem interesse jurídico na existência e na observância do ordenamento jurídico do Estado. Mas, visto que tal coletividade se identifica com o Estado, este se apresenta juridicamente como o sujeito do in-

---

9. A esse respeito, com orientação análoga, também C. F. GERBER, *Lineamenti di diritto pubblico tedesco* (1865), publicado com a tradução da obra anterior, de 1852: *Sui diritti pubblici*, in *Diritto pubblico*, trad. ital. de P. L. Lucchini, Milão, 1971.

teresse acima indicado [...] o Estado assume duplo caráter: o de sujeito da potestade estatal e o de administrador do interesse geral"[10].

Com efeito, o pensamento jurídico-político contemporâneo atribui ao Estado o papel de entidade dominante e o faz coincidir com o monopólio da força, acompanhando, ao mesmo tempo, a tendência autoritária do Estado liberal oitocentista. Mas essa concepção "autocrática" e "separada" do Estado, como poder político supremo que se eleva à "pessoa", intersecta-se aqui com a diferente concepção do Estado como realidade horizontal, entidade exponencial de uma comunidade de indivíduos (Estado-pessoa – Estado-comunidade)[11].

O Estado na realidade sintetiza esses dois momentos também mediante a centralidade que atribui à lei, e a doutrina tem sucesso, pelo menos em parte, nessa mediação, só porque se mantém distante das implicações metajurídicas, dos problemas ético-filosóficos e sobretudo político-institucionais ligados a tal definição dúplice. Como afirmou Laband com insistência, a ciência jurídica só pode ser "pura", portanto alheia a qualquer contaminação política, moral, ético-social. E é o mesmo Laband que determina com clareza taxativa que por lei se deve entender toda disposição normativa proferida em "forma"legislativa pelo órgão competente: lei em sentido "material" é só aquela que possui características de generalidade e abstração, não natureza individual, particular, de providência. O afastamento entre aspecto formal e aspecto substancial da lei possibilita assim atribuir o "selo da juridicidade" a uma lei não porque ela "reflete a orientação predominante na coletividade sobre

---

10. G. JELLINEK, *Sistema dei diritti pubblici subbiettivi*, cit., pp. 256-7.
11. Sobre tais assuntos, A. BALDASSARRE, *Diritti pubblici soggettivi*, in *Enciclopedia giuridica,* vol. XI, Roma, 1989, pp. 1-13; F. PIERANDREI, *I diritti subiettivi pubblici nell'evoluzione della dottrina germanica,* Turim, 1940. Mas também S. ROMANO, *La teoria dei diritti pubblici soggettivi* (1897), in V. E. Orlando (org.), *Primo trattato completo di diritto amministrativo italiano,* I, Milão, 1900.

aquele determinado objeto tratado, os valores historicamente consolidados a propósito daquele problema, ou porque assume certo conteúdo, mas apenas por ter sido proferida segundo certos procedimentos previstos pela Constituição"[12].

Se a lei em sentido material é, portanto, o verdadeiro ponto de articulação das relações entre Estado e indivíduos, entre poderes e direitos, a lei em sentido formal é o *medium* que possibilita resolver o problema da interpenetração de Estado-pessoa e Estado-comunidade.

O poder legislativo conecta a comunidade ao Estado: este se concretiza como "pessoa" não acima das lei, mas acima da *comunidade* dos indivíduos, e, por ser absolutamente próprio e nitidamente distinto, detém enfim o poder de governo e de administração.

Essa diretriz dúplice (Estado-comunidade – Estado-pessoa) incide também sobre o problema dos direitos subjetivos. Jellinek, por um lado, reconhece o direito subjetivo como *poder da vontade,* voltada esta para um interesse reconhecido e protegido pelo ordenamento (teoria mista)[13]; por outro, estende paradigmaticamente tal construção ao direito subjetivo "público", pressupondo que este subsiste (somente) quando *o interesse individual seja reconhecido no interesse geral.* Aqui o indivíduo emerge (somente) como membro de uma coletividade (diferentemente do que é válido para cada direito "privado").

Jellinek constrói efetivamente um "sistema" dos direitos públicos subjetivos, configurando diferentes hipóteses de acordo com as possíveis relações do indivíduo com o Estado[14]. Relevante é a circunstância de que a previsão de *status*, ao qual estão ligados direitos subjetivos públicos, não se baseie em nenhum reconhecimento substancial de direitos de

---

12. Ver M. FIORAVANTI, *Giuristi e costituzione politica nell'800 tedesco*, cit., p. 349.
13. Cf. G. JELLINEK, *Sistema dei diritti pubblici subbiettivi*, cit., p. 49; e ver F. PIERANDREI, *I diritti subbiettivi*, cit., pp. 87 ss.
14. JELLINEK, *Sistema* cit., pp. 96 ss.

liberdade anteriores ao ordenamento (portanto independentes do próprio Estado): aliás, um direito subjetivo público provém de uma autolimitação por parte do "soberano" (Estado-pessoa); não de sua simples ausência ou abstenção, mas de sua retirada voluntária e da identificação formal (positiva) de *status* aptos a qualificar as pretensões acionáveis. Não por acaso, acaba-se por fazer coincidir o direito (substancial) perante o Estado com o direito de ação concedido como garantia e tutela daquele (ou seja, a posição jurídica substancial com a posição jurídica processual).

Também em conseqüência dessa postura, a ênfase na lei, existente no novo Estado, mesmo representando um elemento de continuidade com a tradição revolucionária francesa e com a doutrina rousseauniana, na realidade foi transformando o próprio sentido de soberania: uma soberania que passa a ser progressivamente e de fato atribuída ao Estado e não diretamente ao povo.

VIII. Estado de direito

SUMÁRIO: 1. Duas vocações – 2. Direito neutro, Estado e primado jurídico – 3. Direito formal, racionalidade, justiça

1. Duas vocações

De fato, a doutrina alemã acaba por basear o Estado na "legalidade administrativa", nos "direitos subjetivos públicos", na "justiça na administração"[1]; em outros termos, submete o poder administrativo ao pressuposto da atribuição pela lei, justifica (por meio de complexos "expedientes"teóricos) a subsistência de direitos dos cidadãos perante o Estado, predispõe meios jurisdicionais para sua tutela.

O Estado aparato (de governo e de administração) tem o rosto do poder de supremacia de que a ação estatal se vale em relação aos cidadãos. O princípio de legalidade, cerne do novo Estado, aliado à separação dos poderes, é acima de tudo a submissão à lei da ação administrativa (em sentido formal: atribuição legislativa do poder; em sentido material: eventual limitação "interna"dos modos e meios de exercício) e símbolo da persecução, *sobreposta a qualquer outra*, do interesse geral, que, aliás, a lei prefigura e determina constitutivamente. A garantia dos direitos dos cidadãos não é direta: a interpretação administrativa do interesse geral vem primeiro e dela deriva naturalmente a justiça como proteção do cidadão.

A teoria do Estado, a construção do direito público partiam, na realidade, de uma premissa eminentemente ideo-

---

1. F. PIERANDREI, *I diritti subiettivi pubblici,* cit., pp. 35 ss.

lógica: uma constante histórica impele para o constitucionalismo liberal-revolucionário que fazia penetrar no direito estruturas políticas e inspirações axiológicas fortemente contrastantes com a estabilidade institucional e com a vocação, estática e autoritária, de uma sociedade imóvel, de uma burguesia conservadora, de um Estado centralizador.

Por meio da negação do caráter terminativo da constituição (da constituição como nível superior do ordenamento), entendida como ordem histórico-natural e não como ato e fruto de um poder constituinte, o Estado de direito continental (segundo consta, a expressão foi cunhada por R. von Mohl) pôde assumir fisionomia peculiar. A fonte mais alta do direito posto voltava, pois, a ser a lei, o direito formal e abstrato, o sistema normativo fechado cuja certeza não deveria nem poderia ser abalada por reivindicações individualísticas ("constitucionalísticas") de liberdade e/ou direitos. A afirmação e a adjudicação dos direitos encontra assim sua fonte de forma mediata, pelo funcionamento daquela máquina estatal e daquela ordem institucional que, indiretamente, acaba sendo o pressuposto para a tutela das posições subjetivas[2].

Por isso é muito significativa a evolução do Estado continental, não só como Estado administrativo, mas sobretudo, como ocorre na Itália, como Estado *de justiça administrativa*. Conforme escreve Nigro: "O controle do respeito à legalidade" por parte do poder estatal "não pode ser exercido pelo juiz ordinário porque não se trata de salvaguardar diretamente a liberdade dos cidadãos da ingerência ilícita do Estado, mas de estabelecer se foram respeitados os vínculos que este assumiu para garantia do interesse geral e da realização de tal interesse"[3]. O poder público está assim submetido a uma sindicância jurisdicional diferente da ordinária, que não é funcional para o objetivo típico da justiça (de *adjudicação)* dos direitos, mas é um *quid novi*, peculiar à tra-

---

2. Entre outros, ver G. REBUFFA, *Costituzioni e costituzionalismi,* cit., p. 54.
3. M. NIGRO, *Giustizia amministrativa*, Bolonha, 1987, p. 33.

dição legalista continental; não o direito do cidadão, mas a sua tutela apenas mediata, porque decorrente e conseqüente da garantia primária do interesse público: "um controle único e bivalente, que, incidindo na legalidade do comportamento administrativo, ao mesmo tempo propicie a satisfação do interesse objetivo da coletividade (e da administração) e a satisfação do interesse do indivíduo. Só um juiz apósito, que se situe, por assim dizer, dentro do mecanismo de proteção e restauração do interesse objetivo, tem condições de realizar, com o atendimento de todas as exigências, o controle necessário"[4].

De modo geral, é verdade que a diretriz estatalista e a moderadamente liberal se entrelaçaram na construção do direito público. Como se notou, o grande resultado de mediação entre o ímpeto centralista e autoritário do Estado e a tutela liberal dos direitos, realizado por Jellinek, constitui um aspecto positivo que distingue a construção do Estado de direito. Mas permanece um decisivo atraso político-jurídico no fato de que essa "limitação" valeu e nasceu para valer *não em relação ao Estado legislador, mas apenas em relação ao Estado como administração pública*. Conforme escreveu Matteucci: "o Estado de direito garantia o cidadão contra os abusos de poder por parte do poder executivo, ou seja, no plano da administração, mas não o garantia contra o poder legislativo. Assim, a cega atenção às leis feitas [...] pelo poder legislativo redundou num legalismo positivista que abriu caminho para a ditadura e causou o fim da própria legislatura representativa. [...]. Os poderes concedidos pelo Parlamento serviram depois para destruí-lo, porque não havia uma lei mais alta, uma constituição rígida [...] cuja violação tivesse simbolizado a plena ruptura da ordem constitucional"[5].

Justamente a questão do desenvolvimento de uma justiça administrativa separada da ordinária representa outro sintoma significativo de uma orientação institucional e po-

---

4. NIGRO, *op. cit.*, p. 33.
5. MATEUCCI, *Lo Stato moderno*, cit., pp. 162-3.

lítica diferente da anglo-saxônica, em que o problema dos direitos não é incorporado na lei. A experiência anglo-saxônica não só careceu desse processo de construção do Estado-administração como entidade superior, unitária, pessoal, não só foi influenciada pela formação jurisprudencial do direito da *common law,* como também incorporou coerentemente a tradição constitucionalista que se expressou sobretudo na efetiva supremacia do Parlamento (titular de um controle de legalidade) e na conseqüente impossibilidade de concentrar prerrogativas, órgãos e ofícios como um conjunto dotado de "autonomia", segundo a tendência do Estado administrativo. Não por acaso, toda a organização do direito na Inglaterra é pensada por um de seus mais famosos intérpretes (Albert Venn Dicey[6]) em oposição com a formação de qualquer direito administrativo: um direito administrativo estaria destinado a diferenciar os outros sujeitos daqueles que exercem um poder executivo. Mas em tal caso as prerrogativas, a discricionariedade ou o arbítrio destes últimos seriam posições radicalmente incompatíveis com a "Constituição" inglesa, com a unidade da jurisdição (só "ordinária") e com a correlata ausência de uma ação do cidadão contra a Coroa e o poder executivo (a única ação é admitida em termos de direito comum, contra a *pessoa* do "funcionário")[7].

Dicey construiu a opinião doutrinária ortodoxa da cultura jurídica inglesa, ainda que, na verdade, existissem teses contemporâneas divergentes (entre elas, a de F. W. Maitland, historiador das instituições constitucionais inglesas e a de Harold J. Laski), baseadas na constatação da existência efetiva do direito administrativo inglês (mas não de uma dupla jurisdição). Um direito administrativo parecia ser efeito inevitável da estrutura do Estado moderno, efeito não necessariamente deplorável, visto que se mostrava apto a conferir

---

6. A. V. DICEY, *An Introduction to the Study of the Law of the Constitution* (1885), Londres, 1985 (ed. rest. 1959 da VII ed. 1908).

7. Veja-se a respeito sobretudo, S. CASSESE, *Albert Venn Dicey e il diritto amministrativo,* in "Quaderni Fiorentini, 19, 1990, pp. 19 ss.

forma e substância a um quase ausente princípio de responsabilidade do poder executivo.

Para além dessa controvérsia, de todo modo o Estado continental acabou por submeter ou limitar o princípio constitucional (ao qual as instituições anglo-saxônicas queriam manter-se fiéis), que, fruto das enunciações revolucionárias, ditava que o "governo existe para o indivíduo, e não o indivíduo para o governo"[8].

O *Rule of law* (que representaria o correspondente inglês do conceito italiano de *Stato di diritto* [Estado de direito]) é, assim, intimamente diferente de sua referência continental mais próxima, não sendo ambas diretamente equiparáveis. No *Rule of law* está incluída, acima de tudo, a tradicional tutela dos direitos fundamentais dos cidadãos, protegidos depois, na experiência americana, por uma Constituição rígida garantida por um Tribunal Constitucional; na Inglaterra, pela convergência para esse objetivo por parte das instituições históricas e da atitude "tradicional"do direito jurisprudencial.

A conseqüência foi a imposição da idéia do caráter originário dos direitos, de tal modo que impediria, em princípio, a possível prevalência tanto do poder do Estado como entidade de administração e governo quanto do dominante Parlamento inglês, que, de qualquer maneira, na vertente dos direitos encontrava independência e autonomia objetivas do poder judiciário.

A irresistível supremacia da lei, crescente no Continente, encontrava na Inglaterra, ao contrário – não obstante a prioridade do Parlamento –, moderação no complexo mecanismo de relações entre o poder executivo e as assembléias legislativas: "a 'Constituição inglesa' está [...] toda nessa dinâmica de relações entre poder legislativo (que nomeia o seu 'comitê executivo') e o poder executivo (que tem condições de controlar o Parlamento, determinando sua dissolução no momento que considere mais oportuno)"[9]. E, por

---

8. N. BOBBIO, *Stato governo società*, Turim, 1985, p. 55.
9. REBUFFA, *Costituzioni e costituzionalismi*, cit., p. 105.

outro lado, a independente e consolidada tradição judiciária acabava por testemunhar a superioridade do direito sobre a lei: "a essência da Constituição inglesa reside no fato de que a tutela dos direitos encontra um juiz que a sancione. [...] o conteúdo, a extensão e as modalidades de tutela de tais direitos foram fixados pelas cortes, pelo poder judiciário [...]. E estes direitos, do modo como foram historicamente fixados pelo poder judiciário na Inglaterra, são superiores à própria Constituição: *a Constituição não é a fonte dos direitos, mas sua conseqüência*"[10]. Com o que se repete a tese do constitucionalista Dicey, que inverte a lógica do jurista continental, partindo do pressuposto de que a constituição inglesa deriva do "direito" e não é fonte dos direitos subjetivos, mas sua decorrência[11].

Para Dicey, o *Rule of Law* inglês baseia-se no predomínio do direito sobre o poder executivo, na submissão de todos ao direito comum e aos juízes ordinários, na formação judiciária das normas de garantia dos direitos subjetivos e, em geral, da liberdade dos indivíduos: é dos juízes e do Parlamento que deriva a Constituição inglesa[12].

---

10. *Idem*, pp. 107-8.

11. Como lembra MacCORMICK, *Diritto, "Rule of Law" e democrazia*, cit., houve a contraposição de duas teses: "Segundo uma delas, os direitos que devem ser garantidos são, eles mesmos, produto do ordenamento jurídico e constitucional, dentro do qual são tutelados; segundo a outra, os direitos em questão são em algum sentido antecedentes ao ordenamento constitucional, ou mais fundamentais que este, com o corolário de que o ordenamento constitucional cumpre a função específica de tutelá-los como direitos fundamentais. Há também uma terceira tese intermediária, segundo a qual as constituições podem ou devem necessariamente basear-se no costume e na tradição, de tal modo que o costume e a tradição podem ser fontes tanto de direitos subjetivos consuetudinários quanto do ordenamento constitucional. Tais direitos consuetudinários (ou de *"common law"*) subsistem independentemente do fato de serem reconhecidos pela legislação e, ainda que esta possa modificá-los, eles devem ser respeitados em virtude da proibição de retroatividade das leis [...] Com alguma aproximação, a primeira tese poderia ser atribuída a Jeremy Bentham; a segunda, a John Locke; a terceira, a David Hume ou, talvez, a A. V. Dicey" (p. 199).

12. Em tal sentido, ver também a reconstituição de CASSESE, *op. cit.*, pp. 18-9.

A atitude "filosófica" que prevalece no âmbito anglo-saxônico é autenticamente constitucionalista e liberal. Ela não precisa de um Estado, a não ser no sentido de um conjunto institucional limitado às funções representativas e de ordem, como na doutrina lockiana. O Estado continental, ao contrário, não só se "entifica" mas também absorve o direito como sua manifestação mais alta[13].

2. Direito neutro, Estado e primado jurídico

Na realidade, o processo de fundação do Estado de direito tem essa natureza de despersonalização do poder, em virtude da qual a imputação da soberania em sentido jurídico tende a afastar-se da soberania em sentido político: nisso se traduz a aspiração a ser governado *pelas leis e não pelos homens*. O resultado mais evidente desse processo é exatamente a definição kelseniana de Estado como ordenamento jurídico, a negação do valor político, do significado ideológico-valorativo da própria expressão "Estado de direito". No entanto, a entificação do Estado, assim como a idéia (expressa por V. E. Orlando) do Estado como a manifestação mais alta do direito, tem uma duplicidade conatural: no prefácio à edição italiana do *Sistema* de Jellinek, Orlando afirma, significativamente, que "quando um Estado positivo estabelece o seu direito, ele se move dentro de limites predeterminados pelas condições várias e complexas da consciência jurídica do povo, do grau de civilização por ela atingido [...]. O que demonstra como a chamada 'autolimitação' é bem menos livre e espontânea do que acreditam os que negam fundamento certo, sólido e definitivo aos direitos públicos subjetivos"[14]. A duplicidade está justamente nessa referência, por um lado, ao Estado como construção jurídica

---

13. V. E. ORLANDO, *Le teorie fondamentali*, in V. E. Orlando (org.), *Primo trattato completo di diritto amministrativo italiano*, cit., vol. I, p. 16.
14. V. E. ORLANDO, *Prefazione*, in JELLINEK, *op. cit.*, pp. XI-XII.

e por isso *neutra* e, por outro, a um pressuposto seu, por assim dizer, romântico e substancial, a comunidade como "nação".

A função dessas referências é, de um lado, atribuir posição soberana à personalidade jurídica do Estado e, de outro, ligá-la a uma relação genética precisa (povo e nação), que acaba por garantir, como em Jellinek, uma medida certa e irredutível do *equilíbrio* entre Estado-pessoa e cidadãos.

Trata-se de um equilíbrio precário. Na obra de um jurista como V. E. Orlando, o papel assumido por essa referência (ao povo) é testemunho de uma tensão não resolvida, mas também de uma disponibilidade remanescente a estabelecer correspondência entre a construção lógico-sistemática ou o fundamento jurídico do Estado e o seu fundamento político; a enraizar a teoria jurídica dos direitos subjetivos no terreno de uma fundação filosófico-política de caráter orgânico, portanto também histórica e "nacional" (no sentido de Savigny ou de Hegel): "Assim, no Estado a idéia de povo é concebida como um todo orgânico dotado de vida própria, de consciência própria, de força própria, ao mesmo tempo efeito e expressão suprema do Direito."[15] O que indica sensibilidade para a questão dos limites do Estado, limites não extraíveis de sua configuração jurídico-dogmática, como entidade, como pessoa, como lei. De resto, como se disse, nessa época "o Estado de direito é tal não porque os poderes de que se compõe estejam submetidos a uma norma positiva explícita de ordem superior, mas porque esses poderes *nascem* intrínseca e necessariamente limitados da mesma constituição-ordem que, simultaneamente, funda a autoridade e a condição de poderes soberanos"[16].

Na realidade, a tendência histórica e doutrinária é inversa e levará simplesmente à afirmação do tão desejado primado do Estado. O Estado se hipostasia: "o Estado é uma entidade isenta de desenvolvimento; e também o direito, que

---

15. V. E. ORLANDO, *Principii di diritto costituzionale*, Florença, 1905, p. 25.
16. M. FIORAVANTI, *Costituzione e stato di diritto*, in *Stato e costituzione*, cit., p. 197.

deriva do Estado, apresenta-se com a aparência de um sistema coerente que cortou qualquer elo com os eventos comunitários"[17]. Eminente expressão disso é a exposição da unidade-soberania do Estado no fim do século XIX, na clássica obra de Otto Mayer (1856-1924)[18], ao qual se deve a construção da dogmática do direito administrativo. Os termos do precário equilíbrio são improváveis: ao Estado Mayer confiava a tarefa de manter a unidade do povo entendida como a essência originária do próprio Estado, sobre a qual ele se erigia como suprapersonalidade juridicamente definida e qualitativamente outra em relação aos indivíduos membros[19]. A referência ao Estado-comunidade, à raiz política, traduz-se numa simples pressuposição mental, numa *fictio* jurídica da *unidade e da vontade concretas*.

Mas o primado do Estado, que não chega a conciliar a soberania do poder e a sua limitação (e não se vale para tanto nem mesmo de uma garantia superior, de tipo constitucional), já não é apenas uma juridicização do Estado, mas ao mesmo tempo se transforma numa *estatização do direito*.

A essa tendência alia-se, enfim, o percurso de obsolescência do tema da *nação*, seu substancial esvaziamento.

A questão da soberania "nacional" (da nação) foi, por exemplo, proposta também num momento mais avançado da reflexão sobre o direito público em nosso século (por Carré de Malberg, *Contribution à la Théorie générale de l'État*, Paris, 1919-1922), indicando sua função positiva. A idéia de soberania nacional poderia ter indicado a superação da cisão – e a mediação – entre *povo* e *lei*, que por vez haviam sido pen-

---

17. D. CORRADINI, *Storicismo e politicità del diritto*, Bari, 1973, p. 37.
18. O. MAYER, *Deutsches Verwaltungsrecht*, Berlim, 1895-1896.
19. Cf. O. MAYER, *Die juristische Persona und ihre Verwertbarkeit im öffentlichen Recht*, in *Staatsrechtliche Abhandlungen. Festgaber für Paul Laband*, Erster Band, Tübingen, 1908, p. 63 (para a expressão *Überperson*); mas todo o ensaio é muito instrutivo, também para o confronto com as diferentes teorias da subjetividade ou personalidade do Estado: *id.*, pp. 1-94. A personalidade do Estado é separada por Mayer da personalidade de direito privado e entendida como noção "não pertencente ao direito civil" (O. MAYER, *Deutsches Verwaltungsrecht*, I, Berlim, 1895, p. 49).

sados, em tempos diferentes, como fontes de soberania: mas uma, a do povo, excessivamente ligada ao espírito antiinstitucional e reformador da revolução, e a outra, ao primado político de um intacável direito "positivo", que por sua vez se tornara "absoluto". Nesse aspecto, a *nação* podia representar o único conceito de soberania em condições de unir a *impessoalidade* à intrínseca "limitação" do soberano.

A nós interessa notar, porém, que a soberania da nação, *ut sic*, não teve na cultura jurídica da época esse destino (melhor) principalmente porque não acompanhou em profundidade a estatização do direito, que dela se separou.

O direito do Estado, único campo verdadeiro de sistematização e reflexão doutrinária, só até certo ponto se identifica com uma nacionalização do direito, ou seja, com uma tendência a coordenar e conciliar o direito com a idéia de unidade e soberania "nacional". O resíduo "político" e a atitude historicista-territorial contidos no próprio conceito de direito "nacional" diluem-se e tendem a desaparecer: assim, a idéia de direito nacional recua imperceptivelmente no exato momento em que se conclui a modernização política e social, consumada com a definitiva afirmação européia dos Estados-nação. A impessoalidade jurídica, liberada de qualquer implicação histórico-política, prevalece na sistematização do direito, que por isso se torna exclusivamente direito do Estado.

Em todo caso, a juridicização do Estado, quer pela criação de um direito do Estado nacional, quer pela depuração política e da atitude neutra do jurista científico, traduz-se em estatização do direito, isentado do elo histórico-orgânico, ou cultural que fosse, com a soberania da nação.

Isso não impede que a cultura da nação, expungida no plano jurídico (por sua vez resolvido na racionalidade interna e na forma, como em Weber ou em Kelsen), ressurgisse depois politicamente (como nacionalismo)[20], ou seja, numa

---

20. Cf. E. HOBSBAWN, *Nazioni e nazionalismo*, Turim, 1991, e P. CARROZZA, *Nazione* (verbete), in *Digesto IV, Discipline pubblicistiche*, vol. VII, Milão, 1995.

vertente externa, de onde partirá outra vez para a absorção do Estado no itinerário (de triste lembrança) dos regimes continentais do século XX.

Continua, portanto, essencial ressaltar que a estatização do direito e a afirmação do Estado por um primado jurídico (antes ou mais "nacional" que político) foi a orientação destinada a prevalecer entre aquelas que emergiram na passagem do século. A despolitização do Estado é o verdadeiro "segredo" da sua construção "jurídica" moderna. E isso não só pela definitiva marca que será impressa à doutrina do Estado por Hans Kelsen e pela sua teoria "pura" do direito.

A ciência da administração que desembocou em Otto Mayer definira o Estado moderno como Estado de direito administrativo e caracterizara sua estrutura e seu funcionamento como inteiramente predeterminados e tipificados por normas legislativas[21].

Na verdade, nela ainda era perceptível um elo implícito entre o Estado entendido como entidade jurídica e o Estado entendido como entidade política, o Estado como ordenamento e o Estado como expressão suprema do poder político (em suma, entre direito e poder): isso no sentido de que o Estado-aparato era pensado como isento de fins próprios, portanto como instrumento estruturado pela vontade dos poderes, o que teria acabado, porém, por privar da "neutralidade" necessária as "regras" de funcionamento do aparato e por enfraquecer a versão corrente do Estado de direito como estado submetido somente ao direito.

Max Weber pretendeu superar também esse limite: a hipótese de o aparato estatal, rigidamente predeterminado

---

21. O. MAYER, *Deutsches Verwaltungsrecht*, I, cit. Cf. por exemplo o § 5º (cap. I), *Der Rechsstaat*: Mayer afirma que um Estado de direito será tal apenas se a administração pública for submetida à lei e se expressar por meio de atos formais (*id.*, p. 66). E inicia o capítulo (segundo) sobre os lineamentos da ordem administrativa com o pressuposto (apto a designar o paradigma clássico do Estado administrativo e o conceito correlato da sua supremacia) de que a relação entre o Estado e os súditos consiste numa desigualdade jurídica, numa assimetria derivada do fato de que "de seu lado o Estado tem o *poder público*" (*id.*, p. 67).

por normas, impessoal por definição, poder atuar de modo "subalterno" a fins atribuíveis a alguma vontade subjetiva, material, política, é um modelo que ele combate e derruba. E isso com base na idéia de que a estrutura sustentadora do Estado moderno, o aparato, a administração e o conjunto de regras formal-racionais que disciplinam seu funcionamento representam um componente logicamente anterior, preestabelecido e, sobretudo, autônomo em relação à "orientação dos poderes político-constitucionais"[22].

Em Weber a administração mostra-se sobretudo como burocracia, como corpo unitário, centralizado e definido internamente por uma organização objetiva, por competências, hierarquias, limites de exercício da ação, um corpo que se move sobre princípios de imparcialidade e neutralidade. Por isso sua independência, sua coerência e regularidade erigem-se como essência do Estado moderno, porque capazes de assegurar sua correção, portanto a autonomia da ação perante a transformação contingente dos fins e dos valores, perante o horizonte da luta política, perante qualquer eventual dependência com respeito aos "poderes": aliás, exatamente tais relações (com os poderes) também são dependentes de regras jurídicas, portanto prefixadas. Nessa caracterização administrativo-burocrática do Estado encontra fundamento a *legitimação* do Estado moderno, entendido como poder *legal-racional,* noção a que voltarei mais vezes.

De que direito e de que Estado se fala na ciência do direito entre os séculos XIX e XX é coisa agora bastante clara. O positivismo jurídico tinha uma origem voluntarística, uma concepção do direito como comando soberano; remetia, portanto, a uma objetividade não dada mas *produzida, posta,* logo identificável. Essa concepção deveria mostrar-se progressivamente em conflito consigo mesma, ou melhor, com seus desenvolvimentos doutrinários que aspiravam a uma conceituação geral do direito e necessitavam de um enfraqueci-

---

22. A expressão é de G. REBUFFA, *Max Weber e la scienza del diritto,* Turim, 1989, p. 125.

mento do elo entre *vontade* e *objeto* da ciência. Nesse aspecto, o formalismo jurídico representou também uma espécie de dissolução do elo entre poder, força, comunidade e direito, e o seu resultado mais natural teria sido a redução, já mencionada, do Estado ao direito. O componente *decisionista* do positivismo, que Carl Schmitt teria ressaltado com lucidez, tende a perder-se numa definição da lei baseada em *traços* formais, baseada no respeito a *condições* formais, definição portanto neutra, isenta de (indiferente ao) conteúdo[23]. Ademais, a sujeição à lei, que o Estado reclama dos cidadãos, deve ser obtida de modo não vinculado "por qualquer relação conteudística com o direito e a justiça"[24].

Na realidade, esse Estado é permeado de uma ideologia liberal por um lado e autoritária por um outro. Persiste a exigência tipicamente filosófica de que o Estado seja "mínimo" quanto às suas tarefas, mas a ela se alia a exigência de que ele seja tutor de uma ordem social imóvel, disposta em torno de uma burguesia dominante, de uma casta fundamentalmente estática de notáveis e em continuidade com a herança oitocentista que, sobretudo no continente, atribui importância e papel central à estrutura militar do poder. Isto, aliás, é evidente até nas próprias modalidades em que o Estado se organiza e determina sua ação sobre o território. A hipertrofia das administrações públicas, quase nunca controláveis, a não ser parcamente (a partir apenas dos últimos anos do século XIX), tinha condições de concentrar poder e dominar todas as comunidades periféricas, mas sem trair a ideologia liberalista que levou o Estado a uma postura predominante (se não exclusiva) de não-ingerência (tendência a não auxiliar a empresa privada, retração do patrimônio fundiário, da empresa pública etc.); em compensação o Estado, como organização da ordem, estruturava-se sobretudo como defesa, polícia, jurisdição[25].

---

23. C. SCHMITT, *Legalità e legittimità*, in *Le categorie del politico*, trad. ital. de P. SCHIERA, Bolonha, 1972, pp. 270 ss.

24. *Id.*, p. 228.

25. Cf. M. S. GIANNINI, *Il pubblico potere*, Bolonha, 1986.

O Estado exprimia, portanto, na relação com o cidadão, a vertente autocrática da autoridade e do poder, mas não tinha como exercê-la a não ser *delimitando* fronteiras, áreas de intervenção, princípios organizativos, disciplinas homeostáticas da sociedade civil da burguesia. Era, como foi dito, o Estado de uma única classe (monoclasse)[26], censitariamente eleita como representante do povo, capaz de configurar e recortar as funções do Estado de acordo com suas próprias exigências diretas, que são fundamentalmente resumíveis no abstencionismo e na manutenção do *status quo* social e econômico.

Do ponto de vista sociológico, não por caso, esse Estado é uma organização da força (isso vale para Weber, mas também para o juspositivismo, assim como para o normativismo kelseniano). Portanto, "organiza" a garantia da liberdade no Estado só como reflexo de dada ordem. Não se admite que o Estado intervenha nessa ordem desequilibrando as estruturas, que ele deve, ao contrário, conservar, nem se admite que se dêem legítimas pretensões de justiça, reivindicáveis "voluntaristicamente" por inspiração de uma liberdade "abstrata" e "racional": esta constitui um perigo capaz de dissolver a ordem orgânica da comunidade, em si necessária e justificada. Para esse Estado é conveniente a elaboração de categorias formais e universais do direito, que para terem validade e/ou cientificidade não demandam conotações conteudísticas específicas nem são conformadas por um direito pensado como projeção de valores compartilhados, comunitários. De resto, a fórmula da igualdade jurídica sustentava-se apenas com base num direito que pudesse *aparecer* como rigorosamente neutro, *super partes*, portanto indiferente à irreprimível desigualdade substancial.

Essa opção foi a grande força do Estado moderno continental, que conseguiu sustentar-se enquanto os equilíbrios de uma sociedade assim organizada permaneceram inteiramente implícitos, absorvidos na neutralidade formal e na

---

26. *Id.,* pp. 35 ss.

função de ordem das categorias jurídicas, sem virem à tona, o que começou a ocorrer progressivamente a partir da viravolta industrial do fim do século.

Por outro lado, o direito-Estado aparece cada vez mais como entidade necessária, mais que resultado daquele racionalismo contratualista ou de qualquer vontade política "instituidora" pressuposta dos indivíduos: aliás, está completamente desvinculado dela. Mas exatamente por essa terminante negação dos seus aspectos voluntários em favor dos necessários, o Estado se reduz e reduzirá de fato a direito, e o direito, por conseguinte, se reduzirá eminentemente a simples disciplina da força.

Este último aspecto emergirá da própria teoria geral do direito, que com Kelsen definirá o direito não mais como disciplina da convivência, segundo objetivos e conteúdos políticos, assistida pelo uso regulado da força, mas diretamente como conjunto de regras para o exercício da força. Definição que, efetivamente, substitui o meio pelo fim, como se o Estado não tivesse (outros) fins, e o objetivo da lei fosse organizar a força, e não "organizar a sociedade por meio da força"[27].

3. Direito formal, racionalidade, justiça

No plano da história do positivismo jurídico e do desenvolvimento institucional do Estado de direito, a referência a Weber é particularmente significativa. Em primeiro lugar porque de algum modo permite esclarecer a visão que a ciência jurídica da segunda metade do século XIX tem de si mesma, bem como a concepção geral do Estado e do direi-

---

27. Essa frase é extraída de N. BOBBIO, *Teoria dell'ordinamento giuridico* (1959-1960), in *La teoria generale del diritto*, Turim, 1993, p. 199, que assim comenta a teoria de Kelsen e a de Alf Ross, acerca das relações entre direito, força e identificação do caráter que qualifica a juridicidade de um ordenamento (mas sobre o assunto, ver *infra*, Parte II).

to entre os séculos XIX e XX; em segundo lugar, porque a sociologia weberiana tem significado filosófico, implicando a concepção tipicamente positivista da necessária separação entre direito e moral.

Essa separação é justificada de maneiras diversas na filosofia do direito de filósofos e de juristas, assim como na teoria geral do direito: em Weber descreve o modo de ser, objetivo, da estrutura institucional do Estado moderno. Para Weber, a autonomia do direito positivo em relação à moral é a autonomia (pertencente à realidade histórica) estrutural e funcional do direito e do Estado contemporâneos em relação a concepções morais e políticas baseadas em determinados (e variáveis) juízos de valor. Essa autonomia é própria de uma fase histórico-institucional específica (caracterizada por processos que Weber chama de burocratização e formalização e pela afirmação do Estado de direito, legislativo e parlamentar).

Weber, aliás, identifica um elo essencial entre a legitimação do poder e tal "autonomia" do Estado e do direito, visto ser esta última, segundo ele, que constitui o motivo da obediência dos cidadãos. Portanto o elo ocorre entre, de um lado, a forma de organização do direito e dos poderes e seu modo de funcionar dentro do Estado de direito e, de outro, a confiança que produzem nos cidadãos, *exatamente em razão desse seu modo específico de ser* (bem como da conformidade como são "pensados" e entendidos na corrente mentalidade positivista).

Por tais motivos, a reflexão filosófica sobre o direito pode encontrar na sociologia weberiana uma resposta factual, ligada à realidade histórico-institucional.

Segundo a definição weberiana, "um direito é *formal* quando, no plano jurídico e processual, são consideradas exclusivamente as características gerais unívocas do caso em questão"[28]. Aliás, Weber põe em evidência o contraste entre

---

28. M. WEBER, *Economia e società*, cit., II, p. 16.

direito formal e direito "material": direito no qual as decisões normativas, a legislação e a jurisdição obedecem a postulados éticos ou a objetivos utilitários não unívoca e abstratamente predeterminados por regras. Schluchter descreveu assim essa tese weberiana: "Um direito será então material se direito e ética puderem em qualquer caso converter-se um no outro ou quando a ética tiver primado estável sobre o direito [...]. Um direito será formal caso seu conteúdo seja constituído por um comportamento exterior ou caso direito e ética se tenham diferenciado funcionalmente."[29]

Como vimos, determinante da racionalização do direito é a sua formalização, que por sua vez decorre do fato de toda decisão responder a regras certas, preestabelecidas e dotadas de generalidade e caráter abstrato, regras que possibilitam o domínio racional da complexidade e da diversidade material dos casos, pois deles se afastam e contêm os critérios jurídicos da sua solução. Tais critérios podem ser aplicados de modo calculável e previsível, sem considerar a avaliação, caso a caso, das questões de eqüidade, de justiça "substancial".

Como sintetiza Habermas: "As propriedades formais do direito eram caracterizadas [...] pela sistematicidade do *corpus* jurídico, pela forma universal e abstrata da lei, pelo rigor procedural que limitava a discricionariedade dos juízes e dos funcionários administrativos. É certo que essa imagem sempre implicou forte idealização [...]."[30]

Quanto a Weber, parecem emergir duas convicções de fundo: "a) ele achava que a racionalidade do direito devia fundar-se nas suas propriedades formais; b) para ele, materialização do direito equivalia à moralização do direito, ou seja, ao sucesso, no direito positivo, de uma visão de justiça material, conteudística, substancial. Só assim Weber podia extrair sua tese crítica, segundo a qual a racionalidade ín-

---

29. W. SCHLUCHTER, *Lo sviluppo del razionalismo occidentale*, trad. ital. de S. Cremaschi, Bolonha, 1987, p. 191.
30. J. HABERMAS, *Morale, diritto, politica*, cit., p. 9.

sita no direito [...] era destruída à medida que se estabelecesse um nexo imanente entre direito e moral"[31].

O juspositivismo, como sabemos, separa do objeto da ciência jurídica atitudes ético-políticas, pretensões de justiça e questões morais, partindo do pressuposto de que não pode haver descrição científica do direito que não seja a do direito positivo e definindo direito positivo como direito pelo que é (e não pelo que deve ser) e como direito posto por vontade dispositiva de uma autoridade suposta competente.

O diagnóstico weberiano também parte do direito como posto, mas ressalta que as características de racionalidade formal no direito são definidas graças à elaboração constante *da ciência jurídica*.

São, pois, essas características que se mostram incompatíveis com abordagens substanciais e/ou jusnaturalistas. Se a moral positiva, o juízo de eqüidade, a "avaliação" caso a caso pudessem tornar-se fonte do direito, em decorrência direta da apreciação de "valores", então não só se perderia a certeza das fronteiras do objeto "direito" (como teme o juspositivismo), mas também, segundo Weber, se perderia exatamente aquilo em que se apóia o Estado existente: o caráter formal-racional do direito. Perda bem grave, visto que incide na legitimação do poder.

Legitimação indica um problema de justificação, e no caso do Estado moderno implica que o seu poder deve ser alvo de obediência não por motivos decorrentes do carisma do dirigente, por motivos afetivos, religiosos, éticos ou tradicionais, mas sim *pela crença na "legalidade"*. Por isso, legalidade e legitimidade coincidem. O poder do Estado moderno é legítimo, ou seja, é alvo de obediência, pela convicção da formalidade-racionalidade da lei.

O ingresso de "postulados" éticos, políticos e utilitaristas nos métodos utilizados pelos juristas, bem como nos processos de adjudicação, na produção e na aplicação do direito, não só torna problemático um critério unívoco de

---

31. *Ibid.*

identificação do direito positivo como também abala a organização global do Estado e as relações entre ele e a sociedade (e os indivíduos). Tal organização apóia-se de fato na confiabilidade (previsibilidade) do direito (na qualidade de direito) formal-racional, confiabilidade que se tornou razão da obediência.

Daí deriva uma conseqüência: o juspositivismo não aparece apenas como o *método* com que os teóricos abordam o direito, pois a tese de que o direito é só o direito posto, legal, descreve a *situação "real"* no Estado moderno. Naturalmente, a convicção weberiana de que esse direito positivo é efeito do trabalho científico dos juristas e também uma conseqüência positiva (numa espécie de processo de *feedback*) da burocracia, nesse aspecto não modifica as coisas.

O fato de que a própria descrição do direito como direito posto e legal contém, por sua vez, inevitáveis pressupostos valorativos e ideológico-políticos não abala a certeza de que esse direito e não o direito natural (ou semelhante) deve ser assumido como fulcro do Estado moderno e de que este último funciona com base nele.

Obviamente, a renúncia que o juspositivismo, *ut sic*, faz de uma visão *crítica* do direito posto não pode ser sempre e de qualquer maneira confundida com adesão valorativa, com aprovação moral ou política de dado ordenamento. Uma concepção juspositivista não leva em conta nenhuma hipótese sobre o direito como ele deveria ser. Uma concepção jusnaturalista tende a introduzir no direito positivo elementos normativos extraídos de uma ordem diferente, de valorações morais, racionais, em suma metajurídicas.

Ora, o juspositivismo dos séculos XIX e XX encontra-se historicamente diante de uma realidade do direito, da sua produção e aplicação, que elimina qualquer elemento externo ao direito posto, ao direito legal. Essa realidade *histórica* do juspositivismo transforma-se num ponto fraco com a mudança dos cenários histórico-institucionais.

A crise do juspositivismo ocorrerá não tanto por uma mudança autônoma dos paradigmas internos à ciência jurídica quanto pelo enfraquecimento das capacidades heurísticas do "modelo" juspositivista, decorrente das transformações estruturais do direito; transformações que devem ser buscadas no momento da crise econômica e social do Estado liberal e que levam depois até a afirmação dos Estados "constitucionais"ocidentais, nos quais o acesso ao "direito" por parte de postulados de justiça, de critérios materiais de avaliação, de elementos de princípio, amplia e depois desagrega o horizonte do direito legal, criando assim a necessidade (no mínimo) de uma reflexão autocrítica do juspositivismo, quanto à sua própria capacidade de descrever o direito positivo, de circunscrevê-lo e reduzi-lo a elementos *passíveis todos de submissão a critérios de cientificidade.*

Em certo sentido, a atualidade do jusnaturalismo convive de modo latente ou patente, ao sabor da alternância das fases históricas, com a teoria do direito como direito positivo e, de algum modo, sempre acaba por inspirar um tema "fundador", que o juspositivismo tende a considerar secundário ou externo ao edifício do direito existente. A justificação das normas (dos conteúdos normativos) mostra-se como a questão premente da fronteira que liga o mundo do direito às suas premissas éticas.

O próprio fato de programas com objetivos contingentes e específicos passarem a qualificar a lei, de princípios e valores serem o critério *disciplinar* último para a interpretação das normas e, em definitivo, a ocorrência de um conjunto de fenômenos subseqüentes que levarão o direito a perder seu caráter formal predominante (desformalização do direito), tudo isso marcará a entrada do "direito natural"no direito positivo, exigindo abordagens epistemologicamente diferentes e mais complexas do que as rigidamente entrincheiradas na oposição tradicional entre juspositivismo e jusnaturalismo.

De resto, a própria questão da racionalidade do direito, que retorna como fator específico de um tipo de legitimação do poder (em Weber), deverá ser formulada em moldes novos, e as tendências da filosofia – também da filosofia do direito e da política – tenderão a evidenciar tipos diferentes de racionalidade.

O conceito weberiano geral de racionalidade (do direito) é homólogo ao conceito de racionalidade presente nas regras do jogo, tem a mesma natureza. Portanto essa versão da racionalidade como algo próprio a um sistema de regras não se refere de modo algum, como vimos, ao juízo de valor sobre os conteúdos normativos, não consiste numa aprovação política ou ética do direito existente naquilo que ele dispõe materialmente. Por conseguinte, *a própria legitimação que o Estado recebe só diz respeito a seu modo de funcionar com base em regras.* A objetividade do direito, a "justeza" (ou melhor, a justiça) dos seus aspectos substanciais é estranha a esse juízo de racionalidade.

A racionalidade formal de que se fala remonta ao formalismo kantiano. Sua realização mais típica e famosa nos nossos dias é a teoria da democracia parlamentar de Hans Kelsen (cf. *Segunda Parte*), democracia procedural, cujas regras possibilitam uma decisão não arbitrária quanto aos métodos deliberativos, métodos que consistem em assegurar a prevalência da vontade da maioria. Mas, justamente, o teor dessas regras não tem condições de determinar diretamente o conteúdo substancial das decisões. E de Weber a Kelsen, é bem esse o *requisito* irrenunciável. O pressuposto da aceitação desse tipo de racionalidade das regras e da preferência por ele é de todo modo uma convicção ideal, subjacente, segundo a qual não é possível deduzir certezas científicas na esfera prático-moral. Essas certezas, tanto quanto as relativas à justiça, são consideradas atos de fé e, como tais, dizem respeito a valores últimos, infundamentáveis. O relativismo que aqui se assume concerne especificamente à impossibilidade de a ciência ou a racionalidade definirem uma escala absoluta de valores, o que, entre outras coisas, comporta conseqüências epistemológicas precisas: a ciência do direito só pode tratar dos seus aspectos formais, ou melhor, dos aspectos próprios dele e não dos conteúdos morais e dos atinentes à esfera prática. Por isso Weber considerava o direito científico como o pressuposto da racionalidade do direito existente e para Kelsen a ciência do direito era uma ciência "pura". O primeiro excluía a possibilidade de que a ciência pudesse ser elucidativa no campo dos "valores"; o segundo, de que os critérios de justiça material pudessem ser definidos formalmente dentro de uma ciência "pura" do direito.

O juspositivismo vinculou-se até agora a essa concepção que separa racionalidade e questões prático-morais. O que faz a abordagem jusnaturalista voltar à tona periodicamente é, porém, o fato de serem recorrentes as aspirações a dar algum "fundamento" aos valores. Em alguns casos, o jusnaturalismo (mas não só ele) recorrerá a conceitos de racionalidade "procedural" que visam, porém, a determinar um resultado (não preconcebido, ou preestabelecido) de tipo "substancial".

Na sua versão racionalistamente orientada, o jusnaturalismo assumiu como possível a fundamentação racional da objetividade ou da justeza normativa de uma escolha: a "verdade" reaparece como requisito da racionalidade das decisões, logo a "justiça" do direito torna-se objeto de investigação.

O tema assim aberto é o que mais se destaca, por essa e por outras vias, na filosofia política e jurídica contemporânea.

Em conclusão, volta à tona a pergunta formulada no início: se "poder indisponível" e "poder instrumental" são "rostos" igualmente necessários do poder. Nesse binômio tem lugar não só a distinção entre moral e direito, mas também a distinção entre *gubernaculum* e *jurisdictio*. A opção entre um e outra constitui no fundo uma ramificação da oposição entre as duas "antigas" concepções de juspositivismo e jusnaturalismo. Não que a "verdade" esteja, banalmente, no meio: antes, será preciso perguntar mais uma vez se, para além do modo como é historicamente, o direito contém um núcleo, muitas vezes ocultado, mas intrinsecamente moral, do poder; se o direito como estrutura do poder está íntima e necessariamente impregnado de um valor essencial para as nossas democracias; e se este último consiste ou não na organização do poder segundo regras e princípios capazes de tutelar o pluralismo dos valores.

SEGUNDA PARTE

I. O normativismo de Hans Kelsen

SUMÁRIO: 1. O edifício kelnesiano – 2. Sistema dinâmico – 3. Direito *vs.* Força

1. O edifício kelseniano

A doutrina *pura* do direito de Hans Kelsen (1881-1973) constitui uma guinada essencial para a teoria geral e a filosofia do direito do nosso século. Adota os postulados fundamentais do Estado liberal legislativo, segue e aperfeiçoa a mais recente doutrina do direito público elaborada na Alemanha, intervindo coerentemente no arcabouço conceitual da jurisprudência predominante e responde à exigência de "neutralidade" do direito, que também para Weber parece implicação necessária da neutralidade do Estado liberal (capaz de manter, por isso, a crença na legitimidade do poder)[1].

De qualquer modo, essa neutralidade é submetida a uma interpretação extremada: Kelsen reduz o direito a um sistema de normas e determina seu definitivo afastamento do direito natural e do universo dos valores sociais comuns. A autonomia epistemológica da ciência do direito depende da irredutibilidade do seu objeto (o direito) aos fatos sociais que ele disciplina: a ciência só pode ser "pura" e pertinente ao fenômeno ideal e normativo que o direito é; a separação entre fatos e normas decorre de uma duplicação ontológica do mundo, ou seja, de pertencerem eles, respectivamente, ao mundo do ser (*Sein*) e ao mundo do dever-ser (*Sollen*).

---

1. Cf. primeira parte desta obra, cap. VIII, último §.

Tal duplicação da realidade decorre, por sua vez, da pressuposição de que os dois âmbitos são regidos por "princípios" diferentes, mais precisamente o princípio de causalidade e o princípio de *imputação*[2]. O princípio de imputação não indica uma necessidade natural (como a que liga o efeito à causa), factual (como o princípio de causalidade), mas um dever-ser, uma imprescindibilidade, uma obrigatoriedade. Na verdade, podendo-se expressar ambos os princípios como dever-ser, a distinção entre eles é sustentável com base na indagação sobre a natureza do *dever-ser*. Só quando se confronta o *dever-ser* natural (*muessen, must*), necessário e determinístico com o dever-ser normativo (*Sollen, ought*) é que aflora a distância entre causalidade e imputação. A norma jurídica é caracterizada por Kelsen nesse sentido, recorrendo à tese de E. Zitelmann, segundo a qual as normas jurídicas são *juízos hipotéticos* que, na ocorrência de uma condição (determinado comportamento qualificado como ilícito), prevêem uma conseqüência determinada (a sanção). A norma, afirma Kelsen, é, pois, um juízo hipotético, que consiste na *imputação* de uma sanção a determinado ilícito, sempre que ele ocorra, portanto na previsão de determinado nexo (de imputação) entre dois *fatos específicos.*

Desde que subsista um nexo de imputação, é necessário um *ato humano*, sem o qual não pode haver a *passagem da premissa à conseqüência* (do ilícito à sanção), ao contrário do que ocorre entre eventos naturais ligados causalmente (Se A – ilícito –, *deve ser B* – sanção). Portanto, só a intervenção humana, cominadora da sanção, realiza o dever-ser próprio do nexo de imputação.

É o desenvolvimento da cultura e da mentalidade científica que possibilita a distinção entre causalidade e imputa-

---

2. Kelsen expressou assim os dois princípios em 1950, com *Causality and Imputation,* em "Ethics", vol. 61, 1950. (*Causalità e imputazione,* in *Lineamenti di dottrina pura del diritto,* trad. ital. de R. Treves, Turim, 1967, pp. 207-27.) Mas cf. *Causality and Retribution,* in "The Journal of Unified Science (Erkenntnis)", vol, 9, 1939, pp. 234-40.

ção, superando a lógica do pensamento primitivo[3] segundo a qual todo "evento" real parecia regido por um *princípio de retribuição*, e não por uma lei natural (causa-efeito). Em virtude do princípio de retribuição, era imputada a uma vontade sobre-humana, como prêmio ou castigo do comportamento dos indivíduos, a série de eventos que o pensamento cientificamente evoluído reconhece como decorrente da "lei" natural de causalidade. A autonomização do conceito de lei (em sentido prescritivo) em relação ao de natureza, e do conceito de imputação em relação ao de causalidade, é a base da criação do mundo do direito.

Exatamente a possibilidade de haver direito e de ocorrer um nexo de imputação tipicamente jurídico é que, para Kelsen, torna compreensível a liberdade humana. Por não ser simples entidade biológica, o homem não está inteiramente submetido à causalidade natural: ao contrário daquilo que decorria do pensamento kantiano[4], o homem entendido pela perspectiva do direito subtrai-se à necessidade infinita da causalidade, porque a imputação de uma responsabilidade jurídica ao seu comportamento o torna (o pressupõe) livre (ponto final, não efeito de uma outra série causal); interrompe o *recursus ad infinitum* típico da cadeia causal ininterrupta do mundo natural.

Note-se que essa interpretação da norma como *imputação de sanções por ilícitos* prescreve uma obrigação para um destinatário, que não é o autor do comportamento (qualificado como ilícito em relação à norma) e eventualmente é o titular do poder sancionador (o juiz). Em segundo lugar, desaparece o caráter imperativo da norma, a idéia de que ela é um comando feito ao cidadão e proveniente de uma au-

---

3. Cf. KELSEN, *Causalità e imputazione,* cit., p. 213 (e *passim*). Além dos ensaios de Kelsen, já mencionados, ver sobretudo H. KELSEN, *Society and Nature. A Sociological Inquiry*, Chicago, 1943: *Società e natura. Ricerca sociologica,* trad. ital. de L. Fuà, Turim, 1953, pp. 13-4 (e *passim*).

4. Para uma interpretação mais ampla de Kant nesse sentido, além da primeira parte desta obra (cap. IV), cf. meu *Soggetti, azioni, norme. Saggio su diritto e ragion pratica,* cit., cap. I.

toridade dotada de vontade. A estrutura de juízo hipotético possibilita que Kelsen mantenha o caráter de obrigação e sanção, objetivando-as, ou seja, privando-as de qualquer conteúdo psicológico e voluntarista.

Já com a colocação em primeiro plano do caráter sancionador do direito, a norma se traduz essencialmente em previsão de sanções por ilícitos, previsão que induz Kelsen a derrubar a habitual bipartição entre normas primárias e secundárias, considerando primárias as normas que dizem respeito à sanção e secundárias apenas as que se mostrem destinadas a indicar diretamente um comportamento que os cidadãos devam ter. Em outros termos, a sanção já não é um elemento acessório e instrumental para o fortalecimento da prescrição (não auxilia a prescrição). A norma não se compõe, como nas teorias tradicionais, de duas partes, a prescritiva e a sancionadora, visto que a prescrição é diretamente prescrição de uma sanção, ou, eventualmente, de um comportamento que consiste na irrogação da sanção. A sanção é, em suma, o conteúdo mesmo da prescrição: o direito mostra-se diretamente como "determinado ordenamento (ou organização) da força"[5], enquanto os reais destinatários das normas primárias não são os cidadãos, mas os funcionários, sobretudo os juízes.

Também por isso é sempre mais evidente a separação entre, de um lado, fatos e comportamentos e, de outro, realidade ideal do direito. No que diz respeito à obediência dos consociados ao "direito", prevalece o problema da *aplicação do direito por parte do órgão a que ela é solicitada*. Em certo sentido, o próprio ilícito, previsto como condição da sanção, não pode ser entendido como pertencente ao mundo dos fatos e dos comportamentos: na qualidade de condição para a aplicação da sanção, o ilícito é sobretudo parte da norma. Segue-se daí que a ocorrência do ilícito é apenas a ocorrência (em termos positivos, portanto) de uma condição prevista pela norma primária para o dever-ser da sanção[6].

---

5. KELSEN, *Lineamenti di dottrina pura del diritto*, cit., p. 78.
6. *Id.*, p. 46.

O direito mostra-se então como *organização da força*. Esse seu caráter é, em termos abstratos, *compatível com qualquer desígnio regulador,* com qualquer objetivo a que o direito se deva submeter. Com efeito, entendido no plano das normas secundárias ou, indiretamente, no plano dos comportamentos que prevê como ilícitos, o direito pode ter qualquer conteúdo.

Considerando esta peculiaridade do kelsenismo, bem como as outras, é insustentável sua continuidade com a "jurisprudência dos conceitos". O direito kelseniano é mero procedimento que *parece* não implicar em si nenhuma conseqüência em termos de "justiça", de garantia de certa estrutura social nem de interesses determinados: o direito oitocentista é, ao contrário, construído sobre pressupostos de valor e conteúdo que remontam às conquistas liberais, portanto dotadas de um fundamento externo numa concepção determinada de justiça, de indivíduo, de economia.

De resto, não por acaso, com Kelsen perde-se também a centralidade de conceitos como Estado (pessoa), sujeito e direito subjetivo, bem como a essencial função de centro de gravidade assumida pelo indivíduo. Desaparecem as idéias-força do direito legislativo oitocentista, que produziram uma disciplina de tutela da esfera individual e tendiam ao reconhecimento da iniciativa privada e da "vontade negocial", decorrendo portanto de uma visão "substancialista" do indivíduo e da subjetividade: desaparecem num "ordenamento" em que essas supostas substâncias, entre as quais o próprio Estado-pessoa, se revelam apenas artifícios, criações instrumentais, *fictiones* imateriais, mostrando-se na realidade como simples pontos de adscrição de normas, pressuposto para a aplicação de normas (nisso, não diferentes do "ilícito").

Por certo, bem mais desencantada mostra-se essa "constatação" kelseniana no que diz respeito às teorias alemãs sobre o direito público, que apresentavam o Estado como entidade pessoal, como premissa necessária para a ciência do direito público⁷, logo como um sujeito real, dotado de vontade, mais que como conseqüência ou produto de uma elaboração puramente jurídica.

Por outro lado, a separação entre fatos e normas, e sobretudo entre direito como sistema e substâncias ou conteúdos materiais (desde que o primeiro não implique alguma identificação dos outros), caminha *pari passu* com o hiato entre método sociológico e método jurídico, entre ciência do direito e ciência factual. Tudo isso contém decisiva secularização dos conceitos, o abandono de uma visão "pessoal" do poder, da vontade e do seu arbítrio, a favor de uma impessoalidade que Kelsen atribui à própria estrutura do direito. Nesse aspecto, o direito conquista a racionalidade de que falara Weber, por um modo peculiar de ser da forma jurídica: para além de seu desempenho coativo, a forma jurídica não pretende fundar-se em nenhuma vontade pregressa, não se apóia em pressupostos substanciais de justiça nem é imposta por um poder titular da soberania. Ela é absolutamente infundada e auto-suficiente.

Kelsen introduz elementos objetivamente inovadores no que diz respeito ao modo de pensar dos juristas. O Estado, centro paradigmático da ficção substancialista, da vontade, da soberania, da personalidade, ultrapassa a "metafísica" e a "mística"⁸, resolvendo-se num "ordenamento do comportamento humano".

Se o direito até Kelsen fora inteiramente atraído para a órbita do Estado, agora o Estado é inteiramente atraído para a órbita do direito. Em especial, o Estado é representado como um conjunto de *funções* atribuídas e reguladas pelo ordenamento jurídico: o Estado "como sujeito agente não é

---

7. C. F. GERBER, *Lineamenti di diritto pubblico tedesco* (1880³), in *Diritto pubblico*, cit., pp. 95 ss., e pp. 200 ss. Gerber escreve: "a construção jurídica do Estado pode encontrar seu ponto de partida imediato apenas na idéia que inere sempre ao próprio Estado [...] uma capacidade própria de querer, uma *personalidade* própria" (*id.*, p. 198).

8. H. KELSEN, *La dottrina pura del diritto* (1960), org. M. G. Losano, Turim, 1975³, p. 318.

uma realidade, mas uma construção auxiliar do pensamento jurídico"; e ainda: uma vez que, "ao se atribuir à pessoa do Estado uma função desempenhada por certa pessoa e determinada pelo ordenamento jurídico se está expressando apenas a relação com a unidade do ordenamento jurídico que determina a função, pode-se atribuir qualquer função determinada do ordenamento jurídico ao Estado, entendido como personificação desse ordenamento jurídico"[9]. Não existe para o direito nenhuma pessoa física; existe apenas uma pessoa jurídica, ou seja, uma construção do pensamento que se resolve nas diferentes inscrições contidas no ordenamento. Kelsen trata do Estado não como comunidade territorial, moral, social, política, mas tão-somente na sua acepção jurídica, para a qual direito e Estado acabam por coincidir[10]. Mas as premissas para essa coincidência são determinantes também para a redução de uma série de binômios correntes no pensamento jurídico e ainda claramente resistentes na cultura jurídica hodierna. Cai a distinção entre direito privado e direito público: a teoria pura "vê um ato do Estado tanto no negócio jurídico privado quanto na

---

9. *Id.,* p. 324.
10. KELSEN, *Dottrina pura e giurisprudenza analitica,* em *Lineamenti di dottrina pura del diritto (Appendice),* cit., pp. 199-200: "O estado que 'possui' um ordenamento jurídico é imaginado como uma pessoa. Essa pessoa é apenas uma personificação da unidade do ordenamento jurídico. O dualismo entre Estado e direito nasce da hipóstase da personificação, ou seja, da afirmação de que essa expressão figurada é um ser real, e da sua oposição, assim, ao direito.[...] Desse modo, o tão discutido problema da criação ou não-criação do direito pelo Estado soluciona-se dizendo que os homens criam o direito com base nas normas próprias e determinadas deste." Donde uma conseqüência que deve ser ressaltada e à qual voltaremos: da superação do dualismo decorre que os elementos do Estado, território e população, "aparecem como as esferas territorial e pessoal de validade do ordenamento jurídico estatal. O que Austin chama de 'soberania' mostra-se como o órgão mais alto do ordenamento, e a soberania não é então uma característica do indivíduo ou do grupo de indivíduos que compõem esse órgão, mas uma característica do próprio Estado. No entanto, o fato de a soberania ser uma característica do ordenamento jurídico estatal pode significar apenas que acima desse ordenamento não se supõe nenhum outro superior" (*id.,* p. 200).

ordem da autoridade, ou seja, um caso específico da produção do direito atribuível à unidade do ordenamento jurídico"[11]. E de resto trata-se de uma implicação do dualismo entre direito e Estado[12]. Como se ressaltou, cai também a distinção entre direito subjetivo e objetivo: o primeiro, construído em bases romanistas sobretudo como pretensão, é na realidade justificável só à medida que o ordenamento prevê uma série de deveres correlativos, pela configuração da sua violação como ilícita, se atingir um interesse tutelado ou um poder protegido da vontade. Claro que essas entidades não subsistem em si porque existem, de preferência, normas que tutelam um interesse ou qualificam uma vontade, e, portanto, o direito subjetivo deve ser remetido ao direito objetivo[13]. A anterioridade do direito subjetivo, em relação ao direito objetivo, como sede da propriedade e da liberdade individual é, em outros termos, uma premissa *ideológica* que introduz na teoria geral do direito opções de valor e absconsas pressuposições jusnaturalistas (como tal, visa, portanto, a influenciar e a persuadir, mas não serve para conhecer).

Pelas mesmas razões, a *fonte da obrigação* jurídica só pode encontrar-se naquele lugar afastado de premissas mo-

---

11. KELSEN, *La dottrina pura del diritto,* cit., p. 314.

12. "Assim como a teoria do direito privado, na origem, considerava que a personalidade jurídica do indivíduo era lógica e cronologicamente anterior ao direito objetivo, ou seja, ao ordenamento jurídico, também a doutrina do direito público considera que o Estado se apresenta como uma unidade coletiva, como sujeito de um querer e de um agir independente e preexistente ao direito [...]. Assim, o Estado, como ser metajurídico, como uma espécie de poderoso 'macroantropo' ou organismo social, é um pressuposto do direito e ao mesmo tempo um sujeito jurídico que pressupõe o direito, porque a ele submetido e por ele transformado em titular de deveres e direitos. É a teoria dos dois aspectos do Estado e da autolimitação do Estado que, não obstante as evidentes contradições, [...] continua a afirmar-se com uma obstinação sem precedentes" (KELSEN, *La dottrina pura,* cit., p. 317). Também nesse caso, parece irrefutável o contraponto crítico à teoria alemã do direito público, entre os séculos XIX e XX.

13. Cf. M. G. LOSANO, *Saggio introduttivo,* in KELSEN, *La dottrina pura,* cit., p. XXXIX.

rais, que é o ordenamento jurídico: assim, ser juridicamente obrigado a *certo comportamento* decorre simplesmente do fato de que o seu *oposto é* qualificado como condição de uma sanção.

Por esse caminho, Kelsen não reintroduz no ordenamento a ligação com a autoridade, a subjetividade e a vontade, ou seja, as implicações psicológicas, que tinha excluído; não se retorna à identidade austiniana entre normas e comandos (de uma autoridade e de uma vontade subjetiva): de fato, são *normas* apenas as que obrigam *também* a não levar em conta o conhecimento que se tem delas, e pelo fato de poderem ser consideradas válidas por terem emanado de um *órgão* "autorizado".

2. Sistema dinâmico

Uma transformação que representa outro salto qualitativo em relação à doutrina precedente diz respeito à descrição do sistema jurídico como *sistema dinâmico.* No que concerne à opção já clássica da centralidade da lei como único lugar de produção do direito estatal, Kelsen introduz o tema da multiplicidade das fases de produção do direito, articuladas e interligadas segundo uma escala hierárquica que ascende à lei e à constituição, e da constituição (ou das constituições históricas que se sucederam no tempo) ao ordenamento internacional, mas a partir das normas produzidas por casos individuais, antes de tudo pelos juízes. Trata-se de um sistema de delegações, uma construção por graus (*Stufenbau*), em virtude da qual as normas de grau superior constituem uma *delegação* à instância inferior para a produção de uma norma inferior. A passagem que se realiza assim da chamada nomostática à chamada nomodinâmica (a teoria da *Stufenbau* foi formulada por Adolf Julius Merkl, aluno de Kelsen) introduz um elevado número de questões e, em alguns casos, de aporias, porém seu sentido mais imediato está na caracterização do sistema ainda uma vez em termos formais, que garantem sua circularidade, a auto-referencialidade, liberta de qualquer vínculo com opções de conteúdo.

A relação entre normas, típica dos sistemas estáticos, tem natureza de implicação conteudística, em virtude da qual é possível *deduzir* de normas de caráter mais geral o conteúdo de normas de caráter mais específico, que está logicamente implícito nas primeiras; ao contrário, a relação de *delegação* resolve-se na atribuição do poder de produção normativa a uma instância inferior, não implicando nenhuma limitação necessária em termos de conteúdo. A relação no primeiro caso é de derivação material e espelha um sistema construído com base em pressupostos de valor, em opções fundamentais de "mérito", como o moral ou o de direito natural etc. No segundo caso a relação é de derivação formal[14].

Dentro de cada um dos dois sistemas a unidade é determinada em relação a uma norma fundamental, afirma Kelsen, que possibilita verificar a validade de cada norma, sua pertinência ao sistema: mas, no primeiro caso, a norma fundamental impõe uma verificação da pertinência ao sistema, portanto da validade com base no conteúdo: "as normas obtêm esta qualificação de conteúdo porquanto são remissíveis a uma norma fundamental, sob cujo conteúdo se pode subsumir o conteúdo das normas que constituem o ordenamento, assim como o particular se assume sob o universal"[15]. No entanto, as normas jurídicas não são (não

---

14. Veja-se a respeito N. BOBBIO, *Teoria dell'ordinamento giuridico*, cit., pp. 201 ss. Como escreveu G. Tarello: "Fala-se nesse sentido de sistema das normas do direito italiano tendo como hipótese uma norma fundamental que consiste na delegação aos constituintes da tarefa de produzir a Constituição, que, por sua vez, delega aos órgãos legislativos o poder de produzir as leis segundo certos procedimentos etc." (G. TARELLO, *Organizzazione giuridica e società moderna*, in S. CASTIGNONE, R. GUASTINI, G. TARELLO, *Introduzione teorica allo studio del diritto*, Gênova, 1984[4], p. 23).

15. KELSEN, *Lineamenti di dottrina pura del diritto*, cit., p. 95. Também *La dottrina del diritto*, cit., pp. 219 ss.

podem ser consideradas) "válidas" apenas de acordo com o conteúdo[16]; logo, a "norma fundamental de um ordenamento jurídico positivo [...] nada mais é que a regra fundamental pela qual são produzidas as normas do ordenamento jurídico [...]. Esse é o ponto de partida de um ordenamento; tem caráter absolutamente dinâmico-formal"[17].

Dado o caráter "dinâmico" do sistema e em virtude do nexo de "delegação", a norma inferior é "válida", graças à competência do órgão. Mais que um *ato de conhecimento* (da norma superior), a norma inferior é um *ato de vontade*. Este aspecto caracteriza e custodia a positividade do direito (no mesmo sentido do *auctoritas facit legem* de Hobbes): tutelando a emissão normativa formalmente autorizada, *ut sic*, como válida e pertencente ao ordenamento, Kelsen prefere salvaguardar a produção de estabilidade e a positividade do direito, até em detrimento da lógica; de fato, são válidas duas normas logicamente em conflito, ou normas em oposição ao conteúdo de normas superiores (sentença errada, lei inconstitucional: obviamente enquanto não fossem eliminadas pela intervenção de instâncias e órgãos competentes). A lógica, concluirá Kelsen no fim de um atormentado itinerário, não se aplica às normas; no ordenamento jurídico não pode valer, como tal, o princípio da dedutibilidade lógica de normas a partir de normas superiores[18].

---

16. "Uma norma vale como norma jurídica sempre e somente porque se apresentou de um modo particularmente estabelecido, foi produzida segundo uma regra totalmente determinada, foi proposta segundo um método específico" (KELSEN, *Lineamenti*, cit., p. 96).

17. *Id.*, p. 97.

18. Sobre o problema dos critérios de validade e sobre o conceito de validade, nos ordenamentos contemporâneos e nos Estados constitucionais, cf. *infra*, cap. IV, § 3 (última parte) e § 4 (com referência a H. L. A. Hart). Toda a problemática ligada ao sistema dinâmico kelseniano, à natureza de vontade do ato produtor de normas, ao papel atribuído à interpretação, foi e continua sendo debatida, também em relação à recente publicação de *Allgemeine Theorie der Normen*, de Kelsen, org. de K. Ringhofer e R. Walter, Viena, 1979, cuja tradução italiana foi publicada por M. Torre, Turim, 1985, obra na qual Kelsen chega à conclusão de que a lógica não se aplica às normas, conclusão que pro-

Se a produção de normas é sempre um ato de vontade, então a discricionariedade de tal ato e, portanto, o espaço de interpretação entram em jogo, pelo fato de que a norma delegante não esgota materialmente a determinação do conteúdo da norma inferior: dá-se um âmbito de indeterminação no qual o órgão que aplica o direito se encontra diante de um esquema que tem várias possibilidades e não uma solução absoluta e única, nem mesmo com o uso de métodos interpretativos coativos[19]. Assim, a interpretação realizada por um órgão que "aplica" o direito "cria" direito.

Já se observou que Kelsen limita o papel da interpretação porque esta ocorre dentro de um sistema fechado, "por mais criativa que possa ser a atividade identificada com o nome de 'aplicação'"[20]. Efetivamente, o reconhecimento da margem de decisão na aplicação da norma é acompanhado da invariância *estrutural* do direito: a "volição" do juiz é a

---

vocou numerosas dissensões e induziu a rever no seu conjunto e, freqüentemente, a periodizar com precisão o pensamento de Kelsen. Para esse debate, muito amplo e rico em intervenções de numerosas perspectivas, cf. L. GIANFORMAGGIO (ed.), *Hans Kelsen's Legal Theory. A Diachronic Point of View*, Turim, 1990; e GIANFORMAGGIO (ed.) *Sistemi normativi statici e dinamici. Analisi di una tipologia kelseniana*, Turim, 1991. Veja-se também L. GIANFORMAGGIO, *In difesa del sillogismo pratico ovvero alcuni argomenti kelseniani alla prova*, Milão, 1987.

19. KELSEN, *La dottrina pura*, cit., pp. 385 ss.

20. G. TARELLO, *Diritto enunciati usi*, Bolonha, 1974, pp. 410-1. Nem por isso se confunda a relevância que Kelsen atribui aí à interpretação com a que será atribuída pelas teorias hermenêuticas contemporâneas (cf. *infra*). No mérito, repetindo o conceito já expresso por Tarello, entre outros, F. VIOLA, *Ermeneutica e diritto. Mutamenti nei paradigmi tradizionali della scienza giuridica*, in "Rivista internazionale di filosofia del diritto", abril/junho de 1989, p. 342: "Segundo Kelsen, o objetivo da teoria do direito é identificar a característica que torna 'jurídica' uma norma, e nessa empresa a interpretação é deixada totalmente do lado de fora da porta. Só depois de se desenhar o panorama da validade normativa é que a porta é aberta para a interpretação. A grande importância dada ao *sistema dinâmico* e à delegação de poder, com o fim de estabelecer a interligação tipicamente jurídica entre normas de grau diferente, põe para fora do jogo a relevância da interpretação dos conteúdos normativos para a teoria do direito." Sobre a interpretação em KELSEN, cf. também *infra*, cap. II, § 1.

mediação entre a estrutura formal da norma e o caso concreto, mediação que se move dentro do edifício global, pensado como independente daquelas "escolhas" e daquelas decisões.

No edifício da nomodinâmica, é decisivo o papel da chamada *norma hipotética fundamental* porque ela é norma de fechamento do sistema exatamente sob o aspecto dinâmico. Ela deve ser pressuposta (não é posta) como a hipótese na qual se deve deter a série de remissões de validade, de normas inferiores a superiores, além da primeira constituição histórica: "e é pressuposta como válida porque sem tal pressuposto nenhum ato humano poderia ser interpretado como ato jurídico e especialmente como ato criador de normas"[21].

Como condição de validade de todo o sistema, como condição *transcendental* dele e de cada uma das normas, a norma fundamental é o ponto último do ordenamento a partir do qual é possível propor o tema da validade como tema conceitualmente diferente da *eficácia;* mas ela é também um diafragma sutil, que pode tornar-se precário.

A pressuposição da "validade" da norma fundamental (com que se interrompe a corrida ao infinito), que possibilita designá-la como "constituição em sentido lógico-jurídico, para distingui-la da constituição em sentido jurídico-positivo"[22], é a operação mental realizada por quem quer que assuma como normas objetivamente válidas a constituição e os atos subseqüentes e conformes a essa.

Daí decorre a relação que Kelsen institui entre validade e eficácia de um ordenamento: o sentido da norma fundamental está em assumir como válidas as normas que estão contidas numa constituição vigente e dela decorrem, normas que, por sua vez, são capazes de eficácia; a *validade* de um ordenamento não pode ser remetida a uma constituição e a normas que não possuam de modo algum esse caráter de

---

21. H. KELSEN, *Teoria generale del diritto e dello Stato* (1945), trad. ital. de S. Cotta e G. Treves, Milão, 1952, p. 118. [Trad. bras. *Teoria geral do direito e do Estado*, São Paulo, Martins Fontes, 3.ª ed., 1998.]

22. KELSEN, *La dottrina pura del diritto,* cit., p. 223.

eficácia. A validade do sistema e das suas normas é, sim, conceitualmente autônoma em relação à sua eficácia, mas não totalmente *independente*: existem *normas* juridicamente válidas porque pertencentes ao ordenamento, ainda que não individualmente eficazes (o que ocorre com periodicidade e freqüência), mas, *no conjunto,* não se pode atribuir validade a um *ordenamento* que não decorra de uma constituição eficaz, vigente, em sentido jurídico-positivo.

A não-coincidência entre os dois planos é assim mantida; o pensamento kelseniano, por outro lado, atenuou o radicalismo inicial da separação subseqüente ao contacto com a experiência jurídica americana, que dimensiona a existência das normas mais com base em sua eficaz presença nos pronunciamentos das cortes do que em sua disposição em códigos[23]. Validade e eficácia implicam-se mutuamente – escreve Kelsen –, ainda que não se identifiquem.

Aliás, a bem da verdade, para Kelsen isso exprime com formulação diferente a "antiga verdade: o direito não pode existir sem força, mas não se identifica com a força; segundo a teoria aqui exposta, ele é certo ordenamento (ou certa organização) da força"[24].

3. Direito *vs.* Força

Em torno do assunto brotaram discussões sutis e vastas especulações lógicas, mas o fato é que o sistema normativo construído por Kelsen funda-se em si mesmo e é obje-

---

23. "As normas de um ordenamento jurídico positivo estão em vigor *pelo fato de que* a norma fundamental, que constitui a regra fundamental para a sua produção, é pressuposta como válida e não porque elas sejam eficazes; mas elas estarão em vigor apenas *enquanto* (ou seja, até quando) esse ordenamento jurídico for eficaz. Assim que a constituição, isto é, o ordenamento jurídico como totalidade que nela se funda perde a eficácia, também o ordenamento jurídico e, portanto, cada uma de suas normas perdem validade" (KELSEN, *La dottrina pura del diritto,* cit., p. 242).

24. *Id.,* p. 243.

tivo, de tal modo que não se mostre dependente dos fatos (desta ou daquela contingência histórica, da eficácia deste ou daquele poder etc.), não se mostre como forma organizativa específica de determinadas relações materiais, mas como forma jurídica, independente delas e necessária para cada uma delas. Assim, o direito não se reduz simplesmente à projeção daquilo que existe, mas constitui uma forma dotada de mecanismos e caracteres não dedutíveis das relações de poder vigentes nem por elas modificáveis na sua lógica interna, relações que, ao contrário, devem dobrar-se a essa lógica jurídica. Para garantir duração (e, paradoxalmente, também uma eficácia duradoura), o poder e a força devem traduzir-se em código "normativizado" (ou seja, em sistema organizativo definido por meio de normas e de linguagem normativa). Essa racionalização da força e do poder possibilita-lhes chegar a assumir uma forma, a expressar-se pelo direito. Obviamente, a *forma* representa apenas a esquematização jurídica de cada possível conteúdo de poder; ela não rechaça nenhum deles. De resto, como sabemos, o sistema nomodinâmico é um sistema de delegações, de normas sobre a produção de normas, que fixa somente os poderes e as competências; e mesmo a norma fundamental não prescreve, por exemplo, um valor de justiça específico (igualdade, justiça distributiva, liberdade etc.), portanto um critério *a priori* para discriminar os fatos, que funcione como filtro dos conteúdos das decisões. O sistema kelseniano quer ser, pois, axiologicamente vazio.

É importante discutir mais essa independência do direito em relação ao poder, essa sua organização da força sem por isso ser redutível a ela. O vazio axiológico da norma fundamental talvez seja mais postulado do que resultado de um efetivo e objetivo descompromisso "moral" por parte de Kelsen. A irredutibilidade do direito ao poder, tão grandiosamente construída, expressa um limite formal cujas conseqüências devem ser avaliadas. Tal limite se constitui uma barreira ao arbítrio e à irrupção da subjetividade, se constitui nexos de regularidade e racionalidade, tende a traduzir-se em imposição de um modo *de ser à* força e *ao* poder.

Nesse aspecto, o direito, por sua autonomia de sistema, não está, como tal, totalmente disponível para o poder, não é alterável na sua forma e na sua estrutura, ainda que acabe por conter cada elemento acidental e cada diferente opção de mérito, para os quais está interiormente aberto.

Pode-se dizer que o dado histórico-real que apresenta sempre a unidade de direito e força, norma e poder, validade e eficácia é um dado superficial, que esconde "domínios" diversos: combina o exercício da força com o seu dever-ser regulado, a finalidade do poder com o vínculo formal e procedural de um exercício seu juridicamente normativizado. De tal modo que os fatos, a força e o poder se submetem à necessidade de respeitar um critério ou um código jurídico-formal que não podem violar impunemente. Mesmo não oferecendo um desempenho seletivo em relação à contingência dos fins externos, o direito mantém a irredutibilidade aos fatos que justifica sua existência para além dos fatos. A validade formal é posta como um dever-ser, e a norma fundamental, como condição transcendental, certamente condição *constitutiva,* de pensabilidade e de possibilidade do direito[25]. Mas o dever-ser, o *Sollen,* como requisito da identidade do direito, nunca pode ser "apropriável" definitivamente pelo ser, pelo *Sein:* como dizer que o direito, conquanto submetido a instrumento da força, nunca coincidirá inteiramente com ela, que conservará sua transcendência constitutiva em relação a todo conteúdo?

É verdade que o diafragma entre validade e eficácia (portanto, entre dever-ser e ser, entre direito e força) não parece ter resistido à crítica de outras correntes do pensamento jurídico, a começar da *realista* (K. Olivecrona e A. Ross, sobretudo) e também é verdade que no fim, por trás da validade das normas, parece encontrar-se inelutavelmente a eficácia: de tal modo que não parece ser possível reconhecer validade a não ser numa constituição eficaz, de tal modo que o ser (e não o dever-ser) é o verdadeiro critério para a existência do direito.

---

25. Sobre o conceito, cf. *infra,* últ. cap.

Contudo, o enorme esforço de Kelsen parece sugerir algo mais sobre o conceito de validade formal como unidade do ordenamento a partir de uma norma fundamental ou como juízo de verificação acerca da autoridade que criou uma norma[26]. No fundo, validade em Kelsen não é mero teste de pertinência; é também "categoria do pensar juridicamente" e a pressuposição da norma fundamental é o que a torna possível.

Deve-se reconhecer que admitir que a constituição em sentido jurídico-positivo recebe validade de uma norma fundamental pressuposta significa postular a insuficiência do mero fato, do ser, da mera força, aceitando-se que ela não só é, *mas deve ser; que a força não só é regulada, mas deve ser regulada.* Está claro que esse dever-ser não tem, para Kelsen, natureza moral, mas expressa uma *quidditas* qualquer do jurídico.

O direito nunca é apenas um fato, nunca é apenas o conjunto de objetivos políticos, nunca é só redutível à sua vigência, que, no entanto, é *conditio sine qua non.* A consciência da importância da efetividade e da eficácia não reduz o direito e sua interpretação ao significado corrente em termos de vigência, praxe, comportamentos. O direito é, portanto, portador de uma alteridade em relação ao *Sein.*

Por outro lado, pode-se ressaltar que a concepção kelseniana, abstrata, do direito e do Estado, por ser compatível com qualquer conteúdo histórico-político (e distinta dele), adere perfeitamente à "neutralidade" do Estado burguês. A coincidência entre as análises sociológicas weberianas sobre a estrutura do Estado moderno e os resultados da teoria geral do direito e do Estado de Kelsen é uma indicação não pouco importante da generalização, realizada por este último, do conceito e da estrutura do direito *do Estado legislati-*

---

26. Isto é o que a teoria geral do direito pôde, realisticamente, extrair de Kelsen: N. BOBBIO, *Teoria dell'ordinamento giuridico,* in *Teoria generale del diritto,* cit., pp. 203 ss. Sobre isso: S. CASTIGNONE, *La validità,* in CASTIGNONE, GUASTINI, TARELLO, *Introduzione teorica allo studio del diritto,* cit., p. 145.

vo parlamentar entre os séculos XIX e XX. Baseado na norma fundamental como princípio da delegação – identificadas as relações entre autoridades e atos para os quais elas são "competentes"–, o Estado resolve-se nesse mesmo sistema de relações normativas, em virtude das quais só é possível avaliar e analisar o poder nas suas conotações formais. Mais precisamente, o sistema contém garantias de legalidade da ação dos órgãos, mais que meios de avaliação de mérito. A legitimidade, em sentido weberiano, do poder exercido (ou seja, a raiz da obediência que o poder garante para si) está inteiramente na correspondência formal, que se resolve no controle da competência e da atribuição do respectivo poder à autoridade que o exerce. O controle de mérito, no que se refere ao exercício factual do poder, na realidade é possível por parte da autoridade superior (ou da Corte Constitucional), mas o que de fato caracteriza o sistema nomodinâmico é sua capacidade de apresentar a legalidade da ação como o motivo mais seguro e a melhor garantia da irredutibilidade do direito a opções éticas ou políticas específicas. Portanto, com base nessas opções, o direito não pode ser atacado, suprimido, suspenso, submetido. Essa ênfase no aspecto formal-racional do direito legal, elevado à quintessência pelo sistema dinâmico kelseniano, é o modo como, em Kelsen, aparece como conceito universal de direito, como direito em geral, um direito que é também o direito típico do Estado moderno, um Estado laico, de direito, segundo o ensinamento weberiano.

Entre as numerosas considerações que brotariam em torno do assunto, prefiro evidenciar uma: Kelsen pode não ter sido bem-sucedido, no plano da teoria geral do direito, em tornar incontestavelmente distinta a validade formal, a categoria do dever-ser jurídico em relação ao ser (dos fatos), à eficácia; do mesmo modo, o caráter de teoria *geral* talvez se enfraqueça quanto maior é a impressão do seu amoldamento a certo tipo de Estado (e de ordenamento), mas não há dúvida alguma de que ele agiu no sentido de salvaguardar e de determinar o melhor possível ambas as distinções.

Essa sua preservação do direito contra a contingência de um modelo político de organização social e de Estado e contra a irrupção de conteúdos materiais, a insistência na sua formalidade e na sua irredutibilidade ao irracional da força e do poder podem ser traduzidas (para além da sua coincidência com a neutralidade específica de um modelo histórico de Estado) numa contribuição positiva de Kelsen: o sentido profundo, oculto, dessa teoria da validade como teste de pertinência da norma ou de unidade e de coerência do ordenamento. Essa irredutibilidade do direito esconde uma íntima convicção do "valor", do desempenho *axiologicamente* avaliável que o próprio direito, na sua autonomia, na sua "infundada" circularidade, oferece à convivência civil, mesmo – e sobretudo – em tempos difíceis, como serão os do totalitarismo alemão.

E essas convicções de Kelsen, cientista do direito, desempenham papel importante (e como ser de outro modo?) também no debate jurídico-político sobre a democracia, sobre o sistema parlamentar, sobre a constituição.

II. Direito, decisão, instituição

SUMÁRIO: 1. Democracia e direito – 2. A ordem e o soberano – 3. Direito-instituição

1. Democracia e direito

O projeto de uma ordem sobre a qual reconstruir uma sociedade e um Estado depois da Primeira Guerra Mundial está no âmago das preocupações do pensamento continental, sobretudo na Alemanha de Weimar[1], que expressa uma decisiva *descontinuidade* da confiança na neutralidade e na formalidade da lei geral e abstrata, patrimônio indubitável do Estado de direito legislativo. Se a lei geral representava a projeção de uma sociedade capaz de encontrar sua medida na *universalidade* dos processos de troca, se o âmbito legislativo se mostrara como via de aquisição, no direito, da intrínseca linearidade dos processos sociais e, se, enfim, antes se confiara na lei para positivar os resultados da mediação entre valores e interesses que era garantida em outra área, no equilíbrio do mercado, o clima do pós-guerra já não permitia nutrir tal confiança. E ao direito tendia-se a atribuir também a tarefa de construir um projeto de vida social, o papel de positivação de uma ordem desejada (mais baseada em mecanismos econômicos auto-reguladores do que

---

1. Em 1919 o Reich alemão instituiu uma constituição, chamada de Weimar, substancialmente subvertida pelo advento do nazismo: cf., para uma visão de conjunto, W. LAQUEUR, *La Repubblica di Weimar*, trad. ital. de L. Magliano, Milão, 1977; em G. RUSCONI, uma reconstrução sociológica aprofundada e séria: *La crisi di Weimar*, Turim, 1977².

em supostas harmonias naturais): a própria Constituição de Weimar representa a sede de um novo pacto social, uma síntese de compromisso entre reclamos divergentes e não mediáveis, que confia a uma legalidade superior, a constitucional, o estatuto de uma ordem conglobante, livre das alternantes finalidades legislativas, das contingentes maiorias parlamentares.

O tema constitucional é necessariamente fundamental no debate desse período do século, sobretudo porque a reivindicação de uma constituição é irreprimível e põe em crise o modelo do Estado de direito baseado na peremptoriedade da lei. Por outro lado, isso ocorre a Weimar no reconhecimento da artificialidade e do valor programático da carta fundamental, quer no que concerne a valores e interesses (pelo pacto social), quer no que concerne à organização dos poderes. Coisas que já não correspondem a uma pressuposta ontologia, à premissa naturalística, para a qual, segundo o pensamento liberal, o direito acolhe o estado melhor das coisas e declara a articulação dos poderes seguindo a natureza que lhes é própria: antes, a progressiva transformação do Estado, de Estado de direito para Estado social, com a conseqüente ampliação das funções e das tarefas, realiza-se também pela pretensão de conter nas constituições um programa estável de princípio em condições de conformar a unidade social a uma cultura ético-política definida. A lei deve ser então posta diante do limite de conteúdo, o que provém da necessidade de conformar-se a constituições "longas", ou seja, a preceitos programáticos superiores que definem bem mais que coordenadas organizativas da forma de governo, bem mais que direitos civis da burguesia, até então sintetizados na intangibilidade da pessoa e da vontade privadas. A constituição é assim pensada como um ato constitutivo da ordem política, social e jurídica, que requer obediência não em virtude de neutralizações (ou das suas propriedades políticas e moralmente neutras) e de qualidades formais, mas, ao contrário, diretamente em virtude da afirmação de um quadro de valores que interpreta o tecido íntimo da sociedade.

Essa é a mudança que acompanha a crise do Estado liberal, mudança de lenta evolução histórica, acompanhada durante muito tempo pelo choque de concepções diferentes: uma, de ascendência weberiana e kelseniana, tendente a salvaguardar o direito, como forma, da irrupção de postulados de valor; a outra, antiformalista, tendente a determinar uma relação mais estreita entre o direito e os valores, entre o direito e os objetivos que emergiam nas condições transformadas da sociedade e do Estado.

À idéia da necessária rigidez do direito diante das instáveis condições materiais, à idéia que tende a manter as formas do Estado e do direito liberais como pilares "neutros", opõem-se teses de caráter "substancial", também presentes no debate sobre direito público. Inteligente testemunho disso é o "integracionismo" promovido (sem grande sucesso, mas no modo emblemático de um "paradigma") por Rudolf Smend, que concebe a vida jurídica do Estado como uma progressiva obra de integração de valores, cujo instrumento principal é a constituição. Smend tem em mente uma unidade *concreta*, entendida como constituição progressiva de um "corpo comum" do Estado por uma contínua *Aufhebung*, integração material das divisões[2]. Já dissemos que, em termos de modelo constitucional, essa unidade concreta se reflete na "constituição-ordem"[3], oposta à "constituição-garantia" (dos direitos, como a norte-americana).

A questão é ainda mais clara quando se leva em conta que a concepção alemã de Estado foi tradicionalmente "imperial" e ligada a uma unidade naturalista, ou melhor, "ontológica", que se projeta (e se representa) na simbólica presença do monarca. O Estado é unidade necessária, pressuposta como um dado. Essa tendência é paralela e contrária à ênfase "liberal" e romanista do indivíduo e das instituições

---

2. Cf. R. SMEND, *Costituzione e diritto costituzionale*, Milão, 1988, e a Introdução de G. ZAGREBELSKY.
3. Veja-se M. FIORAVANTI, *Costituzione e Stato di diritto*, Turim, 1993, pp. 208 ss.

como produto da razão. A teoria de O. von Gierke[4], na passagem do século, é outra poderosa oposição a uma moderna concepção racionalista-individualista e promove uma visão *orgânica* da comunidade, recorrendo à estrutura das corporações de origem medieval: é teoria de comunidades necessárias (que não nascem da vontade). Claro, a realidade material das pessoas coletivas não passa de hipótese indemonstrável (metafísica), mas indica um "lugar" do qual promana um sentimento coletivo, o espírito do povo que se manifesta como a quintessência da realidade institucional e cujo "tradicionalismo", sobretudo germânico, é invocado continuamente, pelo menos até o totalitarismo hitleriano (inclusive).

É dessa realidade que Kelsen se desfaz. Nela se apóia, porém, beirando o irracionalismo, o pensamento de Carl Schmitt (1888-1985)[5], cuja contribuição é de excepcional importância para a filosofia, a antropologia política e a história do pensamento político, embora não possa ser aqui considerada em todas as suas direções e na totalidade das suas implicações.

Politicamente, o normativismo kelseniano mostra-se como a solução *formal* para realizar mediações reguladas de forma *procedural* entre programas de objetivos, interesses e pretensões, a partir do pressuposto do pluralismo de valores e da necessidade de seu reconhecimento num horizonte autenticamente democrático. Kelsen não dispõe de um

---

4. O. VON GIERKE (1841-1921), *Das deutsche Genossenschaftsrecht*, 4 vols., Berlim, 1868-1913.

5. C. SCHMITT, *I tre tipi di pensiero giuridico* (1934), in *Le categorie del "politico"*, cit., escreve de modo esclarecedor: "Há povos que, sem território, sem Estado, sem Igreja, existem apenas na 'lei'; para eles o pensamento normativista mostra-se como o único pensamento jurídico racional, enquanto qualquer outro tipo de pensamento se mostra incompreensível, místico, fantástico ou mesmo ridículo. Ao contrário, o pensamento medieval germânico era sem dúvida um pensamento concretamente orientado para a ordem, e só a recepção do direito romano na Alemanha, a partir do século XV, suplantou esse tipo de pensamento entre os juristas alemães, instaurando um abstrato normativismo" (p. 249). Note-se, por outro lado, a referência implícita aos judeus.

conceito substancial de unidade, mas de uma idéia de *sociedade* em suas *articulações*: recusa-se a canalizá-las (metafisicamente) para uma improvável realidade integrada de *comunidade*; logo, a unidade que ele propõe é a regulamentação e a organização comum do pluralismo, a sua "racionalização jurídica".

Também nesse sentido o formalismo kelseniano não pode ser entendido como prolongamento do formalismo liberal próprio da teoria alemã do direito público do século que findara. Se esta pretendia fundamentar-se num valor, ou seja, no valor absoluto da lei como garantia da autonomia privada (logo, "neutro"), o pensamento kelseniano, ao contrário, está consciente do caráter ilusório de qualquer pretensa uniformidade e homogeneidade social, da impossibilidade de a lei projetar uma substância política pacificada e harmônica. Kelsen, como Weber, está consciente da destruição da univocidade da razão no universo conflituoso da sociedade de classes, convicto da impossibilidade de definir *Weltanschauungen* comuns, concepções conciliadas sobre a realidade e a ordem social. O politeísmo dos valores que caracterizará a nova ordem do sufrágio universal e do Estado social, o choque entre classes emergentes e antigos interesses são coisas que, aliás, justificam as posições de Kelsen, que tomam consciência dessa transformação dos tempos. O pensamento de Kelsen não é, pois, prolongamento da neutralidade liberal, mas, também nesse âmbito, é sua radical superação, aliás uma resposta decididamente diferente à ruptura do universo liberal: conflito e dissolução pluralista (percebidas contextualmente até por Schmitt) não podem receber resposta adequada na perpetuação daquelas "hipóstases", "ficções", tais "interesse coletivo" e "Estado-pessoa", que remetem a uma unidade ontológica não só pressuposta como também já dissolvida. E é bem por isso que Kelsen adota uma solução "normativa" (apoiada no papel *super partes* do direito), uma via de racionalização jurídica, radicalmente oposta à "política" (que se apóia na unidade produzida politicamente, pelo legítimo exercício do poder) e decisionista de Carl Schmitt[6]; é por isso que, diante da força explosiva da conflituosidade social, do choque de valores, Kelsen erigirá um modelo jurídico formal e procedural de democracia, em franca antítese com a autocracia do decisor último (o dirigente), com a "democracia" plebiscitária de Carl Schmitt. A retração, por parte do direito, das substâncias às formas, da decisão à norma, da unidade substancial entre povo e Estado (Schmitt) à hipótese da *Grundnorm* foi o que possibilitou traçar uma linha de continuidade entre a teoria geral do direito e a doutrina do Estado parlamentar e da constituição. A constituição kelseniana não é *projeto* de uma corrente nem decalca uma *ordem* social pressuposta, mas se resolve num "mecanismo" organizativo que produz efeitos de garantia democrática mediata.

A constituição de Weimar representa o compromisso "indeciso" entre as instâncias sociais contrapostas que emergiram na virada do século: é ao mesmo tempo um projeto não definitivamente bem-sucedido de organização dos equilíbrios sociais. Para ela convergem ataques provenientes de posições teóricas diferentes. A interpretação que lhe é dada por Carl Schmitt visa à solução de conflitos por meio da eliminação das *partes* antagonistas: Schmitt elabora a *reductio ad unum* com base numa idéia substancial de comunidade orgânica e de povo sobre a qual a constituição se apóia e da qual extrai sentido. Idéia que desemboca na hipótese do dirigente como guardião dos valores da comunidade (encerrados na constituição) e seu fiador até no momento mais perigoso, o do *estado de exceção*. Tal "garantia" expressa-se também e sobretudo, em caso de *necessidade*, como *suspensão do direito*. Schmitt assume e reconhece a força *da ordem*

---

6. Segundo Schmitt, a imparcialidade da decisão estatal "só pode firmar-se no solo da unidade política" e a "força" da decisão " é posta à prova no caso de exceção". O que pressupõe, entre outras coisas, que o sistema dos partidos, por ser pluralista, não invadiu e dissolveu a unidade do povo, unidade "política [...] imediatamente presente, desejada e pressuposta pela constituição" e expressa pelo "presidente do Reich, eleito por todo o povo" (*Il custode della costituzione,* org. A. Caracciolo, Milão, 1981, pp. 226-7).

concreta da coletividade, dos seus pressupostos de valor, mas não atribui ao direito a tarefa de canalizá-la e de definir instrumentos de mediação; ao contrário, exalta sua íntima e autônoma *normatividade*, que se impõe a todo e qualquer "direito". Assim, ao *guardião* deve-se atribuir a tarefa de recorrer, para a intervenção "política", sempre que necessário, à unidade superior de sangue e solo, à unidade da comunidade[7]: uma *decisão*, no estado de exceção, que não pode tolerar as "limitações" do direito.

Kelsen exprime a preferência por um modelo de constituição " breve" que, como norma jurídica, defina garantias e limites formais, sem conter "longas" enunciações de valor, ainda que não possa deixar de perceber a efetiva pertinência, nas constituições, de uma parte "substancial" e não apenas procedural (organizativa), sobretudo na época de sua polêmica com Schmitt e diante da Constituição de Weimar e da austríaca. Ele reconhece a natureza política da atividade judiciária, que dirime interesses, mas de um ponto de vista de absoluta *independência* (no plano político), natureza que deve portanto estender-se também à jurisdição constitucional[8].

O esforço fundamental de Kelsen consiste, de início, em preservar o direito da dissolução no conflito social e de colocá-lo em condições de auto-suficiência, de alteridade em relação a *qualquer* projeto político. E o respeito à constituição é submetido ao controle de um tribunal constitucio-

---

7. Sobre o assunto, ver também *infra*, neste capítulo, § 5.
8. KELSEN, *La giustizia costituzionale*, org. C. Geraci, Milão, 1981, pp. 243 ss. (O ensaio: *Chi dev'essere il custode della costituzione?*.) [Trad. bras. *Jurisdição constitucional*, São Paulo, Martins Fontes, 2001.] Entre Kelsen e Schmitt instaurou-se um confronto razoavelmente cerrado, que teve as seguintes etapas: H. KELSEN, *La garantie juridictionnelle de la Constitution* (1928) (agora em trad. ital. no vol. *La giustizia costituzionale*, cit.). Sobre essas teses, de novo C. SCHMITT, *Der Hueter der Verfassung* (1929), artigo depois ampliado em volume homônimo, de 1931 (agora em trad. ital., *Il custode della costituzione*, cit.). Réplica de KELSEN em *Wer soll der Hueter der Verfassung sein?* (1931) (agora em trad. ital. em *La giustizia costituzionale*, cit.).

nal, "guardião" de natureza bem diferente[9] do guardião de Schmitt. É claro o elo entre garantia jurisdicional da Constituição e democracia parlamentar, assim como em Schmitt é evidente o nexo entre democracia plebiscitária e o guardião "político" da constituição. Segundo Kelsen, por exemplo, "a simples ameaça de recorrer ao tribunal constitucional pode constituir, nas mãos da minoria, instrumento capaz de impedir que a maioria viole por vias inconstitucionais os seus interesses juridicamente protegidos, opondo-se assim, em última análise, à ditadura da maioria, que não é menos perigosa para a paz social que a da minoria"[10]. É exatamente o oposto do apelo schmittiano à unidade sem articulações internas, sem maiorias e sem minorias, sem partidos e sem oposições, que subjaz à função de fiador constitucional atribuída ao presidente do Reich. Por outro lado, é muito significativo que a própria extensão do controle do guardião varie sensivelmente entre Kelsen e Schmitt: para o primeiro ela compreende também os atos do poder executivo; para o segundo, fundamentalmente os do parlamento (e assim se torna possível confiá-lo à figura do dirigente político, que evidentemente se subtrai a ele).

As instâncias da generalidade da lei, da "validade" do direito, da insuperabilidade da constituição tornam-se, com Kelsen, os obstáculos mais característicos ao uso instrumental do direito, postos de resistência à vontade de poderio do poder. Nesse quadro, insere-se sua doutrina do parlamentarismo e sua confiança na pluralidade dos partidos. Em oposição a Schmitt, que via nos partidos um fator destrutivo da unidade do Estado e no parlamento a inconcludente

---

9. Kelsen opõe-se à tese de Schmitt, segundo a qual o juízo de constitucionalidade não tem a mesma índole da jurisdicional, porque no primeiro faltam a possibilidade de subsunção a um caso específico e a certeza semântica da norma (no sentido de norma não dúbia nem controversa): portanto, segundo Schmitt deve ser confiado a um órgão político e não jurisdicional (ver KELSEN, *Chi dev'essere il custode della costituzione?*, cit., pp. 244-5).

10. KELSEN, *La giustizia costituzionale*, cit., pp. 202-3 (o ensaio: *La garanzia giurisdizionale della costituzione*).

indeterminação de uma classe política inadequada (a "classe discutidora"de Donoso Cortés)[11], Kelsen atribui aos partidos o papel de impedir que o interesse de uma parcela seja erigida em interesse público e geral[12] e ao parlamentarismo atribui o valor de método de confronto caracterizado pela persecução de um ideal (puramente regulador e nunca atingido) de unidade, pela vigência da regra de maioria, pela tutela da minoria como portadora de interesses e expectativas também radicados no corpo social, portanto partícipe de um compromisso necessário e não simplesmente passiva espectadora do domínio adversário[13]. O método do parlamen-

---

11. Donoso Cortés, teórico contra-revolucionário espanhol, cujo *Discurso sobre la dictadura* (1849) é famoso, está entre os autores preferidos de C. Schmitt, que, em trecho bastante incisivo (típico de uma prosa e de uma força conceitual muitas vezes arrebatadoras), duvida de que se possa "ainda realmente acreditar que o ideal da vida política consiste no fato de não só o corpo legislativo, mas toda a população, ficar discutindo, sobre a sociedade humana transformar-se num imenso clube e assim a verdade surgir por si só, por meio da votação. Para Donoso isso representa apenas um método de fugir à responsabilidade e atribuir à liberdade de expressão e de imprensa uma importância inflada, que excede qualquer medida, de tal modo que, no fim, não haja mais necessidade de decidir. Visto que o liberalismo discute e transige em todas as circunstâncias políticas, também poderia resolver a verdade metafísica numa discussão. Sua essência consiste em negociar, numa irresolução baseada na espera, com a esperança de que a contraposição definitiva, a sangrenta batalha decisiva, possa ser transformada num debate parlamentar e assim ser suspensa por meio de uma discussão eterna" (*La filosofia dello Stato della controrivoluzione*, in *Le categorie del "politico"*, cit., pp. 82-3). Mais tarde Max Scheler retomou esse conceito de um ponto de vista diferente, contrapondo sua própria sociologia do conhecimento à de Weber e confirmando, basicamente, o nexo entre a filosofia relativista, desencantada com valores e justiça e a filosofia política do parlamentarismo: "A moderna teoria relativista das visões do mundo [...] é a imagem teórica desse parlamentarismo democrático [...] em que se discute sem decidir" (M. SCHELER, *Sociologia del sapere*, org. G. Morra, Roma, 1976, p. 148).

12. V. H. KELSEN, *Essenza e valore della democrazia*, in *Democrazia e cultura*, trad. ital. de G. Melloni e L. Cavazza, Bolonha, 1955, pp. 30-1.[Trad. bras. *A democracia*, São Paulo, Martins Fontes, 2.ª ed., 2000.]

13. Kelsen parte do pressuposto de que a liberdade política se beneficia do princípio de maioria, e não de *unanimidade*. Donde que direito de maioria implica direito de existência para a minoria. Essa situação cria a possibilidade de uma conciliação entendida como "postergação daquilo que divide os que

tarismo é, pois, o critério jurídico pelo qual um procedimento garante a progressiva realização da democracia[14].

Também nesse caso, as regras kelsenianas do parlamentarismo, as regras da democracia, por sua natureza, não predeterminam de modo algum os conteúdos, não indicam os requisitos substanciais do pacto social, não prefiguram o resultado do procedimento em termos de mérito. Assim como a constituição – e nisso tanto quanto o sistema (dinâmico) das normas jurídicas –, elas funcionam e "garantem" só porque delas não se deve extrair (elas não impõem, não implicam), por *elaboração lógica*, uma decisão determinada. Elas não contêm o resultado do procedimento que disciplinam.

No que se refere à constituição, a brevidade e a rigidez formal são a premissa de uma univocidade semântica tendencial que se subtrai à conflituosidade política exatamente por ficar aquém de qualquer programa de mérito, atribuindo poderes e indicando limites.

A pluralidade e a conflituosidade da vontade política resolvem-se, sublimam-se no "procedimento" do parlamentarismo. Por outro lado, a própria idéia de uma constituição "breve", a idéia de que uma constituição deve ser essencialmente ("em sentido material")[15] a norma positiva "pela

---

pretendem associar-se a favor daquilo que os une. Qualquer permuta, qualquer acordo é uma conciliação, porque conciliação significa *tolerância recíproca*" (*Il problema del parlamentarismo*, in *La democrazia*, org. G. Gavazzi, Bolonha, 1981, p. 170).

14. "Todo o *procedimento parlamentar* visa a atingir uma via do meio entre interesses opostos, uma resultante das forças sociais antagonistas. Ela prevê as garantias necessárias para que os interesses discordantes dos grupos representados no parlamento tenham voz e possam manifestar-se como tais num debate *público*" (*id.*, p. 171). Cabe ressaltar que a conciliação entendida como resultado da dialética parlamentar não é uma síntese absoluta, não parece a Kelsen a superação da parcialidade das partes na ontologia do bem comum. Antes, essa interpretação lhe parece mera "metafísica social", "metapolítica", "a mesma que [...] costuma ocultar-se por trás da obscura expressão do interesse do Estado acima dos partidos [...]" (*id.*, p. 171, nota). Kelsen foge, portanto, a qualquer substancialismo.

15. Kelsen usa a expressão constituição material no sentido adotado por Laband a propósito da lei em sentido material, ou seja, com referência ao con-

qual é regulada a produção de normas jurídicas gerais"[16], a norma que determina "o órgão ou os órgãos autorizados à produção de normas jurídicas gerais"[17], é idéia que deixa indecidido e amplo, em princípio, o *spatium deliberandi* da lei: esta não perde, no plano *dos fins*, sua tradicional centralidade como disciplina da convivência[18].

Contudo, as constituições "formais" (no sentido de válidas e vigentes) contêm de fato mais outras *normas* e definem elementos de *valor e princípios de justiça*. Também em relação a estas últimas coloca-se a questão da *aplicação* do direito (entendida como interpretação e como produção de normas de nível inferior), de modo ainda mais problemático. Aqui se abre uma clareira na construção kelseniana, no sentido de que, por um lado, a racionalidade da constituição e sua estrita formalidade, a sua própria brevidade, são requisitos que se perdem progressivamente e, por outro lado, o próprio juiz constitucional não pode subtrair-se à natureza criativa da jurisdição. A garantia implícita, posta na racionalidade (calculabilidade-regularidade) do juízo constitucional, segundo os cânones da formalidade e do rigor semântico (própria da sujeição liberal do juiz à lei), já não é sustentável. Ela acaba por reduzir-se à simples garantia *de independência do* juízo, que é tudo o que ainda se pode, em sã consciência, pretender. Para Kelsen, o juiz não aplica somente a norma superior, mas "cria" uma outra inferior, em obediência ao esquema de delegação. Esse espaço, que, ademais, se caracteriza pela inevitável discricionariedade do juiz intérprete, foi-se aprofundando e esclarecendo à medida

---

teúdo normativo para o qual (em cujos limites) a constituição ou a lei *corresponde à necessidade interna que determina sua estrutura essencial.* Sobre essa definição, por exemplo, KELSEN, *La garanzia giurisdizionale della costituzione,* in *La giustizia costituzionale,* cit., pp. 152-3.

16. KELSEN, *La dottrina pura del diritto,* cit., p. 252.
17. *Id.,* p. 253.
18. No entanto, a constituição determina outro limite à lei (sobre os fins) quando regra substancial, e contempla o conteúdo das leis, não só seu modo de produção (cf. KELSEN, *La garanzia giurisdizionale,* cit., pp. 153-4).

que Kelsen foi precisando trocar argumentos com o schmittiano guardião da constituição[19].

Para livrar o tribunal constitucional da crítica de ser incompetente para exercer uma função substancialmente "política", Kelsen, como se viu, acentuou os contornos de cria-

---

19. De fato, em *Chi dev'essere il custode della costituzione* (1930-1931), in *La giustizia costituzionale,* cit., Kelsen replica à insistência de Schmitt em definir um divisor de águas entre legislação e aplicação ou execução do direito, sustentando que entre todas há apenas uma gradação quantitativa e não uma diferença qualitativa em torno do exercício de um poder que é, em todo caso, substancialmente "político". "A opinião de que só a legislação deve ser política, mas não a 'verdadeira' jurisdição, é tão errada quanto a opinião de que só a legislação deve ser criação produtiva do direito, enquanto a jurisdição, ao contrário, deve ser mera aplicação reprodutiva" (*id.*, p. 242). Não podemos deixar de notar, de qualquer modo, que a teoria kelseniana está entre dois modelos de Estado, o que se apóia na constituição e o outro, ainda ideologicamente hegemônico, que Schmitt chama de legislativo-parlamentar. Dominado pela norma e resolvido na norma de lei, o Estado de direito "legislativo" presta-se, por sua própria natureza, à operação teórica proposta por Kelsen, que dá autonomia à forma do direito, ou ao direito como norma. Mas aquele Estado de direito (anterior ao Estado constitucional) pressupõe a idéia de separação, como escreve com mais coerência Schmitt, entre lei e aplicação da lei, o critério *dura lex sed lex,* o juiz como boca da lei e assim por diante. Trata-se de uma conseqüência necessária do papel atribuído à lei. Como se verá em breve, a progressiva adoção, por parte de Kelsen, do conceito "político", do valor "decisório" da jurisdição, postula assim um afastamento em relação às premissas típicas daquele sistema (também historicamente existente) do qual partira substancialmente o "normativismo abstrato". O que vale também para o papel da constituição e a função do juiz constitucional. De uma idéia mais tradicional e menos problemática de constituição como conjunto organizativo, semanticamente unívoco a que corresponde o papel do juiz constitucional como boca da constituição (não empenhado, portanto, em atividades hermenêuticas, criativas, decisórias em sentido forte), Kelsen deve, *rebus dictantibus,* deslocar seus pressupostos para constituições longas (semanticamente multívocas) e reconhecer no juiz constitucional uma função bem mais problemática de fiador (também criativo, também "decisor"). O que mais dificilmente se enquadra no edifício global do kelsenismo, metodologicamente necessitado de trabalhar sobre perfis formais ou sobre concepções legal-formais do direito. O sistema fechado de legalidade, poderíamos observar com tom schmittiano, corre o risco de nunca conseguir sustentar-se, de nunca abarcar o nível de "vontade", de decisão e de conteúdos reconhecidos como próprios do sistema positivo do direito.

tividade e discricionariedade da função jurisdicional, traçando uma linha de continuidade entre juiz ordinário e juiz constitucional no plano de uma discricionariedade qualitativamente idêntica. Assim, não por caso, para Kelsen a jurisdição começa exatamente onde termina para Schmitt, em presença de norma obscura e dúbia: a jurisdição é, portanto, *interpretatio* (lembremos o brocardo: *in claris non fit interpretatio*). Quanto mais as constituições se afastam do modelo organizativo breve e se aproximam do longo, de valores, ideológico, menos a função "garantista" pode ser exercida pela resistência da forma à subjetividade das premissas de valor.

Apesar disso, Kelsen, na realidade, defende até o fim o modelo de uma razão compromissiva (termo que não deve ser entendido com conotações negativas), por ser o mais adequado ao modelo político de democracia pluralista, razão que não abarca verdades substanciais, verdades últimas de justiça, mas dita critérios para o processo democrático das decisões. A esta racionalidade nem mesmo o juiz pode furtar-se, ainda que a sua atividade se expresse necessariamente por meio de um exercício de vontade (e não só de conhecimento). Esse é, em outros termos, o cerne de todo o sistema, não de uma parte apenas.

2. A ordem e o soberano

Desenvolvendo uma análise do que chama de "três tipos de pensamento jurídico", Carl Schmitt define o kelsenismo como "normativismo abstrato", opondo-lhe seu "decisionismo". Trata-se de uma oposição sobretudo epistemológica: Schmitt não visa a construir nenhuma ciência do direito nem a definir-lhe um estatuto epistêmico "puro". No plano político, a adesão de Schmitt ao regime hitlerista, ainda que temporária, contrasta com a tendência objetivamente "liberal" ou "liberal-democrática" do normativismo kelseniano.

O decisionismo schmittiano também chega a uma definição da norma jurídica, mas como "decisão" e depois de um percurso que recusa sistematicamente o estudo do direito como entidade autônoma. A *juridicização* da idéia de Estado e a de soberania, realizada por Kelsen, é radicalmente recusada em nome de sua raiz política. A experiência política, sintetizada no conceito de Estado, é caracterizada por Schmitt com o binômio amigo-inimigo, que permite distinguir os inimigos do Estado e definir a unidade do povo em torno dele. Mas exatamente por essa conexão "política" o Estado não é redutível à organização nem a relações normativas, mas deve remeter-se, como todo conjunto caracterizado por uma "ordem", à sua base, ao seu fundamento substancial, que não é uma norma (ou uma norma hipotética fundamental) porém uma decisão, com natureza de decisão soberana, que portanto pode e deve ser assumida somente por um titular da soberania. E soberano é quem decide do estado de exceção, aquele que está em condições de somar à normalidade das relações juridicamente definidas a garantia da intervenção suprema, de ordem extrajurídica, intervenção cujo *valor agregado* contém a *essência* da soberania. *A excepcionalidade* é o parâmetro pelo qual se torna visível a real natureza das relações jurídicas e políticas, seu fundamento último, não perceptível nem demonstrável no transcurso comum dos eventos: "O caso de exceção torna manifesta, do modo mais claro, a essência da autoridade estatal. Aqui a decisão se distingue da norma jurídica, e [...] a autoridade demonstra que não precisa de direito para criar direito."[20]

Por isso, também na interpretação de Schmitt, a constituição de Weimar gira em torno ao artigo 48, que deixa abertos espaços de decisão *extra-ordinem* para o presidente do Reich, a quem ele atribui, como se disse, uma função de

---

20. C. SCHMITT, *Teologia politica* (1922/1934), in *Le categorie del "politico"*, cit., p. 40.

guardião da constituição, no fundo centrada na disponibilidade de poderes excepcionais[21].

Para Schmitt, a decisão soberana nasce "normativamente" do nada[22], ou seja, não decorre e não nasce de uma norma[23]. Mas o contrário é verdadeiro, o que demonstra simplesmente que o Estado não coincide com o ordenamento jurídico, como quer Kelsen.

O ordenamento jurídico, por conseguinte, não pode ser assumido como um sistema de normas sem fonte externa, fundamentado em si mesmo. O que separa profundamente Schmitt de Kelsen não é tanto um suposto desacordo acerca da normatividade do direito, ou seja, acerca da capacidade do direito de expressar um dever-ser, mas sim a convicção schmittiana da inseparabilidade entre esse dever-ser e o ser. Schmitt recusa o método neokantiano de Kelsen – que isola o direito por meio de uma operação gnosiológica, de separação, de "purificação"–, também no que diz respeito à teoria do Estado.

---

21. C. SCHMITT, em *La dittatura* (1921), trad. ital. de B. Liverani, Bari, 1975, pp. 212 ss., afirma que o segundo parágrafo do artigo 48 da Constituição alemã de 11 de agosto de 1919, Constituição de Weimar (que atribui ao presidente do Reich o poder de intervenção também através da força armada para restabelecer a ordem pública e a segurança no país), é uma autorização incondicional para adotar todas as medidas ditadas pelas circunstâncias: "Por conseguinte, como admitiu o próprio ministro da justiça, Schiffer, em plena Assembléia Nacional, o presidente poderia até mandar espalhar gases venenosos sobre cidades inteiras, se, no caso concreto, essa fosse uma medida necessária para o restabelecimento da segurança e da ordem. No entanto, cabe explicitar que essas deverão ser sempre medidas de fato, caso contrário essa autorização ilimitada significaria dissolver o Estado de direito existente e atribuir a soberania ao presidente do Reich; portanto, nunca poderão ser atos legislativos ou jurisdicionais" (pp. 212-3).
22. SCHMITT, *Teologia política*, cit., p. 56.
23. O direito para Schmitt não é *Gesetz* (lei), mas *Ordnung und Ortung* (ordem e localização espacial). Para esses temas, cf. sobretudo C. SCHMITT, *Terra e mare* (1942, rev. 1954), trad. ital. de A. Bolaffi, Milão, 1986, e *Il nomos della terra nel diritto internazionale dello "Jus publicum europaeum"*, trad. ital. de E. Castrucci, Milão, 1991.

O Estado é "o *status* político de um povo organizado num território fechado [...]. Com base no seu significado etimológico e no seu percurso histórico, o Estado é uma situação de um povo definida de modo particular; é, aliás, a situação que serve de critério no caso decisivo"[24]. Como poderia então reduzir-se a "ordenamento"?

Em Kelsen a "separação" se traduz na criação de uma teoria geral do direito. Mas é exatamente uma teoria *geral* do direito que, no fundo, Schmitt não está disposto a aceitar. Se esta pode ser vinculada a todo tipo de conteúdo (exatamente porque não se ocupa disso), o direito para Schmitt, ao contrário, está sempre ligado a um "ser", a um poder, a uma vontade e é por eles "essencialmente" marcado, a ponto de não se poder fazer um estudo que deles prescinda. E, de fato, o "conceito de ordenamento jurídico contém dois elementos totalmente diferentes: o elemento normativo do direito e o elemento existencial do ordenamento concreto [...]. A unidade do *Reich* alemão não se apóia nos 181 artigos e em sua vigência, mas na existência política do povo alemão. A vontade do povo alemão, ou seja, algo existencial [...] é o que fundamenta a unidade política"[25].

Outra expressão dessa referência a um "fundamento", a uma ordem concreta, é a recusa de certa concepção do binômio legalidade/legitimidade por parte de Schmitt (que era a concepção de Weber e Kelsen), como no mínimo inadequada para a evolução contemporânea do Estado.

Deve-se adiantar que, para Schmitt, aquilo que, a "partir do século XIX, era entendido nos Estados da Europa continental como 'Estado de direito' na realidade era apenas um Estado legislativo, mais precisamente um Estado legislativo parlamentar"[26], em que a lei e o princípio de legalidade subs-

---

24. C. SCHMITT, *Il concetto di "politico"* (1932), in *Le categorie del "politico"*, cit., p. 101.
25. C. SCHMITT, *Dottrina della costituzione* (1928), trad. ital. de A. Caracciolo, Milão, 1984, pp. 23-4.
26. C. SCHMITT, *Legalità e legittimità* (1932), in *Le categorie del "politico"*, cit., pp. 211-2.

tituem qualquer autoridade que esteja por trás delas: "não são os homens e as pessoas que governam, mas são as normas que têm vigor", e estas são postas para funcionar como "impessoalmente vigentes"[27]. À diferença do que afirma Rudolf Smend (que insiste mais no fato de que a mera "legalidade", desvinculada de qualquer pretensão de valor, é incapaz de justificar e de justificar-se, de dar um "fundamento" ao Estado), Schmitt reconhece que *nesse Estado de direito* legalidade se identifica efetivamente com legitimidade[28], como escrevera Max Weber[29]. A confiança na legalidade possibilita a confiança no poder (portanto sua justificação) que seja exercido dentro dos limites dessa mesma legalidade e com base nela[30]. Pois bem, essa hipótese, para Schmitt, já não tem condições de resolver o problema da legitimação. Assim que se verificar que a posse legal do poder se traduz na santificação (legalização) de relações específicas de força, não se poderá aceitar que estas sejam justificadas simplesmente pelo fato de se exprimirem pela legalidade. Ao contrário, é exatamente a ordem concreta que deve ser reconhecida em si, na sua legitimidade interna, e a confiança se re-

---

27. *Id.*, p. 212.
28. *Id.*, p. 218.
29. Sobre o assunto, ver também a primeira parte desta obra, cap. VIII.
30. Parece-me conveniente lembrar as palavras de Schmitt: "O estado legislativo, [...] em virtude de seu princípio dominante, de sistema de normas gerais e predeterminadas e da distinção que lhe é própria, entre lei e aplicação da lei, entre legislativo e executivo, deslocou-se para uma esfera totalmente diferente e padece, por outro lado, de certo caráter abstrato. No entanto, enquanto permanecer viva a fé na racionalidade e na idealidade do seu normativismo, em tempos e em povos que conseguem exercitar uma fé (tipicamente cartesiana) nas *idèes gènénales*, ele continuará a mostrar-se, exatamente por isso, como algo superior e ideal. Nesse sentido, ele pode até se referir a uma distinção multimilenar, fazendo valer para si o *ethos* originário, ou seja, a distinção entre o *nomos* e o mero *tesmos*, entre a *ratio* e a mera *voluntas*, entre a inteligência e a vontade cega e sem leis, entre a idéia de direito fundado em normas, previsível, e a mera adequação ao objetivo, dependente da mutável situação concreta, da providência e do comando, entre o racionalismo e o pragmatismo e o emocionalismo [...]" (*Legalità e legittimità*, cit., p. 219).

fere, ou deve referir-se a esse poder (recair sobre ele) pelo que ele é, e não pelo modo como ele se exprime (pela lei)[31].

A contraposição entre Kelsen e Schmitt no que diz respeito ao problema do fundamento e a referência de Schmitt a uma ordem concreta, à vontade soberana, à decisão (diante da referência de Kelsen ao ordenamento jurídico como momento último, regido pela pressuposição da *Grundnorm*) são paradigmáticas de duas atitudes enraizadas na cultura jurídica européia, ainda que de modos diferentes. Duas atitudes que precedem a plena maturação dos Estados constitucionais contemporâneos, mas das quais, ainda hoje, numa época marcada por problemas novos, a cultura jurídica continental deve considerar-se devedora, por um lado, e por outro incapaz de desvencilhar-se definitivamente.

É significativa, a respeito, a obra de um jurista como Herman Heller (1891-1933), voltada para a superação dos limites de ambas as concepções. Para Heller, a doutrina da soberania, dominante, é expressão da insuficiência de uma doutrina geral do Estado, como a de Kelsen, que com "a equação ilícita entre Estado e direito simplifica o problema, fazendo da soberania uma atribuição não do Estado, mas do ordenamento jurídico, entendido como sistema ideal de normas"[32]. Mas, justamente, a doutrina kelseniana substitui o povo, como titular "subjetivo" da soberania, por um sistema impessoal de competências e regras; portanto, quem "obedece submete-se por isso sempre ao 'direito' apenas", com a conseqüência de que a soberania fica sem sujeito e é refe-

---

31. Schmitt, na realidade, critica o princípio de legitimação (auto-referencial) pela lei porque considera que o nexo político, democrático, graças ao qual a lei tem fundamento (valor, centralidade e justificação) na vontade da maioria, na prática é ilusório, assim como ilusório seria o método parlamentar entendido como explicitação e concretização da democracia (cf. *Legalità e legittimità*, cit., pp. 234-44). Derrubada essa justificação política da centralidade (e representatividade) da lei, cai também o valor legitimador do direito legal como fonte da justificação do poder.

32. H. HELLER, *La crisi della dottrina dello Stato* (1926), in *La sovranità e altri scritti sulla dottrina del diritto e dello Stato*, org. P. Pasquino, Milão, 1987, p. 51.

rida a uma idéia de ordem que tende a ter uma objetividade "natural"sua[33]. No entanto, essa visão crítica da soberania vale-se não só da obra demolidora de Kelsen, mas também da obra de juristas de proveniências culturais diferentes, que parecem reivindicar a insubsistência da unidade soberana para poder garantir centros múltiplos de referência política, o "pluralismo" (contraposto, na opinião deles). Heller, ademais, arrola Hugo Preuss (de tendências "organicistas", aluno de Von Gierke), por um lado e, por outro, o pensamento "sociologístico"de Leon Duguit e o pensamento marxista, voltado, como se sabe, para a superação do Estado. Todas essas linhas de reflexão se apóiam, de acordo com Heller, numa raiz jusnaturalista, segundo a qual a ordem das coisas não é produzida, mas se impõe por si de modo impessoal: o que contrasta, porém, com a natureza do processo decisional que está na base do direito, visto que a decisão "é uma função da faculdade de juízo pessoal"[34].

As razões pelas quais Heller se opõe à redução do conceito de soberania são, na realidade, diferentes das razões de Schmitt, mas ambas identificam a ruptura do elo entre vontade popular, vontade geral, lei e Estado. A consciência de que não é mais indubitável a ligação entre a opinião pública, entendida como unidade (que se tornou ilusória), e unidade da decisão normativa não atenua a convicção de que uma democracia não pode perder o *sujeito* da soberania: isso só ocorre numa democracia "de tipo formal", na qual a "classe representante"duvida bastante do seu próprio "direito", ou seja, "já não consegue acreditar no seu direito de representar e na qual os conflitos de classe tornam improvável a existência de uma *volonté générale*". Essa classe "tem, obviamente, interesse em combater a idéia de um domínio de classe, fazendo a propaganda da idéia de domínio completamente objetivo da lei"[35].

---

33. H. HELLER, *La sovranità* (1927), in *La sovranità*, cit., p. 77.
34. *Id.*, p. 98.
35. *Id.*, p. 99

Na verdade, segundo Heller, a força obrigante do direito positivo "só pode ser entendida como algo derivado, simultaneamente, de um princípio ético-jurídico e da autoridade existente na comunidade"[36]. A positividade do direito repousa, pois, num aspecto substancial, que está em estreita relação com os pressupostos materiais (ou seja, extrajurídicos, éticos ou políticos) de uma sociedade; à autoridade constituída deve ser atribuída a tarefa de traduzir em forma de direito exatamente esse conjunto de pressupostos. O elo entre subjetividade e soberania (quebrado pelo kelsenismo) foi ressaltado, como sabemos, por Schmitt, mas redundando, em definitivo, na soberania popular, expressa num órgão autocrático (o presidente do *Reich*). Na realidade, como o sentido próprio da soberania *do Estado* deve ser entendido como antítese da soberania do monarca, da soberania autocrática do príncipe, a doutrina deveria ter condições de especificar que a relação entre governantes e governados não é só de natureza política ou ética, mas, sobretudo, que assumiu uma forma *jurídica*, tornou-se um vínculo jurídico: o *representante não é soberano,* é um representante "democrático" que repete a soberania só do povo, ou melhor, da *vontade geral, dentro da qual ele deve interpretar a Constituição* (à diferença do representante "soberano", que não tem vínculos no quadro da Constituição)[37]. O "princípio de legitimidade" do Estado de direito como do Estado constitucional está, porém, segundo Heller, na "crença na autonomia ético-racional da vontade popular". Repousa, portanto, num lugar totalmente diferente da formalidade da lei, não se identifica com a "legalidade". A "crença na autonomia ético-racional da vontade popular" é, por outro lado, o pressuposto no qual se apóia o parlamentarismo, por sua vez caracterizado por um método para o qual "a discussão intelectual [...] deve ser considerada capaz de evitar o conflito físico violento"[38].

---

36. *Id.,* p. 113.
37. *Id.,* p. 141.
38. *Il concetto di legge nella Costituzione di Weimar* (1927), in *La sovranità,* cit., p. 317.

Substancialmente, a crítica a Schmitt é feita em nome do parlamentarismo, e a crítica a Kelsen, em nome da soberania política: a primeira implica a competência vinculada do representante (juridicamente atribuída e limitada), a segunda apresenta-se como condição de qualquer democracia. A atitude de Heller em relação a Schmitt e a Kelsen baseia-se na tese da inseparabilidade entre elementos formais e elementos materiais, entre condições jurídicas e condições políticas.

Isso também vale para a lei. Heller reagiu a uma concepção formalista do Estado de direito que reduz a mera ficção a soberania popular como titular das decisões materiais e, ao contrário, privilegia a idéia do direito legislativo "posta acima de qualquer valor material e cujas deliberações, sem nenhuma relação com o conteúdo, são declaradas leis pelo simples fato de possuírem a forma técnica prescrita"[39].

Portanto, no plano da filosofia e da teoria do direito, o alvo da crítica é representado pelo positivismo jurídico na sua versão formalista, a mesma versão que, de uma ótica diferente, Schmitt estigmatizou como um esvaziamento do "positivismo", já que o priva da sua íntima conexão com a decisão, com a autoridade, com o conteúdo da "vontade".

Mas a perspectiva helleriana constitui, no conjunto, uma reivindicação do papel do Estado como expressão de uma realidade democraticamente articulada: o direito público gira em torno de elementos como povo, soberania e princípio de maioria, princípios em virtude dos quais a "decisão" é exercício "ordinário" de um confronto entre valores e perspectivas políticas. Não é, em outros termos, "suspensão" (excepcional, como em Carl Schmitt) das condições jurídicas que, ao contrário, garantem o confronto e a conseqüente formação da vontade.

---

39. *Id.*, p. 327.

3. Direito-instituição

Na cultura filosófica alemã, a oposição mais sistemática à versão formalista do direito fora a de Hegel. No hegelianismo, a relação entre direito e ordem concreta se resumia a uma concepção que, em muitos aspectos, se traduz em termos de direito-instituição.

Para Hegel o direito mostra sua concretude e universalidade, portanto é visível na sua inteireza, só na qualidade de instituição histórica, mais precisamente no Estado. As instituições do Estado são a fonte, o fundamento de um modo de ser, historicamente determinado, da vida coletiva.

Logo, aquilo que se nos mostra como dado de fato, como modo de ser da nossa vida social, o conjunto dos nossos hábitos públicos e privados, que adere aos indivíduos como uma sua "segunda natureza" (sendo, portanto, percebido como um dado "natural"), é na realidade um fato histórico, mediato e produzido pela presença de determinadas "instituições"[40]. Nesse conceito, Hegel compreende, por um lado, as estruturas organizativas da comunidade, decididas por meio de atos instituintes juridicamente legítimos e, por outro, a correspondência de tais instituições com um sentimento de pertença: as premissas da concretude do direito como instituição estão na maturidade política e moral peculiar de um povo. O direito-instituição é inseparável dos conteúdos morais, políticos e sociais que caracterizam os sentimentos coletivos de um povo.

Portanto, a *positividade* do direito implica sua dependência em relação a conteúdos historicamente determinados, dependência que determina sua natureza *racional*: positividade do direito é racionalidade do direito, visto que (e

---

40. A respeito, cf. G. W. F. HEGEL, *Vorlesungen ueber Rechtsphilosophie* 1818-1831, Ed. und Komm. von K.-H. Ilting, B. III, *Philosophie des Rechts,* nach der Vorlesungsnachschrift von H. G. Hotho 1822/23, Stuttgart-Bad Cannstatt 1974, p. 725.

durante o tempo em que) seus conteúdos são adequados ao "espírito" de um povo[41].

A positividade do direito não é, pois, um dado de fato que não possa ser confrontado com o seu "conceito", submetido a um juízo crítico; não é simplesmente o comando de um soberano, direito posto *e válido,* independentemente de seu conteúdo: o direito pode (para Hegel *deve*) ser *racional* (no sentido lembrado), *portanto* positivo.

Mas só pode ser racional quando concebido no conjunto harmônico do Estado e da vida "ética" de um povo. Pelos padrões dessa concepção hegeliana, as produções do juspositivismo formalista, nas quais o direito é entendido como conjunto de normas num ordenamento, aparecem então simplesmente como *abstração.*

O par que a evolução do direito na época contemporânea põe em relevo, resistindo a qualquer "síntese" (como a que ocorre no Estado de Hegel), é pensável como resultado da separação ou da dissolução do direito (no sentido hegeliano) como *instituição* em duas direções opostas: o direito ganha autonomia e diferencia-se como *sistema* independente, não compreendendo mais a concretude da ordem histórico-real, e esta última se lhe opõe como realidade dos processos materiais e da "vida ética" de um povo. O direito como sistema é então pensado em oposição ao direito-instituição.

Kelsen representou o ponto mais alto da reflexão sobre o direito como *sistema* de normas, e a versão *formal* do ordenamento jurídico é o pressuposto para a fundação de uma ciência *pura* do direito. Do ponto de vista da teoria geral do direito, o normativismo exerceu longo domínio, não interrompido pela formulação de teorias contrárias, e sem dúvida importantes, como a do direito-*instituição*. Santi Romano (1875-1947), talvez o mais importante jurista positivista da cultura jurídica italiana do século XX, nas primeiras dé-

---

41. Para aprofundamento, devo remeter ao meu *L'istituzione del diritto,* in "Materiali per una storia della cultura giuridica", 2, 1990, pp. 367 ss.

cadas do século, oferece um exemplo instrutivo. Percebe a divisão entre a entidade jurídica "fechada" do Estado e a variedade de formações sociais que tomam corpo progressivamente, sobretudo pelas reivindicações sindicais ("tendências corporativas de base profissional"). O tema do qual Santi Romano parte pode ser formulado como o tema dos corpos intermediários entre indivíduo e Estado, em relação aos quais o direito na versão *normativista* acabará por mostrar-se totalmente inadequado. O ponto de partida, que por sua vez tem uma série de antecedentes relevantes, principalmente em O. von Gierke, já mencionado, e no francês Maurice Hauriou (1856-1929), especialista em direito público[42], é o reconhecimento do pluralismo constitutivo das sociedades e a insuficiência da versão monolítica do Estado liberal como ordenamento de uma sociedade de *indivíduos*. O *pluralismo* não é questão que afete apenas ao equilíbrio interno da sociedade civil, mas obriga o direito e o Estado a uma posição nova. O pluralismo social – escreve Romano em 1909 (*Lo Stato moderno e la sua crisi*) – é uma realidade que redefine a essência do direito e do Estado[43]. A essa realidade o Estado deve adequar-se com o objetivo de transformar-se em princípio de equilíbrio e de mediação entre as instâncias e os grupos que chegaram a possuir efetividade social e que, ao contrário, não parecem ter reflexo algum no direito do Estado. De resto, "a vida social nunca é dominada pelas regras jurídicas, continuou a evoluir por conta própria e pôs-se em contradição com um sistema não afinado com ela"[44].

---

42. O. von GIERKE, *Das deutsche Genossenschaftsrecht,* cit.; M. HAURIOU, *Teoria dell' istituzione e della fondazione,* trad. ital. de W. Cesarini Sforza, Milão, 1967. Mas na vertente antiformalista, que reconhece o caráter *social* do direito, sua gênese no "fato" ou na "atividade" social, com diferentes formulações, ver L. DUGUIT (1859-1928), *Il diritto sociale, il diritto individuale e la trasformazione dello Stato,* trad. ital. de L. Bagolini, Florença, 1950; G. GURVITCH (1894-1965), *Sociologia del diritto,* org. R. Treves, Milão, 1967.

43. S. ROMANO, *Lo Stato moderno e la sua crisi* (1909), agora in *Lo Stato moderno e la sua crisi,* Milão, 1969, pp. 5-26.

44. *Id.,* p. 14.

Assim, na obra seguinte, *L'Ordinamento giuridico* (1917-1918)[45], Romano define o direito como instituição, indicando com ele "uma entidade que, em parte, se move segundo normas, mas sobretudo move, quase como peças de um jogo de xadrez, as próprias normas, que assim representam mais o objeto e até o meio da sua atividade do que um elemento de sua estrutura"[46]. O direito é, pois, instituição e não um conjunto de normas; e instituição é todo corpo social organizado, objetivo, concreto, permanente e com fins próprios. O direito possibilita que os indivíduos "ultrapassem sua própria caducidade, realizem certos fins para além de sua vida natural, criando entidades mais poderosas e mais duradouras que os indivíduos"[47]. Em outros termos, para Romano o direito não é o conjunto das condições kantianas que garantem a "simples" *coexistência* dos indivíduos, mas sim expressão de uma organização social que se auto-organiza em "corpos sociais": o direito não é a regra áurea para a conservação de uma sociedade atomística, de indivíduos, mas a organização concreta de grupos em práticas sociais comuns. Nesse aspecto, para Romano a existência e a natureza do direito decorrem de sua natureza e da existência da instituição social. A norma jurídica não é o ato de vontade que constitui e organiza a realidade social, conforme afirma a cultura jurídica estatalista e normativista. E o Estado é apenas um ordenamento entre muitos, uma instituição entre as muitas de que a realidade social é composta; é ordenamento jurídico, é instituição, sindicato, partido, entidade territorial e, a seu modo, também uma organização que delínqüe[48]. O pluralismo social e jurídico está estreita-

---

45. Pisa, 1918, e reed. em Florença, 1946.
46. *L'Ordinamento giuridico* (ed. 1946), Florença, 1962 (rest.), pp. 15-6. E ainda: ordenamento jurídico é "a complexa e variada organização do Estado [...]; os numerosos mecanismos ou engrenagens, as inter-relações de autoridade e força que produzem, modificam, aplicam, garantem as normas jurídicas, mas não se identificam com elas" (*id.*, p. 15).
47. *Id.*, p. 43.
48. Naturalmente Romano delimita as relações entre o ordenamento maior, que é o Estado, e os menores: estes não podem ter "fins gerais" (e precisam tornar-se compatíveis com os fins gerais do Estado); podem ser auto-

mente ligado ao conceito de direito-instituição: se a juridicidade não é caráter que decorre como efeito "constituído" de normas estatais, então ela se impõe de modo autônomo como qualidade das instituições sociais. Portanto, essas instituições representam outros tantos ordenamentos[49].

A esteira da teoria *institucional* de Santi Romano não foi especialmente seguida[50]. O vazio deixado pela teoria liberal do Estado e a insuficiência do formalismo jurídico foram preenchidos, na experiência histórica do imediato pós-guerra, pela referência à concretude da ordem, ao "Blut und Boden" e à decisão soberana como ruptura das frágeis malhas do direito.

---

suficientes, mas no raio de ação que seja não relevante para o ordenamento estatal. Ao contrário, devem considerar-se subordinados ao Estado (*L'Ordinamento giuridico,* cit., pp. 146-8).

49. Deve-se entender que em Romano o pluralismo dos ordenamentos concilia-se com a superioridade do Estado e está compreendido numa espécie de relação hierárquica, de subordinação, dos ordenamentos menores ao estatal. Para uma discussão geral sobre as teorias do ordenamento, normativistas ou não, ver. A. CATANIA, *Argomenti per una teoria dell'ordinamento giuridico,* Nápoles, 1976.

50. Na cultura italiana, B. CROCE, *Riduzione della filosofia del diritto alla filosofia dell'economia* (1907), Nápoles, 1926 (*rest.*), defendeu a pluralidade dos ordenamentos, baseando-a no reconhecimento da origem individual dos fenômenos normativos, na capacidade de criar normas como expressão de liberdade do indivíduo. Segundo Croce, seria indemonstrável que as normas estatais diferem *"substancialmente"* (*id.,* p. 47) das de uma associação criminosa. A seguir, foi G. CAPOGRASSI (sobre o qual ver também abaixo), que, polemizando com o formalismo e o normativismo jurídico, desenvolveu em bases teóricas ainda diferentes, a tese da pluralidade em muitas das suas obras, mas de modo específico no trabalho de 1939, *Alcune osservazioni sopra la molteplicità degli ordinamenti giuridici* (e *Note sulla molteplicità degli ordinamenti giuridici,* in *Opere,* Milão, 1959, IV). O direito é experiência, atividade humana, realização de fins; na filosofia de Capograssi o pluralismo é projeção da atividade dos homens, unitariamente inspirado pela realização da vida dos sujeitos. Capograssi situa os ordenamentos numa hierarquia natural determinada pela universalidade mais ou menos ampla dos objetivos, e não pelos princípios do estatalismo. Desse modo, o Estado certamente se mostra como ordenamento dos mais amplos, mas pressupõe os menores, sendo por eles necessariamente implicado. Entretanto, uma associação criminosa, à diferença do que ocorria em Croce, mostra-se como ordenamento, mas ordenamento que se nega a si mesmo, exatamente porque entra em conflito com a vida do conjunto em que se insere: portanto justifica a intervenção repressora por parte do Estado (*id.,* pp. 204-5).

III. Realismo, normativismo, jusnaturalismo

SUMÁRIO: 1. O direito das Cortes – 2. A realidade do direito e a sua força vinculante – 3. Direito válido e obrigatoriedade – 4. Caminhos do neojusnaturalismo – 5. Neojusnaturalismo: estrutural e objetivista

1. O direito das Cortes

Paralela e de sinal oposto à história do formalismo continental é a história do realismo jurídico: a tradição empirista de origem inglesa e a difusão contemporânea do pragmatismo de Charles Peirce, William James e John Dewey, na América do Norte, constituem o solo de desenvolvimento de uma concepção radicalmente diferente do direito. Sem dúvida, a dominante *common law*, que caracteriza o sistema americano, atribuindo papel central ao direito judiciário, é um pressuposto determinante. É o que se depreende das palavras do juiz (da Corte Suprema) Oliver W. Holmes (1841-1935), segundo quem o direito nada mais é que a previsão do que farão as Cortes. Na Inglaterra e nos Estados Unidos, escreve Holmes, os tratados e os estatutos "que contam até seiscentos anos e a cada ano aumentam em algumas centenas", tais "folhas sibilinas encerram as esparsas profecias do passado acerca dos casos sobre os quais recairá a espada da justiça, folhas que foram apropriadamente chamadas de oráculos do direito. O significado sem dúvida mais importante e quase total de qualquer novo esforço do pensamento jurídico consiste em tornar mais precisas tais profecias e generalizá-las num sistema coerente"[1]. O antiformalismo

---

1. O. W. HOLMES JR., *La via del diritto* (1897), in *Opinioni dissenzienti*, org. C. Geraci, Milão 1975, pp. 255-6.

que se desenvolve entre o fim do século XIX e as três primeiras décadas do século XX tem forte inspiração historicista e sociológica, como fica evidente em Roscoe Pound (1870-1961), que contrapõe o conceito de *Law in Action* ao de *Law in Books,* desvalorizando o *case-method* que, iniciado por C. Langdell (1826-1906), tendeu a formalizar o direito de *common law* em poucos princípios normativos depreendidos não da *ratio* dos precedentes, mas da *ratio* de uns poucos casos paradigmáticos. O direito *em ação* é, ao contrário, o que se produz evolutivamente, sem cristalizações abstratas: juízes e, sobretudo, juristas estão constantemente empenhados na adequação às necessidades e ao modo de sentir de uma sociedade em mudança progressiva. A natureza sociológica dessa *jurisprudence* está na inversão da óptica do jurista, que parte da realidade concreta e não do tecido de formas jurídicas, privilegiando os interesses em jogo e as razões internas dos casos mais que a adequação mecânica das soluções àquilo que já foi prefigurado nos esquemas de uma casuística restrita e formalizada. O direito é o meio pelo qual é possível promover uma "engenharia social", uma mudança constante da realidade, ao passo que ao jurista, à doutrina jurídica, não pode ser atribuída a simples tarefa de sistematizar (sem guiar e influenciar) o trabalho das Cortes. Também no plano histórico, até o *New Deal* e a retomada de forte impulso legislativo, as teses de Pound foram abraçadas como instrumento de intervenção judiciária num direito que, em outros aspectos, é imóvel. Mas, efetivamente, a influência de Pound transmudou-se num movimento, o *realismo jurídico,* sobretudo com Karl Llewellyn (1893-1962) e Jerome Frank (1889-1957), uma vez que, com o crescimento de iniciativas (legislativas) reformadoras, o sistema americano pareceu adquirir um equilíbrio não precário entre lei e juízes: o realismo jurídico americano mostra-se então não como uma teoria de sustentação do ativismo judiciário, ou seja, como uma teorização *ex tempore* da função "compensadora" do direito judiciário, mas como um modo de entender o direito que está bastante radicado além-mar.

Jerome Frank leva a verdadeiros extremos o realismo, que aparece como negação da normatividade do direito, como a sua redução aos fatos (representados pelas decisões dos Tribunais), afirmação da inexistência de um direito antes daquelas decisões e de uma atitude cética a respeito da previsibilidade racional do comportamento judiciário, entendido como resultado mais da intuição que da argumentação (esta, ao contrário, seria formulada como justificação, *ex post*).

Em especial, Jerome Frank criticara o método langdelliano por haver excluído o papel da escolha na decisão judicial, reduzida assim a uma ciência geométrica do direito, mas depois defendera a impossibilidade de tornar verificável a correção da escolha. Em contraposição a esse resultado, que não parece governar as fronteiras entre atividade judiciária e arbítrio, Karl Llewellyn[2] proferiu aquilo que foi considerado a melhor defesa da tradição judiciária da *common law*[3], e, ao admitir a criatividade do juiz, negou que ela pudesse ser prevista, quanto aos resultados, por meio de investigações psicossociológicas e técnicas extrajurídicas: para Llewellyn a decisão é um processo que ocorre dentro das fronteiras e segundo os limites próprios da tradição jurídica, dos hábitos interpretativos e das regras, podendo portanto ser prevista com o recurso a esses mesmos critérios. Foi ressaltada[4] a tendência do realismo de Jerome Frank a desvalorizar o tema da certeza do direito, sintoma de uma atitude "infantil" do homem, em favor da idéia do direito como produto de uma intuição ou de uma sabedoria de "justiça" ("E o realismo americano, assim como a jurisprudência sociológica da qual nasce, no fundo nada mais é que uma tentativa, simplista talvez, mas não infundada, de tornar os homens, ou pelo menos os juízes, 'justos' em vez de 'examinadores de lei' "[5]. Essa ob-

---

2. *The Common Law Tradition*, Boston 1960.
3. A. T. KRONMAN, *The Lost Lawyer* (1993), Cambridge-Londres, 1995³, p. 211.
4. Por G. FASSÒ, em sua *Storia della filosofia del diritto*, III vol., Bolonha, 1995, ed. atualizada, pp. 232-3.
5. *Id.*, p. 233.

servação merece ser lembrada, pois dá ênfase a um aspecto mais profundo da concepção jurídica norte-americana, nem sempre adequadamente detectado. O realismo jurídico, na América do Norte, é também fruto de uma inspiração autêntica da *common law,* mas sobretudo de um "ambiente" constitucional fortemente "substancial" e antiformalista, dificilmente relacionável com princípios de cunho continental. Na verdade, uma vez que de Pound a Llewellyn se ressalta o hiato entre direito efetivo e direito de papel (*paper rules and rights*), pareceria impossível defender a dimensão legislativa como dimensão dos precedentes judiciários, como sistema de regras preceptivas capazes de esgotar a produção do direito. Ao contrário, o centro de gravidade desloca-se para a decisão judicial, que, para além da previsibilidade (portanto da "certeza") decorrente da aplicação de regras gerais, constitui um momento criativo, "construtivamente" dependente da mentalidade e da atitude mesma do juiz entendido como indivíduo. A mais madura e moderada defesa recente do sistema americano, a de Llewellyn, insiste, não por acaso, também nas qualidades do juiz[6].

Aos olhos do jurista continental, o risco que o realismo americano corre, em seu conjunto, é alimentar excessiva confiança na idéia de um juiz que decida um tanto inefavelmente por meio de uma sabedoria prática, segundo uma arte da justiça, uma *fronesis* aristotélica, que é o ato puro do realismo prudencial, ao qual, porém, não se pressupõe faltarem os necessários suportes e mecanismos de orientação e controle dentro do sistema americano da *common law* (como, aliás, ensinou Llewellyn).

---

6. E, não por acaso, na sua reconstrução do jurista ideal (ou do ideal de jurista) na tradição americana, A. T. KRONMAN, *The Lost Lawyer,* cit., volta a falar da virtude do jurista, em sentido aristotélico, como *prudence,* em substância capacidade de ser justo, entendida como "traço do caráter" (pp. 14-7). A abordagem pragmática e indutiva, que deveria ser aprendida pelo jurista (nisso bem diferente do filósofo ou do político reformador), conduz a uma atitude de cunho moderada e utilmente "conservador", capaz de resistir à força explosiva das idéias abstratas (*id.*, p. 161), que simplesmente não se adaptam ao papel tradicional do jurista.

No plano do debate teórico geral, o realismo, sobretudo antes de Llewellyn, é assumido como portador da tese de que *não se estabelecem normas* (o chamado *ceticismo das normas*). E essa tese não indica as bases nas quais as Cortes decidem, ao mesmo tempo que exclui a possibilidade de que os cidadãos possuam critérios de comportamento diretos, salvo os dedutíveis (se tanto) *a posteriori* e indiretamente das sentenças dos juízes. Assim, a confiança no juiz não é sequer a confiança na interpretação da lei como criação (interpretativa), mas sim confiança na decisão como produto de uma função judiciária assumida como terceira posição no que diz respeito às pretensões sociais em jogo.

2. A realidade do direito e a sua força vinculante

Ter uma obrigação jurídica significa, baseado em Bentham, simplesmente (poder prever) que a não-obediência implicará uma sanção (*teoria preditiva da obrigação jurídica*). Essa concepção está estreitamente ligada tanto à concepção da norma como comando (Austin) quanto à do direito como fato (mais que norma): fazer o direito coincidir com o comportamento dos Tribunais e com a sanção que eles infligirão significa afirmar que se terá uma obrigação se houver a probabilidade de um comportamento sancionador por parte dos juízes. Isso vale, em substância, para o realismo em geral.

A atitude realística, porém, não é só "americana", mas se desenvolve autonomamente também na área escandinava, principalmente com K. Olivecrona (1897-1980) na Suécia e Alf Ross (1899-1979) na Dinamarca.

Olivecrona não nega a redutibilidade da obrigação à probabilidade de uma sanção, mas abre espaço para outro elemento, o psicológico. Do "fato" de que alguns atos estão sujeitos a sanção, portanto da efetiva coerção, infere-se a convicção, formada no tempo, de que certos comportamentos também são moralmente obrigatórios. O sistema de previsões e funções institucionais contido no direito é uma "máquina" (a expressão é de outro realista sueco, Vilhelm Lundstedt, 1882-1955) cujo funcionamento depende também da introjeção psicológica dos cidadãos: na ausência deste segundo elemento, a própria eficácia da "máquina" vacilaria (visto que um sistema que se sustente apenas na coerção sustenta-se precariamente), e a falta de eficácia, por sua vez, enfraqueceria a convicção do dever, da obrigação jurídica. A *força vinculante do direito* é, portanto, também fruto de um trabalho da imaginação, da maturação de uma atitude espiritual que nasce da disposição humana de atribuir realidade a entidades somente pensadas, como a obrigação ou o valor vinculante do direito "válido".

Por achar essa "explicação" de Olivecrona excessivamente ligada à psicologia individual, Ross prefere[7] ressaltar um caráter diferencial da obrigação *jurídica* em relação à obrigação moral. A primeira decorre do fato de que as normas jurídicas constituem uma expectativa *raramente frustrada acerca* do comportamento sancionador dos tribunais. Por outro lado, segundo Ross, uma "interpretação meramente behaviorista do conceito de validade não é satisfatória, por ser impossível prever o comportamento do juiz com base numa observação puramente externa de hábitos", e só se pode chegar "a uma interpretação satisfatória da validade do direito mediante uma síntese do ponto de vista psicológico e do behaviorista"; a abordagem psicológica possibilita formular previsões "só com base na hipótese de que o juiz, na sua vida espiritual, é governado e animado por uma ideologia normativa de conteúdo conhecido"[8]. A *validade* de uma norma depende tanto da regularidade com que ela se mostre eficaz quanto do fato de ela ser *sentida* também efetivamente como vinculante pelo juiz: o que se verifica conhecendo-se profundamente a ideologia, a atitude cultural, as motivações de fundo que lhe guiam a ação.

---

7. A. Ross, *Diritto e giustizia* (1958), trad. ital. de G. Gavazzi, Turim, 1979⁵, p. 70.
8. *Id.*, p. 71.

Observe-se, de passagem, que o juiz está em jogo porque as leis são instruções sobre o uso da coerção transmitidas aos órgãos institucionalmente competentes para usar a força[9]: a norma não é uma prescrição aos *cidadãos* assistida por uma sanção, mas é essa instrução dirigida aos *juízes*[10].

As normas de lei são entendidas apenas como um dos fatos que constituirão a base necessária para a formulação da norma por parte do juiz[11]. Donde também o caráter *ilusório* da tese de que a atividade dos juízes é um conhecimento racional da lei por aplicar.

A atitude realista é discutida por várias correntes teóricas[12], mas não se pode deixar de reconhecer sua contribuição crítica em relação às entranhadas convicções formalistas da cultura jurídica continental.

É igualmente importante a intervenção "desmistificadora" de Olivecrona e Ross, incisiva no plano da semântica dos termos jurídicos e no da filosofia analítica da linguagem. Não se trata apenas da atitude antimetafísica que caracteriza o realismo em geral, nem simplesmente do reconhecimento de que os conceitos jurídicos (como direito subjetivo ou dever jurídico) carecem de referentes concretos, não correspondem a "fatos". O realismo escandinavo evita o natu-

---

9. *Id.*, p. 34: "um sistema jurídico nacional é um conjunto de regras que determinam as condições nas quais a força física será exercida sobre uma pessoa; o sistema jurídico nacional predispõe uma organização de autoridades públicas (as cortes e os órgãos executivos) às quais compete organizar e concretizar o exercício da força segundo os vários casos específicos. Em resumo: um sistema jurídico nacional é o conjunto de regras para a organização e o funcionamento do aparato coercitivo do Estado".

10. Por exemplo: "Cumpre não esquecer que, contrariando a idéia geralmente aceita, o direito fornece normas para o comportamento das cortes, não para o comportamento dos particulares. A efetividade que condiciona a validade das normas pode ser buscada apenas na aplicação judicial do direito, e não no direito em ação entre particulares" (*id.*, p. 35).

11. *Id.*, pp. 72 ss.

12. Cf. o trabalho de S. CASTIGNONE, in *Introduzione teorica allo studio del diritto*, cit., pp. 145-52. E da mesma autora, *La macchina del diritto. Il realismo giuridico in Svezia*, Milão, 1974.

ralismo chão (redução dos conceitos jurídicos a meros fatos) e leva em conta a *função* específica da linguagem e de tais conceitos.

No âmbito jurídico, segundo Olivecrona, a linguagem desempenha uma função de controle e de interação social; além disso, as palavras possibilitam efetivamente fazer coisas[13], mormente em razão do efeito psicológico que produzem, em virtude do qual somos levados a crer na efetiva existência de vínculos ou poderes conseqüentes[14]: do mesmo modo como, conforme insistira Axel Hägerström, as fórmulas da linguagem jurídica romana tinham caráter mágico-ritual e davam testemunho de uma espécie de dimensão supra-sensível[15]. Ross confirmou a função "performativa" da linguagem, fazendo-a remontar, porém, no caso dos atos lingüísticos jurídicos, ao sistema jurídico, que vincula a cada

---

13. Como escreveu J. L. AUSTIN em obra célebre, *How to do Things with Words* (*Come fare cose con le parole,* trad. ital. de C. Villata, Gênova 1987). Evidenciando o papel de enunciados que ele chama de "performativos", Austin afirma que neles a pronúncia da frase corresponde ao cumprimento da ação: "ao dizer o que digo, realizo efetivamente a ação. Quando digo 'batizo este navio com o nome de Andrea Doria' não estou descrevendo a cerimônia do batismo, estou batizando" (*Enunciati performativi* in *Diritto e analisi del linguaggio,* org. de U. Scarpelli, Milão, 1976, pp. 125-6). O mesmo vale para expressões do tipo: nomeio-te cavaleiro, declaro-os marido e mulher etc. Na verdade, Olivecrona lembra que a expressão "enunciados performativos" foi cunhada por Austin num discurso radiofônico de 1956 (K. OLIVECRONA, *Linguaggio giuridico e realtà* (1962), trad. ital. de E. PATTARO, in *Diritto e analisi del linguaggio,* cit., p. 264). Sobre o valor constitutivo das normas, ver G. CARCATERRA, *La forza costitutiva delle norme,* Roma, 1979. Cf. também A. G. CONTE, *Performativo vs. Normativo,* in Scarpelli, De Lucia (eds.), *Il linguaggio del diritto,* Milão, 1994, que nota, entre outras coisas, que a filosofia da performatividade é "recente", mas a fenomenologia da performatividade é "antiga"(p. 249).

14. K. OLIVECRONA, *La struttura dell'ordinamento giuridico* (originalmente *Law as Fact,* 1939, rev. 1966), org. E. Pattaro, Milão, 1972.

15. A. HÄGERSTRÖM, *Der römische Obligations begriffe im Lichte der allgemeinen römischen Rechtsanchauung,* 2 vols., Uppsala-Leipzig, 1927 e 1941. Sobre HÄGERSTRÖM, C. FARALLI, *Diritto e magia. Saggio su Axel Hägerström,* Bolonha, 1981.

um deles determinadas conseqüências (erroneamente consideradas simples crença psicológica)[16]. E confirmou as raízes mágicas das "palavras", inclusive das tão essenciais para os juristas.

Nas ilhas Noisulli, onde vive a tribo Noit-cif, segundo relato do antropólogo Ydobon, uma pessoa que tenha cometido alguma infração torna-se "tu-tu", portanto deve ser submetida a uma cerimônia de purificação. A questão – explica Ross – é que, mesmo não significando nada, a palavra "tu-tu" tem enorme utilidade, se tomada no conjunto em que se insere (Quem come a comida do chefe é tu-tu; quem é tu-tu é submetido à purificação = Quem come a comida do chefe é submetido à cerimônia de purificação).

Ora, uma vez revelado ao leitor que se trata de um relato imaginário, de fatos e pessoas por ele mesmo inventados, Ross apressa-se a mostrar-nos que "tu-tu" reflete invenções de grande sucesso no nosso direito ocidental: "Do mesmo modo, a nossa asserção de que quem obtém um empréstimo é 'devedor' corresponde à alegórica asserção da tribo de que a pessoa que mata um animal totêmico torna-se 'tu-tu'."[17]

De todo modo, a origem "misteriosa" de certas noções e sua falta de referência semântica, portanto de significado, se tomadas em si, devem ser aceitas, e não combatidas com o objetivo de atribuir-lhes alguma substância. Elas têm significado somente se (porque) usadas num discurso, num conjunto, em que *se tornam* significantes: neste elas são essenciais porque desempenham um papel. Isso sem mencionar o fato de que a função desempenhada por palavras como, por exemplo, *propriedade* (o direito subjetivo propriedade) pode ou não ser igualmente bem desempenhada por palavras como "queijo curado" ou "tu-tu". Assim, Ross está convicto de que o próprio conceito de "direitos subjetivos é um

---

16. A. Ross, *Direttive e norme* (1968), trad. ital. M. Jori, Milão, 1978, p. 78.
17. A. Ross, *Tû-Tû* (1951), trad. ital. de M. Piantelli, rev. por M. Jori, agora in U. Scarpelli, P. Di Lucia (eds.), *Il linguaggio del diritto*, cit., p. 125.

instrumento da técnica de apresentação que serve para fins exclusivamente sistemáticos e em si mesmo não significa nada mais nem menos do que significa 'tu-tu'"[18].

Mas é claro que, uma vez reconhecida sua natureza particular, fórmulas e ritos do nosso mundo jurídico tornam-se finalmente instrumentos conscientes: instrumentos de ligação entre normas jurídicas e, na ciência jurídica, instrumentos de exposição ou apresentação sintética, abreviada, de conjuntos de normas.

O realismo de Ross representa sob muitos aspectos um acolhimento das convicções do neopositivismo ou positivismo lógico, corrente filosófica que, surgindo em torno de um famoso manifesto, o do Círculo de Viena de 1929, pretendia formular os cânones do discurso científico, reservando-o exclusivamente para dados empiricamente verificáveis e repudiando qualquer abordagem filosófica relativa a questões morais ou jurídicas. Para o Círculo de Viena, a própria filosofia só pode ser metaciência, análise da linguagem da ciência. Por outro lado, o realismo jurídico transfere para a *jurisprudence* também os progressos da filosofia da linguagem que se desenvolveu muito, sobretudo com Ludwig Wittgenstein (1889-1951). A filosofia da linguagem, na verdade, evoluirá no sentido de reconquistar para o campo da investigação os âmbitos que o neopositivismo desejava ver excluídos da ciência, considerando-os não passíveis de submeter-se a ela porque carentes de referente empírico e por serem pura expressão de estados d'alma, quais sejam, as prescrições, os juízos práticos, os conceitos tipicamente jurídicos etc.[19].

---

18. *Id.*, pp. 133-4.
19. Sobre tais assuntos, ver também abaixo cap. V, § 3. Devem ser mencionados, a respeito, pelo menos os trabalhos de R. HARE, *Il linguaggio della morale* (1952), trad. ital. de M. Borioni e F. Palladini, Roma, 1968; de J. L. AUSTIN, *Come fare cose con le parole*, cit.; de H. L. A. HART, *L'ascrizione di responsabilità e di diritti* (1949), e *Definizione e teoria nella giurisprudenza* (1953), ambos trad. em ital. por V. Frosini in H. L. A. HART, *Contributi all'analisi del diritto*, Milão, 1964. Aprofundamento crítico muito útil é o volume Aa.Vv., *Teoria degli atti linguistici. Etica e diritto,* org. de A. Filipponio, Turim, 1990.

Ainda para Ross prevalece, porém, a sociologia *empírica* do direito. Ross está assim mais ligado ao neopositivismo do que às possíveis metas da filosofia analítica da linguagem (como mostra pelo menos na primeira fase do seu trabalho e na sua obra mais conhecida, *Direito e justiça*, 1953). Como se disse, em primeiro lugar, a existência de uma norma é dimensionada pelo comportamento factual das cortes. Em segundo lugar, uma vez que, do ponto de vista dos cidadãos, o fenômeno do direito é um fenômeno *externo*, para verificar a validade de uma norma (ou para a melhor previsão do direito válido), é necessária uma indagação sobre os sentimentos comuns dos juízes e sobre sua atitude cultural, mas em Ross não são claros os métodos e os limites dessa indagação.

A novidade com que a filosofia analítica da linguagem poderia contribuir seria a consideração da realidade lingüística do fenômeno jurídico. A linguagem possibilita discernir quais comportamentos são seguidos porque ditados por uma regra; pode-se, portanto, fazer referência à expressão lingüística com que o cidadão ou o juiz considera uma regra válida e obrigatória: expressão lingüística que permite comunicar e apreender a dimensão "interna" que, de outro modo, permaneceria inacessível. Reconhecendo a relevância da linguagem[20], a validade pode ser entendida de outro modo que não no plano *empírico, a posteriori*, da observação "externa" dos comportamentos e com autonomia em relação a eles[21].

---

20. É importante que Ross mesmo tenha chegado tão perto dessas formulações em sua última obra *Direttive e norme*, cit.

21. Essa tese é desenvolvida por H. L. A. Hart (1907-1992), sobre quem se falará mais a seguir. Mas deve-se notar por ora que Ross *não* considerou que o *seu próprio* modo de resolver a questão da validade era diferente do de Hart. Pois – escreve ele – também para Hart a existência da norma ou do sistema é uma questão "de fato, empírica", então nos referimos, segundo Ross, "a certo número de fatos heterogêneos especialmente no modo como os tribunais, na prática, identificam o direito vigente, bem como à geral aceitação ou adesão a esse modo de identificar o direito" (A. Ross, *Il concetto di diritto secondo Hart* (1962), trad. ital. R. Guastini, in S. Castignone e R. Guastini (eds.), *Realismo giuridico e analisi del linguaggio* (*Testi di Olivecrona e Ross*), Gênova, 1989, p. 197).

3. Direito válido e obrigatoriedade

Na realidade o confronto entre normativismo (no caso, kelseniano) e o realismo gira em torno do elemento central que é a validade, ao seu significado e ao seu fundamento. O normativismo considera que o direito é um conjunto de normas e que a ciência jurídica é uma ciência de *normas*; percebe e descreve a validade como uma questão de relação formal entre uma norma e o sistema jurídico ao qual, se válida, ela pertence: validade é, pois, um juízo descritivo de pertença.

Para o realismo jurídico a validade tem outro aspecto. Como ele considera que o direito é um conjunto de comportamentos, e que a ciência jurídica é ciência de *fatos*, também a validade é um juízo de fato *acerca* dos comportamentos dos juízes e dos operadores do direito.

Essa diferença deve ser ressaltada e entendida em todo o seu alcance, além do fato de que, em comparação com o jusnaturalismo, tanto o realismo quanto o normativismo foram reunidos sob a mesma denominação, a de positivismo jurídico[22]. É de fato evidente que o positivismo jurídico, que tem em Kelsen seu expoente contemporâneo mais significativo e foi reavivado na Itália com base na obra de Norberto Bobbio[23], mesmo compartilhando a rejeição pelo direito natural (do qual não pode haver ciência, porque fenômeno ideal, normativo, valorativo e não factual, empírico, objetivo), não extrai daí a conseqüência de que o único objeto plausível de ciência do direito deve ser dado por fatos observáveis, entre os quais, em especial, os comportamentos dos juízes ou dos cidadãos: ao contrário, detém-se num âmbito bem diferente, que é um conjunto de normas formalmente válidas; enfim, ao menos do ponto de vista do realismo jurídico, esse (diferente) positivismo "científico" continua a pre-

---

22. Nesse sentido, ver E. PATTARO, *Lineamenti per una teoria del diritto,* Bolonha, 1990, e *Il positivismo giuridico italiano dalla rinascita alla crisi,* in U. SCARPELLI (org.), *Diritto e analisi del linguaggio,* Milão, 1976, pp. 451 ss.

23. N. BOBBIO, *Scienza del diritto e analisi del linguaggio* (1950), in U. SCARPELLI (org.), *Diritto e analisi del linguaggio,* cit., pp. 287 ss. Cf. *infra*.

sumir sem fundamentos a objetividade de normas e cuida de "noções ideais de validade, de norma vinculante, de direito subjetivo etc."[24]. Com base em tais considerações, é enganosa a assimilação entre positivismo e realismo jurídico: de modo especial foi detectada a falta de conseqüencialidade entre uma escolha epistemológica neoempirista e uma abordagem normativista e não realista do direito[25]. Se de fato há ciência só de fatos empíricos, então a ciência do direito poderia ser somente ciência de comportamentos no sentido proposto pelo realismo jurídico.

Essa tese, portanto, mostra a confusão não incomum entre positivismo jurídico e realismo, além de distinguir entre dois pressupostos diferentes da ciência jurídica (e da teoria geral do direito): uma coisa é remeter a ciência jurídica à "objetividade" dos comportamentos sociais; outra, bem diferente, é remetê-la à objetividade, mais ou menos presumida, de um sistema de normas.

Ao realismo jurídico não se pode então atribuir nenhuma intenção de dar conteúdo certo à noção "ideal" de validade e muito menos à noção correspondente de obrigatoriedade. Mas também é verdade que, no todo, dentro da contraposição entre positivismo científico e realismo jurídico não se poderia depreender nada acerca do fundamento da obrigatoriedade de uma norma ou do ordenamento no seu conjunto. Se o discurso sobre o direito ou a ciência jurídica visa a construir uma justificação estável para transformar automaticamente a existência da norma (entendida como um conjunto efetivamente observado ou a ele pertencente) na sua obrigatoriedade, está bem claro que não consegue. Como o fato de uma norma ser válida (de existir juridicamente) pode implicar logicamente que seja também obrigante? No entanto, o grande tema que parece subjazer filosoficamente a diferentes filosofias e teorias do di-

---

24. PATTARO, *Lineamenti di teoria generale del diritto*, cit., p. 473.
25. *Id.*, esp. pp. 473 ss. Quanto ao neoempirismo e às suas relações com a ciência do direito, cf. *infra*, esp. cap. V, § 3.

reito (mas também à ciência jurídica), talvez porque não resolvido nelas, é o fundamento da obrigação jurídica.

A resposta realista é, em substância, empírica. A resposta normativista – e refiro-me a Kelsen – é claramente neokantiana, ou seja, não se apóia na assunção da norma fundamental como norma posta, mas como pressuposto transcendental, que explica o porquê da obediência. Deve-se obedecer à constituição porque se pressupõe uma norma fundamental que contém o dever de obediência. Desse modo, Kelsen provavelmente se aproxima, como se observou, da concepção denominada legalismo ético, segundo a qual se assume a existência de uma obrigação moral de obedecer às normas do sistema jurídico porque postas, válidas e, portanto, obrigatórias. Efetivamente, sempre que se tende a passar da validade à obrigatoriedade, identificando os dois conceitos ou fazendo derivar do juízo descritivo (sobre normas e/ou sobre fatos) de validade o juízo valorativo ou prescritivo sobre a obrigatoriedade, esquece-se que a existência de uma norma ou de uma constituição ou de um ordenamento não passa de um "fato" do qual não decorre de per si nenhuma obrigação de observância, a não ser que se aceite uma outra norma posta ou pressuposta que prescreve obediência à primeira desde que válida.

Por outro lado, a obrigatoriedade moral de um ordenamento, ou melhor, de seu ápice, que é a constituição, parece ser um problema ético, não jurídico, e na verdade percebe-se que desemboca diretamente no tema do fundamento da obrigação política[26]. Trata-se de um problema ético porque obedecer a uma norma é questão de opção ética, de juízo de valor, e não de validade formal: o legalismo ético que anula o hiato entre juízo de validade e juízo de valor simplesmente oculta uma norma aceita, não jurídica mas ética (justamente a outra norma, a metanorma segundo a qual se deve obedecer a uma constituição, ou seja, uma norma outra).

---

26. Em diversos contextos, cf. U. SCARPELLI, *Cos'è il positivismo giuridico*, Milão, 1965; e R. GUASTINI, *Dalle fonti alle norme*, Turim, 1990, cap. XVI: *Positivismo giuridico e validità della costituzione*, pp. 273 ss.

Alf Ross considera quase positivistas as assunções kelsenianas que teorizam a validade diretamente como *obrigatoriedade* das normas. A norma fundamental, atribuindo obrigatoriedade ao ordenamento, simplesmente substitui as normas vinculantes em si, próprias do direito de natureza, normas vinculantes em si que são postas pelo legislador: o quase-positivismo é, em outros termos, um quase-jusnaturalismo[27].

Se for levada a sério a pretensão de dar uma resposta à pergunta sobre a fonte da *obrigatoriedade* do direito, sobre o porquê de o direito ser obrigante, fica claro que não se pode permanecer na perspectiva do positivismo "científico" ou do realismo, que, ao contrário, só levam a sério a pergunta sobre o porquê da *validade* de uma norma, respondendo em termos de juízos de relação (pertença a um sistema, *membership*) ou de vigência empiricamente verificada. Aliás, pode-se dizer mais: como foi observado, a pergunta sobre a validade, se referida ao sistema em seu conjunto, aliás, ao seu ponto mais alto, a constituição, não tem sentido, visto não haver normas supra ou metaconstitucionais sobre cujos parâmetros se possa emitir um juízo de pertença da Constituição ao sistema[28]. Ademais, a outra questão, do "vigor" da Constituição (do fato de ela ser efetiva e eficaz, em que se resolve a questão da validade de um ponto de vista realista) não é senão um problema de sociologia empírica do direito (portanto, de verificação factual)[29].

O *porquê* da obrigação jurídica é pergunta formulada no legalismo ético, perspectiva na qual se incidiria caso se quisesse passar da validade à obrigatoriedade, ou seja, atribuir ao dever de obediência um fundamento objetivo[30] na simples *existência*.

---

27. A. Ross, *Il concetto di validità e il conflitto tra positivismo giuridico e giusnaturalismo*, in Critica del diritto e analisi del linguaggio, org. A. Febbrajo e R. Guastini, Bolonha, 1982.
28. GUASTINI, *Positivismo giuridico e validità della costituzione*, § 6, in *Dalle fonti alle norme*, cit.
29. *Id.*, § 7.
30. *Id.*, § 8.

A exigência expressa por Kelsen, portanto, não é atendida. De Kelsen aprende-se algo não comparável ao jusnaturalismo (conquanto não coincidente com o positivismo científico). Quando se formula a questão da obrigatoriedade da norma válida entra-se realmente num âmbito apenas político-moral? Kelsen considerou que se tratava de uma questão diferente, inerente à teoria *pura* do direito: quem se pergunta o porquê da obrigatoriedade das normas (ou melhor, da constituição) deve poder encontrar resposta dentro do sistema do direito e não fora dele, ou melhor, uma resposta "jurídica" auto-suficiente. O direito deveria conter em si mesmo as razões da sua obrigatoriedade. Kelsen não considera que o ordenamento obriga porque imposto por uma fonte superior à vontade humana; crê, ao contrário, que o homem pode não só "conhecer" as normas, mas também as impor. Portanto, o fundamento da obrigatoriedade é *buscado* (sem se levar em conta o sucesso de tal busca kelseniana) no interior do direito (ainda que não no interior do sistema das normas positivas). O direito é intrinsecamente portador de uma condição de obrigatoriedade, de todo peculiar, ou seja, diferente e separada da condição das normas de outro tipo, em especial morais.

O tema da fonte "objetiva" da obrigação não é necessariamente jusnaturalista, uma vez que: a) não se pretenda fazê-la coincidir com o *ser* ou com a natureza das coisas; b) não se pretenda atribuir obrigatoriedade a normas vinculantes não "postas" pelos homens. Mas será possível encontrar uma solução que fuja às críticas realistas e, no seu conjunto, à "falácia naturalista"?

Kant, por exemplo, não considerava deriváveis do conhecimento científico da natureza, no sentido do mundo dos fatos cognoscíveis pela razão teórica, nem mesmo as normas que deveriam regular o comportamento dos homens e atribuía essa tarefa à razão prática, não à teórica[31]. A razão prática, porém, recorria à definição de um universo, ainda

---

31. Cf. primeira parte desta obra, caps. I e IV.

que formal, de critérios de medida e de coordenadas de comportamento moralmente justo e juridicamente legítimo que deviam ser consideradas totalmente independentes deste ou daquele direito positivo, portanto também objetivamente válidas (no sentido de não contingentes ou subjetivas ou *relativas*). Posição esta não relativista, racionalista, mas por certo *jusnaturalista* pelo fato de recorrer a normas universais deduzidas da razão prática e objetivamente válidas sem consideração de serem "postas". Jusnaturalista também, se não "derivacionista".

Outra via de afastamento do jusnaturalismo deveria ser considerada a identificação da fonte da obrigação que levasse em conta apenas o direito positivo. Mas Kelsen não atinge com sucesso essa meta, haja vista as objeções de legalismo ético ou de quase-positivismo que lhe foram feitas (e na verdade parece improvável que tal meta possa ser atingida sem incorrer nas conhecidas exceções divisionistas, na acusação de falácia naturalista).

Mas não convém falar de modo categórico da abordagem kelseniana, visto que ela tende a afirmar a obrigatoriedade do direito de maneira paradigmática, ou seja, por meio de uma norma de conclusão juridicamente vinculante, hipoteticamente pressuposta como *condição transcendental de pensabilidade e de possibilidade do direito* (justamente, a norma fundamental), uma norma segundo a qual a força *deve* ser regulada, a Constituição *deve* ser obedecida.

A favor dessa solução, por exemplo, pode-se tentar inverter a pergunta: por que deveria haver direito se ele não fosse considerado *obrigante*? Poderá haver direito como o dos nossos ordenamentos constitucionais que não seja lógica e intrinsecamente obrigante? Existindo, o direito repousa no convencimento (mais ou menos amplo entre os cidadãos e/ou os funcionários etc.) de que ele deve existir, radicado, por outro lado, em convicções éticas ou políticas (a incompatibilidade entre convivência e puro arbítrio, o princípio democrático e coisas do gênero). Mas a questão é que tal convencimento constitui apenas um epifenômeno, tem uma contrapartida não subjetiva de que é projeção, numa condição (lógico-)transcendental. Não se trata de uma questão sociológica ou psicológica. Que deve haver direito e que ele deve ser vinculante é a condição de pensabilidade e de existência de um direito que no momento em que é posto obrigue a ser respeitado.

Considerando-se Kelsen, percebe-se que essa condição transcendental é de índole pura e se adapta a qualquer ordenamento, seja qual for seu conteúdo.

Mais concretamente: o direito como instrumento *disponível* para o poder e o direito *indisponível* (porque) portador de critérios para a definição dos direitos, para o tratamento dos conflitos, são historicamente inseparáveis.

Um direito que se resolvesse no puro arbítrio do poder não seria direito. Esse juízo (que agora não é de fato, mas de valor) mereceria muitas argumentações, que não cabe agora intentar. Pode-se afirmar pelo menos, porém, que parece intuitivamente aceitável pensar no direito como conceitualmente oposto ao arbítrio, e essa oposição depõe a favor do direito, ou indica um modo de ser dele (uma *ratio essendi*, um elemento estrutural, uma condição necessária, um conjunto de pressupostos mínimos etc.).

Por outro lado, essa premissa está implicitamente presente também em Kelsen, que associava a teoria pura a um ordenamento dotado de constituição e ligava de fato esta última a um regime democrático (parlamentar).

A aceitar-se essa premissa, aceita-se que o direito necessariamente traz consigo algumas "garantias" no mínimo formais ou procedurais, que conotam o seu dever-ser de modo essencial. Se essas garantias são necessárias para que haja direito, está claro que nelas o direito encontra sua condição de pensabilidade, sua condição transcendental.

Ademais, o fato de haver convicções éticas e políticas das quais decorra a comunhão dos conteúdos (morais e políticos) *deste ou daquele* ordenamento passaria portanto a ser questão *diferente,* outra. Trata-se de uma comunhão moral ou política de algumas opções internas a este ou àquele ordenamento.

Definitivamente, quando se pretende responder à pergunta "por que se deve obediência ao direito" (ou à Constituição), é possível dar duas respostas, entre outras. Uma refere-se à razão pela qual se deve obediência ao direito *em geral*; outra, à razão pela qual se pode (ou deve) obedecer a um direito *em particular*. A resposta ético-política diz respeito ao segundo caso: as razões pelas quais este ou aquele ordenamento é passível de obediência. A resposta jurídica diz respeito ao primeiro caso, à pergunta sobre a razão pela qual se deve obediência ao direito *em geral*; Kelsen, evidentemente, refere-se a esta.

Pode-se achar que uma resposta desse tipo é inútil, porque as duas perguntas se identificam. Por que achamos que devemos obedecer a ordenamentos com que comungamos ética e politicamente, logo com as opções (ulteriores em relação à mera existência de um direito qualquer) que eles contenham? Nesse caso, é evidente que só há uma resposta ético-política à pergunta sobre a fonte da obrigação jurídica. Com a tese kelseniana, por mais que ela seja frágil em si, deixamos aberta a questão acerca do fato de que, se há direito (conotado segundo as características internas, formais, organizativas, estruturais evidenciadas pelo próprio Kelsen), então se dá também uma condição transcendental para tanto, ou seja, *deve* haver direito como conjunto de normas vinculantes.

No entanto, é possível argumentar que as duas perguntas são distintas ou ao menos distinguíveis, pelo fato de que a discussão sobre a comunhão de alguns postulados morais ou políticos inclusos e positivados no ordenamento pressupõe que tais postulados se tornem juridicamente obrigatórios, se incluídos em um ordenamento jurídico. A discussão sobre os conteúdos que uma constituição ou um ordenamento deveria possuir (entendida como discussão baseada em argumentos ético-políticos) refere-se, não por acaso, a quais deles merecem ser transformados em juridicamente vinculantes, visto que de tal modo são subtraídos (ao menos por certo período, ressalvada a questão de sua "interpretação") à discussão política e moral, ou seja, ao conflito entre as diferentes visões de mundo. Se é verdade que a decisão de mérito deve ser tomada com base em razões políticas ou éticas, também se poderia afirmar que a obrigatoriedade por elas adquirida, desde que juridicizadas, deriva da obrigatoriedade do direito como tal.

Por fim, pode-se adiantar a hipótese, nada bizarra em alguns recentes filósofos do direito, de que o direito representa, na sua contigüidade com os âmbitos da moral e da política – dos quais integra opções e influência –, uma estrutura em princípio diferenciada, que possui um núcleo intrínseco de obrigatoriedade, porque estabiliza (e se estabilizar) a definição das condições nas quais são possíveis escolhas. Haver direito é pressuposto para que seja possível discutir diferentes medidas ético-políticas, para que seja possível garantir um procedimento racional para a positivação de opções práticas: condições (racionais) procedurais para as escolhas de mérito e para as decisões acerca dos conteúdos normativos que se desejem vinculantes. Pressupor a obrigatoriedade do direito (portanto o dever de obediência ao direito em geral) parece condição lógico-transcendental da obediência atribuída (ou negada) a este ou àquele ordenamento por razões internas, ou seja, pela apreciação (positiva ou negativa) de opções ético-políticas determinadas.

Tudo isso sintetiza em parte o conjunto das tensões que brotam da sensação de insuficiência do juspositivismo (científico ou realista) e exprime uma série de indagações a que ele não responde. Não significa que não haja respostas; simplesmente algumas respostas são consideradas estranhas ao terreno jurídico-científico e pertencem à discussão externa à ciência jurídica, que diz respeito às opções morais e políticas.

4. Caminhos do neojusnaturalismo

A exigência que tentamos extrair da construção kelseniana remonta mais tipicamente à identificação kantiana da autonomia da categoria jurídica, nasce do intento de explicar a separação entre direito e moral e, por conseguinte, da tentativa de definir um ponto de apoio peculiar, um fundamento objetivo também para a obrigatoriedade do direito. Não se deseja, porém, indicar esse fundamento na simples efetividade, na coação social etc. do ordenamento, mas sim em algo interno ao mundo das normas.

Uma exigência fundadora emerge, por outro lado, das reformulações (algumas também de origem neokantiana) que inspiram o chamado neojusnaturalismo. Este, porém, mais que se ater à busca do *quid* do direito, conclui na maioria das vezes por afirmações de franca interpenetração entre direito e moral.

A insatisfação com o juspositivismo e com a própria teoria geral do direito é compreensível assim que se pensa no caso paradigmático que a história impôs à atenção e à reflexão de todos, ou seja, o sistema jurídico do nacional-socialismo alemão. Não por acaso essa insatisfação tem raízes na reação do pós-guerra ao "legalismo" nazista, segundo o qual deveriam ter sido consideradas juridicamente vinculantes normas moralmente aberrantes, ainda que "formalmente válidas". E no que diz respeito ao "direito válido" do totalitarismo europeu, a menção a princípios extralegais com reivindicação do seu caráter jurídico, a normas de *justiça* não postas pelo Estado mas igualmente (e por *natureza*) obrigantes, tornou-se inelutável exigência do pensamento (essa é, por exemplo, a atitude assumida por importante filósofo do direito de tendência neokantiana, Gustav Radbruch, sobretudo em *Filosofia do direito*, de 1947).

A especulação filosófica sobre a *idéia* de direito e a tônica no problema da *justiça* comportam abordagens e exigências diversas. Neojusnaturalismo é o rótulo que reúne experiências teóricas mais uma vez heterogêneas, porém interligadas por um repúdio comum ao juspositivismo formalista ou científico, ou, em todo caso, ao juspositivisino em qualquer de suas acepções.

De resto, a tendência neokantiana que subjaz a essa abordagem jusnaturalista remonta pelo menos a Rudolf

Stammler (1856-1938), que formulara em termos novos a questão relativa ao jusnaturalismo substancialista e definira a forma constante, mas vazia, do direito em si como algo capaz de assumir conteúdos historicamente diversificados (*direito natural de conteúdo variável*). No direito entendido dessa forma constante destacam-se o *conceito* e a *idéia*: o primeiro nada mais é que categoria transcendental (kantiana) por "aplicar-se" às versões históricas e positivas. O conceito de direito é pressuposto em todo ordenamento jurídico concreto, é a categoria *a priori* (mental) pela qual é possível atribuir caráter de juridicidade aos sistemas positivos, é a unidade das formas jurídicas (ou a unidade suprema e formal do material jurídico)[32]. A *idéia* de direito, por sua vez, é o núcleo da especulação filosófica, pois nela o filósofo do direito indica a meta ou o critério axiológico geral da juridicidade em si: a idéia do direito corresponde a uma definição igualmente formal, mas absoluta e essencial, do direito como orientação para a *justiça*; em outros termos, a idéia do direito é a resposta acerca da correspondência com a justiça de *determinado* conteúdo de direito e tem relação, portanto, com a crítica da experiência concreta e condicionada; ela orienta o juízo acerca da justiça com base no princípio kantiano de salvaguardar a coexistência dos arbítrios. Mas de Kant, Stammler ressalta a malograda distinção entre conceito (puramente formal) e idéia do direito (ou seja, de justiça, que tem natureza substancial)[33].

O jusnaturalismo tem especificado de modos variados sua própria posição em relação à historicidade, renunciando a proclamações não essenciais de fixidez e imutabilidade dos princípios naturais de justiça.

Na verdade, no que diz respeito especificamente ao jusnaturalismo italiano, Giorgio Del Vecchio (1878-1970) tam-

---

32. R. STAMMLER, *Theorie der Rechtswissenschaft* (1911), Halle 1923², pp. 7 ss., pp. 11 ss.

33. Cf. R. STAMMLER, *Lehvbuch der Rechtsphilosophie,* Berlin un Leipzig, 1922, esp. pp. 2-34, pp. 174 ss.

bém dera ao problema da obrigatoriedade do direito uma explicação de cunho kantiano, segundo a qual conceito de direito compreende a coordenação objetiva dos comportamentos, ao passo que idéia do direito é o seu dever-ser ajustado à liberdade inata do homem, à justiça que impõe o reconhecimento da qualidade de pessoa[34].

Os desenvolvimentos mais recentes partem freqüentemente do confronto, ainda que nem sempre explícito, com a perspectiva de G. Capograssi (1899-1956), ao qual se devem dois impulsos: um rumo ao resgate das relações entre a filosofia e a ciência do direito e outro rumo à concretude da "existência". Nesse aspecto, Capograssi visa a caracterizar a ação humana como projeção da essência do homem e a indicar na experiência da coexistência o lugar fundamental e concreto em que pode ser buscado o problema do direito: a experiência jurídica não é um momento específico e autônomo, mas coincide com a amplidão e a profundidade da experiência humana no seu conjunto. Quanto à ciência jurídica, Capograssi reavalia seu papel, pressupondo que ela não é ciência de normas (inevitavelmente contingentes), mas da própria experiência jurídica na sua globalidade, pois o direito coincide com a experiência global do homem[35].

A historicidade do direito natural foi defendida na Itália por Guido Fassò[36], também pela decisiva influência que

---

34. Cf. sobretudo *La giustizia*, Roma, 1946, e *Lezioni di filosofia del diritto*, Milão, 1963[12].

35. Tais motivos estão na origem da abordagem filosófica do direito de E. Opocher e P. Piovani, alunos de Capograssi. Ao segundo se deve uma reflexão crítica acerca dos limites do jusnaturalismo, em *Giusnaturalismo ed etica moderna*, Bari, 1961; a Opocher, uma apresentação coerente do direito no quadro de uma ampla filosofia dos valores, assim como a atenção à emergência do valor do direito na ordem jurídica processual, em que o tratamento das pretensões opostas se desenvolve em duas instâncias fundamentais, da justiça e da verdade. De E. Opocher veja-se sobretudo *Lezioni di filosofia del diritto*, Pádua, 1983. No tratamento desses temas, partiu-se, entre outros, de F. CAVALLA, *La prospettiva processuale del diritto. Saggio su Enrico Opocher*, Pádua, 1991.

36. G. FASSÒ (1915-1974), *La storia come esperienza giuridica*, Milão, 1953; *La legge della ragione*, Bolonha, 1964, e o importante *Storia della filosofia del diritto*, Bolonha, 1966-1970.

sofreu do pensamento de Vico. Como já se disse, mesmo confirmando a fundação do jusnaturalismo no ser, na *ontologia*, "a afirmação jusnaturalista específica não é a eternidade e a imutabilidade dos preceitos do direito natural, mas a *não-arbitrariedade*[37]. Por conseguinte, "uma vez reafirmado o caráter ontológico dos princípios jusnaturalistas", torna-se "secundária" a questão da *"dinamicidade* do ser sobre o qual tais princípios são fundados"[38].

O segundo elemento importante de convergência das concepções jusnaturalistas parece ser o conceito de *pessoa*, em torno do qual gira uma longa e antiga tradição, que foi retomada de vários modos, também na filosofia do direito italiana, por A. Rosmini, G. Del Vecchio, G. Capograssi, E. Opocher, S. Cotta e M. Cattaneo[39], e aparece como noção fundadora, evidentemente de sinal contrário à lógica (e à tradição) do individualismo. Rosmini (1797-1855) afirmara que a "personalidade" é o "direito por essência", pois "a *pessoa* tem por essência todos os constituintes que entram na definição do direito": a pessoa é iluminada pela luz da razão, da qual "recebe a norma da justiça; essa luz é propriamente a faculdade das coisas lícitas", e em virtude disso a dignidade da pessoa é princípio supremo do qual decorre o dever moral de não lesá-la. Assim, na sua natureza a pessoa é "a essência do direito"[40].

O terceiro aspecto significativo é dado pela recepção, em parte do neojusnaturalismo, de motivos típicos do exis-

---

37. F. D'AGOSTINO, *Filosofia del diritto*, Turim, 1993, p. 82.

38. *Id.*, p. 83.

39. A este último deve-se, nos tempos mais recentes de sua produção, um importante trabalho crítico reconstrutivo no tema de filosofia do direito penal e uma reproposição da filosofia do direito como metafísica no sentido da tradição platônica, à qual se vincula uma reinterpretação do pensamento kantiano. Vejam-se, sobretudo, M. A. CATTANEO, *Metafisica del diritto e ragion pura,* Milão, 1984, e *Pena, diritto e dignità umana. Saggio sulla filosofia del diritto penale*, Turim, 1990.

40. A. ROSMINI-SERBATI, *Filosofia del diritto,* vol. I, livro I, org. R. Orecchia, Pádua, 1969, pp. 191-2.

tencialismo de Martin Heidegger (1889-1976), filosofia de grande relevância em nosso século, que parte do reconhecimento da temporalidade e da historicidade como qualidades ontológicas do homem e cujo centro é a análise da existência humana, a situação do homem como *Da-sein* (presença) no mundo e o binômio existência autêntica-inautêntica: o homem é "lançado" no mundo e no ser-com (*Mitsein*) os outros; pode superar essa uniformização e reconquistar seu próprio sentido concentrando-se na natureza do *Da-sein*, cuja mais profunda autenticidade está na compreensão do seu Ser-para-a-morte. O projeto de uma existência autêntica em Heidegger é a superação da pura "decadência" (*Verfallen*, o ser-lançado no mundo), da dimensão exterior e inautêntica da vida. A referência constante de Heidegger a temas como Ser e verdade, a categorias como ser-no-mundo, ser-com do homem, a existência como tensão rumo à autenticidade, influenciaram profundamente algumas concepções jusnaturalistas. Na verdade, a filosofia heideggeriana é bem mais complexa que tudo o que se possa dizer. Mas por ora é necessário ressaltar dois aspectos: o primeiro é o da analítica existencial e a análise da estrutura do *Da-sein*. Heidegger desenvolve uma indagação profunda das relações fundamentais do homem com as coisas e com os outros homens. Essa dimensão que, para ele, é essencialmente inautêntica está destinada a mudar de sinal na filosofia do direito jusnaturalista, que a reavalia trazendo de volta à tona propriedades e características do modo de *ser* do homem, bem como momentos centrais para o papel que o *direito* desenvolve justamente no plano do ser-com (*Mit-sein*). Em segundo lugar, Heidegger é o ponto essencial de referência para a filosofia hermenêutica, que ganhará grande relevo na reflexão jurídica do século XX. Heidegger ressalta que a relação do homem com as coisas se resume na instrumentalidade dessas coisas e também na atribuição de sentido a elas. As coisas *remetem* sempre a um significado que depende da nossa compreensão delas, do contexto em que são postas; o *Da-sein* encontra-se diante de um mundo de significados que ele mesmo produz e determina e que, pelo seu próprio modo de ser, precisa estar continuamente compreendendo: aliás, o homem se põe para com o mundo na atitude de quem tem uma idéia, uma *pré-compreensão* do mundo, como um conjunto de significados por *interpretar*[41].

Alguns desses temas heideggerianos foram retomados na filosofia do direito, especialmente por Werner Maihofer[42], que desenvolveu a "analítica existencial" orientada para o direito, de tal modo que remeteu a indagação filosófica para a autenticidade, em sentido diferente do heideggeriano, nas modalidades históricas do existir, nos papéis e nas figuras sociais a que o direito como ordem está necessariamente ligado. E Maihofer[43] retoma um tema que fora de G. Radbruch e periodicamente volta à tona na discussão filosófica jusnaturalista européia, o de "natureza da coisa" (*Natur der Sache*). Radbruch[44] reconhecia basicamente na ordem interna das coisas, das relações jurídicas, um momento funcional interno e peculiar, um objetivo ou uma razão de ser histórica e culturalmente realizável que a regra jurídica não podia deixar de acatar e a ciência e a filosofia do direito não podiam deixar de usar como apoio ou orientação também para a compreensão e a interpretação dos fenômenos jurídicos; Maihofer indica, de preferência, a dimensão da presença concreta do direito natural, a essência ontológica das realidades humanas passíveis de qualificação jurídica: o direito positivo deve mover-se num âmbito circunscrito pelo

---

41. A principal das muitas e importantes obras de M. HEIDEGGER é *Ser e tempo* (1927), trad. ital. de P. Chiodi, Milão, 1953; para uma bibliografia precisa e um aprofundamento crítico, remetemos a G. VATTIMO, *Introduzione a Heidegger*, Bari, 1980².

42. Entre outros, cf. W. MAIHOFER, *Naturrecht als Existenzrecht*, Frankfurt a. M., 1963. Na Itália, trabalho contínuo nessa direção foi realizado por B. ROMANO, a partir do seu *Tecnica e giustizia nel pensiero di Martin Heidegger*, Milão, 1969.

43. *Die Natur der Sache,* in "Archiv fuer Rechts und Sozialphilosophie", 1958, pp. 172 ss.

44. G. RADBRUCH, *La natura della cosa come forma giuridica di pensiero*, in "Rivista internazionale di filosofia del diritto", XXI, 1941, pp. 145-6.

autêntico dever-ser, pelos critérios, pelas pretensões e pelos valores dessas realidades, que lhe são constitutivamente conexos. Esse conceito de natureza da coisa, fortemente valorativo e prescritivo, viveu um momento de grande interesse e, ainda que com várias ressalvas e restrições, admitiu-se sua plausibilidade ou certo valor heurístico, o que foi feito até por quem não tinha inspiração jusnaturalista[45].

Em todo caso, na evolução de tais perspectivas, o direito natural tende a fundamentar conteúdos e a justificar a obrigatoriedade das regras que se lhe conformem ou que com ele sejam compatíveis. Fique claro que hoje é pacífica a consideração do direito positivo não como um limite extrínseco e oposto inconciliável ao direito natural, mas como uma necessidade organizativa imprescindível da vida em sociedade, cujas características não podem violar as teses ontológicas e as assunções deontológicas do direito natural, sob pena de injustiça e arbitrariedade: em vez da oposição entre um direito positivo fechado e "heterônomo" e o direito natural, encontramos a oposição entre direito positivo conforme ao direito natural e um direito destituído, na raiz, de qualquer capacidade de obrigar (não em sentido moral, mas) em sentido jurídico, ou seja, intimamente não jurídico, um não-direito[46].

Por outro lado, hoje, o conceito de pessoa, que nunca se perde nas diferentes variantes das filosofias jusnaturalistas, não é elevado à quintessência (ápice) de um sistema de deduções: a pessoa, aliás, a "dignidade da pessoa"[47], é sim-

---

45. Refiro-me ao ensaio de N. BOBBIO, *La natura delle cose*, in *Giusnaturalismo e positivismo giuridico* (1962), Milão, 1972², pp. 197 ss., e *La natura delle cose nella dottrina italiana, idem*, pp. 225 ss.; mas cf. em sentido crítico o ensaio de A. BARATTA, *Natura del fatto e diritto naturale*, in "Rivista internazionale di filosofia del diritto", XXXVI, 1959, pp. 177 ss.

46. Aliás, Cotta escreve que o direito positivo "quando é jurídico em sentido próprio (ou seja, obrigatório para a justificação de seu caráter deontológico) é direito natural" (S. COTTA, *Giustificazione e obbligatorietà delle norme*, Milão, 1981, p. 131).

47. D'AGOSTINO, cit., p. 174.

plesmente o fundamento da vida em sociedade, o pré-requisito de toda fé pluralista autêntica, de toda tolerância, de todo reconhecimento intersubjetivo; não marca a diferença (infundada) em relação ao indivíduo, mas sim a individualidade dotada de razão[48]. O direito natural deve insistir nessa centralidade fundadora da pessoa, pois ela não só é o fulcro da empresa *coexistencial* como também deve ser pressuposta em toda filosofia que pretenda substituir a fé em alguma abstrata correspondência com a verdade por uma busca comum, humana, intersubjetiva, dos princípios ineludíveis da vida coletiva. E o direito é caracterizado por uma filosofia *ontofenomenológica* (S. Cotta) conforme determinado pela "inegável presença existencial simultânea de seres racionais"[49].

O verdadeiro ponto de desacordo com o positivismo estava na redução do direito a fato (tanto no sentido de norma posta quanto no sentido de realismo jurídico): fato de que não pode ser depreendida nenhuma obrigatoriedade e no qual só emerge um dever-ser intrínseco quando se reconhece o alcance axiológico do próprio direito. E é justamente na capacidade da pessoa, na estrutura ontológica do homem, como produtora de valores, que é reforçado o papel do jusnaturalismo, em sentido "ontoaxiológico"[50].

Por outro lado, se o homem é ser ontologicamente carente e coexistencial, a justiça só pode incorporar o elemen-

---

48. Cf. S. COTTA, *Diritto, persona, mondo umano*, Turim, 1989, esp. pp. 59-82. Luigi Lombardi Vallauri, porém, propôs o conceito de *pleroma* "ou plenitude não redutiva do ser, humano e não humano", que nos engaja numa "'rendição ativa' à essência, à harmonia entre as essências, previamente dada no real" e em que se deve acolher e reconhecer "o misterioso exceder da espiritualidade humana a toda natureza naturada" (L. LOMBARDI VALLAURI, Introduzione a *Il meritevole di tutela. Studi per una ricerca coordinata da L. Lombardi Vallauri*, Milão, 1990, pp. XIII-XIV. Também para o conceito de pessoa, nessa perspectiva, cf., entre outros, L. LOMBARDI VALLAURI, *Terre. Terra del Nulla, Terra degli uomini; Terra dell'Oltre*, Milão, 1989.

49. *Il diritto nell'esistenza*, Milão, 1985, p. 40.

50. D. CAMPANALE, *Per una fondazione ontoassiologica del diritto*, Milão, 1985; *Il diritto della filosofia e la filosofia del diritto*, Milão, 1985.

to estrutural da paridade ontológica, o critério da simetria ou reciprocidade, a correspondência entre direitos e deveres, a adequação (ou proporcionalidade), o respeito universal ao justo, a imparcialidade do juízo[51]: e como tal "a justiça constitui o transcendental da regra"[52].

Entre os textos talvez mais incisivos no sentido de dilatar velhas fronteiras, pelo menos no que diz respeito ao juspositivismo que, como veremos, se orientará cada vez mais em sentido hermenêutico, crítico, além do conceito de "natureza da coisa", está sem dúvida um modo diferente de pôr a tônica na obrigatoriedade do direito: entendendo-a como algo dependente de sua potencial justificabilidade, ou seja, da possibilidade de que ele seja justificado em relação a um contexto particular e "em vista de um contexto universal"(e não de modo apodítico)[53]. O direito natural não se descobre nos decretos do "legislador Natureza", mas são "os homens que, mediante o exercício da razão cognitiva, encontram a justificação da norma em sua funcionalidade para a coexistência segundo a exigência da própria estrutura ontológica"[54].

De resto, além da historicidade do direito natural, mostrou-se preponderante a idéia da "bondade" do direito natural, dessa vez sobre a idéia mais clássica e tradicional da "naturalidade"[55]. A natureza é assumida como uma "oportunidade terminológica" que "veicula eficazmente a idéia de uma ordem indisponível, inscrita nas coisas ou no ser", mas cujo verdadeiro significado não é o empírico, factual, porém o "ontológico-normativo"[56]. Além disso, o cognitivismo ético (idéia segundo a qual os valores podem ser conhecidos)

---

51. COTTA, *Il diritto nell'esistenza*, cit., pp. 142 ss.
52. *Id.*, p. 147.
53. *Id.*, p. 156. Nessa vertente, como veremos, é fundamental a evolução em sentido hermenêutico. Cf. F. VIOLA, *Il diritto come pratica sociale*, Milão, 1990.
54. COTTA, *Il diritto nell'esistenza*, cit., p. 159.
55. L. LOMBARDI VALLAURI, *Diritto naturale, ad vocem*, in *Digesto delle discipline privatistiche*, Sezione Civile, VI, Turim, 1990, p. 316.
56. *Ibid*.

é de vários modos subtraído aos ataques do divisionismo ou às interdições da lei de Hume: por exemplo, afirmando que o raciocínio jusnaturalista não parte do ser (portanto, dele não extrai um preceito), mas sim de uma avaliação ou de uma prescrição ("É bom que o homem seja [ou fórmula equivalente]")[57], donde se segue que é justificado prescrever a conformidade do direito às condições consideradas necessárias à promoção humana; ou então afirmando que saímos "das dificuldades humianas quando acolhemos a natureza em função de seu lógos, de sua essência ou – se preferirem – como algo teleologicamente orientado"[58].

Por fim, certamente sem poder com isso esgotar o complexo quadro das transformações do direito natural contemporâneo, citamos a tese que – como logo veremos – foi do americano Lon Fuller. Tal tese encontrou tradução estável no reconhecimento da qualidade e do alcance *estruturais* dos princípios capazes de indicar os modos de sua própria realização, mais que os conteúdos concretos resultantes segundo as circunstâncias e de discriminar, com base nos valores de justiça, liberdade e igualdade (mas sempre como valores "formais") as soluções históricas de direito positivo com eles incompatíveis. Uma concepção estrutural, nesse sentido, não corresponde portanto à confiança no pragmatismo ou no proceduralismo, entendidos como confiança em regras como regras, portanto indiferentes aos princípios e aos valores que deveriam conformá-las.

No centro do direito natural, portanto, certamente há conteúdos, mas também critérios de moralidade jurídica interna.

5. Neojusnaturalismo: estrutural e objetivista

Nessa vertente é de grande importância a contribuição de Lon Fuller (1902-1978), que formulou a questão da rela-

---
57. *Id.*, p. 317.
58. F. D'AGOSTINO, *Filosofia del diritto*, cit., p. 94.

ção entre direito e moral visando a identificar uma moralidade "interna" do direito, distinta da moralidade externa (ou seja, não tipicamente jurídica). A relevância dessa postura está na tentativa de dar conta do fenômeno jurídico na sua peculiaridade e distinção, se não na sua autonomia em relação ao fenômeno moral. Mas isso não significa que ela não é extremamente crítica com o juspositivismo, pois considera que a separação entre moral e direito obriga a encarar o direito em termos de puro fato e a aceitar qualquer conteúdo normativo (significativa é a polêmica com H. L. A. Hart acerca da conveniência da separação entre direito e moral)[59], atribuindo-se validade a normas valoráveis como moralmente inaceitáveis. O tema, portanto, é o seguinte: ainda que não idêntico à moral e distinto dela, o direito possui uma moralidade intrínseca, visto que possui alguns caracteres formais, conotações "procedurais", sem os quais não pode ser considerado direito. Em virtude de tais caracteres é possível atribuir (ou, na sua falta, negar) obrigatoriedade ao direito "legal" e/ou considerado "válido" segundo os padrões do juspositivismo. Mas sem dúvida ainda não está claro o que se entende por moralidade do direito. Evidentemente, deseja-se afirmar que o direito é portador de valores próprios (e não mero instrumento ou mero dado de fato) e, por isso, de uma obrigatoriedade própria.

Essa visão do direito pode ser justificada por uma averiguação histórica que mostre estar o direito acompanhado da proteção de alguns valores ou ser ele a encarnação jurídica de alguns princípios que no fundo nunca foram separados do direito existente nem dele seriam, em nenhum contexto, separáveis. Em outros termos, uma descrição do direito como fato histórico pode objetivamente levar a uma exposição dele como portador de valores próprios (no sentido de propriamente jurídicos). Ou então é possível considerar apenas que a idéia de direito, explicitada em termos

---

59. H. L. A. HART, *Positivism and the Separation of Law and Morals*, e L. FULLER, *Positivism and Fidelity to Law*, in "Harvard Law Review", n.º 71, 1958.

especulativos, *deve* comportar essa sua correlação com valores ou princípios, sendo, por conseguinte, moralmente justo mas também juridicamente necessário que toda forma de direito corresponda a tais princípios e valores e que de algum modo os encarne (para que seja considerada direito).

Segundo Lon Fuller, cabe distinguir entre lei natural substantiva e lei procedural, e a moralidade interna do direito é uma versão procedural da lei natural. "Procedural", diz ele, não tem a ver com os objetivos substanciais das normas, mas com os modos pelos quais se forma, se constrói e se administra o direito[60]. Pertencem a essas conotações "naturais" do direito a generalidade das normas, sua não-retroatividade, sua promulgação, cognoscibilidade, inteligibilidade e clareza, a não-contradição dos enunciados e das normas entre si, a possibilidade de seu cumprimento pelos cidadãos, a constância no tempo, a fiel aplicação. Naturais num primeiro sentido porque decorrentes da razão de ser do direito, razão de ser que se apóia numa exigência *natural* do ser do homem. Naturais num segundo sentido porque independentes dos objetivos e das necessidades contingentes e porque atinentes ao direito do mesmo modo como à "arte" de construir edifícios são atinentes regras essenciais que devem ser respeitadas sempre que se queira construir um edifício. Portanto, segundo Fuller, para que haja uma boa lei ou um bom direito, é necessário *pressupor* que haja direito e que este satisfaça os requisitos estruturais ou mínimos que constituem a sua *inner morality*.

Também seria possível demonstrar objetivamente que tal lei natural procedural tem estreita correlação com a existência de um direito qualquer (desde que direito), porém – objeta Hart (de quem falaremos no próximo capítulo) – não indica uma moralidade *específica* do direito, mas sim um conjunto de regras (técnicas, portanto) aplicáveis a uma atividade qualquer, dotada de objetivo, os jogos inclusive (envenenar alguém é atividade que tem seus objetivos e regras,

---

60. L. FULLER, *La moralità del diritto* (1964/69), trad. ital. de A. Dal Brollo, Milão, 1986, p. 131.

seus princípios, mas chamá-los de moralidade interna da arte do envenenamento só significa confundir moralidade com juízo de adequação em relação a um objetivo)[61]. Além disso, os princípios expostos por Fuller pareceriam – pelas objeções de Hart – *eticamente neutros,* porque compatíveis até com conteúdos normativos profundamente injustos do ponto de vista moral (por exemplo: uma lei ser clara e cognoscível é incompatível apenas com uma lei vaga ou incompreensível, mas não com uma lei moralmente injusta). Regras tendentes a garantir a eficiência ou o "funcionamento" não podem ser elevadas a regras morais, visto que seu "valor", conforme escreve Hart, depende apenas do "valor" que se atribui aos objetivos (de justiça, substanciais) que se pretendem perseguir por meio do direito[62].

A convicção de que o direito tem uma moralidade interna própria é, portanto, atacada por quem considere que só separando o direito da moral se pode evitar confundir a validade formal do direito com a sua obrigatoriedade moral.

Para Fuller trata-se, porém, de definir traços de moralidade estrutural do direito na falta dos quais não se está em presença de direito nenhum, o que permitiria, de resto, não tanto impedir a capitulação diante da lei injusta quanto destituir de juridicidade todo o sistema do direito vigente; para o juspositivismo (de Hart, neste caso), toda vez que se atribuem caracteres de moralidade irretorquível ao direito (com base em princípios de tipo procedural-formal), violando a separação entre as duas esferas, dá-se cobertura ou aval moral também a conteúdos normativos potencialmente aberrantes. A questão é que, para Fuller, os princípios estruturais da sua lei natural procedural têm *conseqüências* éticas, não são neutros (ao contrário do que pensa Hart), porque dificultam a violação de valores e princípios da moral ("externa", não jurídica) por parte do direito: por um direito que

---

61. Cf. H. A. HART, *The Morality of Law – by L. Fuller,* in "Harvard Law Review", n.º 78, 1965, p. 1286.
62. *Id.,* p. 1291.

seja direito realmente, portanto possua uma moralidade interna própria (no sentido procedural-formal), torna-se assim improvável a possibilidade de perseguir objetivos "imorais" (em sentido substancial).

Na verdade, o que se deve ressaltar é que a questão da *inner morality* não se encerra com Fuller nem com o jusnaturalismo ou o neojusnaturalismo. De J. Rawls a Jürgen Habermas, a filosofia contemporânea percorreu o caminho – segundo modalidades diferentes e até concebendo menos intensamente o pressuposto – de que pelo menos *de fato* existe inegável conexão entre a presença, num ordenamento, de alguns requisitos "procedurais" do tipo indicado de Fuller (ou outros) e a probabilidade de conteúdos normativos não abertamente contraditórios com o reconhecimento dos direitos e da liberdade e, em geral, com os princípios de justiça substancial (social)[63].

Definitivamente, o papel desempenhado pelo (neo)jusnaturalismo não pode ser subestimado, e deve-se mais à sua persistência do que à sua fraqueza o fato de a contraposição com o juspositivismo estar diminuindo aos poucos. A questão é que o juspositivismo foi-se modificando ou, se quiserem, perdendo suas certezas por uma série complexa de razões (que em parte veremos), entre as quais vale aqui destacar, por um lado, a busca de uma adequação nada fácil ao modelo epistemológico neoempirista e, por outro, a impossibilidade de esgotar nele a filosofia do direito e a teoria do direito. A insuficiência das respostas do positivismo sobre o fundamento da obrigatoriedade do direito é (apenas) um exemplo clássico e uma motivação não irrelevante da "inquietude" que cedo ou tarde assaltou alguns importantes estudiosos positivistas. Inversamente, com freqüência se reconheceu a função deontológica do direito natural, como escolha moral, voltada a indicar uma perspectiva de justiça *de jure condendo*.

---

63. Sobre o assunto, ver as observações de A. DAL BROLLO, *La moralità del diritto*, Roma, 1986, pp. 63 ss.

Os defensores do direito natural foram freqüentemente levados a ver na doutrina positivista uma redução do problema do direito a simples retrospectiva descritivista, que deixa sem conclusão todas as questões ainda abertas às quais a teoria e a filosofia do direito seriam incapazes de dar solução. No entanto, a própria dimensão *temporal* do direito é uma das chaves que instituem as mais significativas relações entre jusnaturalismo e juspositivismo. A linha de separação entre o direito presente e o possível, entre o direito como ele é e o direito como deve ser, e a linha que divide direito e moral acabarão por transformar-se em linha de articulação: de muitos modos a filosofia do direito mais próxima de nós foi enfraquecendo a separação (não tanto no plano analítico quanto no filosófico e fenomenológico) entre direito e moral, bem como a separação, diferente, entre *ius conditum* e *ius condendum*. Passado e futuro, portanto, que apareciam como segura demarcação entre justiça e direito posto, apareceram no fim como o plano de um inevitável contato.

Na realidade os mais frutíferos de tais contatos se darão exatamente em razão da estrutura hermenêutica ou interpretativa que será atribuída ao direito e devido ao acolhimento, já ressaltado, do tema (correlato) da justificação pela parte jusnaturalista. O segundo veículo foi e ainda é o expresso pelas concepções procedurais ou estruturais.

Mas é indubitável que um dos requisitos essenciais desse encontro é o reconhecimento comum do caráter tipicamente intersubjetivo e comunicativo do direito, portanto da via dialógica ao direito, que é humanamente encontrável e justificável.

Exemplo inverso, conquanto recente, muito emblemático de um retorno do jusnaturalismo para a espiral do objetivismo, com direção claramente oposta à dialógica ou comunicativa (portanto hermenêutica), está na tese defendida por H. Hurd, cujo ponto de partida é a definição dos requisitos daquilo que se define como ato comunicativo.

Um texto de lei pode ser descrito como algo bem distante de satisfazer os requisitos de um ato comunicativo. As condições necessárias de um ato comunicativo foram resumidas, entre outras coisas, na presença de *intenções* correspondentes às várias propriedades de um ato lingüístico (locutórias, ilocutórias, perlocutórias)[64]; o ato comunicativo, em particular, implica a intenção de suscitar pelo menos uma tomada de conhecimento por parte de um interlocutor (que ele pense o que querem comunicar-lhe), além de outras necessárias propriedades[65]. Com essas bases, Hurd tenta demolir qualquer possível equiparação entre texto normativo (em especial os *statutes*) e um ato comunicativo, pois nem o legislador pode conceber-se como um falante detentor das intenções acima, essenciais num ato comunicativo, nem funcionários e cidadãos podem imaginar-se como um auditório à escuta das intenções comunicativas do legislador (ademais inexistentes e não passíveis de reconstrução), nem, por fim, a comunicação lingüística legislativa (que, aliás, nunca o é) desempenha a função de guia da ação também associada aos atos comunicativos[66].

Essa exposição da incapacidade do direito de satisfazer aos requisitos de um ato comunicativo é instrutivo porque pelo menos nos propósitos:

a) opõe-se à tese de que a norma jurídica é um ato de comando ou uma prescrição de comportamento produzidos

---

64. Cada uma indica uma "força" específica: locutória (identifica-se com um *sentido* específico – quanto predicada por um objeto – e com uma *referência* – o objeto); ilocutória (que, *ao proferir o enunciado, faz algo,* como informar, avisar, pretender etc.); perlocutória, quanto ao conjunto dos efeitos do ato lingüístico concluído (Dizer "O sol já saiu" tem – por exemplo em certo contexto – o efeito perlocutório de nos fazer levantar da cama). Cf. J. L. AUSTIN, *Come fare cose con le parole,* cit.

65. Não posso aqui entrar em detalhes: a intenção reflexiva na qual o interlocutor reconheça a intenção comunicativa do falante de induzi-lo a pensar, por exemplo, "p", e a intenção duplamente reflexiva (chamada *Strawson requirement)* são os outros requisitos enumerados na parte preliminar do trabalho de HEIDI HURD, *Sovreignty in Silence,* Yale L. J., 1990, 99, esp. pp. 945-67, ao qual devo remeter. A estas se deve acrescentar a necessidade que tem a comunicação de reconstrução da possível separação entre significado intencional e significado do enunciado dentro de determinado jogo lingüístico.

66. HURD, cit., pp. 968 ss.

por um soberano ou por um órgão dotado de autoridade e, negando à lei as características comunicativas do ato lingüístico, nega a perspectiva juspositivista que assenta no conceito de norma *posta* por um sujeito detentor de intenções, e visa a destituir de qualquer fundamento o pressuposto hermenêutico (sobre o qual, cf. *infra,* cap. V) que faz referência a algum papel desempenhado pelo autor do texto;

b) configura um *modelo não comunicativo de legislação,* caracterizado pela assunção apenas de que os textos normativos têm um significado *natural* como todo *signo* (o espirro é signo do resfriado)[67], em que o sentido "natural"estaria em captar a relação causal entre o signo e certo estado de coisas no mundo; portanto, a lei equivale às anotações que um biólogo faz de suas observações científicas, ou àquelas que são transcritas no livro de bordo de um navio, ou então às extraíveis da caixa-preta de um avião etc.

c) conduz a um modelo jusnaturalista radical, segundo o qual a lei é descrição (que se pressupõe confiável), não prescrição, descoberta e assume a tarefa de descrever a ordem legislativa ideal[68].

A lei fala então a si mesma (não a um interlocutor), mas tem a propriedade de transformar-se em guia "heurístico" para a ação, pois nos informa de algumas razões para o nosso comportamento, razões geradas por fatos morais preexistentes, que ela corrobora[69]. Pode-se expressar o conceito,

---

67. Mas não também significados artificiais (ou intenção ilocutória ou perlocutória) *como os sinais de comunicação.* Esse léxico é extraído do trabalho de O. P. GRICE, *Meaning,* in J. Rosenberg and C. Travis (eds.), *Readings in the Philosophy of Language,* N. York, 1971: cf. HURD, cit., p. 953.

68. Assim, a prescrição "não matar" simplesmente descreve um *fato moral, de que não se deve matar,* fato que constitui observação de um *optimal legal arrangement* (HURD, cit., p. 999). Segundo Hurd, as "descrições legislativas" são descrições de fenômenos empíricos, defensáveis por argumentos metaéticos do tipo: os fatos morais são fenômenos sociológicos observáveis, constituídos por modos difundidos de avaliar; ou então, por exemplo, são redutíveis a fatos naturais: a crueldade é um fato tal como a água é de fato H_2O.

69. Aqui se recorre à distinção feita em outro contexto por J. RAZ, *The Morality of Freedom,* Oxford, 1979, pp. 28 ss. (cf. também do mesmo autor, *The Authority of Law,* cit.), entre *practical authority* e *theorethical authority.* A

em termos mais gerais, dizendo que a tese de Hurd exemplifica claramente o esforço, freqüente em âmbito jusnaturalista, de harmonizar verdade e autoridade na lei, de tal modo que se reserva à autoridade um papel essencialmente teórico, capaz de valer (filosoficamente) como fonte de conhecimento, e não de produção (da lei, ou seja,) da verdade[70].

A afirmação de que a lei é uma descrição *confiável* de fatos morais seria justificada pela tese não nova (que remonta pelo menos a Lon Fuller e a J. Finnis) segundo a qual a lei deve possuir (desde que deseje ser lei) os requisitos de moralidade "procedural" interna (publicidade, clareza, estabilidade no tempo, conformidade à justiça, ausência de contradição etc.)[71] que se traduziriam na impossibilidade de ratificar conteúdos moralmente aberrantes (ou seja, descrições não confiáveis, portanto falsas, de fatos morais).

Não obstante a aparência por vezes paradoxal da tese de Hurd, ela é – repito – instrutiva tanto por acabar ligando o modelo não comunicativo ao modelo jusnaturalista quanto por levantar os véus que cobrem alguns limites (considerados) objetivos do modelo comunicativo, limites que de fato estão na base de reflexões politológicas e sociológicas que a teoria do direito não pode decerto ignorar.

---

autoridade prática nos induz a agir segundo o comando, pois ele é *um comando feito por certa autoridade* (sem se levar em conta seu conteúdo: *content-independent reasons for action*); a autoridade teórica não nos fornece razões para a ação, mas para *crer* em certo estado de coisas (que, por sua vez, contém razões para a ação) (*content-dependent reasons for belief*). Para Raz, a lei é expressão da autoridade prática e pressupõe um modelo comunicativo. Para Hurd, é expressão do segundo tipo de autoridade: segundo ele, se uma norma nos impõe estipular contratos por escrito, não nos obriga diretamente à ação, mas nos *informa* sobre o melhor modo de nos adaptar àquilo que ela apresenta como a melhor disposição das práticas contratuais. Ou seja, essa descrição nos informa que há ótimas razões (diferentes do comando da autoridade) de fato para considerar ótima certa disposição contratual.

70. Significativo, nessa direção, é o que escreve F. D'AGOSTINO, *Filosofia del diritto*, cit., pp. 13-4: "a intervenção do legislador tem, portanto, caráter imperativo só *secundum quid:* ele comanda não tanto para impor a sua vontade, mas para tornar objetivamente manifestas as regras das relações sociais".

71. Cf. acima, neste cap., § 5.

Entre eles, e só à guisa de exemplo, está a observação acerca do caráter ilusório da existência (que o jusnaturalismo dialógico e as perspectivas hermenêuticas amiúde pressupõem) de uma comunidade pacificada ou de um auditório formados por sujeitos em contexto não manipulado, sujeitos dotados de atenção suficiente e generalizada para qualquer aspecto da vida do direito.

Por outro lado é evidente a nítida cesura entre os sujeitos e as normas, que o modelo jusnaturalista, agora delineado, impõe. O caráter descritivo de estados de fato, atribuído à lei, e a rejeição sistemática de qualquer aspecto subjetivo, intencional, põe, nesse aspecto, a norma jurídica no mesmo plano de uma lei natural qualquer, cuja *validade* não depende de nenhuma vontade subjetiva.

IV. A encruzilhada: em torno de H. L. A. Hart

SUMÁRIO: 1. Direito e sanção – 2. As normas e o ponto de vista interno – 3. Textura aberta. Conteúdo do direito – 4. Sobre o juízo de validade

1. Direito e sanção

Abordagem original aos temas da validade, da obrigatoriedade e do conceito de direito provém do filósofo (do direito) analítico inglês, Hart, que já mencionamos a propósito de Ross e das atitudes críticas para com o neojusnaturalismo de Fuller. Hart, por outro lado, desenvolve seu trabalho em clara contraposição também ao normativismo de Kelsen. Com Hart estamos diante de uma postura teórica que considera todas as mais relevantes teorias do direito e da ciência jurídica do nosso século, pretendendo distinguir-se de cada uma delas.

A teoria e a filosofia do direito de Hart constituem uma guinada no que diz respeito à contraposição e, em certa medida, à incomunicabilidade entre *civil law* e *common law* e entre pensamento continental e pensamento anglo-saxônico. De fato, fica bem evidente que *jurisprudence* analítica e kelsenismo, heranças austinianas e positivismo normativista, na obra de Hart, são entrelaçados e submetidos a revisões. Sobretudo o discurso sobre o direito não tem nenhuma relação com a metodologia formalista que parecia ter-se tornado um pré-requisito da sua cientificidade. Por fim, o direito em Hart ganha fisionomia mais contemporânea, vem a refletir, em múltiplos aspectos, as modificações históricas que afetaram o Estado do século XX, tornando-o diferente do Estado que servira de ponto de referência a Kelsen.

O fato é que Hart não entende o Estado como gendarme e, na esteira de uma tradição empirista, humiana, assume a separabilidade entre direito, seu conceito e o conceito de sanção. Em certo sentido, exatamente por essa ascendência teórica da filosofia humiana, é só com Hart que, sem dúvida, se abandona a linha de pensamento que tem forte domínio no positivismo – linha que, do ponto de vista filosófico geral, remonta a Kant e, quanto à "teoria geral" do direito, a Austin –, que vê a norma jurídica como comando soberano sancionado.

De várias maneiras abre-se o caminho para uma concepção diferente não só do direito como também da sociedade. A sociedade dos cidadãos, a sociedade civil, para entender-se, é percebida como um conjunto dotado de capacidade de auto-regulação (no sentido de produção *convencional* de normas); ao direito liga-se uma comunidade de cidadãos que compartilham alguns pressupostos "normativos" de seus comportamentos, e ao ordenamento atribui-se uma função servidora mais que o papel de uma autoridade obrigante. Por certo, o liberalismo anglo-saxônico de cunho empirista pode ser visto ao fundo, como o princípio interno da visão hartiana do direito e da sociedade. Mas trata-se de uma versão formulada na esteira da liberal-democracia, hoje determinante para a compreensão do direito num horizonte de Estado democrático-constitucional; assim como, sem dúvida nenhuma, se pode facilmente verificar que muitos dos problemas da maior atualidade na discussão teórica contemporânea foram abordados de modo influente por Hart.

É significativo sobretudo o progressivo descentramento, operado por Hart, na construção sancionadora do direito, opondo-se à hipótese de que as normas jurídicas são tais porque essencialmente reguladoras da aplicação da força (portanto, sancionadoras). O modelo austiniano, o modelo sancionador, reduz as normas a "ordens respaldadas por ameaças": ao contrário, normas não sancionadas ou, em outros termos, a ausência de normas sobre o uso da força podem ser concebidas em sistemas elementares (como ocorre de fato no caso do direito internacional) sem que eles possam por isso ser considerados não jurídicos. Ademais, nos sistemas complexos como os contemporâneos, podem ser identificados tipos muito diversos de normas jurídicas, do ponto de vista do conteúdo, concorrendo todas para compor o ordenamento. Hart tem consciência aguda dos aspectos funcionais do direito e recusa-se a considerar que as funções por ele desempenhadas nas nossas sociedades possam ser cumpridas por meio de normas de conteúdo único (no sentido de normas que impõem uma obrigação sob pena de sanção, ou normas que consistam na previsão de uma sanção para um ilícito). O discurso de Hart é orientado pela percepção dos objetivos do direito, e não por alguma intenção de definir um esquema universal e formal das normas jurídicas. Cônscio, portanto, da pluralidade de funções desempenhadas pelo direito contemporâneo, ele não pode convir com a idéia de que este se resolve num aparato sancionador (e com o pressuposto de que o traço de juridicidade está no conteúdo sancionador da norma), idéia que corresponde à imagem de uma sociedade controlada de fora, por um Estado guarda-noturno e sobretudo gendarme, cuja intervenção se esgota na repressão das violações (e que se vale de um direito inteiramente voltado para a definição de *impedimentos*, proibições).

Para compreender o significado dessa perspectiva hartiana diferente, é preciso ter em mente sua abordagem do direito como elemento interno de um grupo social, abordagem sociológica, além de também empírica. Desse ponto de vista, as regras correspondem a funções socialmente desempenhadas pelo direito e a modificação de tais funções é paralela à modificação da sociedade[1]. De resto, não se pode es-

---

1. Quem tratou disso foi G. TARELLO, *Organizzazione giuridica e società moderna,* in *Introduzione alle scienze giuridiche,* cit., que distinguiu entre função repressiva (desempenhada predominantemente pelo direito penal), função alocativa de bens e serviços (desempenhada no seu "núcleo central" pelo direito civil), função instituidora de poderes (desempenhada pelo direito processual, por parte do direito constitucional etc.) (*id.*, p. 13). Tarello acrescenta,

quecer, a esse respeito, o ensinamento de um dos grandes iniciadores da sociologia, Emile Durkheim, que distinguira sociedades tradicionais e sociedades contemporâneas não só identificando um nexo diferente de "solidariedade" interna, mas também uma mudança correspondente das formas e das funções assumidas pelo direito, até ressaltar que em sociedades avançadas o direito não se limita a uma intervenção repressiva, mas que nele crescem as normas que atendem a uma função reparadora, normas que prevêem uma "sanção" reintegradora, tendente a restaurar o *status quo ante*, a reconstituir as condições de um equilíbrio de funcionamento comprometido pelo ilícito[2].

---

entre outras coisas, que o aparecimento da função de alocação qualifica sociedades "menos primitivas" e coincide com a percepção cultural do caráter jurídico e não simplesmente natural ou religioso das regras, enquanto o aparecimento de regras instituidoras de poderes e competências é típica de sociedades modernas (*id.*, p. 14). Sobre o assunto, em geral, V. FERRARI, *Funzioni del diritto*, Bari, 1995[2].

2. E. DURKHEIM, *La divisione del lavoro sociale* (1893), Milão, 1962 [trad. bras. *A divisão do trabalho social*, São Paulo, Martins Fontes, 2.ª ed., 1999], identificara a solidariedade *mecânica* como caracterizadora das sociedades primitivas que contam com pouca ou nenhuma diferenciação de papéis em seu interior e são fundadas na semelhança dos indivíduos, na comunhão de sentimentos coletivos substanciais e marcadas pelo predomínio da comunidade. Na forma jurídica correspondente domina a norma sancionadora penal, cujo aspecto essencial está em definir um *crimen* indiretamente por meio da previsão da pena (voltada a punir o delito como lesão de uma consciência coletiva comum ao tipo social). Assim, o direito em sociedades primitivas é direito penal, ou "repressivo", que "serve" à comunidade e visa a determinar uma expiação: o crime é a lesão de uma parte "protegida" juridicamente dos sentimentos coletivos constitutivos do vínculo social. Em sociedades nas quais aparece a divisão do trabalho e, em substância, se afirma uma diferenciação social de papéis, a solidariedade é definida por Durkheim como *orgânica*, por analogia com a diferenciação entre os órgãos dos organismos vivos: aqui prevalecem a dessemelhança e a diferença; a forma jurídica que esse vínculo de solidariedade assume é caracterizada por um direito não mais puramente expiatório (com função repressiva), mas restitutório, com função fundamentalmente reparadora. De resto, é intuitiva a diversidade tipológica: pensemos, por exemplo, no artigo 2043 do código civil italiano (responsabilidade extracontratual e ressarcimento do dano) e analisemos seu resultado funcional relacionando-o com o da norma penal que pune o homicídio.

Além disso, graças às análises da teoria sociológica, hoje é pacífico o reconhecimento de que o direito desempenha seu papel funcional também por meio de normas que *não* contêm sanções, bem como por meio de normas que contêm sanções *positivas*: neste último caso, trata-se do chamado direito premial, que a determinados comportamentos que se queiram incentivar associa vantagens, recompensas ou certos efeitos positivos para os indivíduos que os observem[3].

Por sua vez, em 1961 Hart demonstrara consciência do significativo serviço das normas jurídicas, que consiste em orientar os comportamentos (mas) *sem dispor sanções de algum modo*. Aqui é essencial o que ele escreve a propósito de normas que devem considerar-se à *disposição* do cidadão, normas que este pode "utilizar", seguir, se quiser obter os efeitos que o ordenamento associa ao comportamento nelas prescrito, normas bem diferentes, nesse aspecto, das que nos obrigam *de qualquer modo* a observar determinado comportamento. Hart insiste no fato de que o conteúdo de uma norma jurídica nos autoriza a distinguir: assim, "existem importantes classes de normas jurídicas diante das quais essa analogia com as ordens respaldadas por ameaças cai totalmente, porquanto elas exercem uma função social completamente diferente. As normas jurídicas que estabelecem os modos de formação de contratos, testamentos e casamentos válidos não impõem às pessoas que ajam de certo modo independentemente de seu desejo. Essas leis não impõem deveres ou obrigações. Ao contrário, atribuem aos indivíduos *meios* para realizar seus desejos, conferindo-lhes os poderes jurídicos de criar, mediante certos procedimentos específicos sujeitos a dadas condições, estruturas de direitos e deveres no quadro coativo do direito"[4]. Por exemplo, normas que prevêem a nulidade de atos realizados sem o res-

---

3. A tal assunto N. BOBBIO mostrou-se sensível: *Dalla struttura alla funzione. Nuovi studi di teoria del diritto*, Milão, 1976.

4. H. L. A HART, *Il concetto di diritto* (1961), trad. ital. de M. A. Cattaneo, Turim, 1980 (II rest. da 1.ª ed. de 1965), p. 35.

peito a condições prescritas (pensemos num contrato de compra e venda de um bem imóvel sem a forma *ad substantiam* de ato público), não são equiparáveis a normas que obrigam a ter um comportamento ou que o proíbem (não matar) e comportam uma pena (por exemplo, prisão perpétua). Aliás, enquanto é presumível um remanescente sentido lógico (uma auto-suficiência) da parte da norma penal que proíbe um comportamento, mesmo na falta de uma sanção (neste caso de fato a prescrição poderia perder caráter jurídico, mas poderia conservar o caráter moral), não se pode dizer o mesmo da norma que prescreve, por exemplo, a adoção de formalidades sob pena de nulidade de um contrato, de um casamento, de um testamento: pois, evidentemente, nos casos em que a inobservância dessas prescrições não comportasse a invalidade do negócio, a norma não teria mais sentido, podendo ser o negócio validamente realizado em qualquer forma.

Hart opõe-se, portanto, a modelos unitários que remetam todas as normas jurídicas a uma única tipologia: essa operação teria "um preço excessivamente alto: o de falsear as diferentes funções sociais exercidas por tipos diferentes de normas jurídicas"[5].

2. As normas e o ponto de vista interno

É por esse caminho que se chega a um ponto crucial do normativismo, o da tipologia das normas: Hart ressalta a existência de normas, atributivas de poderes ou de competência, que qualifica de secundárias, ao lado das que prescrevem determinados comportamentos (primárias). Um ordenamento consegue controlar sua complexidade apenas por meio do recurso a normas de *reconhecimento, de mudança e de adjudicação,* que "especificam os modos nos quais é possível, de maneira decisiva, verificar, introduzir, eliminar, variar as

---

5. *Id.,* p. 47.

normas primárias e determinar o fato de sua violação"⁶. Em outros termos, as normas de adjudicação atribuem as competências e os poderes necessários para determinar a violação já ocorrida de normas primárias, para vincular-lhes sanções jurídicas e para cominá-las. Enquanto as normas de mudança definem órgãos e procedimentos para adequar o direito existente a novas exigências, portanto para introduzir novas normas, a norma de reconhecimento "especifica algumas características cuja presença em certa norma é considerada indicação afirmativa e decisiva da sua qualificação como norma do grupo"⁷. A norma de reconhecimento basicamente dita critérios para definir ou não a pertença de certa norma ao ordenamento⁸.

Nesse quadro, um alvo inevitável é a tese realista que reduz as normas a previsões daquilo que os juízes farão. Para Hart, as normas existem no sentido de que os cidadãos podem observar regras diretamente, em vez de orientar-se, indiretamente, sobre a previsão de certo comportamento dos Tribunais. Como ocorre em muitos jogos, também os cidadãos são jogadores que geralmente conhecem as regras principais por observar e, em princípio, as aceitam. Nem o juiz (árbitro) poderia dispor sanções ou pontuações que não correspondessem a normas pressupostas. Se não existissem normas pressupostas, se o jogo não se desenrolasse com base num "direito válido", seria apenas o jogo da "discricionariedade do árbitro".

As afirmações sobre a validade do direito não provêm de espectadores externos, mas justamente de jogadores, de

---

6. *Id.*, p. 112.
7. *Ibid.*
8. Cf. *id.*, pp. 112-22. A norma de reconhecimento tem afinidade de papéis com o conceito de norma fundamental e incide sobre a validade como teste de pertença ao sistema. Por norma de reconhecimento pode-se entender "a metanorma que governa a identificação de qualquer outra norma que faça parte do sistema de que se trata. Deste ponto de vista, em todos os sistemas jurídicos desenvolvidos, a norma fundamental não é uma única norma, mas um conjunto de normas: precisamente o conjunto das metanormas sobre as fontes do direito" (GUASTINI, *Dalle fonti alle norme*, cit., p. 287*)*.

"participantes" que têm as regras do jogo como essenciais para orientar e decidir seus próprios comportamentos; não provêm de um *ponto de vista externo*, mas de um *ponto de vista interno* ao ordenamento (ou ao jogo). Essa distinção é um dos pilares da filosofia do direito de Hart[9].

O "realismo", porém, considera que nenhum cidadão se põe perante as normas jurídicas como "participante" que reconhece, aceita as normas e "as usa como critérios de conduta"[10]; exclui totalmente que tal ponto de vista interno seja possível e existente, ou seja, adotado pelos cidadãos ou por uma parte deles. Ao contrário, coloca cada cidadão num ponto de vista externo, ocupado por quem mantém algumas regularidades de conduta e que, não aceitando alguma norma, regula seu comportamento com base na probabilidade

---

9. Mas o realista Ross não parece concordar com o alcance dessa definição. Embora Hart se recuse a considerar o aspecto interno como uma questão de sentimentos, *valorizando a presença de uma atitude crítica, reflexiva, expressa normalmente na "terminologia normativa: deve-se"*, segundo Ross, "as atitudes e as reações descritas por Hart" são "manifestações evidentes de sentimentos experimentados pelo indivíduo durante a vida, em seu grupo" (A. Ross, *Il concetto di diritto secondo Hart*, in Castignone e Guastini [eds.], *Realismo giuridico e analisi del linguaggio*, cit., p. 199). O deslocamento da perspectiva em relação a Ross está – como aliás este mesmo observa – em considerar *o juízo de validade como uma questão interna*, um "juízo interno ao sistema, ou que aplica uma regra do sistema" (*id.*, p. 201), enquanto para este o juízo de validade é científico, *preditivo* e pronunciado por um observador "externo". Há mais, porém, como já dissemos. Na realidade, essa diferença em relação ao realismo é a passagem da relevância dos sentimentos sociais para a relevância do aspecto linguístico como aspecto interno (atribuindo importância à atitude crítico-reflexiva – acerca do próprio comportamento governado por regras – de atores dotados de capacidade linguística). Essa relevância da atitude crítico-reflexiva dos atores refere-se essencialmente aos juízes, mas não exclusivamente a eles: "O mais importante indicador de que, ao agirmos, aplicamos uma norma é que, *se* o nosso comportamento é criticado, estamos dispostos a justificá-lo referindo-nos a uma norma, e a veracidade da nossa aceitação da norma pode manifestar-se não só em nosso reconhecimento geral, passado e subseqüente, da norma e de nossa adequação a ela, mas também na crítica que fazemos dos desvios da norma em que incorremos nós ou outros" (HART, *Il concetto di diritto*, cit., p. 164).

10. HART, *Il concetto di diritto*, cit., p. 106.

de, em certos casos, incorrer em conseqüências desagradáveis, sancionadoras.

De um ponto de vista externo, sentimo-nos no máximo obrigados pelas circunstâncias, preocupados pelas prováveis conseqüências negativas de certos comportamentos. Mas ao fato de sermos obrigados não corresponde nossa convicção de *termos uma obrigação* (obrigação jurídica ou moral). Toda vez que percebemos a questão da obrigação jurídica em termos de previsão de uma sanção (quem não fizer x provavelmente estará sujeito a y), limitamo-nos a considerá-la do ponto de vista externo (não diferente da posição do "assaltado" que é obrigado a entregar a bolsa diante da ameaça à vida: ninguém diria que ele *tinha* uma obrigação, nem ele aceitaria o comando como norma "válida"). *Ter uma obrigação* é outra coisa: pressupõe um ponto de vista interno, ou seja, reconhecer que a existência de uma norma jurídica válida constitui para nós, que (talvez) a aceitamos, a fonte da obrigação. Está claro que Hart se recusa então a considerar a afirmação "interna" sobre a validade de uma norma pelo estalão da afirmação externa sobre a probabilidade da sanção ou, o que dá na mesma, "relativa à atividade dos funcionários"[11]: aceitar uma norma, afirmar que ela é válida (reconhecendo que temos uma obrigação para com ela), é coisa diferente de considerarmo-nos substancialmente ameaçados e coagidos. Ademais, para Hart, se não se fizesse referência à existência de normas, não se poderia explicar por que, afinal, vemos as violações das normas não só como pressupostos para predizer sanções, mas também como "uma razão ou justificação de tal reação e da aplicação das sanções"[12].

Segundo Hart, as afirmações sobre a validade de uma norma não são redutíveis a previsões externas daquilo que os juízes farão, até e sobretudo porque quem as pronuncia

---

11. *Id.*, p. 124.
12. *Id,* p. 101. Para as outras críticas à teoria preditiva da obrigação, cf. *id.*, pp. 101 ss.

aceita implicitamente a norma de reconhecimento, interna ao sistema, que define as condições e os critérios com base nos quais uma norma pode ser considerada pertencente àquele sistema.

Validade é, portanto, algo mais que eficácia, porque não pára na constatação de que determinadas normas são geralmente aplicadas pelos juízes e observadas pelos cidadãos. O juízo de pertença (de validade) pressupõe a existência do ordenamento, o que se verifica quando ele é sustentado por uma pressão social geral; logo, tanto o juízo de validade quanto o próprio ordenamento certamente pressupõem a eficácia (e assim a norma de reconhecimento, que não pode deixar de ser um critério universalmente seguido, efetivamente aplicado, visto que está em posição-chave, à diferença de outras normas cuja ineficácia é marginal e não relevante para o sistema). As afirmações sobre a validade de uma norma são feitas, segundo Hart, de um ponto de vista interno, ou seja, com base num posicionamento favorável ao ordenamento existente.

A norma de reconhecimento deve ser considerada critério compartilhado e público, não só como prescrição a que o juiz deve ater-se, se bem seja admissível que parte dos cidadãos não obedece às normas primárias nem aceita as secundárias. Num caso extremo, acrescenta Hart, o ponto de vista interno pode ser adotado apenas pelos funcionários, que seriam então os únicos a aceitarem e usarem critérios de validade jurídica do ordenamento. Mas a sociedade em que isso ocorresse seria deploravelmente formada por carneirinhos e carneiro pode acabar no matadouro"[13].

3. Textura aberta. Conteúdo do direito

Ao tema da validade ligou-se então o da existência das normas. E ao tema da existência das normas, o da chamada

---

13. *Id.*, p. 138.

textura aberta do direito. A afirmada *existência* das normas pode ser contradita e desfeita pela constatação de que as pretensas normas são, na realidade, ambíguas, não unívocas, instáveis e incertas quanto ao conteúdo e ao significado, expostas, do ponto de vista lingüístico, social e histórico, a saltos e deformações capazes de anular seu papel[14] (favorecendo a tese realista, que aí introduz, de fato, o comportamento – as sentenças – dos Tribunais).

Se normas existem, seu conteúdo precisa ser unívoco e seu significado não pode depender totalmente da interpretação dos juízes. Hart afirma em essência que as normas têm um núcleo certo de significado (*core*), mas há casos sobre os quais pode haver razoável incerteza (*penumbra*). Por conseguinte, a tarefa dos juízes não seria apenas descobrir a norma preestabelecida nem apenas "inventá-la", mas compreende ambas as atividades. A questão é que a comunicação lingüística se vale de termos classificatórios gerais cuja univocidade de significado é sempre relativa aos casos a que se refere e é maior quanto mais familiares são tais casos. A norma permanece indeterminada, portanto, no que diz respeito a casos menos familiares, em que surge a dúvida sobre a que a norma se refere. Hart escreve que qualquer meio "precedente ou legislação que se escolha para a comunicação de critérios de conduta apresentará indeterminação em algum ponto no qual sua aplicação esteja em questão, ainda quando seu efeito sobre a grande massa de casos ordinários seja regular: terá aquilo a que se deu o nome de estrutura aberta"[15].

---

14. Para Hart o papel principal das normas jurídicas é orientar comportamentos: "Em todo grupo amplo de pessoas, o principal instrumento de controle social deve consistir em normas gerais, critérios e princípios e não em diretrizes particulares, destinadas separadamente a cada indivíduo. Se não fosse possível comunicar critérios gerais de conduta que, sem necessidade de outras diretrizes, pudessem ser compreendidos por massas de indivíduos, [...] não poderia existir nada daquilo que hoje conhecemos como direito" (*id.*, p. 146).

15. *Id.*, p. 150. Estrutura aberta aqui traduz *open texture* (textura aberta).

Está claro que desse modo Hart aceita a tese normativista de que as normas são constituídas previamente à aplicação que o juiz deve fazer delas; mas, reconhecendo a "zona de penumbra", acolhe em parte a tese realista de que não existem normas preestabelecidas que devam ser conhecidas, portanto aplicadas, pelo juiz.

Evidentemente, é contra o ceticismo das normas a atitude realista em direito, que Hart parece mais empenhado.

Como veremos (*infra,* cap. V), a própria questão *da interpretação* sente os efeitos da solução que se dá a esse problema proposto por Hart. Se admitirmos que são dadas normas preestabelecidas (ou que há um núcleo certo de significado e casos claros), deveremos concluir que elas não têm nenhuma necessidade de interpretação (*in claris non fit interpretatio*); ao contrário, nos casos difíceis (menos familiares, ambíguos etc.), em presença da zona de penumbra da norma, haverá necessidade de interpretação, para sua formulação de modo determinado. Se, porém, supusermos que não são dadas normas preestabelecidas (portanto, tampouco um núcleo definido de significado) (*core*), tese esta realista, então toda norma será sempre fruto de "interpretação" (e numa acepção do termo que, fique bem claro, ainda falta definir com precisão)[16].

---

16. Essa conseqüência também foi deduzida em conhecido trabalho de GENARO CARRIÒ, *Sobre la interpretación en el derecho* (1965), in *Notas sobre derecho y lenguaje,* Abeledo-Perrot, Buenos Aires, 1979², cuja tradução italiana está em *L'analisi del ragionamento giuridico,* org. P. Comanducci e R. Guastini, vol. II, Turim, 1989, pp. 127 ss. Não por acaso, referindo-se ao trabalho agora citado, de uma perspectiva *realista,* R. GUASTINI (*Genaro Carriò e la trama aperta del diritto,* in *L'analisi del ragionamento giuridico,* cit.) opõe-se à tese de que em uma circunstância qualquer (portanto sem considerar a presença de um caso claro ou dúbio, difícil, como de uma zona de *penumbra),* o discurso interpretativo pode ser *descritivo de normas (id.,* pp. 158 ss.). Mesmo quando se atribui às normas um significado não controverso, o discurso interpretativo não é descritivo, mas atribuidor de significado: não descreve interpretações de outros sobre o mesmo texto, mas decide e confere diretamente um significado (ou seja, o *discurso interpretativo* é diferente do discurso *descritivo de interpreta-*

À questão da validade, por fim, está conceitualmente ligada a da distinção entre validade jurídica e valor moral, questão introduzida pela situação imaginada por Hart, de que numa sociedade complexa o ordenamento pode ser alvo da aceitação de muitos ou até dos seus funcionários apenas. Não há dúvida de que a aceitação não representa uma adesão incondicional e valorativa ao conteúdo de cada uma das normas jurídicas, mas uma adesão de caráter geral ao direito vigente nos seus aspectos globais. Os cidadãos, por exemplo, que se sintam parte de um ordenamento e adotem um ponto de vista interno aceitam sobretudo as normas que regulam o funcionamento do sistema, os critérios (e as formas) de produção do direito, de atribuição dos poderes: o juízo de aceitação diz respeito, essencialmente, à comunhão dos critérios adotados pelo ordenamento para os testes de validade.

No entanto, cada um poderia achar-se diante do dilema de um ordenamento que sente como injusto, mas que sabe ser formalmente válido. Do ponto de vista moral, não existem parâmetros absolutos (sobretudo para quem não assume uma ética cognitivista e mantém atitude relativista, de qualquer modo não "objetivista"); por outro lado, mesmo o direito, que freqüentemente positiva princípios (ou normas) morais, pode estar exposto a grandes iniqüidades. A posição de Hart é firme em relação à distinção entre os dois reinos, o do direito e o da moral, mesmo estando convencido de que, na realidade, nenhum ordenamento jurídico pode carecer de alguns conteúdos essenciais, aliás, daquilo que ele chama de *conteúdo mínimo de direito natural,* ou seja, o direito não pode ter um conteúdo qualquer, pois no mínimo deve acatar algumas verdades elementares universalmente reconhecidas e, por conseguinte, impor a proibi-

---

ções). Não existe, portanto, interpretação falsa (como ocorreria se a interpretação fosse equiparada em algum caso a descrição de interpretação alheia). Por isso, Guastini afirma peremptoriamente que "Carriò engana-se. Confunde dois tipos bem diferentes de discurso" (*id.,* p. 158).

ção da violência, a definição e a instituição de formas de propriedade, ou seja, de tutela jurídica das posses num mundo caracterizado pela relativa escassez de recursos, a previsão de sanções (que decorre do reconhecimento da fraqueza humana, isto é, da força limitada de vontade e da limitada e diversificadíssima capacidade de compreensão). Tudo isso não tanto em razão da abstrata sacralidade moral de tal conteúdo mínimo, mas daquilo que Hart assume como um objetivo imprescindível, necessário, para a sobrevivência de uma sociedade organizada.

A eventualidade de uma oposição *radical* entre validade (do direito) e valor (moral) parece pertencer sobretudo às patologias dos ordenamentos: pelo menos na aparência, os regimes democráticos, baseados numa carta constitucional inspirada em valores de justiça e eqüidade, na tutela da liberdade e nos princípios de igualdade, justificam moderado otimismo. Mas, evidentemente, nenhuma ordem social está imune a possíveis distorções e regressões. A validade de normas pode ser prevista em termos jurídico-formais, sem considerar alguma eventual oposição entre o ordenamento jurídico, no plano dos conteúdos, com determinados valores morais ou políticos. Mas é *duvidoso* que temas como a norma fundamental (entendida como pressuposto transcendental da obediência dos cidadãos a um ordenamento) ou a norma (as normas) de reconhecimento sejam entendidos por Kelsen e por Hart com referência a uma juridicidade pensada sem consideração das ordens institucionais típicas do direito nas democracias liberais. Em outros termos, a validade jurídica é separável de questões de valor e de conteúdo moral e político. Tanto Kelsen quanto Hart tratam do direito assumido como estrutura altamente diferenciada dos reinos da moral e da política. Mas, significativamente, as próprias questões da "aceitação" e do ponto de vista interno parecem pressupor um horizonte institucional ou em todo caso *uma ordem em que se salvaguardem com firmeza e constância*: a) *a oferta de garantia aos cidadãos (direitos);* b) *a pluralidade de algumas funções determinadas (orientação, tratamen-*

to dos conflitos etc.); c) *a intangibilidade de alguns princípios formais e procedurais.* De resto, é sobre *esse* direito que Hart fala. Ou seja, parece que a idéia de um Estado de direito e/ou de um ordenamento *constitucional* é uma condição interna, implícita no raciocínio do filósofo do direito. Kelsen e Hart desenvolveram suas teses num contexto profundamente marcado pelo progressivo amadurecimento do direito em regimes democráticos e constitucionalmente determinados.

Nesse contexto, observam-se circunstâncias peculiares. Apenas a título de exemplo indicarei uma, brevemente: se é verdade que devemos separar as razões e os problemas formais dos substanciais, também é verdade que isso nem sempre é possível e, em determinado âmbito jurídico-institucional, nem sempre sensato. Não podemos, de fato, esquecer que a evolução dos ordenamentos constitucionais ocidentais liga a *produção* do direito ao respeito às condições de mérito ou a condições substanciais (as normas constitucionais que exprimem princípios e valores de justiça, que tutelam os direitos fundamentais etc.), de tal forma que a questão da *validade* acaba por não ser indiferente de fato (mas, como veremos, também *de direito*) a conteúdos morais e políticos. Uma norma é passível de caducidade, ainda que pareça produzida "validamente" em sentido formal, desde que se revele em oposição, no *conteúdo,* a uma norma constitucional. A possibilidade de uma norma ser declarada inconstitucional indica que a validade como simples teste de pertença ao ordenamento (em termos "formais") é insatisfatória se tal norma puder ser ab-rogada por razões de mérito, ou seja, de conteúdo. A *membership* de uma norma dentro de um ordenamento "hoje" é plena apenas se ela for reconhecível como tal com base em critérios de identificação formal *e material (substancial)*.

Não por acaso foi proposto considerar-se (e expressar-se) como *vigência* a existência da norma com base no respeito a condições "formais de validade do ato de produção normativa" (que, portanto, equivale à pertença formal da norma produzida ao ordenamento), e como *validade* apenas a existência da norma derivada da conformidade a "condições substanciais de validade da norma produzida", uma vez que as "normas vigentes de um estado de direito podem ser [...], além de efetivas ou inefetivas, também válidas ou inválidas, ou então juridicamente legítimas no plano formal mas não no substancial"[17].

O alcance dessa distinção é plenamente compreensível apenas quando situada dentro da teoria geral em que foi formulada. Está ligada à idéia de que o juízo de vigência, por depender da verificação factual da conformidade a condições indicadas por normas superiores (metanormas), é um juízo de fato; que o juízo de validade, por depender da apreciação da conformidade do conteúdo da norma a critérios de valor ditados nas metanormas, é um juízo valorativo, portanto nunca suficientemente rigoroso e verificável[18]. Parece-me seguir-se, então, que os juízos de valor entraram a fazer parte integrante da "positividade" do direito (ou simplesmente, do direito positivo). Mas isso significa que a ciência jurídica e o juiz não podem, respectivamente, conhecer ou aplicar o direito positivo sem valorações, ou seja, sem, por sua vez, utilizar juízos que não são verificações, mas se traduzem em apreciações.

Daí nasce, por outro lado, a consciência, cada vez mais difundida, de que as razões do *dever-ser*, as *valorações* que motivam uma decisão, entram no processo de produção do direito, portanto tendem a desfazer sua pressuposta positividade e a anular a incomunicabilidade entre os dois planos, o ser e o dever-ser do direito, normas postas e valores.

---

17. L. FERRAJOLI, *Diritto e ragione. Teoria del garantismo penale*, Bari, 1989, p. 353.

18. Realmente há termos que são vagos e valorativos, "cuja extensão é, além de indeterminada, *indeterminável*, visto que não conotam propriedades ou características objetivas, mas exprimem as atitudes e as avaliações subjetivas de quem os pronuncia. Assim, as proposições em que eles aparecem não são verificáveis nem falsificáveis, por não terem nenhum valor de verdade [...] e serem no máximo passíveis de argumentação com referência a outros valores" (FERRAJOLI, *Diritto e ragione*, cit., p. 97).

Logo, não se podem subestimar as conseqüências objetivas da conquistada – e estreita – contigüidade entre princípios de justiça (indicados sobretudo nas constituições) e direito positivo. Ela, acima de tudo, modifica o sentido da antiga oposição entre juspositivismo e jusnaturalismo e obriga, como se verá, a buscar um ponto de equilíbrio.

A própria tese de Kelsen sobre a distinção entre sistemas estáticos (nos quais, como na moral ou no direito natural, se extraem normas por dedução lógica, como desenvolvimento do conteúdo normativo de normas fundamentais) e sistemas dinâmicos (como o jurídico, em que as normas são dadas em virtude dos atos de posição de autoridade delegada por normas superiores) parece cada vez menos adequada, em vista da interpenetração entre uma condição formal, o ato autorizado de produção normativa, e uma material, a coerente dedução de conteúdos substanciais com base em normas superiores (ou como também se pode dizer, entre condições de vigência e condições de validade em sentido estrito).

Nessas circunstâncias, também deve ser considerada a tese, que já caracterizou o pensamento de Hart, da necessária separação entre direito e moral. Essa nova situação não anula a separação entre direito e moral, pois os juízos valorativos e os valores que estão em jogo seriam apenas os incorporados no ordenamento e referem-se ao direito posto ou dele são extraídos, direito como é e *não* direito como deveria ser, ou direito "natural", ou moral[19].

Em conclusão, a distinção entre validade e vigor possibilita denominar um fenômeno típico (e relativamente novo) dos Estados constitucionais, a evidente irrupção de postula-

---

19. Cf. FERRAJOLI, *Diritto e ragione,* cit., p. 895, mas também pp. 348-51. Considera-se que essa tese é defensável no plano analítico e no político porque identifica um traço imprescindível do Estado de direito como Estado laico e liberal, explicando sua necessária oferta de ordem, certeza, garantia, ao passo que "se ofusca, e não pouco, [...] no plano fenomenológico", cf. L. GIANFORMAGGIO, *Filosofia e critica del diritto,* Turim, 1995, p. 58.

dos ético-políticos no direito posto. Obviamente, caso não se dispusesse de uma conseqüente teoria da interpretação, em condições de enfrentar o problema da validade (em sentido estrito) sem *ceticismo* acerca da certeza do direito (ou da garantia dos direitos diante da lei e do poder judiciário), essa separação teórica entre critérios formais e critérios substanciais de validade poria a nu a importância mas também a indecidibilidade das questões de validade em relação às de vigor[20]. No seu conjunto, por exemplo, o espaço que se concede à natureza valorativa da discricionariedade judiciária não deveria excluir a possibilidade de controle e de rigor, que se pode admitir de vários pontos de vista (integráveis): considerando-os tanto mais praticáveis quanto mais precisos e determinados no ordenamento forem os parâmetros que indicam valores, ou reconhecendo que é possível um controle de coerência das conclusões normativas em relação às assunções normativas fundamentais do ordenamento, e assim por diante.

Por outro lado, falta destacar que, admitida a autonomia do juízo de vigor em relação ao de validade, admite-se também a possibilidade de uma situação mais ou menos complexa (porém usual) em que uma norma vigente é reconhecida (ou reconhecível) como não válida: essa norma se-

---

20. Sobre o problema da interpretação, cf. *infra*, cap. V; aqui só se pode acrescentar a observação de que a distinção existente entre validade e vigor, provavelmente, é apenas de grau, e não uma distinção qualitativa, pois é demonstrável que os juízos de vigor não são juízos de fato (M. JORI, *La cicala e la formica*, in L. GIANFORMAGGIO (org.), *Le ragioni del garantismo*, Turim, 1993, pp. 66 ss.), e, mesmo levantando neles as verificações factuais (por exemplo, a verificação documental da emanação de uma norma ou o número de dias designado para a intervenção em juízo), as próprias normas que ditam critérios formais ou procedurais contêm "termos por interpretar" ou podem implicar valores (JORI, cit., p. 86); de resto, a "vaguezza" é uma característica das disposições normativas que não depende necessariamente do emprego de termos de valor. Ao contrário, contra o recurso de Ferrajoli a uma epistemologia verificacionista (sobre a qual, cf. também *infra*, cap. V) e a pressuposição da possibilidade de juízos de fato, ver V. VILLA, *Garantismo e verificazzionismo, validità e vigore*, in *Le ragioni del garantismo*, cit., pp. 171 ss.

ria substancial e internamente ilegítima. Nesse caso, a tarefa do jurista e, em particular, a do juiz não seria aplicá-la, mas utilizar os meios à sua disposição para promover sua eliminação[21]. Essa condição substancial para a validade das normas possibilitaria superar, ao menos sob alguns aspectos, a atitude diferente assumida por Kelsen, que fez coincidir a existência ou vigência das normas com a sua validade; e como a existência" brota ('dinamicamente') em Kelsen não só das normas delegantes mas também do ato de vontade dos órgãos autorizados, nesse contexto não é admitida a invalidade de uma norma existente (vigente) que permanece inconcebível e contraditória[22]. O que, no entanto, desmente até a experiência, na qual se encontram leis declaradas inconstitucionais e sentenças reconhecidas como erradas, além de muitos outros atos normativos, que permanecem no ordenamento por serem nele vigentes, mas sobre os quais realmente ainda não foi emitido um desejável juízo de "validade", nas formas juridicamente previstas e institucionalmente eficazes.

4. Sobre o juízo de validade

Hart considera possíveis *asserções externas e internas* acerca do direito: as primeiras, feitas por um mero espectador externo que "não aceite as regras"; as segundas, por um membro do grupo que as aceite e as use: quem *afirma* que certa norma é (quem a reconhece como) juridicamente válida aceita e usa a regra que contém os critérios de reconhecimento. O juízo de validade é, portanto, sempre uma asserção interna, para Hart.

---

21. L. FERRAJOLI, cit., p. 914.
22. Sobre o tema em Kelsen, cf. os ensaios contidos no volume L. GIANFORMAGGIO (ed.), *Hans Kelsen's legal Theory,* Turim, 1990; e L. GIANFORMAGGIO, S. L. PAULSON (eds.), *Cognition and interpretation of Law,* Turim, 1995, esp. seções I e IV.

Segundo Eugenio Bulygin[23], as coisas devem ser formuladas de outro modo. O juízo de validade próprio do positivismo jurídico científico, que tenha, portanto, genuína natureza *descritiva*, é simplesmente uma asserção *externa*, pronunciada por um observador que *registra que certa norma satisfaz determinados critérios de validade mas nem por isso ele precisa aceitá-los* (ou seja, aceitar as *normas de reconhecimento*). Segundo Bulygin, a asserção *interna* sobre a validade, na qual Hart insiste, é na verdade uma verdadeira *prescrição* (por parte de quem a pronuncia, da obrigatoriedade da norma que é considerada válida)[24]. Como poderia quem *aceita* (e usa como vinculante) a norma de reconhecimento (segundo a qual as normas correspondentes aos critérios das metanormas são válidas e obrigantes) não *prescrever* validade e obrigatoriedade da norma sobre a qual exprime um juízo positivo de validade? Quem afirma que certo contrato é válido – de um ponto de vista interno – enuncia a regra e defende também seu valor normativo[25]. Isso impediria, porém, de manter a distinção entre normas e asserções factuais e, basicamente, mostraria a falácia do raciocínio hartiano a respeito do objetivo de *análise* do direito que o positivismo

---

23. In *Norme, proposizioni normative, e asserti giuridici* (1982), trad. ital. de R. Guastini, in *L'analisi del ragionamento giuridico*, cit., 11, pp. 7-37.

24. É útil lembrar que essa questão também foi tratada por J. RAZ, entre outros, em *The Authority of Law. Essays on Law and Morality*, Oxford, 1979. Raz distinguiu asserções *desengajadas* e asserções *engajadas*, ressaltando que, embora ambas repitam o conteúdo de uma norma jurídica, as primeiras, pronunciadas por cientistas do direito ou por consultores legais etc., pretendem apenas *informar*, portanto descrever, enquanto as segundas, em geral pronunciadas por juízes, reproduzem o valor prescritivo da norma e obviamente *reconhecem* sua obrigatoriedade.

25. Pode-se citar o seguinte exemplo, entre muitos outros: em alguns ônibus dos Estados Unidos as prescrições relativas ao comportamento que os passageiros devem ter são precedidas de uma asserção curiosa: "It's the Law." O reforço que essa "premissa" pretende produzir sobre as normas subseqüentes de comportamento presta-se bem a representar a ambigüidade da própria asserção, cuja forma descritiva não consegue disfarçar o valor prescritivo que ela tem e pretende ter.

científico pretende fazer. De fato, um " juspositivista conseqüente pode descrever o direito só por meio de asserções externas"[26], portanto simplesmente afirmar que uma norma é considerada válida porque atende a certos critérios (levando em conta não só a regularidade de comportamento, mas também o aspecto interno delas, o fato de os membros de um grupo aceitarem e usarem certas regras, reconhecendo-as como válidas).

No plano da "cientificidade" do juízo, para Bulygin apenas a asserção externa desse tipo pode ser verdadeira ou falsa, ou seja, cientificamente verificável.

A questão não pode ser negligenciada, pois implica uma série de outros problemas aos quais deveremos voltar.

A tese de que se pode exprimir um juízo de validade em termos de juízo de fato, de que se pode proferir tal juízo de um ponto de vista externo, corresponde à tese de caráter epistemológico geral de que as ciências sociais podem ser objetivas mesmo levando em conta valores, significados, intenções, desde que não "envolvam" o observador dentro do fenômeno e mantenham do lado de fora qualquer posicionamento pessoal (o juízo de valor ou, na linguagem de Hart, a aceitação).

Não há dúvida de que em qualquer caso a exposição objetiva (admitindo-se que algo do gênero seja possível) de um fenômeno social comporta também a exposição de estados de fato de ordem moral, em sentido lato (espiritual, cultural etc.). Portanto, se quiser explicar um fenômeno desse tipo, o observador "externo" deverá não só descrever regularidades físicas, de comportamento externo, de mecanismos procedurais, como também identificar os aspectos internos dos sujeitos, aspectos que consistem no modo de pensar e de sentir destes: no fim do século XIX, isso era entendido (com razão) como o caráter distintivo dos fenômenos sociais (portanto das relativas ciências do espírito), sintetizável na conseqüente necessidade de buscar o significado

---

26. BULYGIN, *op. cit.*, p. 24.

dos fenômenos (não encontrável, por exemplo, na queda de um raio, que não "significa" nada). A postura romântica, porém, só concebia as ciências sociais "empaticamente", o que significava desfazer sem remédio a pretensão de objetividade do conhecimento das ciências do espírito, pois achava-se que, necessariamente, o "espectador"-cientista devia entrar em jogo, e que isso, em particular, devia acontecer "revivendo" a "vivência" de que ele tratava. A sociologia de Max Weber pôs termo à subjetividade da análise, represando-a nos limiares da "escolha do campo de pesquisa" e admitindo, essencialmente, que existe um ponto de vista externo (moderado) em condições de dar conta do aspecto interno dos fenômenos, dos "sentimentos" ou dos "significados", mantendo uma perspectiva objetiva, avaliativa, sem contaminar sua exposição com a "participação" no fenômeno estudado.

É provável que essa "objetividade" da "compreensão" de fenômenos sociais seja ingênua. Do ponto de vista epistemológico, pode-se duvidar de que o plano das avaliações subjetivas do "cientista" possa permanecer radicalmente separado do plano "objetivo" da pesquisa e afirmar que não é possível o "distanciamento" de tipo "weberiano" no ato de "compreender"[27].

A análise objetiva, em que insiste o positivismo (e o realismo), provavelmente também contém elementos "valorativos", tanto mais quando está em jogo a "compreensão" do aspecto interno.

No entanto, deve-se ressaltar, ainda que a compreensão ponha em jogo, intrinsecamente, os juízos de valor do observador, no que diz respeito aos significados, aos valores implicados pelo aspecto interno dos fenômenos, ela não comporta necessariamente a comunhão com eles, portanto sua *aceitação*. *Compreender* nesse caso deve poder ser separado de *aceitar*. Assim, deve ser sempre possível fazer uma

---

27. O que implica que o próprio ideal de conhecimento dos fatos sociais (morais), baseado na divisão rígida entre fatos e avaliações, é inatingível. Sobre esses aspectos, cf. *infra*, cap. V ("Interpretar e justificar").

exposição "compreendente" de um fato social determinado sem por isso aceitar os critérios analisados como aceitos por outros[28].

Postas estas rápidas premissas, se é discutível que o juízo de validade seja um juízo do tipo verdadeiro/falso, imune a valorações do cientista, é, ao contrário, totalmente concebível que a expressão de um juízo de validade de uma norma (com base nos critérios das metanormas) nem sempre comporta necessariamente *a aceitação* (a comunhão) dos critérios por parte do observador.

Retornando a Hart, o tema é: em que consiste o juízo de *validade*? Para Hart, ele pode ser emitido apenas por quem já *aceitou* previamente a norma de reconhecimento. Quem quer que emita um juízo de validade com base nas metanormas de reconhecimento é *ipso facto* um "participante", donde a conseqüência de que numa sociedade normal pelo menos os juízes devem aceitar as normas de reconhecimento, conseqüência que não deriva da qualidade de juiz, mas, ao contrário, da natureza que Hart atribui ao juízo de validade. Como o juiz (à diferença do cidadão) emite institucionalmente juízos implícitos ou explícitos de validade e, como estes pressupõem a aceitação, ele não pode ser um "observador externo".

A possibilidade de um juízo externo de validade implicaria que ele pode apresentar-se como um trabalho técnico, neutro, objetivo, da ciência jurídica.

Já se afirmou a respeito, se bem que com base em premissas diferentes das aqui pressupostas, que existe um limite (de credibilidade, evidentemente) para o distanciamento científico e também para a possibilidade de mantê-lo.

É verdade, em primeiro lugar, que – admitindo-se uma posição de não-cognitivismo ético – não se pode dar justi-

---

28. Esta conclusão não decorre – diga-se de passagem – daquilo que, como veremos, é uma expressão fundamental da chamada "hermenêutica", ou seja, a filosofia gadameriana, mas no máximo faz parte de uma abordagem hermenêutica moderada ou de uma hermenêutica reformada, no sentido, por exemplo, proposto por Jürgen Habermas, como se poderá notar.

ficação absoluta de normas e de juízos de valor (portanto objetiva), ao passo que é rigorosamente possível deduzir a coerência de normas a partir de uma norma fundamental, e de juízos de valor a partir de um valor fundamental, dados por admitidos. Quando se tem disposição para reconhecer a validade (por exemplo, a coerência) de uma norma em relação à norma fundamental ou à norma de reconhecimento, tem-se disposição para um trabalho "técnico que, no entanto, pressupõe, obviamente, a admissão da efetividade da norma de reconhecimento, do critério de medida. Essa admissão, quando representa o horizonte constante de referência para o trabalho de um intérprete, traduz o uso da norma de reconhecimento em adesão necessária a ela, e consiste como tal numa escolha ética ou política de aceitação do ordenamento[29].

Em segundo lugar, isso implica certa versão das características do juízo de validade. Se para Hart ele é um juízo interno, em tal juízo, segundo Uberto Scarpelli, devem ser distinguidos e destacados os aspectos valorativos dos descritivos, visto que uns não escondem outros. O juízo dá-se assim em termos rigorosos, mas nasce de uma opção ético-política: sobretudo, a simples efetividade de um ordenamento não é de per si justificação para a sua aceitação[30]. Esta última é fruto de "uma escolha política" e escolha política é

---

29. Cf. U. SCARPELLI, *Filosofia analitica norme e valori*, Milão, 1962.

30. Pode ser aplicada aqui a distinção entre contexto de motivação e contexto de justificação, sobre o qual ver, em especial, U. SCARPELLI, *Introduzione all'analisi delle argomentazioni giudiziarie*, in U. SCARPELLI (org.), *Diritto e analisi del linguaggio*, Milão, 1976, p. 439; mas também M. JORI, *Il formalismo giuridico*, Milão, 1980, pp. 87 ss., segundo quem "é indubitável que certos fatos podem ser de per si motivações (e não razões justificativas) para a ação de alguém em certas circunstâncias", mas a sua capacidade de funcionar como razões justificativas e de entrar naquele procedimento que é o raciocínio justificativo depende da possibilidade de que a descrição de tal fato seja assumida como condição por um juízo condicional e prescritivo: "um fato é uma razão que justifica a escolha de certa ação quando é assim considerado por princípios prescritivos, na típica forma condicional: 'Se x, deve-se fazer y', então 'x é (boa) razão para fazer y', em que x é [...] a descrição de um fato" (*id.*, p. 90).

"inerente à prática e à ciência do direito de tendência juspositivista que, considerando um sistema de direito positivo do ponto de vista interno, aceitam seu princípio fundamental e operam no sistema em conformidade com os critérios internos de validade baseados no princípio fundamental"[31].

Por isso, tanto para Scarpelli, portanto, quanto para Hart, do ponto de vista *externo não* pode haver juízo que atribua validade a uma norma do ordenamento.

Podemos então afirmar que Hart tem razão ao insistir no fato de que um juízo de validade pode ser emitido apenas com uma asserção "interna"; e também no fato de que juízos de validade (mas só alguns) necessariamente pressupõem aceitação. Se não houver alguém que "aceite" critérios de reconhecimento (pelo menos os juízes) como "participante", não será também possível a nenhum observador fazer sua descrição (de qualquer ponto de vista). No entanto, essas conclusões podem ser justificadas só em bases diferentes das de Hart.

Deve-se observar, de modo geral, que a tese de que é possível formular genuínas proposições descritivas como juízos de validade (da norma N em relação à metanorma – de reconhecimento – R) decorre de uma concepção do conhecimento científico que não leva em conta (ou não pretende levar em conta) as valorações implícitas ou explícitas necessárias para se chegar a emitir aquele juízo (pensemos ao menos, por exemplo, na legitimidade constitucional de uma norma de lei). A natureza descritiva do juízo de validade parece, a bem da verdade, que deve ser excluída mesmo quando este é entendido como relato de comportamentos factuais e se quer afirmar simplesmente que certa norma é *considerada* válida dentro de certo ordenamento. Esse juízo, devendo descrever o aspecto interno, tem de qualquer modo uma inflexão valorativa implícita: diante das disposições culturais dos agentes (daqueles que consideram válida certa norma), não é possível evitar pôr em jogo os juízos de valor,

---

31. U. SCARPELLI, *Che cos'è il positivismo giuridico*, Milão, 1965, p. 88.

as compreensões prévias do observador, que de fato constituem o indispensável canal de acesso para que o observador possa captar e compreender o aspecto interno, cultural, dos comportamentos, portanto das escolhas alheias[32]. Como já disse, mesmo com base nas teorias hermenêuticas (sobre as quais, cf. *infra*), pós-weberianas, nesse âmbito não há possibilidade de separar valorações de descrições (portanto de explicar ou descrever sem participar da compreensão com os próprios juízos de valor, princípios etc.). A objetividade é portanto fraca, porque resultante de uma participação do intérprete[33].

Se assim definimos que o juízo de validade só pode ser *interno*, porque põe o observador necessariamente na posição do participante (de quem faz uso valorativamente das regras de reconhecimento), ou de quem entra com seus próprios juízos prévios nas valorações alheias, é também verdade que parece excessiva a homologia entre qualquer juízo de validade, qualquer juízo "interno" e a *aceitação* das valorações alheias, a atitude de necessária adesão às normas fundamentais do ordenamento ou às escolhas feitas pelos cidadãos que com ele se identificam. Como se verá, essa homologia provavelmente não é estranha à filosofia hermenêutica (proposta de/por Hans Georg Gadamer), mas não é uma conseqüência inseparável da idéia de compreensão (como mostrará Jürgen Habermas, sobretudo).

Por ora, pode-se adiantar a hipótese de que todo juízo de validade identifica um juízo interno, pelas razões lembradas. Mas tanto o cidadão quanto o jurista (inclusive o cien-

---

32. A consciência dessa natureza "interna" da abordagem compreendente ao âmbito objetal" remonta a JÜRGEN HABERMAS (*Teoria dell'agre comunicativo*, org. G. L. Rusconi, vol. I, Bolonha, 1986, p. 190), às considerações de H. SKJERVHEIM, *Objectivism and the Study of Man* (1959), in "Inquiry", 1974, pp. 213 ss., e não no trabalho mais conhecido de P. WINCH, *Il concetto di scienza sociale e le sue relazioni con la filosofia* (1958), Milão, 1972.

33. São muito úteis a respeito as páginas de A. GIDDENS, *Nuove regole del metodo sociologico*, trad. ital. de M. Corsale, Bolonha, 1976 (esp. caps. I e IV e *Conclusão*).

tista do direito) podem usar as normas de reconhecimento sem por isso aceitá-las; o que é fácil imaginar, no caso em que se queira simplesmente mostrar as conseqüências aberrantes que redundariam da aceitação de determinado e efetivo ordenamento e de determinada ordem institucional, conseqüências que se extraem justamente como derivação das normas de reconhecimento ali vigentes[34].

Mas o cidadão e o jurista são nesse caso expressão de lugares de compreensão, de interpretação, diferentes dos ocupados pela figura do juiz.

No fundo, Hart vincula o caráter interno do juízo à implícita aceitação das normas de reconhecimento, levando em conta principalmente o juiz. Tal vínculo essencial entre "asserção interna" e "aceitação" (que também é um "salto" argumentativo) aparece nesse ponto em roupagem oposta, como uma conseqüência da função exercida e do papel institucional da magistratura, mas não da natureza do juízo de validade. E não pode ser considerada conseqüência da "função" exercida pelo intérprete *tout court*, muito menos da "qualidade" de cidadão.

---

34. Talvez isso possa ser expresso de modo diferente com a seguinte consideração: o caráter *valorativo* do juízo "interno" não precisa necessariamente coincidir com o caráter prescritivo implicado na aceitação.

V. Interpretar e justificar

> SUMÁRIO: 1. Aplicar/interpretar – 2. Limites para o intérprete – 3. O raciocínio jurídico e seu ambiente epistemológico – 4. Hermenêutica jurídica – 5. A racionalidade do discurso jurídico. Contribuição analítica – 6. Arcabouço e escolhas – 7. O caso Dworkin: direitos morais e *integrity*.

1. Aplicar/interpretar

Em âmbito jurídico, a interpretação sempre foi geralmente considerada como atribuição de certo significado a um texto normativo nos casos em que tal significado seja dúbio. O brocardo *in claris non fit interpretatio* é seu testemunho mais duradouro. Donde que a aplicação de determinada previsão normativa não comporta normalmente nenhuma *atividade interpretativa* e, por conseguinte, não é *produto* seu, sempre que se esteja diante de um caso "claro". Existem disposições normativas que não necessitam, portanto, de atividade interpretativa, entendida como atividade destinada a desfazer as obscuridades, as ambigüidades, logo a selecionar o significado por atribuir ao texto. Essa tese, aceita sem oposições apreciáveis e eficazes até há não muitos anos pela opinião comum dos operadores do direito – o que remonta no mínimo a Bacon e a Montesquieu –, é paradigmática da concepção do direito continental nos séculos XIX e XX e considerada necessária à sustentação da atividade judiciária como algo *sujeito à lei*. O juiz tradicionalmente não *interpreta* a lei, mas simplesmente a aplica.

O *dura lex sed lex* e a própria atribuição fideísta de sacralidade às codificações do direito no século passado e no nosso só podiam basear-se na convicção de que o texto, o documento normativo, é portador de um *significado próprio*, preexistente à aplicação e à interpretação dos juristas. Estes, portanto, podiam encontrar tal significado do texto e não precisavam produzi-lo (*atribuindo-o* ao texto). A acepção de interpretação que se extrai desse quadro é pois a referente exclusivamente à solução dos casos dúbios, nos quais a aplicação da lei (ou de outro texto normativo qualquer) não seja possível de maneira direta e simples, a não ser depois de se ter agido no sentido de *esclarecer* o significado do texto (ou seja, depois de se ter interpretado o texto, sem mencionarmos a circunstância de que, obviamente, o fato também precisa ser "esclarecido").

Note-se então que nesse contexto, marcado pela atitude que chamamos de formalista, domina a idéia de que as normas têm um *significado* previamente disposto. Mais precisamente, pode-se dizer que os documentos lingüísticos de caráter jurídico e normativo são "pensados" como portadores de *uma* norma, ou seja, são normas. Com base nesse pressuposto, sempre que houver casos difíceis, casos obscuros, a atividade interpretativa admitida, porque necessária, será considerada um aclaramento voltado a determinar o significado que o texto possui e que é *previamente disposto* (conquanto não imediatamente claro), visto que durante séculos a certeza do direito foi entendida como uma oferta específica do ordenamento jurídico, decorrente da produção e da fixação de *normas*. Nesse sentido, também na cultura jurídica não muito distante, a interpretação, quando inevitável, mostrou-se como a busca (o conhecimento) da vontade da lei, a *descrição,* que pode ser verdadeira ou falsa, do autêntico significado disposto previamente à atividade interpretativa. Donde ter sido possível falar de algo como interpretação exata.

Ao longo de um progresso bastante lento, foi ganhando terreno em nosso século a hipótese de que essa concepção de aplicação do direito como atividade meramente cognitiva (descritiva) estaria errada ou seria insuficiente. Como já vimos, mesmo Kelsen admite que a aplicação do direito comporta interpretação e que *esta* não é uma descrição ou um conhecimento da norma, mas uma atividade volitiva do juiz que conduz à decisão de certa atribuição de significado. Pelo menos a partir de Kelsen foi ficando cada vez mais clara a condição do juiz como intérprete institucional do direito. A interpretação, em outros termos, está contida em todo ato de *aplicação* da lei. Portanto, não é possível a segunda sem a primeira.

Desta visão diferente da questão também fazem parte as operações interpretativas sem caráter judiciário, que ocorrem sobretudo em presença de textos submetidos à *execução* de órgãos públicos e administrativos e especialmente às atividades interpretativas da *doutrina* jurídica em matéria geralmente não passível de ajuizamento, como a regulada por normas constitucionais.

Precisamos levar em conta o fato de que interpretação pode indicar (num primeiro sentido) simplesmente a necessidade, por parte de quem aborda um texto, de observar as mesmas regras lingüísticas já usadas para construir a mensagem ou então de *utilizar as regras lingüísticas geralmente em uso*: isso já comporta uma *escolha entre diferentes possibilidades* e, ao mesmo tempo, um número de possibilidades em geral suficientemente limitado pelas próprias regras lingüísticas. Mas essa noção de interpretação não é bastante para esgotar o espectro de intervenção do intérprete. Este intervém mais (num segundo sentido): escolhe entre uma pluralidade de significados dentro do espaço interpretativo que é propiciado pela sempre possível *indeterminação com que o texto se apresenta diante das situações concretas* nas quais deve ser utilizado.

Assim formulada, a interpretação como *atividade* permanece inevitável, mesmo que diante de casos considerados claros, e desde que considerados claros, talvez não haja necessidade de uma intervenção interpretativa no segundo sentido[1].

---

1. Sobre esse assunto, é muito útil o ensaio de J. WROBLEWSKI, *Legal Reasoning in Legal Interpretation*, in "Logique et Analyse", n.º 12, 1969, pp. 3-31, que também pode ser lido na tradução italiana de P. Comanducci (com nota de comentário do mesmo autor) no volume organizado por COMANDUCCI e GUASTINI, *L'analisi del ragionamento giuridico*, II, cit.

A noção de que a atividade interpretativa é inevitável, mas de que não existe nada parecido com interpretação exata[2], foi defendida com constância, na cultura jurídica italiana, por Giovanni Tarello. Este destacou no ensejo, como sintoma de firme ingresso de uma nova consciência, a sentença da Corte Constitucional (19 de fevereiro 1965, n.º 11) que considerou "uma disposição de lei não conflitante com os princípios inspiradores de nossa Constituição, fundamentando a opinião com a observação de que a dita disposição de lei bem pode ser interpretada de um modo diferente do modo como era hábito interpretá-la e de como a Corte de Cassação continuava a interpretá-la [...]". Segundo Tarello, "a atitude da Corte Constitucional fica como sintoma da conquista da consciência de que o significado de uma enunciação normativa, ou seja da 'norma', não é previamente dado, mas sim produto do processo interpretativo"[3].

Dessas considerações emerge o vínculo entre interpretação-produto e norma. Se um texto legislativo pode ser interpretado com a atribuição de um significado, este último é consequência da atividade interpretativa: o texto não é o produto da interpretação, mas a norma que dele se extrai é. A norma não pode ser identificada com o texto legislativo, pois ela nada mais é que o (um) significado (atribuído ao texto). Como escreveu Tarello, a norma não "tem" um signifi-

---

2. Como escreve Michel Troper, "toda aplicação, mesmo não contenciosa, de um texto implica a prévia interpretação desse texto", e, por outro lado, "a abordagem que leva a fazer uma interpretação 'exata' das disposições constitucionais ou a propor métodos 'corretos' está implicitamente baseada na idéia de que a interpretação é um ato científico e não um ato de vontade [...]. Essa concepção é inaceitável. Foi criticada há muito tempo [...]": M. TROPER, *Le problème de l'interprètation et la theorie de la supralègalitè constitutionnelle*, in *Recueil d'études en hommage à Charles Eisenmann*, Paris 1975, pp. 133-51 (trad. ital. de P. Comanducci, in *L'analisi del ragionamento giuridico*, II, cit., pp. 217-8). Troper cita depois em nota T. ASCARELLI, *Giurisprudenza costituzionale e teoria dell'interpretazione*, in "Rivista di diritto processuale", XII, 1957, n.º 3; WROBLEWSKI (sobre o qual ver nota anterior) e KEISEN (sobre o qual, ver *Teoria pura del diritto*, cit.).

3. G. TARELLO, *Diritto, enunciati, usi,* Bolonha,1974, pp. 399-400.

cado pelo simples fato de que "é" um significado[4]. Convém acompanhar a tese de Tarello mais de perto. Ele escreve que a norma é "o significado de um segmento de linguagem em função preceptiva" e portanto não pode haver interpretação de uma norma, mas apenas "de enunciados em língua, de documentos". Partindo de um enunciado chega-se à norma, que não precede, mas segue como produto, a atividade interpretativa: "Mas um enunciado preceptivo contido num documento costuma tolerar (não uma, porém) certo número de 'interpretações'; tantas quantas são as possíveis combinações de significados atribuíveis (em dado ambiente histórico-cultural) aos vocábulos da linguagem comum e aos vocábulos técnicos que aparecem naquele enunciado em particular."[5] Pode-se concluir, portanto, que uma *disposição* legislativa ou outro documento jurídico preceptivo pode dar lugar a certo número de *normas* (como produto da interpretação).

Essa concepção tem ascendências "realistas" e parte de uma evidente abordagem de análise da linguagem, de uma abordagem "analítica". Por outro lado, vale-se dos caminhos abertos no positivismo formalista por teorias como as de Hart e Waissman. A ela se opõe uma atitude, hoje mais mediata e razoável, que, mesmo não autorizando teses mitológicas acerca da verdade da interpretação ou de sua natureza puramente descritiva e cognitiva (de uma norma "preestabelecida"), tende a desautorizar a distinção entre texto e norma, a valorizar a necessidade de interpretação apenas em

---

4. *Id.*, p. 394.
5. TARELLO, *op. cit.*, pp. 394-6. Dessa constatação, Tarello extraía justamente a convicção de que o problema da interpretação não pode ser formulado sem se fazer a distinção entre o modo como os documentos normativos são de fato interpretados e uma outra questão, também essencial, mas de significado moral, político-ideológica ou acautelatória, acerca do modo como se *deveria* proceder na interpretação. Tudo isso, obviamente, levando-se em conta o fato de que qualificar de "verdadeira" uma interpretação significa "compactuar com um deslavado artifício propagandístico ou retórico ou – como se costuma dizer – com um uso da linguagem em função abertamente persuasiva" (*id.*, p. 396).

presença de casos "difíceis", ou a admitir "uma e uma só solução correta"[6].

Por outro lado, está claro que o reconhecimento do alcance interpretativo geral da atividade de aplicação de normas também comporta uma série de conseqüências importantes para a atividade jurisdicional. Esta última *não pode* ser entendida como dedução formal mecânica ou descoberta de normas preestabelecidas, portanto os processos interpretativos de que as normas são produto não podem permanecer obscuros nem imunes a uma verificação crítica dos métodos usados. A atividade jurisdicional ganha significado político, quando não outro, porque exercício de um poder institucional de interpretação do direito, em que a atribuição de significado se ressente das convicções dos intérpretes, dependentes estas tanto da cultura dos juristas quanto do modo como eles se situam em determinado ambiente social, como o percebem e o expressam. É por esse motivo que a influência de considerações de valor ou de princípio (axiológicas), de ideologias interpretativas, bem como a eventual consideração implícita ou explícita das conseqüências (teleológica) em termos econômicos, institucionais, sociais (de certa interpretação) incidem de fato sobre a obra do juiz. Portanto, quando a argumentação do juiz tende a sustentar-se exclusivamente na deferência formal e textual e em considerações jurídico-conceituais abstratas, ele se mostra afetado por "formalismo argumentativo"[7], caracterizado pela negligência de considerações finalistas ou históricas: ele gostaria de desenvolver-se "sem associar o 'significado' de uma norma à função que a norma cumpre ou mesmo à cultura de que a norma é expressão"[8].

---

6. R GUASTINI, *Dalle fonti alle norme,* cit., pp. 95-6 (a referência de Guastini, sobretudo quanto ao último ponto, é explicitamente a obra de R. Dworkin, de que trataremos adiante).

7. Segundo a definição de GUASTINI, *op. cit.*, p. 94, utilizando a crítica do *conceitualismo* feita por U. TARELLO, *Il realismo giuridico americano,* Milão 1962, p. 117.

8. Como escreve TARELLO na obra citada, p. 117.

Deve-se ressaltar a inanidade de tal roupagem formalista das escolhas do juiz.

Essa caracterização do processo interpretativo[9] tem uma chave fundamental que é dada pela constante capacidade de contextualização (ou de esclarecimento ideológico ou de justificação histórica, e assim por diante) das escolhas interpretativas, bem como pela atenção às tendências dominantes dentro da cultura dos juristas. A marca sociológica desse conceito de interpretação situa o produto interpretativo (cujo originário e ilusório vínculo "objetivo" com o texto e o documento preestabelecido foi enfraquecido) numa reflexão de modelos culturais, numa reconstrução perspícua da práxis, no sentido usual no realismo jurídico.

Não acredito ser possível traduzir essas teses sobre a interpretação – que descendem de uma filosofia realista do direito – numa *teoria geral* do direito baseada exclusivamente na distinção entre disposição (ou documento normativo) e significado (ou norma, como derivação da interpretação)[10]. Essa teoria *geral*, na verdade, recorre a pressuposições várias, entre as quais a de que a "disposição", ou seja, o texto normativo é passível de um número sempre *finito* de interpretações, a de que existem normas *expressas* no documento normativo (*vs.* normas não expressas), ou a pressuposição de que existem normas *erradas*; o conjunto dessas pressuposições não pode, obviamente, ser inferido da descrição das práxis interpretativas (com base nas quais, por exemplo, nunca se poderia demonstrar que o número das possíveis "normas" atribuíveis ao texto é "finito"), mas independentemente delas, e tal conjunto parece ter outras afinidades, pertencer ao âmbito das certezas "objetivas" (referentes às normas), que coincidem com assunções típicas do positivismo jurídico científico, segundo o qual o ordenamento consta de normas "dadas e intocáveis" (Bobbio), ou o rol das interpreta-

---

9. De que G. TARELLO é exemplo relevante, *L'interpretazione della legge*, Milão, 1980.

10. Como parece fazer R. GUASTINI, *op. cit.*

ções "possíveis" é descritivamente verificável dentro de um esquema ou de um quadro (Kelsen). Inauguram-se assim temas espinhosos, não mais tratáveis por meio de uma atitude "realista". Uma teoria dessa natureza, voltada assim para a definição de um esquema formal do caminho que vai "das fontes às normas", tende a fundir dois planos, o de uma concepção objetivista das disposições (número finito, normas expressas) e o de uma concepção interpretativa, duas concepções incompatíveis da ciência jurídica.

De qualquer maneira, o problema da natureza interpretativa do direito, que se tornou central nos nossos ordenamentos continentais, só pode ser enfrentado por aproximações sucessivas. E, como veremos, o tema mesmo da interpretação não pode ser entendido apenas nessas bases. Ele depende do modo como se propõe a questão dos limites do intérprete, do papel que se atribui à exposição de motivos ou à justificação das conclusões e, por fim, das características que se reconhecem no raciocínio jurídico.

2. Limites do intérprete

Não é fácil conciliar essa consciência acerca da natureza interpretativa de toda aplicação-execução do direito com algumas certezas dogmáticas da doutrina jurídica em que muitos dos operadores jurídicos se formaram, por exemplo com uma das mais aceitas e justificadas delas, a da *estrita legalidade ou peremptoriedade* em matéria penal. Visto que só se pode ser punido por um fato expressamente previsto pela lei como delito, e visto que esse "princípio" representa um pilar dos ordenamentos liberais, segue-se que, quanto maior a possibilidade de reduzir a aleatoriedade da interpretação, quanto mais previsível e constante a referência à norma, mais difuso o conhecimento da norma (ressalto, não do "texto"), mais satisfeito o postulado "liberal" e garantista (da liberdade dos cidadãos) que está na base do ordenamento penal. Ora, se a questão é de grau (ou seja, quantitativa e não qualitativa), então o ideal vigente na ideologia penal garantista, na cultura jurídica européia, conquanto inatingível e de fundo, é o ideal da clareza e preexistência da norma, entendida como significado "correto", verdadeiro, exato do texto, dado como preestabelecido ao intérprete. Visto que esse ideal se põe aqui como sustentação e garantia das liberdades perante o poder inconteste, é mais difícil não o considerar devidamente, à diferença do que se está disposto a fazer em relação a ramos do direito e de casos em que a "lei" aparece apenas como um poder paralelo no que diz respeito às ações afirmativas dos direitos. Estamos obviamente mais propensos a admitir, do ponto de vista avaliativo, que a lei seja apenas uma premissa textual da qual a interpretação extrai a norma, nos âmbitos em que nos parece que um correto reconhecimento do papel do intérprete permita adequar a "lei" às exigências dos tempos, às modificações da consciência social, a uma melhor tutela dos direitos de liberdade, às razões aceitas do bem comum, aos princípios de justiça social, à sobrevivência e ao equilíbrio do sistema social. Reconhecemos portanto mais facilmente, por exemplo, (que e) quanto o juiz se interpõe entre o texto e a norma quando achamos que isso é útil para a plena concretização dos valores constitucionais. Nessa direção, a dificuldade maior nasce no momento em que o princípio de civilidade jurídica que prescrevemos (e que nos parece essencial para o nosso ordenamento) coincidir *com o postulado da precedência da norma em relação ao juízo* (e à interpretação), ou seja, quando se considerar juridicamente necessário basear-se no princípio de (tendencial) "verificabilidade" da lei. Isso vale obviamente para qualquer ramo do direito.

Mas é significativo que, na defesa do "garantismo penal", se tenha recentemente feito referência não a uma descrição da aplicação da lei como interpretação, mas à divisão hartiana entre núcleo luminoso e casos difíceis ou zona de penumbra. Com esse pressuposto, o juízo do intérprete apresenta-se como juízo de verificação factual em casos em que o texto o permita ("quem provocar a morte de um homem") e como juízo valorativo só no caso em que o legislador empregar termos valorativos (definindo, por exemplo, como obscenos os atos que "ofendem o senso comum de pudor"). Nesse caso, seria "inverificável e infalsificável"a valoração do juiz que aparece como "opção subjetiva e meramente potestativa"[11] (obviamente, sobre o que é senso comum de pudor e o que o ofende). Em tal descrição, supõe-se que seja aplicável um critério positivista, de cientificidade, e, ao mesmo tempo, supõe-se que a "norma penal", quando contém (e implica) uma valoração (e não um fato), "lesa o princípio de estrita legalidade"[12]. Daí que as formulações normativas que não têm claro referente empírico (associação subversiva, bando armado etc.) e as que são *lato sensu* valorativas, mostram "que a vagueza, o caráter valorativo e a presença de antinomias na linguagem legal decorrem do caráter obscuro e redundante das leis e de seu vocabulário; e que elas poderiam ser reduzidas, se não eliminadas, por uma técnica legislativa mais conforme com o princípio de estrita legalidade"[13].

---

11. L. FERRAJOLI, *Diritto e ragione. Teoria del garantismo penale*, Bari, 1989, p. 101.
12. *Id.*, p. 100.
13. *Id.*, p. 101. A bem da verdade, Ferrajoli não aceita que o juiz exerça um arbitrário "poder de disposição", o que ocorre quando ele decide (ou é obrigado a decidir) com base na obrigação da decisão e no poder inconteste a ele associado, e não no exercício de poderes de discricionariedade fisiológicos ao ato de julgar: poderes de interpretação da lei (de *denotação)*, de verificação dos fatos, de equânime apreciação desses fatos (de conotação). O poder de disposição, escreve Ferrajoli, "cresce – em detrimento do poder de verificação jurídica e factual dos elementos denotados legalmente e do poder de avaliação das circunstâncias conotadas equitativamente – quanto mais se ampliam os espaços de incerteza dos pressupostos cognitivos da decisão judiciária por deficiência de uma ou mais de uma das garantias penais e processuais"; assim, o poder de disposição é proporcional à margem de incerteza, que "se apresenta quando não existe uma solução (nem que aproximativa) do caso por julgar, porém várias soluções (todas igualmente) válidas". Nesses casos, é impossível refutar, submeter as hipóteses acusatórias à "falsificabilidade", e quando "a falsificabilidade é impossível significa que a técnica de definição legal e/ou judicial do que é punível não possibilita juízos cognitivos, mas apenas juízos potestativos, de tal modo que o livre convencimento não ocorre sobre a

É bem difícil harmonizar essas conclusões com a tese diferente de que *todo* ato de aplicação da lei e, portanto, de juízo *não tem* natureza cognitiva, e que, por conseguinte, um texto normativo pode dar lugar a *diferentes* normas (e significados). E está claro que isso não pode ocorrer com referência a versões radicais das duas abordagens. No entanto, não é possível entender a lição "analítica" antiformalista (que separa texto e norma e introduz a interpretação como mediador necessário do significado) de modo extremo, logo totalmente relativista e subjetivista.

O primeiro vínculo que parece ser reconhecido em todos os casos é representado pela indedutibilidade de um significado qualquer a partir da mesma expressão textual: que, se não decorre do significado "próprio" das palavras, muito menos se deduz do significado corrente nos âmbitos lingüísticos relevantes, o técnico-jurídico e o ordinário, comum[14]; um segundo vínculo é dado em termos de conteúdo ou de valor pelas convicções próprias da sociedade, que funcionam geralmente como contrapeso às extrapolações do intérprete, e assim por diante. Em virtude desses *vínculos*, os enunciados normativos jurídicos acabam, com efeito, por dar lugar a um *núcleo de significado* relativamente constante, podendo ser descritos e compreendidos de um modo que reduz a probabilidade de ambigüidade (consistente na normal atribuição de mais de um significado ao texto), com tendência

---

verdade, mas sobre outros valores. E isso pode acontecer por razões semânticas, ou seja, porque a hipótese legal e/ou judiciária não é formada por proposições que designam fatos, mas por juízos de valor ou de significado indeterminado do tipo 'Fulano é perigoso', ou 'Sicrano é um subversivo' ou 'tal objeto é obsceno'; ou então pode acontecer por presunções ou preclusões normativas que de fato exoneram a acusação do ônus da prova ou barram à defesa o contraditório e a refutação" (FERRAJOLI, *op. cit.*, pp. 148-9).

14. Essa consciência também é própria do "ceticismo interpretativo" de que se falou. Em outros termos, um texto não pode ser entendido como equivalente a qualquer outro dentro do mesmo âmbito lingüístico. Assim, por exemplo, o significado de "Tire o chapéu" não pode ser confundido com o de "Volte para casa".

também ao aumento de sua *certeza* (ou seja, à redução máxima possível de sua *vagueza*).

O fato de tal núcleo de significado poder ser experimentado em ambientes interpretativos relevantes e com certa constância no tempo freqüentemente possibilita um ceticismo interpretativo menor (ou mais moderado). Mas, por outro lado, isso não elimina a circunstância oposta de que a indeterminação dos textos normativos exista e esteja ligada exatamente à *variabilidade* dos contextos em que eles precisem ser situados, contextos mutáveis no espaço e no tempo, bem como ao fato – em geral bastante enfatizado – de que as normas são formuladas em linguagem "natural", como tal não unívoca, ou ambígua.

Se é verdade, portanto, que um núcleo relativamente estável de significado é de fato perceptível em muitos casos, podemos, porém, atribuir-lhe a fixidez perene de um dado natural, sobretudo se o considerarmos produto de *hábitos* interpretativos.

Dito isto, deve-se admitir, em todo caso, que a subsistência desse núcleo de significado, sempre que presente, pode ser descrita mesmo sem consideração da *vexata quaestio*, ou seja, de saber se esse núcleo já é produto da interpretação ou se é diretamente a pressuposta identidade semântica constituída pelo (e no) texto normativo.

Por outro lado, mesmo recusando, com o conceito de norma "preestabelecida", uma mal-entendida deferência à prioridade da "lei", e portanto desmitificando o axioma oitocentista de "fidelidade à lei", só se pode abordar o tema com justificada cautela, no que se refere às conseqüências de *amplificação* do poder interpretativo que daí derivam (não só dos juízes, mas também, por exemplo, dos funcionários em geral e de todos os que exercem um poder nessa direção, ainda que na maioria dos casos, em relação a estes últimos, se suponha formalmente possível o recurso à verificação de legitimidade do poder judiciário).

Deve-se, principalmente, fazer a distinção entre discurso sobre a interpretação e discurso interpretativo. Se o primeiro é uma descrição fiel das modalidades efetivas do discurso interpretativo, então o problema apresentado pelo caráter (que definimos como) "político" (e não mecânico) da aplicação da lei é um problema real. Mesmo quem reconhece uma dupla possibilidade (ao modo de Hart) e portanto admite a intervenção valorativa do intérprete pelo menos nos casos vagos ou difíceis, não nega, porém, que se possa indagar acerca do controle e das garantias em relação ao "poder" interpretativo. Sobre esses problemas assenta a distinção entre criação do direito e simples aplicação, a certeza do direito, a divisão dos poderes, a efetiva natureza do Estado de direito.

As soluções dizem respeito às propostas do modo como deveria ser desenvolvido o juízo, de como deveria ocorrer a interpretação (e não de como eles são). A confiança na progressiva eliminação da vagueza e da ambigüidade no *ditado* normativo é daqueles que aspiram a reduzir todas as zonas de penumbra a núcleos luminosos e claros (que portanto não necessitam de intervenção valorativa do juiz e, em geral, do intérprete). Essa proposta que incide prescritivamente sobre as técnicas legislativas (reformar o modo como se produzem leis para fazer "boas" leis em termos de precisão e clareza) sem dúvida constitui um meio para tornar mais visíveis e operantes os vínculos com a atividade do intérprete, absorvendo na precisão lingüística as áreas de valoração. É indubitável que esta tem uma utilidade, mesmo que *não* se trate de remontar a alguma norma preestabelecida, mas pelo simples fato de que as margens de oscilação interpretativa seriam reduzidas na vertente "lingüística".

No entanto, o discurso interpretativo (a interpretação) tem recursos que não podem ser desprezados. E embora faça parte de uma fundamental disciplina técnico-jurídica, o esclarecimento e a eliminação das ambigüidades ou das vaguezas da linguagem normativa podem ser produzidos apenas em um contexto dado de usos, valores, hábitos interpretativos, meios expressivos, e assim por diante. Em relação com as variações "naturais" de tal contexto, estarão constantemente sujeitos a maiores aberturas interpretativas. Ademais, deve-se levar em conta a circunstância de que, mesmo quando (ou na parte em que) as normas descrevem *fatos* verificáveis ou dispõem de um modo que não parece possibilitar nenhuma apreciação valorativa, o caso "obscuro" ou a "lacuna" no ordenamento estão à espreita[15].

Na verdade, muitas vezes os ordenamentos contêm normas explícitas sobre o modo como deve ser feita a interpretação da lei (cf., no direito italiano, o art. 12 das *Disposizioni sulla legge in generale* [Disposições sobre a lei em geral], no *Código Civil*). Em geral foram-se consolidando na interpretação jurídica (correspondentes) "argumentos" típicos, como o argumento *a contrario*, o argumento *a simili* (o primeiro sugere que um caso não regulamentado deve ser resolvido de modo oposto à norma que disciplina um caso afim, enquanto o outro sugere para o caso não regulamentado a disciplina do caso semelhante), o argumento econômico (a disciplina deve ser entendida de um modo que a torne relevante em todas as suas partes), o argumento sistemático (exemplo do qual se encontra também no Código Civil italiano, arts. 1362 ss.), o argumento histórico, o argumento *a fortiori*, o argumento da coerência do ordenamento e muitos outros[16]. A

---

15. Sobre esse ponto são úteis as considerações de GUASTINI, *op. cit.*, pp. 80 ss.: muitas vezes, diante de disposições que se destacam pela clareza, o intérprete é capaz de criar "lacunas" (portanto também casos obscuros); a teoria que distingue zonas de penumbra de zonas de luz não diz quem decide e como distingue, de tal modo que está sempre presente uma valoração ou a interpretação porque só ela é responsável pela inscrição do caso na zona de luz ou na de penumbra; por fim, "as lacunas do direito – e, com maior razão, as simples incertezas aplicativas – não decorrem (ou pelo menos não decorrem apenas) da intrínseca vagueza da linguagem das fontes: as lacunas são criadas pelos intérpretes. [...] Se é verdade que os intérpretes preenchem as lacunas discricionariamente (com a criação de normas novas), também é verdade porém que são os próprios intérpretes que se atribuem tal discricionariedade, criando – eles mesmos – também as ocasiões para exercê-la" (*id.*, p. 82).

16. Sobre esses "argumentos", ver G. LAZZARO, *Argomenti dei giudici*, in *Argomentazione giuridica* (Ricerca CNR), Turim, 1979, pp. 3-29; G. KALINOWSKI, *Introduzione alla logica giuridica*, org. M. Corsale, Milão, 1971; G. TARELLO, *I ragionamenti dei giuristi tra teoria logica e teoria dell'argomentazione*, in *Diritto enunciati usi*, cit., pp. 425 ss.

esse respeito (visto que trataremos em breve dos problemas do raciocínio jurídico), é oportuno ressaltar, em termos de limites da interpretação, que a pergunta fundamental é se a interpretação jurídica se diferencia de outras pelo recurso a formas argumentativas específicas ou regras próprias que levam a conclusões baseadas na seleção de algumas informações e não de outras, que se tornam relevantes em virtude de tais formas e de tais regras. A propósito dos critérios interpretativos, a idéia de que cada um deles pode ser usado em detrimento de outros (por exemplo o critério literal em vez do sistemático, o critério teleológico em vez do histórico etc.) baseia a convicção de que as formas argumentativas tipicamente jurídicas ou prescritas em regras jurídicas não só não resolvem o problema mas *conduzem* à multiplicidade de significados e conclusões.

Na realidade, mesmo nesse caso deve ser confirmada a importância que até agora venho atribuindo aos aspectos estruturais do direito. Um modo de tratar o tema da interpretação consiste em fazer referência a uma visão *sistêmica* dele[17]. É de fato plausível a afirmação de que o direito, como *sistema*, tem suas próprias propriedades estruturais e seus próprios imperativos de funcionamento, uma lógica de equilíbrio toda sua, que lhe governa as relações tanto com seus elementos *internos* quanto com o exterior (a política, a moral, a economia), aquilo que definimos por *ambiente.* Nessa mesma óptica (ou pelo menos numa óptica afim), já se disse que um "sistema de regras (de modo não diferente de qualquer outro sistema) tem características que não dependem da natureza dos seus elementos (os conteúdos das regras), mas *do modo como organiza seus limites externos e internos*, ou seja, da natureza e da modalidade de funcionamento, dos *mecanismos que distinguem as informações aceitas das rejeitadas* como irrelevantes, que vigiam o produto final,

---

17. Ainda que adotando apenas alguns conceitos-chave da teoria dos sistemas retomada e reproposta, como veremos, por um sociólogo, Niklas Luhmann.

que mantêm sob controle os efeitos produzidos pelo sistema no ambiente etc."[18].

Assim, a *autonomia* do sistema, a sua *elasticidade* em relação às pretensões externas (exigências econômicas, morais, políticas), o *tratamento dispensado* aos conflitos, seu grau de *certeza*, a possibilidade de remeter setores normativos a alguns princípios *jurídicos* prevalentes (interesse público, autonomia negocial, o *nullum crimen sine previa lege poenali* etc.) são, no conjunto, elementos de identidade que funcionam de modo seletivo no que diz respeito às possibilidades de decisão. Cada um deles, assim como os "argumentos" acima citados, juntamente com a própria dogmática jurídica, contribui para constituir (e selecionar) o quadro dos dados (relevantes) só se utilizado com os outros[19].

Portanto, como a solução é proposta em virtude da *prevalência* atribuída a um argumento justificativo, isso corresponde também à escolha de um critério seletivo e de *uma função* própria do sistema-direito em vez de outra. E ocorre sempre em virtude de um mecanismo interno do sistema jurídico, numa óptica dependente dos imperativos próprios daquele sistema, confirmando sua autonomia e a independência.

Na prática, as decisões que parecem decorrer (apenas) de juízos de eqüidade do caso, de pretensões externas (de tipo moral ou econômico), são na verdade a resposta "própria" do sistema a elas; tais pretensões entram em consideração só como conseqüência de uma seleção *jurídica* das questões relevantes; sua validade ou importância para o di-

---

18. F. DENOZZA, *La struttura dell'interpretazzione*, in "Riv. Trim. di Diritto e procedura civile", 1, 1995, p. 53 (grifos meus). Na mesma linha de pensamento, M. BARCELLONA, *L'interpretazione del diritto come autoriproduzione del sistema giuridico*, in Riv. crit. dir. privato, 1991, pp. 3 ss.

19. DENOZZA, *op. cit.*, escreve: "O emprego simultâneo de diversos métodos interpretativos não só não é em si contraditório como também é imprescindível. Nenhuma interpretação pode permitir-se considerar apenas certo tipo de informação (por exemplo as atinentes ao léxico), ignorando todas as outras informações relevantes (as relativas, por exemplo, aos efeitos da solução proposta, à sua conformidade aos princípios etc.)" (pp. 58-9).

reito é sempre limitada pela eficácia concorrente de critérios complementares que operam conjuntamente (o sistemático em relação ao literal, o teleológico em relação ao histórico, e assim por diante).

Dessa maneira, por exemplo, o fato de não se atribuir exclusiva capacidade dirimente apenas ao critério literal significa que o sistema não persegue o imperativo funcional da *simplificação* de modo absoluto, demonstra que a interpretação é sempre situada num conjunto sistêmico e que, toda vez que opta por fazer prevalecer um critério seletivo, orienta uma reconstrução geral do sentido (do desempenho) do sistema, "escolhe uma entre as possíveis evoluções de todo o sistema de regras [...] caracterizáveis não só e não tanto com base nos conteúdos, mas também, e sobretudo, com base na *estrutura de relações* que virá a instaurar-se entre as diferentes funções do sistema"[20].

Cabe ressaltar que, de acordo com essa visão, as conclusões normativas possuem *limites* pelo fato de deverem, pelo menos virtualmente, passar pelo crivo das principais exigências funcionais do sistema (e dos argumentos correspondentes) e pelo fato de deverem seguir-se a um juízo que, mesmo podendo modificar sua prevalência, sua hierarquia interna, consiste numa possível fórmula de otimização de *todas* as funções do sistema jurídico[21], ou seja, os limites são dados pela autonomia desses imperativos funcionais em relação a pretensões provenientes de diversos outros sistemas – por-

---

20. DENOZZA, *op. cit.*, p. 67; que acrescenta: "estrutura que, por sua vez, depende da exposição de motivos com que certa solução é apresentada como algo extraído por via de interpretação de um conjunto de normas dadas" (*ibid.*).

21. Cabe notar que essa concepção também é tributária em alguma medida da abordagem de Ronald Dworkin, sobre o qual, ver adiante. Mas afasta-se dela ao recusar o aspecto " manipulativo" das fronteiras do jurídico, típico daquela perspectiva (DENOZZA, *op. cit.*, p. 3 em nota). Mas eu gostaria de acrescentar que a referência a *todas* as funções do sistema afasta-se radicalmente dessa perspectiva, sendo a concepção de Dworkin inspirada naquilo que, ao contrário, pareceria ser a otimização de uma única entre as funções, como veremos adiante.

tanto em si não limitáveis – (sistemas moral, político ou econômico, por exemplo). A bem da verdade, não é improvável que essa idéia (sistêmica), que não parece corrente no modo de considerar o problema da interpretação, capte o modo como efetivamente trabalha o jurista-intérprete. Ela não exclui, por outro lado, nem o tema da adaptabilidade ao ambiente nem o da subjetividade ineludível da atividade do intérprete, mas não as considera como variáveis inverificáveis e externas, cuja fronteira pragmática e operacional seja dada apenas pela improvável não ilimitada flexibilidade semântica do texto normativo, ou "disposição". Não faz que a questão interpretativa dependa das margens estritamente lingüísticas à disposição do intérprete diante de um conjunto de textos normativos (quando não diante de um *único* texto normativo). Assim, ela tende a aparecer sob outras luzes: qual é o núcleo de significado na disposição normativa não é coisa que decorre de uma estrita análise semântica, mas, ao contrário, decorre de uma visão sistêmica (no sentido acima, que é de certo modo oposto à simples prevalência do chamado critério ou argumento sistemático, e não confundível com ela)[22].

Por outro lado, o tema da autonomia do sistema, da sua necessária independência estrutural, que afirma ser ele regulado por mecanismos e lógicas internos a ele, suscita a mesma pergunta (feita, como veremos, por Niklas Luhmann) acerca da identidade do sistema jurídico, que por muitos aspectos e de outras formas vimos compreendida na teoria de Kelsen. Por fim, esse tema assume posição bem distinguível em relação às teorias da interpretação de que trataremos,

---

22. O argumento sistemático é apenas dos que contribuem para a justificação numa perspectiva sistêmica. Na verdade, Denozza parece manter a função estática do aspecto "lexical", função simplificadora que provavelmente ele só tem em alguns casos. Deve-se reconhecer, por um lado, que as oscilações interpretativas também podem depender de ambigüidades semânticas, mas *sobretudo* que as ambigüidades semânticas, quando não as próprias lacunas, são por um lado produzidas e por outro resolvidas em virtude da otimização de todas as funções do sistema.

que não tornam facilmente observáveis essa identidade e essa autonomia funcional em relação às pretensões de sistemas externos (a moral, por um lado, os valores da comunidade, os contextos de aceitabilidade externos, o consenso etc., por outro lado).

Como quer que sejam articulados e entendidos os limites impostos à atividade do intérprete, é evidente que o tema da discricionariedade ou o da liberdade do intérprete dependem muito deles. Em todos os casos, se avaliarmos e reconhecermos as razões de uma moderada atitude cética no tema da interpretação dos textos jurídicos, renunciaremos com mais espontaneidade a uma versão mecânica da aplicação do direito – já quase majoritariamente rejeitada –, e, por conseguinte, as decisões nos parecerão necessitar de uma exposição de motivos que as justifique de modo convincente, sobretudo quando se afastam de uma prática interpretativa pacífica ou consolidada, pondo em discussão interpretações precedentes ou pressupondo a necessidade de revê-las segundo um ponto de vista mais preciso e completo (que leve em conta outros fatores, além dos normalmente considerados).

Uma vez formulada a questão de se saber qual deve ser o procedimento interpretativo mais adequado, sugeridos os métodos "racionais" para o seu desenvolvimento, indicados os critérios para a justificação das decisões, o discurso sobre a interpretação já não pretende ser descritivo: pretende prescrever. A justificação é tão mais adequada quanto melhor argumenta sobre as escolhas de um poder jurisdicional que, entendido no seu todo, mostra-se como árbitro último, em relação ao qual os sistemas constitucionais não dispõem de reais mecanismos de controle e limitação. Mecanismos que estão disponíveis no que se refere ao poder legislativo e às expressões normativas em seus vários níveis, mas que, examinando-se bem, não insistem no poder jurisdicional, ao qual também é confiada a garantia dos direitos dos cidadãos, bem como da correta busca e da tutela do interesse público.

3. O raciocínio jurídico e seu ambiente epistemológico

Já observamos que os raciocínios dos juristas não são aplicações rigorosas de uma teoria lógica, mas procedimentos discursivos que se mostram "diferentes dos tipos lógicos ou são resultado da combinação de um esquema lógico com alguma assunção (não lógica, mas) jurídica (em algum sentido dessa palavra)"[23].

No fundo dessa observação está uma diversidade de posições que separa os estudiosos de lógica dos da teoria da argumentação. Os primeiros (G. H. Von Wright, G. Kalinowski, U. Scarpelli, A. Ross, C. E. Alchourron, E. Bulygin) tendem a submeter os preceitos, as normas, à lógica normalmente aplicada para as asserções (lógica proposicional), construindo uma lógica chamada deôntica. Os segundos, baseados na redescobertada "tópica" aristotélica (que se caracteriza por pensar por *topoi* ou por campos ou lugares da argumentação ou problemas, segundo o modelo da retórica) (Th. Viewheg, S. Toulmin, Ch. Perelman), tendem, ao contrário, a ressaltar a diferente natureza do discurso *prático* (e neste, a natureza de discurso moral ou jurídico) e a inaplicabilidade a ele de critérios de certeza ou, em outros termos, de *demonstrações*. Se, pela óptica neopositivista, não é possível submeter "valorações" a racionalização e verificação, os estudos de retórica ou teoria da argumentação atribuem – por exemplo no caso de Toulmin – aos raciocínios "práticos" uma "estritez" peculiar que – de modo não diferente do que ocor-

---

23. TARELLO, *op. cit.*, pp. 425-6. Em outros termos, explica Tarello, *id.*, p. 425, em nota, os juristas não sustentam suas decisões de maneiras tais como: *quem tem o dever de prestar serviço militar tem por isso mesmo a permissão* (lógica dos modos deônticos), ou *como todas as transações de compra e venda são contratos e como as compras e vendas por correspondência são transações de compra e venda, então essas transações realizadas por correspondência são contratos* (exemplo de aplicação de silogismo, de raciocínio lógico a "proposições que contêm termos jurídicos"), mas procedem de outro modo (visto que as normas do código viário dizem respeito à circulação de todos, não se aplicam a provas de velocidade: portanto, a culpa pela inobservância de normas nesse caso não pode ser avaliada em relação ao código viário).

re no âmbito "lógico" – depende de critérios, regras, verificações por sua vez peculiares e não necessariamente menos intensos[24]. E Chäim Perelman, distinguindo raciocínio lógico de raciocínio jurídico, insiste no fato de este último pertencer ao discurso *prático*: nele se trata de decidir e não de conhecer; parte-se de premissas práticas para chegar a conclusões práticas (ou seja, em particular, a decisões). A "conclusão" não visa a impor-se como verdade, mas como resultado de um discurso *persuasivo* dirigido a um "auditório". Segundo Perelman, é possível identificar as melhores técnicas para persuadir um auditório, distinguir cânones argumentativos: o discurso "retórico" também é regido por regras, que podem ser identificadas, mesmo sendo diferentes das regras da inferência lógica, da lógica dedutiva[25].

Portanto, seria possível dizer que a evidência lógico-racional pode ser substituída pela razoabilidade dos argumentos: a nova retórica não seria "ciência" da verdade, mas do verossímil; não do racional, mas do razoável.

Já se falou, a propósito, de racionalidade extralógica, mas convém esclarecer, para desfazer equívocos, que considerar a existência de um método ou prescrevê-lo, para argumentar acerca de uma decisão, método que não se identifica com o da teoria "lógica", não pode significar o repúdio a critérios de fundamentação "lógica" ou regras lógicas, que, ao contrário, não podem ser simplesmente *violados*: significa, ao contrário, admitir que, dado o respeito a critérios de ordinária racionalidade "lógica"[26], o discurso jurídico não poderia

---

24. S. TOULMIN, *Gli usi dell'argomentazione* (1958), Turim, 1975. [Trad. bras. *Os usos do argumento*, São Paulo, Martins Fontes, 2001.]

25. CH. PERELMAN, L. OLBRECHTS-TYTECA, *Trattato dell'argomentazione. La nuova retorica* (1958), Turim, 1966 [trad. bras. *Tratado da argumentação*, São Paulo, Martins Fontes, 1996]. Sobre a retórica em geral, da idade clássica à contemporânea, cf. R. BARILLI, *Retorica*, Milão, 1979.

26. Cf. por exemplo, A. AARNIO, *The Rational as Reasonable*, Dordrecht, 1987, p. 196: "Toda passagem no procedimento do discurso racional deve satisfazer, como é natural, o critério da coerência (*consistensy*)." Entre as regras da *logical consistency*, Aarnio enumera sobretudo a ausência de contradição, a regra do terceiro excluído, a propriedade transitiva.

desenvolver-se apenas com base neles, pois envolve normalmente outros pressupostos, implica escolhas, por sua vez justificadas por preferências e valorações, nem todas, como já se mencionou, domináveis por meio do raciocínio "preciso" ou com critérios de "verdade", mas por meio do raciocínio "provável" e com critérios de verossimilhança ou de "razoabilidade".

Mas, antes de tratar dessas questões, não se pode deixar de levar em conta a riqueza e a complexidade das posições que se confrontam em filosofia do direito, sobretudo em bases epistemologicamente diferentes. Neste século, portanto, a filosofia do direito beneficia-se de uma atmosfera densa de transformações e de renovados estímulos teóricos.

O próprio neopositivismo do Círculo de Viena, mesmo partindo de um projeto tão otimista quanto ambicioso e "cientificista" de unificação universal das ciências (de sua redução à física) e rejeitando definitivamente qualquer metafísica, mostrara fases evolutivas e seguira, por intermédio de M. Schlick, R. Carnap, O. Neurath, tendências cada vez mais problematizantes e menos ingênuas: assim, o verificacionismo de M. Schlick expressava uma condição de sensatez dos enunciados, que coincidia com a teórica possibilidade de uma verificação deles, mais do que com sua imediata correspondência em termos de verdade/falsidade com um estado de coisas já empiricamente dado; e Neurath, com atitude construtivista, tendera a libertar-se do verificacionismo e da suposta remissão da linguagem para fora de si, para a representação dos fatos, partindo da convicção de que tudo ocorre *dentro* da linguagem. Carnap expressou claramente seu emotivismo em ética e sustentou que toda metafísica é apenas insensata expressão de uma atitude emotiva, mas também foi progressivamente modificando a idéia de que o mundo é redutível a uma série de relações sintáticas e de deduções lógicas a partir de enunciados (protocolares assumidos como dados), reabrindo por fim a investigação – que quisera propor como pura e formal – à semântica, ao significado, à relação (que o plano formal esconde) entre uma proposição e a realidade nela designada. A abertura intrínseca do caminho científico do Círculo de Viena é o pressuposto do seu prosseguimento e da sua superação.

Uma das teses controversas era constituída exatamente pela exclusão de significância e de verificabilidade do raciocínio que tem por objeto questões éticas ou pelo menos preferências, normas, valores: o que tornaria não verificável, com todo e qualquer raciocínio "prático", também o discurso jurídico.

Se, portanto, um produto conseqüente de parte do neopositivismo reunido em torno do Círculo de Viena pareceu ser a qualificação em termos emotivos e irracionais da linguagem normativa ou valorativa (que não descreve e por isso não é passível de verificação), tal conseqüência não podia ser acriticamente acatada pelos filósofos do direito. E é sintomático que mesmo alguns estudiosos, como na Itália Uberto Scarpelli, que haviam comungado as teses principais do neopositivismo, tendem no tempo oportuno a reconstruir a condição de racionalidade dos fenômenos normativos, a refutar o mero emotivismo. Esse reexame passa sobretudo, mormente no caso de Scarpelli, pela reformulação do critério de significância, pela utilização da distinção formulada por Hare, entre frástico e nêustico, entre parte do enunciado que descreve fatos e parte dele que indica a função prescritiva[27], pela assunção de uma perspectiva prescritivista que separa a linguagem referível ao ser da linguagem própria do dever-ser (cuja importância e sensatez reconhece); indaga, portanto, a significância dos enunciados lingüísticos normativos (ou valorativos) mesmo desmascarando a implícita ou oculta função valorativa (ou normativa) que subjaz a assunções aparentemente descritivas de pretensos estados

---

27. R. M. HARE, *The Language of Morals* (1952) [trad. bras. *A linguagem da moral*, São Paulo, Martins Fontes, 1996]. Scarpelli escreve: "Neste ponto podemos considerar significantes também as normas, desde que atendam ao requisito de serem referíveis a estados e eventos na experiência" (U. SCARPELLI, *Filosofia norme e valori*, Milão, 1962, p. 53).

de coisas (por exemplo, categorias gnosiológico-ontológicas que não têm sentido se forem usados critérios de verificacionismo). Por essa via, a filosofia do direito pode partir novamente da constatação de caráter geral de que "nas valorações há algo de diferente ou de adicional em relação àquilo que há nas asserções"[28], e que é possível verificar a coerência lógica das escolhas, dos juízos de valor, em relação a outros valores subjacentes, dos quais afinal não é possível fundamentação objetiva ou justificação absoluta (não-cognitivismo): com respeito a estes últimos pressupostos valorativos só se pode recomendar uma atitude "ética" de clareza e responsabilidade[29]. E isso também é totalmente coerente com as convicções kelsenianas, normativistas, de Scarpelli: "Foi o que Kelsen, com referência aos esquemas de demonstração por ele identificados, indicou ao propor a tese de que qualquer sistema de normas em que opere um desses esquemas exige a pressuposição de uma norma fundamental não fundamentável da maneira como se fundamentam as normas do sistema"[30].

Não há dúvida, por outro lado, de que se respirava uma atmosfera neopositivista na filosofia do direito e nos textos do iniciador da escola analítica italiana, Norberto Bobbio. Segundo este, o compromisso propriamente científico deve ser reservado à *jurisprudence,* à teoria geral, à teoria do direito: estas deveriam ser medidas com os instrumentos da análise lingüística sobre o direito como objeto preciso, como um dado[31], visando ao rigor da formulação, ao aclaramento e à definição, bem como à sistematização, ao modo de Kelsen, numa teoria formal. É relevante que, nos moldes dessa formulação, a filosofia do direito em sentido estrito é teoria da

---

28. SCARPELLI, *Filosofia analitica norme e valori*, cit., p. 41.
29. SCARPELLI, *L'etica senza verità*, Bolonha, 1982.
30. SCARPELLI, *Filosofia analitica norme e valori*, cit., p. 76.
31. Segundo Bobbio, "A jurisprudência não conduz seu trabalho com base em fatos experimentáveis, mas com base em proposições dadas e intocáveis (as normas jurídicas)" (*Scienza del diritto e analisi del linguaggio* (1950), em U. SCARPELLI (org.), *Diritto e analisi del linguaggio,* Milão, 1976, p. 295).

justiça[32], ou seja, erige-se como disciplina que não se dedica propriamente ao conhecimento e à qual são reservados os temas crítico-valorativos (mas não por certo insignificantes), sintetizáveis no tema fundamental da justiça.

Observe-se que as premissas epistemológicas que caracterizam o positivismo jurídico de inspiração normativista são neopositivistas e implicam uma decisiva linha de demarcação entre nível descritivo e prescritivo, assim como entre conhecimento e valoração. Bobbio ressaltara, quanto aos fenômenos jurídicos, o objetivo de cientificidade, que não é a verdade mas o rigor; não é irrelevante, porém, a pressuposição do direito como um dado (as proposições jurídicas são assumidas como "dadas e intocáveis").

Com respeito a essa inspiração epistemológica ocorre – mais a pequenos passos (e ao longo do tempo) do que com uma guinada repentina – uma mudança que acaba por tornar-se substancial. Em filosofia do direito, levará à discussão de algumas convicções centrais da corrente analítica normativista: mesmo sem o repúdio da posição anticognitivista (ou seja, da tese acerca da incognoscibilidade e não-objetividade dos valores e dos fenômenos não redutíveis a fatos), dar-se-á mais atenção ao inextricável entrelaçamento entre interpretações e direito, entre fatos e valores, admitido de modo não conciliável com a idéia do direito como simples dado, cuja objetividade seja isolável da atividade cognitiva e a preceda.

A ciência, no início do século XX, chegara a avançar teorias que, como no caso do "convencionalismo", punham a tônica no fato de que os axiomas dos quais o cientista parte são fundamentalmente definições convencionais necessárias à atividade experimental (Henry Poincarè). Não se pode deixar de mencionar que nessa mudança progressiva R. Popper desempenhou papel importante. Acima de tudo, em comparação com soluções anteriores, menos "liberais", reconhe-

---

32. É o que diz Bobbio nos cursos dos anos 1957-1958 e 1959-1960, reeditados em conjunto no volume de título: *Teoria generale del diritto*, Turim, 1993, esp. p. 29.

ce-se que o limite das "metafísicas" não está em serem não significantes (porque têm um sentido e, assim como os juízos éticos e os valores, são amplamente praticadas e comunicadas), mas em não serem sujeitáveis às *condições de verificação da ciência*. Tais *condições* são esclarecidas por Popper com base no pressuposto de que as *teorias* vêm antes dos fatos e que a ciência pode utilmente substituir a verificação pela falsificação como critério de demarcação[33].

A ciência procede por hipóteses, por sua vez decorrentes de assunções ou de escolhas relativas, para as quais o meio de confirmação da objetividade não é nem pode ser a *verificação* empírica, mas, ao contrário, a *falsificabilidade*: as hipóteses com as quais a ciência trabalha devem dar conta das condições em cuja manifestação a teoria deve ser considerada *falsificada*. Se uma teoria é formulada de tal modo que não pode conceber nenhum evento que a falsifique, então ela não é científica (o que ocorre justamente com as assunções que têm caráter metafísico)[34]. A ciência não dispõe de um critério absoluto de verdade[35].

---

33. Veja-se em geral R. POPPER, *Congetture e confutazioni*, Bolonha, 1972.

34. Popper resume suas reflexões em certo número de teses, entre as quais recordo aqui as seguintes: "1. Todo conhecimento científico é hipotético ou conjectural. 2. O aumento do conhecimento, em especial do científico, consiste em aprender a partir dos erros que cometemos [...]. Os experimentos são constantemente guiados pela teoria, por meias idéias teóricas, de que muitas vezes o experimentador não está consciente [...]. 6. O que se chama de objetividade científica consiste apenas na abordagem crítica; no fato de que, se tivermos idéias preconcebidas sobre nossa teoria favorita, algum de nossos amigos ou de nossos colegas [...] ficará ansioso por criticar-nos, vale dizer, por refutar, se puder, a nossa teoria favorita. [...] 11. Só é verificável uma teoria que afirme ou implique que certos eventos concebíveis não ocorrerão de fato. A verificação consiste em tentar fazer ocorrer, com todos os meios de que possamos dispor, precisamente tais eventos sobre os quais a teoria diz que não podem ocorrer [...] 17. O autoritarismo em ciência estava associado à idéia de fundar, ou seja, de provar ou de confirmar as suas teorias. A abordagem crítica está associada à idéia de submeter a verificações, ou seja, de tentar refutar, ou falsificar, as conjecturas" (R. POPPER, *Scienza e filosofia*, Turim, 1969, pp. 136-8).

35. Depois de Popper, Kuhn indicou que a ciência avança e se desenvolve ao longo de épocas marcadas pelo predomínio de um paradigma científico destinado a mudar através de períodos de "ciência extraordinária" que liberam

Pode-se dizer, porém, que o que constitui ensinamento do pós-positivismo é algo diferente, sobretudo a dependência daquilo que chamamos de "fatos" em relação à nossa prévia compreensão cultural, às nossas idéias[36]. Uma epistemologia pós-positivista vai-se estruturando de H. Kuhn a I. Lakatos e P. K. Feyerabend; caracteriza-se por acentuar cada vez mais o lado hipotético da ciência em detrimento da certeza empírica. Aliás, poderia ser descrita como uma superação do próprio falsificacionismo popperiano rumo àquilo que foi chamado de "epistemologia reflexiva", decorrente da complexidade da situação cognitiva em que o sujeito está "incluído no ambiente que se esforça por tornar objeto de seu próprio conhecimento"[37].

O ponto de partida é a progressiva perda de terreno da tese da objetividade das ciências empíricas[38]. Mas as próprias

---

o cientista das convenções e dos vínculos vigentes na comunidade científica, possibilitando a passagem a um novo paradigma e a um novo período de ciência normal (La struttura delle rivoluzioni scientifiche, Turim, 1969). A influência de Kuhn mais direta deu-se especialmente sobre as premissas da teoria da interpretação, por ter difundido uma convicção de contextualidade do pensamento entendido sempre como historicamente relativo a uma comunidade de convenções compartilhadas. Se I. Lakatos depois corrigiu a teoria de Kuhn, ressaltando o papel que novas teorias ou novos programas de pesquisa desempenham na passagem para a novas atitudes metodológicas (I. LAKATOS, La metodologia dei programmi di ricerca scientifici, Scritti filosofici, Milão, 1985), P. K. FEYERABEND (Contro il metodo, Milão, 1979) afirmou que, para seus progressos, a ciência na realidade não usa nenhuma metodologia rígida, e, ao contrário, o cientista pode mover-se e se move com absoluta criatividade.

36. A propósito, A. GIDDENS, Nuove regole del metodo sociologico, cit., pp. 198 ss., ressalta a distinção entre o falsificacionismo popperiano e o pós-positivismo de Kuhn (bem como as teorias hermenêuticas).

37. D. ZOLO, Il principato democratico, Milão, 1992, p. 25. Não por acaso Zolo retoma a metáfora de O. Neurath e W. V. O. Quine, segundo a qual o cientista é como um marinheiro que precisa consertar o navio em alto-mar. Metáfora com o mesmo sentido encontra-se significativamente em Schiller, mas diz respeito ao tempo: "Quando precisa consertar um mecanismo de relógio o artífice descarrega a corda, mas o mecanismo vivo [...] precisa ser consertado em pleno funcionamento; aí se trata de trocar a roda que está girando, durante seu movimento" (F. SCHILLER, Dell'educazione estetica, in Saggi estetici, Turim, 1951, p. 210).

38. Momento paradigmático é o chamado efeito Compton, segundo o qual o fóton por meio do qual se quer evidenciar a posição de um elétron em

ciências naturais aprenderam a descrever-se de um modo relativista que reduz drasticamente a distância entre os dois mundos, empírico e espiritual, natural e cultural. Os "dados"sobre os quais são verificadas as teorias não são descritíveis independentemente da linguagem das próprias teorias: a ciência é interpretação circular dos dados em termos de teorias e das teorias em termos de dados; e as teorias nas ciências sociais como nas naturais dependem de interpretações baseadas num chamado modelo hermenêutico da compreensão[39].

A filosofia do direito que desposasse esta última tese epistemológica nunca poderia partir do sistema jurídico como um dado e talvez devesse reexaminar não tanto a disciplina da grande divisão (entre ser e dever-ser) mas a concepção do "positivismo jurídico". O raciocínio jurídico, por outro lado, deve ser abordado por uma perspectiva diferente, que acaba por situá-lo no centro do direito que se costrói "hermeneuticamente".

E nessa direção, para a filosofia do direito interessada no raciocínio jurídico, foi decisiva a influência exercida no plano mais geral da filosofia da linguagem pela obra de L. Wittgenstein, sobretudo no segundo período de sua reflexão[40]. A linguagem tem sentido se inserida num jogo lingüístico (num contexto de uso). Mas não tem apenas a função de

---

um átomo modifica a própria posição. Essa e outras observações constituem a base do chamado princípio de indeterminação enunciado em 1927 por W. Heisenberg. Cf. por exemplo, H. REICHENBACH, *La nascita della filosofia scientifica,* trad. ital. de D. Parisi e A Pasquinelli, Bolonha, 1974, p. 187.

39. Cf. por todos M. HESSE, *In Defence of Objectivity,* in "Proceedings of the Aristotelian Society", Londres, 1973, pp. 9 ss., e *Revolutions and Reconstructions in the Philosophy of Science,* Brighton, 1980.

40. Para Wittgenstein a linguagem não é a chave de acesso à realidade (como na chamada hermenêutica dialética, sobre a qual, ver adiante*),* mas é a realidade. O modo de ser da realidade para nós é a linguagem. As nossas imagens do mundo nada mais são que as proposições lingüísticas com que as expressamos, e os limites da nossa linguagem "significam" os limites do nosso mundo. Além disso, é essencial que para Wittgenstein o princípio de verificação deve ser substituído pelo princípio de uso, segundo o qual o significado de uma palavra é compreensível só dentro do "jogo lingüístico", portanto

informar sobre algo, e tem sentido mesmo quando não descreve estados de fato, como, ao contrário, pretendia o neopositivismo lógico. A linguagem, como foi notado (J. L. Austin), possibilita realizar operações, tem portanto um aspecto "prático", é interna à *ação* humana[41]. Wittgenstein, afirmando que a linguagem é parte de um jogo, evidenciou que "falar uma linguagem faz parte de uma atividade, ou de uma forma de vida" (*Ricerche filosofiche*, p. 23); o nosso falar não é, portanto, separável do nosso agir, em cujo contexto, que é sempre determinado, circunscrito e tem peculiaridades próprias, culturais, sociais sobretudo, ela pode ser entendida; logo, de modos que não são absolutos, mas historicamente relativos. A relevância da *Lebensform*, da forma de vida, também desempenha papel determinante na oposição a absolutizações improváveis e ao próprio mito de objetividade independente dos nossos modos de assumi-la.

Nesse quadro, pode-se afirmar que também o direito constitui um jogo lingüístico, que se desenvolve sobre um fundo cultural e num contexto de uso específico e variável, de acordo com os "sistemas", os lugares "institucionais" ou os "ordenamentos" e as sociedade considerados. E isso sugere que é redutora toda abordagem formalista ao direito (ao modo de Kelsen, por exemplo) que não leve em conta o fato de a vida do direito ser dependente não só das definições normativas "positivas" em sentido estrito, mas também de

---

do contexto em que ela é usada (com o que deve ser abandonada a idéia de que a cada palavra corresponde um objeto preciso da realidade). Não existem essências que funcionem como referentes verificáveis, assim como, ao contrário, os significados não podem ser reduzidos a meras expressões de estados mentais totalmente subjetivos. Para o WITTGENSTEIN do segundo período, ver *Ricerche filosofiche,* trad. ital. de R. Piovesan e M. Trinchero, Turim, 1967. Sobre Wittgenstein, é útil ler A. GARGANI, *Introduzione a Wittgenstein*, Bari, 1973.

41. J. L. AUSTIN, *Come far cose con le parole* (1962, póstumo), cit., como vimos, identifica requisitos próprios da enunciação de um enunciado, cada um parte do ato lingüístico no seu conjunto (total), requisitos que, juntos, dão conta da dimensão semântica (do significado) e da dimensão pragmática (de fazer algo com a linguagem). O ato lingüístico é decomponível em ato locutório, ilocutório, perlocório (cf. acima, cap. III, nota 64).

um conjunto de comportamentos, convenções, costumes, usos em geral, contextos de valores e de princípios, pelos quais a linguagem jurídica adquire seu significado de uso. Essa consciência certamente não pode faltar ao intérprete que pretenda atribuir significado a um texto normativo. E de fato, as mais recentes análises do raciocínio jurídico não prescindem dessa consciência; aliás chegaram de diversos modos à convicção de que a atividade jurídica (portanto, mais uma vez, a do intérprete) não pode realizar-se e não se realiza apenas com referência às "normas" mais ou menos explícitas contidas no direito positivo "formalizado", porém, ao contrário, apóia-se em dados muito mais complexos que, por outro lado, não possuem uma fixidez "formal" própria, mas se constituem e modificam por meio dos nossos comportamentos, nossos usos, e têm, assim, um perfil *pragmático* essencial.

A dissolução da fixidez, da verdade (portanto, da verificabilidade) do dado objetivo ("científico") constitui o denominador comum de um conjunto múltiplo de correntes de pensamento, tanto da segunda fase de Wittgenstein (das *Investigações filosóficas*) quanto do pós-positivismo: denominador comum que concerne a teorias epistemológicas, teorias do conhecimento, teorias da sociedade, teorias do direito, teorias da interpretação. Também no que diz respeito ao direito e à teoria da interpretação, num horizonte ainda "positivista" (em sentido filosófico e epistemológico) tem-se a tese que atribui à norma jurídica o status de dado, uma vez posto (por exemplo, codificado), inalterável e objetivo, tese que, por outro lado, pertence obviamente a versões do (diferente) *jus*positivismo[42]. Dela decorrem, como vimos, também uma teoria do significado dos enunciados jurídicos normativos e uma teoria correlata da atividade do intérprete, totalmente opostas às que, ao contrário, decorrem de convicções filosóficas, epistemológicas, pós-positivistas (ou que

---

42. Cf. primeira parte deste trabalho, caps. VI-VIII.

nelas possam ser inscritas), refratárias a erigir a verdade do "dado", do fato, numa absolutez apodítica e em última análise *metafísica*[43], propensa a incluir nas relações entre sujeito e objeto os chamados aspectos *reflexivos*.

4. Hermenêutica jurídica

E de fato, segundo a chamada corrente *hermenêutica*[44] (continental, ou hermenêutica dialética), a interpretação não foi apenas entendida como uma atividade específica, ou técnica (um método de trabalho), mas como uma atitude filosófica global, como uma modalidade constitutiva do ser humano, como o modo mesmo pelo qual o homem entra em contato com o mundo. O problema "hermenêutico", na verdade, não surge agora. Suas raízes mais próximas estão em Schleiermacher, Dilthey, Misch (historicismo) e no neokantismo de Windelband e Rickert, raízes que no século passado defenderam um dualismo entre *explicação* (própria das ciências naturais) e *compreensão* (própria das ciências do espírito). Mas também as abordagens mais próximas no tempo, que remontam a M. Heidegger e H. G. Gadamer, por um lado (hermenêutica), e por outro à fenomenologia (Husserl e Schütz) e à filosofia da linguagem (Wittgenstein), pressupõem a consciência de que o mundo histórico-social é caracterizado por uma produção simbólica (uma realidade pré-estruturada simbolicamente) cuja compreensão impli-

---

43. O que se diz eufemisticamente, visto que metafísica é uma certeza ou uma hipótese que não pode ser confrontada com eventos capazes de falsificá-la (para usar o ensinamento de K. R. Popper, mas também, sob muitos outros aspectos, de I. Kant), enquanto a existência de algo como um dado objetivo verificável, como uma norma jurídica dotada de um status "natural", de fixidez e "verdade", ainda que apenas semântica, opõe-se a numerosas falsificações, em numerosos campos do saber, logo não é metafísica, porém mais provavelmente apenas uma hipótese indefensável.

44. Para uma ampla exposição do assunto, ver M. FERRARIS, *Storia dell' ermeneutica*, Milão, 1988.

ca entender o sentido, o significado, não verificáveis com os mesmos métodos com que se observa um experimento[45].

A experiência hermenêutica, na obra de H. G. Gadamer[46], é sintetizada como a eliminação do prejulgamento iluminístico segundo o qual a ciência pressupõe o "desencantamento" do mundo, a anulação das premissas culturais, subjetivas, da compreensão. A hermenêutica *elimina o prejulgamento da eliminação de qualquer prejulgamento*: a compreensão advém de premissas, de prejulgamentos, de "pré-compreensões" que antecipam a realidade observada com um ponto de vista próprio, um "horizonte" próprio que deve aspirar a fundir-se com o do objeto, do texto por interpretar, com o nosso interlocutor. Toda compreensão realiza-se pela linguagem e pela interpretação, mas só ocorre com a transferência pelo intérprete para seu próprio horizonte, seu próprio contexto de sentido, daquilo que lhe é entregue pelo autor (do texto-objeto). Essa "entrega", essa "tradição" (do étimo latino), consiste na tendência do texto de tornar-se contemporâneo ao intérprete, separando-se e ganhando autonomia de seu autor: o horizonte de sentido do texto vem assim a transferir-se para o horizonte de sentido do intérprete (e a fundir-se com ele). O ato hermenêutico torna-se o centro de gravidade da compreensão, que já não acompanha uma pretensa "verdade" objetiva do texto (na intenção do autor). A fusão de horizontes, ao mesmo tempo que se refere ao texto como a um "clássico", capaz de uma mensagem historicamente consolidada, resolve sua pretensa fixidez objetiva, uma vez que o texto mesmo só pode ser compreendido ao coexistir com o presente do intérprete, ao entrar nele por uma peculiar transformação e transposição.

---

45. A maior contribuição para o reconhecimento da realidade histórico-social em termos de produção simbólica foi o do neokantiano E. CASSIRER, *La filosofia delle forme simboliche* (1923), trad. ital. de E. Arnaud, Florença, 1967 (II rest.), em 3 vols. (dos quais o III em dois tomos). [Trad. bras. *A filosofia das formas simbólicas*, São Paulo, Martins Fontes, vol. I, 2001, vol. II, 2004.]

46. Do qual cf. sobretudo, *Verità e metodo* (1960), org. G. Vattimo, Milão, 1983.

Esta permite que o texto nos fale, exatamente por sua *aplicação interpretativa* no nosso "horizonte". E não por acaso o modelo fundamental de compreensão interpretativa, para Gadamer, é representado pela atividade do juiz intérprete, que chega ao significado do texto (portanto à norma) só pela fusão de horizontes e, em particular, pela aplicação à realidade determinada que constitui o âmbito do seu fazer (o juízo). Entender significa captar o que o texto nos pode "dizer", na nossa situação particular. O direito não é feito para ser compreendido "historicamente", como um documento qualquer, mas deve ser "compreendido" em cada momento, em cada situação particular de um modo "diferente". Assim, interpretar significa propor um significado pela "aplicação".

A hermenêutica gadameriana é de notável relevância para o direito, no qual foi constantemente utilizada sobretudo pelo alemão Joseph Esser. Em Gadamer como em Esser a hermenêutica é, por sua vez, atitude filosófica que assume a linguagem como chave de acesso à ontologia, à realidade das coisas. Mas também a hermenêutica ratifica a inexistência de algo como a verdade semântica preestabelecida do texto normativo e atribui ao juiz um papel mais lato que a aplicação "mecânica" da lei. A aplicação em sentido gadameriano é um conceito muito mais amplo e mais rico, que implica, quanto à tradução do texto para o contexto do intérprete, a intervenção dos elementos constitutivos da pré-compreensão, os pré-juízos do intérprete, que para o juiz são os hábitos interpretativos, as regras convencionais, as valorações correntes, as exigências emergentes do "caso" por decidir, intervenção que concorre para constituir, tanto quanto qualquer outro elemento e talvez mais, o horizonte de sentido do intérprete[47].

---

47. Abraçando essa perspectiva, G. ZAGREBELSKY, *Il diritto mite*, Turim, 1992, por exemplo, afirmou: "As exigências dos casos valem mais que a vontade legislativa e podem invalidá-la. Sendo preciso sacrificar as exigências do caso ou as da lei, são estas últimas que sucumbem no juízo de constitucionalidade ao qual a lei é submetida" (p. 183).

É exatamente no conceito de *pré-compreensão* (*Vor-Verstaendnis*) que a obra, talvez mais incisiva, de Esser[48] insiste, acrescentando que ele contém a prefiguração (a "antecipação") da solução do caso por parte do juiz e constitui o pressuposto de um processo racional rumo à decisão, processo que inclui a subseqüente individualização das normas utilizáveis.

Na realidade, o juiz deve chegar ao direito com base no "sentido" que aflora dos casos ou, em outras palavras, os casos constituem para o juiz um conjunto dotado de pretensões de valor ou de justiça, que ele assume em seu horizonte de (pré-)compreensão. Esse "sentido" não é imposto pelo direito positivo, mas, ao contrário, tende a buscar no direito positivo um caminho conforme, uma realização decisória. E como entendimentos opostos do "sentido", visões e compreensões opostas do caso podem determinar soluções opostas em direito, isso ocorre freqüentemente por meio da escolha de diversos métodos interpretativos (concorrentes às vezes, complementares outras), que ainda não se tem condições de reduzir autoritariamente *ad unum*, a fim de vincular uma vez por todas os resultados do procedimento interpretativo.

Quando mencionamos os muitos e diferentes argumentos em uso na tradição jurisprudencial (histórico, sistemático, *a simili*, *a fortiori*, *a contrario* etc.), já se antecipou implicitamente a multiplicidade de perspectivas argumentativas, portanto também de métodos utilizáveis: multiplicidade que, por sua vez, não tem a característica de produzir, por diferentes vias, sempre e fatalmente os mesmos resultados (por exemplo, os mesmos significados de um texto normativo), mas, ao contrário, constitui terreno fértil para resultados dessemelhantes entre si. Do mesmo modo, o recurso à interpretação sistemática pode ter resultados opostos aos da interpretação histórica; a interpretação literal, re-

---

48. *Precomprensione e scelta del metodo nel processo di individuazione del diritto* (1972), trad. ital. de S. Patti e G. Zaccaria, Nápoles, 1983.

sultados totalmente opostos aos da interpretação evolutiva; ainda de modo diferente podemos ser orientados pela interpretação – freqüentemente mais seguida que professada – que se aproxima do direito do ponto de vista da economia, visando a avaliar suas conseqüências em termos de custos sociais e de benefícios relativos[49].

Como já se mencionou, em muitos ordenamentos vigem normas sobre a interpretação que, como na Itália, tendem a regular hierarquicamente o recurso a diversos métodos interpretativos. Mas essa disciplina acaba por produzir uma trama de malhas largas que são atravessadas pela atividade dos juízes e dos juristas em geral, de tal forma que o pluralismo (aberto, não necessariamente ordenado) dos métodos permanece como *realidade* indiscutível da interpretação. Considerando-se aceito o que já foi dito a propósito da função complementar desses mesmos métodos no interior de uma concepção "sistêmica" da interpretação[50], resta o papel essencial da justificação, que deve expor-se à verificação lógico-racional, visto que o juiz não parte de premissas (normativas) preestabelecidas, mas, ao contrário, deve ele mesmo predispô-las. E a primeira bancada de teste (ou de verificação) para a compreensão-interpretação parece ser a sua admissibilidade no interior do ordenamento e do sistema jurídico, no qual ela deve mostrar-se justificada. Parecia escapar a essa bancada de teste, por exemplo, a "tópica" de Theodor Viehweg (*Topik und Jurisprudenz*, Muenchen, 1953)[51], que estendia à jurisprudência a técnica do

---

49. Sobre a questão dos métodos e dos argumentos interpretativos, mas fora da perspectiva hermenêutica, remeto neste capítulo, ao § 2. A pluralidade dos métodos interpretativos tem tradição antiga, e vemos que é quase universalmente reconhecida: cf. K. ENGISCH, *Einführung in das juristische Denken*, Stuttgart-Berlin-Koeln 1983⁸, pp. 249 ss.; L. BAGOLINI, *La scelta del metodo in giurisprudenza*, em "Riv. Trim. di Diritto e procedura civile", 1957, pp. 1055 ss.; L. LOMBARDI VALLAURI, *Corso di filosofia del diritto*, Pádua, 1981, pp. 74 ss.; G. ZAGREBELSKY, *Il diritto mite*, cit., ult. cap.

50. Cf. *supra*, cap. V, § 2.

51. Trad. ital., *Topica e giurisprudenza*, org. G. Crifò, Milão, 1962.

"pensar por problemas", sobretudo com referência à contribuição "criativa" em caso de lacunas do ordenamento, mas não ao compromisso subseqüente e necessário com a argumentação acerca da coerência de tal contribuição com o sistema jurídico. A "decisão" dos juristas, ao contrário de outras decisões, tem um vínculo sistemático específico, que a transforma em técnica do pensar com base em regras, regras que, colhidas no precedente, no costume, na lei ou alhures, constituem, em seu conjunto, o texto "expandido" sobre o qual é exercida a "compreensão".

Em outros termos, parece que a "abertura" produzida na aplicação da lei e na interpretação do texto normativo (depois da superação do mecanicismo ingênuo do formalismo-positivismo jurídico) – "abertura" para a qual convergem o mais ou menos moderado ceticismo interpretativo de ascendência realística em teoria geral do direito e a própria "hermenêutica" jurídica – *não* pode ser considerada como um espaço "vazio" de discricionariedade, e, por conseguinte, deve ser tomado em consideração o estudo de um método de verificação da racionalidade ou da razoabilidade do procedimento de interpretação e de decisão: o que, se não deve ocorrer apenas com a restituição da eficácia ordenadora (e *redutora das complexidades*) às construções da "dogmática jurídica"[52], poderia seguir outros caminhos, como o da racionalização dos procedimentos argumentativos, do vínculo de congruência, da integridade do sistema e, assim por diante, caminhos que correspondem a outras tantas ten-

---

52. A respeito, cf. N. LUHMANN, *Sistema giuridico e dogmatica giuridica*, Bolonha, 1978, pp. 45 ss. Sobre a dogmática, ver N. Bobbio, *Il positivismo giuridico* (1961), Turim, 1979, p. 260: "A dogmática do direito [...] consiste na elaboração dos conceitos jurídicos fundamentais obtidos com base no próprio ordenamento jurídico e, como tais não passíveis de revisão ou discussão. Com fundamento em tais conceitos o jurista, realizando uma pura operação de dedução lógica, deve extrair as normas que servem para resolver todos os possíveis casos." Sobre a eficácia uniformizadora das interpretações, atribuível à dogmática por meio da estabilização dos significados normativos, cf. L. MENGONI, *Diritto e valori*, Bolonha, 1985, pp. 53 ss.

tativas de que trataremos, que por vez oscilam entre uma inflexão descritiva e uma prescritiva[53].

A própria hermenêutica jurídica, que apostou no conceito central da pré-compreensão, precisa resolver o problema da passagem da antecipação provisória do resultado para a sua definitiva fundamentação, e, segundo Josef Esser[54], isso pode ser feito por meio de verificação de *concordância* e de *justeza*, a primeira relativa a relações dogmático-sistemáticas internas ao ordenamento, a segunda relativa ao mérito da hipótese, em termos de conteúdo de justiça. E o objetivo definitivo do intérprete é corresponder às expectativas maduras ou plausíveis de quantos componham o conjunto do "horizonte de expectativa" em que o juiz se situa e do qual "não pode sair"[55], não podendo tampouco ignorar as expectativas de uma comunidade para a qual seu "discurso" deve mostrar-se justificado e *con-senciente*. Mas nem sempre essa prefiguração das ações do intérprete (para além de seu significado como concepção filosófica geral) mostrou-se convincente[56].

---

53. As teses segundo as quais o juiz ou, em sentido lato, a interpretação jurídica dispõe de margens de maior ou menor criatividade ou discricionariedade predominam na realidade, mas são construídas segundo pontos de vista e percursos diferentes. Assim, até pela implausibilidade de teses absolutas, extremas (total liberdade e arbitrariedade *vs.* total mecanicismo da interpretação), muitas vezes é difícil distinguir entre perspectivas que apenas dão conta de como ela de fato ocorre e perspectivas que sugerem um modelo correto do procedimento ou da atividade interpretativa. É difundida a tendência a apresentar, a partir de uma leitura qualquer da realidade, o modo justo ou bom de realizar a interpretação jurídica (separando-o de outros que são meramente supostos ou errados). Também difundida é a tentativa de fundir abordagens diferentes, considerando-as muitas vezes presentes na prática, ou seja, no modo como o juiz efetivamente trabalha. Convém admitir por ora, apenas, que existem propostas diferentes acerca do modo como a interpretação jurídica pode ocorrer corretamente (sem levar em conta do fato de tal modo já estar presente ou ser promovido na prática interpretativa).

54. Cf. *Precomprensione e scelta del metodo*, cit.

55. Esser, *Precomprensione e scelta del metodo*, cit., p. 136.

56. Exemplifico com referência a trabalhos de juristas. L. BIGLIAZZI-GERI, *L'interpretazione*, Milão, 1994 (trabalho que consiste numa reflexão tenaz em termos que eu definiria como *interpretação em ação*, ou interpretação *concreta*), mesmo abraçando uma perspectiva (se entendi bem) histórico-evo-

5. A racionalidade do discurso jurídico. Contribuição analítica

O fato é que a hermenêutica lançou as bases para uma reflexão global da interpretação jurídica, mas sua integração é útil sobretudo para garantir a esse novo *status* da atividade interpretativa uma ancoragem no "método" e na "racionalidade". No plano do discurso *prático* o reconhecimento da índole *técnica*, *regulada*, da interpretação jurídica provém igualmente da contribuição relevante da filosofia (hermenêutica) *analítica* do direito, que, com R. Alexy, A. Peczenik, A. Aarnio, J. Wroblewski, J. Raz, N. MacCormick, aprofundou os problemas do raciocínio jurídico, entendido (por Alexy, em particular) como "caso especial" do raciocínio prático e caracterizado por vínculos institucionais específicos. A *análise* possibilita sobretudo tratar da estrutura lógica dos argumentos dos juristas ou das regras de argumentação.

Do trabalho de J. Wroblewski emergiu em especial a distinção entre justificação *externa* e *interna*, uma relativa às premissas do raciocínio, a outra à passagem das premissas à

---

lutiva, por um lado e reconstrutivo-axiológica (ou seja, que reconstrói a solução sempre com base nos princípios gerais do ordenamento, incluindo-se as assunções constitucionais de valor), por outro lado, e mesmo aceitando a tese da criatividade do juiz (não só em caso de "lacunas"), portanto o papel ineludível da interpretação, distingue e separa a compreensão do intérprete, amadurecida em termos histórico-evolutivos ou axiológicos, da pré-compreensão hermenêutica, que lhe parece excessivamente condicionável por percepções inconscientes. Tanto mais a autora parece considerar substancialmente insuficiente para a (subseqüente) verificação do juízo prévio do intérprete a referência dinâmica ao horizonte de expectativa, cujo "sentir comum" ela julga presente apenas em "uma visão utópica (ou interessada) da realidade" (*id.*, p. 68). Visão diferente sobre o papel do horizonte de expectativa é a de G. ZAGREBELSKY, *Il diritto mite,* cit., esp. ult. cap. Contra essa formulação com termos baseados na coerência do horizonte de expectativa, ver G. PALOMBELLA, *I limiti del diritto mite,* in "Democrazia e diritto", 1994/4. Severa, por outro lado, é a crítica que um outro jurista (F. DENOZZA, *La struttura dell'interpretazione,* cit., esp. pp. 22 ss.) faz à hermenêutica, referindo-se ao ensaio de G. ZACCARIA, *L'apporto dell'ermeneutica alla teoria del diritto contemporanea,* in "Riv. dir. civ.", 1989, I, pp. 323 ss., e aos trabalhos de J. Esser. Denozza fala em *banalidade* dos resultados e da contribuição hermenêutica.

conclusão; além disso, Wroblewski ressaltou o possível uso do silogismo judicial como justificação interna, dotada de um "núcleo racional", da decisão; justificação interna, "pois ela não põe à prova a fundamentação das premissas". "O papel da justificação externa", acrescenta Wroblewski, "é naturalmente enorme, mas não pode ser explicado por instrumentos lógico-formais", porém por "argumentos"[57]. A. Peczenik, porém, mostrou que no raciocínio jurídico a passagem das premissas à conclusão não tem características de "estritez" ou de implicação lógica, pois tal passagem ocorre por "transformações" (ou seja, "saltos"): transformações de premissas não jurídicas em conclusões de validade jurídica, ou (transformações "no" direito) de premissas em conclusões, todas internas ao direito válido[58]. No ensaio *The Foun-*

---

57. *Legal Syllogism and Rationality of Judicial Decision*, in "Rechtstheorie", 5,1, 1974, trad. ital. de P. Comanducci: *Il sillogismo giuridico e la razionalità della decisione giudiziale*, in *Analisi del ragionamento giuridico*, I, cit., pp. 296-7. Wroblewski prossegue: "O papel da lógica informal ou lógica da argumentação não está, pois, ameaçado pelo uso da justificação silogística. Ao contrário, essa justificação poderia servir como um argumento a favor do papel decisivo das valorações e das escolhas na determinação das premissas da decisão judicial" (*ibid.*). Em certo sentido, essa opinião de Wroblewski tem afinidade com uma observação de G. TARELLO, in *Diritto enunciati usi*, cit. Segundo Tarello, a maior fidelidade do raciocínio dos juristas aos tipos lógicos, como a que ele considerava recomendada por U. Scarpelli, só teria servido para tornar o "raciocínio" mais seguro: mas suprimir os característicos argumentos jurídicos não aumentaria a certeza do direito, pois poria a nu "premissas e assunções", impedindo sua "racionalização" (*id.*, p. 432, nota). A questão pode, portanto, ser formulada em novos termos: o uso de "tipos lógicos" pode convir somente à justificação interna e pode produzir o resultado de isolar e circunscrever as questões relativas às premissas e à justificação externa. Mas pôr a nu estas últimas postula a necessidade, para fins de justificação (externa), do recurso à "lógica informal" (da argumentação). Para uma consideração crítica do ensaio de WROBLEWSKI, ver *Osservazioni in margine* de P. COMANDUCCI, in *L'analisi del ragionamento giuridico*, I, cit., pp. 299 ss.

58. Segundo Peczenik a conclusão "A constituição é juridicamente vinculante" não se segue dedutivamente da premissa "Existem certos fatos sociais e são satisfeitas certas exigências de valor"; desta passa-se àquela, porém, porque (*e se*) é aceita autonomamente a *Grundnorm*, segundo a qual uma constituição é vinculante se dotada de efetividade e de certos conteúdos substanciais. No *interior* do direito, então, como no exemplo usado em *Osservazioni in*

dation of Legal Reasoning (1981)[59], escrito por Aarnio, Alexy e Peczenik, insiste-se então na necessidade de que as "transformações" sejam justificadas racionalmente, admitindo-se que não existem regras de justificação em condições de produzir uma e uma só conclusão. São assim prescritas regras de justificação racional e configura-se um modelo de discurso racional que tende a conferir *aceitabilidade* ao raciocínio jurídico (no sentido que especifico em breve).

O discurso racional é em geral apresentado como um entrelaçamento entre dois tipos de racionalidade, a *lógica* (fundada em regras e tipos lógicos) e a *discursiva* (de que tratou sobretudo, R. Alexy). A última compreende, entre outras coisas, o requisito da "congruência". Está claro, de fato, que o raciocínio jurídico não procede apenas por deduções lógicas ou por analogias, mas pode oferecer soluções diferentes, *uma das quais logicamente coerente*[60], soluções cuja diversidade pode decorrer da opção por *premissas* interpretativas diferentes, premissas entre as quais pode haver juízos de valor capazes de influenciar a diferente escolha de um "argumento" ou de um critério interpretativo e não de outro, de um significado e não de outro (entre os semanticamente válidos ou possíveis) do mesmo texto normativo, do vínculo entre um texto normativo e uma ou outra norma do ordenamento etc.

A justificação racional recorre (deve recorrer) a uma "mescla de argumentos jurídicos, empíricos e morais"[61].

---

margine de R. GUASTINI, a conclusão *Fulano deve pagar impostos* não se segue das premissas *Todos os cidadãos italianos devem pagar impostos* e *Fulano é filho de italianos*. O raciocínio não é estrito. Há um salto que, segundo a teoria das transformações, é preenchido pelo acréscimo de outras premissas (por sua vez passíveis de ser rejeitadas) do tipo: *Os nascidos de pais italianos são cidadãos italianos* (portanto *Fulano é cidadão italiano*).

59. Publicado em "Rechtstheorie", 12, 1981, e traduzido parcialmente para o italiano por R. Guastini, em *Analisi del ragionamento giuridico*, I, cit., pp. 121 ss.

60. Cf. A. AARNIO, *The Rational as Reasonable*, Dordrecht, 1987, p. 196.

61. A. AARNIO, *Argumentation Theory and Beyond: Some Remarks on the Rationality of Legal justification*, in "Rechtstheorie", 4 (pp. 385 ss.) trad. ital. de P. COMANDUCCI: *La teoria dell'argomentazione e oltre*, in *L'analisi del ragionamento*, org. P. Comanducci e R. Guastini, Turim, 1987, p. 227.

Quanto à racionalidade discursiva, é exposta por R. Alexy, no âmbito de uma teoria denominada "procedural" (que indica um procedimento determinado, um sistema de regras por seguir, para tornar racional uma justificação). Não é possível descrever aqui o complexo sistema apresentado por Alexy[62], que enumera cinco grupos de regras e um grupo "que contém diferentes formas de argumento"[63], ressaltando, além disso, que o caso específico de discurso prático, que é o discurso jurídico, é circunscrito por uma "tríplice limitação, que não está presente no discurso prático em geral: (1) a aceitação das normas jurídicas válidas; (2) a devida consideração dos precedentes; (3) a relação com a dogmática desenvolvida em âmbito acadêmico"[64].

O discurso jurídico chega a opiniões normativas (ou interpretações) que gozam de um status diferente do discurso da verdade e são consideradas válidas se "congruentes" com o material interpretativo (entendido como coincidente com as fontes credenciadas do direito): essa "congruência" é, portanto, mais um requisito do discurso jurídico racional. *Aqui ele não recorre ao conceito de coerência (consistency)* (ausência de contradição entre proposições), porém ao conceito mais fraco e lato de *congruência (coherence)*, que está por "compatibilidade"[65]. A congruência é uma justificação real-

---

62. Alexy apresenta por sua vez, no ensaio acima citado, uma versão abreviada do exposto em R. ALEXY, *Theorie der juristischen Argumentation*, Frankfurt a. M., 1978, e *Eine Theorie der praktischen Diskurses*, in W. Oelmuller (ed.), *Normenbegründung-Normendurchsetzung. Materialen zur Normendiskussion*, II, Paderborn, 1978.

63. Relativos, respectivamente, à interpretação, à argumentação dogmática, ao uso dos precedentes, ao uso da argumentação prática em geral, ao uso da argumentação empírica, aos modos simplesmente jurídicos de argumentar (AARNIO, ALEXY, PECZENIK, *op. cit.*, p. 158).

64. *Id.*, p. 159.

65. Como veremos em breve, quem também trata da congruência é MacCormick. Por ora, aceitamos simplesmente o fato de que a compatibilidade ou congruência indica um requisito de sentido entre proposições dificilmente passíveis de submeter-se a regras, abrangendo os casos em que não subsiste nenhuma contradição (ou incoerência). Os discursos podem ser incongruentes mesmo sem consistir em proposições falsas ou contraditórias.

mente "frágil" da opinião normativa, pois não oferece fundamentos que tornem absoluta ou objetivamente preferível uma solução a outra (também "compatível").

No entanto, o discurso jurídico não é obrigado a respeitar apenas a congruência, mas também as regras da racionalidade discursiva (e não discursiva) já mencionadas. Ademais, o arbítrio da interpretação é eventualidade de fato não habitual porque existe uma comunidade *jurídica* que não aceita uma interpretação qualquer: logo, o discurso jurídico chegará à escolha de uma interpretação válida desde que capaz de obter consenso (e isso depende, justamente, da *aceitação* pela comunidade jurídica). Mas o critério que o intérprete "deveria" seguir não é o da aceitação efetiva (que pode ser devida a fatores irracionais ou às mais variadas razões, além de poder modificar-se).

O intérprete tende (ou deve tender) a garantir a aceitação por meio de uma proposta interpretativa *aceitável*, ou seja, dotada da capacidade de corresponder aos critérios de *aceitabilidade* próprios da comunidade jurídica.

Em linhas gerais, uma interpretação possuirá aceitabilidade racional se puder ser aceita por pessoas racionais que usam sua racionalidade. Portanto, é essencial que o consenso seja perseguido por meio do discurso racional (não baseado em razões casuais ou em fatores irracionais etc.)[66].

Por exemplo, "O contrato é o acordo entre duas ou mais partes. O erro é essencial. Portanto o primeiro-ministro imediatamente apresentou as demissões". Para uma breve amostragem de hilariantes expressões que não "fazem sentido", cf. R. GUASTINI, in *Analisi e diritto*, I, cit., pp. 209-10. Guastini considera insuficiente o requisito da congruência, porque ele é o discrime entre raciocínios, e não entre raciocínios aceitáveis ou não. No entanto, é provável (especialmente levando-se em conta o trabalho de MacCormick, sobre o qual ver *infra*) que por congruência se possa entender algo mais, ou seja, por exemplo, a prova de resistência da decisão a um conjunto de normas e de valores ou princípios positivados no conjunto do sistema jurídico, e não a uma referência mínima, excessivamente circunscrita, como não raro ocorre, por exemplo, com a simples referência ao chamado significado literal de um texto normativo.

66. Sobre esses critérios, cf. AARNIO, ALEXY, PECZENIK, *I fondamenti del ragionamento giuridico*, cit., pp. 181-6.

Mas isso não é tudo: o discurso racional, segundo Aarnio, não implica que os valores possam ser demonstrados como fatos objetivos. Para entender o motivo cabe lembrar que o discurso racional entre dois sujeitos é possível porque é possível justificar preferências (e desde que o seja), remontando a outros juízos de valor subjacentes, e assim até escolhas últimas (que não podem mais ser justificadas). Essas escolhas últimas constituem a fronteira da "forma de vida" na qual o raciocínio se desenvolve[67]. O sentido dessa exposição da aceitabilidade (racional) não está portanto na referência da justificação a uma comunidade racional "desencarnada", que disponha de uma racionalidade universal e abstrata, mas sim a um "auditório" determinado que tem a extensão da "forma de vida"[68]. Esse auditório, segundo Aarnio, é caracterizado por elementos comuns: os sujeitos a ele pertencentes comungam uma mesma linguagem, podem dispor dos mesmos dados empíricos (e das mesmas convicções epistemológicas), compartilham um número suficiente de valores comuns, mas, sobretudo, comungam alguns valores últimos, fundadores, quanto à vida humana e à sociedade etc., portanto também comungam os critérios

---

67. O conceito de forma de vida, enunciado por Wittgenstein (ver acima), é retomado por possibilitar compreender "por que é possível chegar em geral ao consenso sobre algo, mas também por que não é possível o acordo total sobre várias questões [...]. O conceito wittgensteiniano de forma de vida fixa ao tempo mesmo os limites da *racionalidade*. O próprio Wittgenstein observa que não se pode transitar de uma forma de vida a outra com base em argumentações racionais. Tal transição é uma questão de *persuasão*. Em suma, o discurso racional é possível só dentro dos limites fixados por uma forma de vida, no âmbito de certa forma de vida. Pode ocorrer, portanto, que as mesmas regras de racionalidade sejam observadas em duas diferentes formas de vida e que, no entanto, se chegue a conclusões diferentes, uma vez que os critérios fundamentais são diferentes nas duas formas de vida" (AARNIO, ALEXY, PECZENIK, *I fondamenti del ragionamento giuridico*, cit., p. 184). Mas ver também AARNIO e PECZENIK, *Suum cuique tribuere. Some Reflections on Law, Freedom and Justice*, em "Ratio Juris", 8, 2, 1995, pp. 167-8.

68. "O auditório é o 'lado pessoal' da forma de vida. É composto pelas pessoas que participam de uma mesma forma de vida" (*I fondamenti del ragionamento giuridico*, cit., p. 186).

fundamentais por meios dos quais se fundamentam suas escolhas. Logo, a aceitabilidade racional (ao invés de querer impor-se como verdade de uma interpretação)[69] é obtida pela observância dos critérios cabíveis ao âmbito de um auditório não universal, definido pela forma de vida (e no que se refere à aceitabilidade racional em âmbito *jurídico*, ela depende *também* do respeito aos critérios específicos credenciáveis na comunidade jurídica correspondente)[70].

Neil MacCormick também contribuiu de maneira significativa para o raciocínio jurídico com suas análises, tratando em especial do conceito de congruência. Ele define como congruência *normativa* a que diz respeito ao fato de determinado grupo de normas "estar junto", "fazer sentido" e como congruência *narrativa* a que se refere à decorrência de algumas conclusões empíricas da alegação de fatos ou de provas[71]. A congruência de normas (ou congruência normativa) "é questão de 'fazer sentido', em virtude de serem racionalmente correlatas, instrumental ou intrinsecamente, como um conjunto, ou pela realização de um valor ou mais valores em comum; *ou então* pela aplicação de um princípio ou mais princípios em comum"[72].

---

69. A. AARNIO, *The Rational as Reasonable,* cit., p. 227, escreve: "There can be more than one 'true' standpoint in society quite dependent on the starting point."

70. Em suma, Aarnio procurou aperfeiçoar a concepção de auditório, que, como vimos, é própria de Perelman; portanto, para determiná-la ele a distingue: a) de uma concepção *universal* (todos os indivíduos dotados de capacidade racional, livres de condicionamentos, não dispostos à *persuasão* emotiva mas à *convicção* em bases argumentativas); b) de uma concepção *concreta* (um conjunto específico de sujeitos, aqui e agora), propondo um auditório *ideal* (porque pressupõe que seus membros sejam racionais), mas não universal, e relativamente "concreto" (porque o auditório está associado à adoção de alguns valores comuns, portanto é social e culturalmente determinado).

71. Aqui nos deteremos na congruência *normativa*. Sobre a congruência *narrativa,* cf. N. MacCORMICK, *La congruenza nella giustificazione giuridica,* in *L'analisi del ragionamento giuridico,* I, cit., pp. 255 ss. (o ensaio encontra-se também em MacCORMICK-WEINBERGER, *Il diritto come istituzione,* trad. ital. de M. La Torre, Milão, 1990, cap. XIII).

72. *Id.,* p. 247.

Esta outra definição da congruência possibilita maior compreensão do seu uso no raciocínio jurídico. Podemos considerar que uma norma jurídica (pertencente a certo setor normativo) é *congruente* quando pode reportar-se a caso particular de um dos princípios mais gerais que informam aquele setor normativo a que a norma em questão diz respeito[73]; tal princípio, por sua vez, deve poder mostrar-se dedutível em conformidade com escolhas últimas que constituem os princípios de implantação (e os limites) de todo o sistema.

Sempre que a verificação da congruência nos levar a questões particularmente elevadas, ou seja, a raciocinar com base em valores decisivos, últimos, nesse caso a prova da congruência não consiste mais apenas no fato de algumas normas ou interpretações 'fazerem sentido' com outras normas ou com outros princípios mais gerais e mais universais, porém no fato de tais valores e tais princípios 'fazerem sentido' com uma idéia global de nossa vida em sociedade que nos pareça aceitável ou satisfatória[74].

A congruência normativa torna-se, outrossim, critério da interpretação judiciária também, porque a conclusão in-

---

73. Uma norma deve poder ser congruente com um princípio e/ou valor "pertinente": suponhamos que o valor (entendido como o estado de coisas considerado desejável) pertinente seja, por exemplo, representado pela segurança viária, e que o princípio geral relativo seja que a vida humana não deve ser prejudicada pelo trânsito viário; então será congruente qualquer conjunto de normas ou qualquer norma que pareça racionalmente correlata com esse valor e esse princípio (para MacCormick não se inclui a norma que diferencie a velocidade dos veículos em razão de sua cor, pois isso não garante nada em relação à segurança e além do mais está em conflito com um critério de justiça – não se pode ser penalizado *ex post facto* simplesmente por ter escolhido certa cor –, ou com um (outro) valor fundamental para um ordenamento jurídico) (*id.*, p. 244).

74. MacCormick escreve: "No nível dos princípios ou dos valores de grau mais elevado há outro requisito de congruência: aquele segundo o qual, depois de devidamente organizados os princípios e/ou os valores segundo escala de prioridades, se considere que na sua totalidade eles exprimem uma forma satisfatória de vida" (*id.*, p. 247).

terpretativa pode ser justificada como aquela que *melhor*[75] responde pelo ordenamento como um *corpus* por sua vez congruente (ou seja, capaz de fazer sentido interior e globalmente). Em outros termos, a congruência nos obriga a responder pelas interpretações como *derivadas* ou *deriváveis* de um sistema congruente com os seus princípios gerais: o que não significa a possibilidade de demonstrar que tais princípios são justos ou comungáveis quanto ao conteúdo, nem significa que são *defensáveis* do ponto de vista moral[76]. A congruência mostra-se então como critério que, mesmo se referindo a valores e princípios de um ordenamento, não defende seu aspecto substancial ou moral, não pode nem pretende garantir que o direito seja interpretado segundo justiça (em sentido moral), e não se pergunta, por exemplo, qual é, abstratamente, a solução "justa" de um caso, mas apenas qual é a solução compatível ou conforme com o sistema jurídico.

Essa conclusão a que chega o critério da congruência segundo MacCormick circunscreve, portanto, o objetivo da justificação jurídica dentro de limites que parecem diferentes daqueles a que aspira o modelo, mais abrangente, de justificação construído por Aarnio.

Este último pretende responder à demanda de *certeza* do direito, essencial às nossas democracias, com uma correlação decisiva entre sistema *jurídico* e *forma de vida*: os cidadãos devem poder esperar decisões previsíveis (consideradas as características do próprio ordenamento jurídico) mas

---

75. Como foi justamente observado, a congruência, à diferença da coerência, é uma *questão de graus,* ou seja, é possível encontrar outra solução que seja mais ou menos congruente. Cf. P. COMANDUCCI, *Osservazioni in margine,* in *Analisi del ragionamento giuridico,* I, cit., p. 275.

76. MacCORMICK, *La congruenza*, cit., p. 254. O juiz, no sistema jurídico nacional-socialista, teria o dever de interpretar o direito como congruente (como produto de um legislador capaz de produzir um *corpus* jurídico congruente), ou seja, "em conformidade com aquilo que se supõe como valor por parte daqueles que são responsáveis pelo seu conteúdo (por exemplo, a pureza racial segundo vários setores do direito nacional-socialista)" (*ibid.*).

também dotadas de uma justificação comungável quanto aos valores fundamentais que exprime. Os critérios da aceitabilidade racional da justificação jurídica para Aarnio são tanto os pertencentes ao sistema jurídico (à comunidade jurídica) quanto à "forma de vida".

Isso significa em primeiro lugar que Aarnio dá uma definição de certeza do direito que não assenta na simples previsibilidade das decisões, mas também na legitimidade substancial de seu conteúdo; em segundo lugar, que tal legitimidade não é medida nem mensurável apenas com referência ao sistema jurídico e a uma possível interpretação global e congruente dele, mas requer, se assim se pode dizer, uma segunda e outra "congruência" que interligue decisão, justificação, sistema jurídico e *forma de vida*.

Está claro que a aceitabilidade racional assim delineada não é de per si incompatível com um sistema social informado por "valores" que nos sejam estranhos, ainda que seja possível a hipótese de uma congruência recíproca do sistema jurídico com a forma de vida dominante. A aceitabilidade racional, neste sentido, não é em si uma demanda de justiça segundo parâmetros universais e absolutos das decisões[77].

Ao contrário, é plausível afirmar que uma democracia, exatamente pelas características específicas da relação entre governantes e governados, não pode ou não poderia suportar, no longo termo, uma *incongruência substancial* entre as justificações que se harmonizam com os princípios informadores do sistema jurídico, por um lado, e as conotações da "forma de vida" correspondente, sobretudo em termos de concepção da justiça, por outro lado. Aliás, seria possível dizer que o modo prescrito por Aarnio é pertinente para as democracias, visto que nelas a incongruência entre forma de

---

77. AARNIO na verdade reconhece, desde o início de seu *The Rational as Reasonable*, cit., p. XV, que há "uma combinação entre direito e moral", pois a justificação se refere freqüentemente a "razões substanciais" e o "direito deve ser ligado a valores e valorações". Mas não sustenta uma teoria objetiva dos valores morais.

vida e sistema jurídico deveria ser inexistente por definição ou mereceria ser progressivamente resolvida, em razão do princípio democrático.

Por isso a justificação, como mencionei várias vezes, torna-se momento-chave para o equilíbrio interno de uma sociedade democrática. Aarnio insiste no fato de que não se satisfaz a demanda de certeza do direito quando são garantidos apenas seus pressupostos em sentido estrito, ou seja, quando a decisão simplesmente não dá a impressão de ser *arbitrária* e parece "correta", uma vez que ela ainda assim poderia estar *sistemática e substancialmente equivocada*[78]. A expectativa de certeza do direito é de fato um fenômeno cultural[79] e como tal implica que o direito não deve produzir apenas previsibilidade mas também decisões "culturalmente" aceitáveis nos termos da concepção comum de justiça.

Essa definição da certeza do direito é extremamente importante, pois reflete algumas modificações históricas na vida dos Estados constitucionais e tem provavelmente pretensão sociológica mais atual do que a concepção mais comum, antiga e tradicional, que se esgota na exigência de previsibilidade do direito. Pode-se notar, outrossim, uma correspondência entre a concepção tradicional de certeza do direito como previsibilidade e a congruência comum, por um lado, e também uma correspondência entre a concepção ampla (proposta por Aarnio) de certeza e a aceitabilidade racional, por outro lado. De fato parece evidente que a idéia de compatibilidade entre a decisão e uma reconstrução congruente do *sistema jurídico* satisfaz essencialmente à expectativa de certeza como previsibilidade.

No entanto, ainda é preciso citar mais uma complicação da questão. Se admitirmos que o sistema jurídico nos Estados constitucionais contém em si (positiva) certo elenco de valores e princípios, por qual motivo o intérprete teria necessidade de buscar *outras* normas morais e sociais além do

---

78. AARNIO, *The Rational as Reasonable*, cit., p. 3.
79. *Id.*, p. 5.

direito[80], como pretende Aarnio? O fato de que a Constituição positiva alguns valores e princípios (fundamentais numa ampla "forma de vida") não deveria garantir a auto-suficiência da justificação jurídica como referência apenas à congruência com o sistema jurídico? A resposta a essa pergunta pode ser provisória e corre o risco de ser simplista. O fato é que exatamente essas assunções de valor, consagradas nos textos constitucionais, exigem que o intérprete, se quiser corresponder-lhes, exerça atenta atividade hermenêutica; elas são a fonte principal das mais opostas ações interpretativas e não podem ser traduzidas em significados a não ser com referência àquele auditório que é medida última de sua aceitabilidade racional. Essa a que dei o nome de *segunda congruência* choca-se com as principais concepções do positivismo jurídico, capazes de chegar no máximo até a primeira, ou seja, capazes de reconhecer os elementos ou as pretensões de "moralidade" ou de justiça positivados no sistema jurídico, mas não os conteúdos que devem ser extraídos *exteriormente*.

O modelo "analítico" para a justificação jurídica não está por certo imune a limites, mas mostra-se mais perspícuo do que o modelo baseado no conceito de "horizonte de expectativa", exatamente em virtude da *idealização* que lhe acrescenta, consistente na acolhida da concretude (em termos de especificidade cultural do auditório) sem renunciar à pretensão transcendental do respeito a condições racional-ideais do discurso racional. A formulação específica do conceito de auditório, associada à de aceitabilidade racional (e dos relativos critérios), imporia (e reconheceria) ao juiz não tanto a tarefa de perseguir o consenso do auditório como tal ou de ir simplesmente ao encontro de suas pretensões de sentido[81], quanto a de confrontar-se com um auditório deli-

---

80. *Id.*, p. 5.
81. Conseqüência esta que parece implicada pela referência hermenêutica ao chamado "horizonte de expectativa": isso produziria ou um excessivo nivelamento do juiz com as orientações espontâneas de certa comunidade ou, ao contrário, caso tal comunidade se imaginasse plural e não unívoca, conferiria ao juiz um espaço de escolha incontrolável.

mitado por profundas convicções fundamentais, mas entendido no exercício das suas melhores capacidades racionais[82].

6. Arcabouço e escolhas

Não se pode ocultar que, no fundo, há o consolo de um otimismo de cunho iluminista: em primeiro lugar, o sentido de uma realidade social cujos valores comuns seja possível apreender; em segundo lugar, a confiança de que a razão pode impedir o nivelamento com a contingência, com as preferências simplesmente mais disseminadas, ainda que injustificáveis. É o esforço de usar um modelo de racionalidade para obter o controle dos conteúdos da decisão[83].

O problema é que as hodiernas sociedades ocidentais se caracterizam por uma evidente dispersão de valores comuns. Não constituem um porto seguro para o intérprete. O trabalho hermenêutico pode servir no mais das vezes para aclarar os conflitos entre valores ou entre diferentes concepções (ou interpretações) deles. O uso da racionalidade argumentativa deveria então intervir para justificar uma escolha, mas é preciso levar em conta – como em muitos aspectos ensinou o prescritivismo em filosofia do direito – que se trata do exercício de um poder de escolha, cuja verificabilidade não elimina a marca de decisão e a intrínseca e inevitável seletividade; por outro lado, não se pode confundir o resultado atingido com uma conciliação. O direito pode ser e é, de fato, "terrível", mesmo quando a exclusão não preci-

---

82. O conceito de horizonte de expectativa, exposto pela hermenêutica "dialética" de Gadamer a Esser, associado ao de pré-compreensão, parece atribuir à sensibilidade cultural do juiz e à sua "leitura" da realidade um papel ao mesmo tempo maior e mais indefinido; a correspondência com um horizonte *concreto* de expectativa (que também é sempre bastante equívoco) no fundo talvez pareça menos seguro do que a estilização (quiçá) mais ideal do auditório racional realizada por Aarnio.

83. Cf. sobre o tipo de racionalidade, L. GIANFORMAGGIO, *La nozione di procedura nella teoria dell'argomentazione,* in *Analisi e diritto* (1994), Turim, 1994, pp. 153 ss.

se submeter-se a uma autoridade imperscrutável e apodítica, mas à força das boas razões. O real papel desempenhado pela racionalidade até aqui invocada consiste na determinação dos meios para a perseguição de um ideal regulador, em virtude do qual se tende a integrar às razões do direito, entendidas como a férrea lei do estatuído, as razões da razão, voltadas a evitar as menos aceitáveis formas de irracionalidade e quem sabe também – mas numa noção sempre lata e provisória – de injustiça.

De qualquer maneira, é a partir dessa matriz hermenêutica, que põe a justificação no centro (bem como, em vários casos, é a partir de premissas de *construtivismo epistemológico*) que ganham corpo a consideração do direito como processo e a convicção de que a positividade é um resultado que se está continuamente tentando atingir, um itinerário não redutível à alternativa entre significados dados e significados criados. Se, também por meio do ensinamento extraído de Wittgenstein, essa perspectiva aborda o direito como prática social de tipo interpretativo, tal conseqüência depende sobretudo da apresentação da norma sempre como produto interpretativo em condições de delimitar e de condicionar as práxis interpretativas ulteriores, mas sem poder jamais anular suas qualidades críticas.

Com efeito, posta nas sociedades pluralistas, portanto em coletividades não caracterizadas pela comunhão de um conjunto hierarquizado de valores, essa consciência adquirida não deixa de corresponder, globalmente, à crise histórica de um paradigma, de refletir de maneira realista o atual modo de ser do direito. Mas exatamente por esse motivo ela não pode deixar de reconhecer o implícito relativismo dessa crise, que acaba por se mostrar um caminho passível de ser percorrido, porque capaz de refletir as condições pluralistas das formas de vida de referência. Em tal contexto, é indispensável ressaltar, por um lado, a não-arbitrariedade dos processos hermenêuticos, a sua confrontação com espaços interpretativos já delimitados conquanto novamente definíveis, e, por outro lado, a centralidade da justificação contextualizada.

Os ideais filosóficos da hermenêutica, por um lado, e do jusnaturalismo, por outro, da compreensão e da mudança, assim como da aproximação à justiça, nos moldes do positivismo jurídico pareciam aspirações deontológicas legítimas, objetivos de importância ético-política que deveriam ser buscados também por meio do direito, mas que eram estranhos como tais à ciência ou ao conhecimento típico deste. Se o direito é um processo de formação da positividade e depende de uma prática social complexa, se o seu itinerário está centrado em aspectos dinâmicos e construtivos que giram em torno da justificação, por sua vez tributária de um confronto articulado entre escolhas de valor, então as assunções indiscutíveis do antigo positivismo e do jusnaturalismo são de fato postas à margem. Essa concepção não pode ser assimilada, obviamente, nem ao positivismo normativista nem ao cognitivismo implícito no jusnaturalismo. Mas então (as posições portanto se invertem) deveria poder apreender de ambos duas exigências que eu chamaria de "reguladoras". O positivismo normativista contém acima de tudo uma forte instância de formalidade e de estabilidade estrutural: ainda que seja possível atacar suas bases epistemológicas e teóricas, no plano simplesmente descritivo é também verdade que as condições para a explicação do direito como fazer-se progressivo se situam justamente no arcabouço formal e estrutural do sistema, arcabouço tão mais sólido quanto melhores condições tem de suportar a mudança e de submetê-la a regras predeterminadas. A positividade não é o que impede a mudança, mas o que a possibilita; o direito não tem de fato o status da infinita criação, mas o da evolução.

As regras que, de modo genérico, podemos chamar regras de estrutura, de organização, regras procedurais etc. não são, como tais, isentas de vagueza, de incerteza, de lacunas, não são necessariamente mais unívocas (por exemplo porque não contêm termos valorativos)[84], mas, apesar disso, se

---

84. Ver em particular M. JORI, *La cicala e la formica*, in L. GIANFORMAGGIO (org.), *Le ragioni del garantismo*, Turim, 1993, pp. 66 ss.

vistas no conjunto das relações que instituem, são reconhecíveis como portadoras de uma lógica de funcionamento não análoga à conteudística; não incorporam diretamente "planos de meta" contingentes ou variáveis reguladoras dos processos sociais. Não seguem o processo interpretativo de *adequação* (evolução) no sentido de tenderem (a renovar sua própria capacidade de responder) a valores concretos múltiplos (igualdade substancial, direito ao trabalho, à saúde etc.), mas só e exclusivamente a um valor "formal" (previsibilidade, coerência, predeterminação dos procedimentos). Pois bem, o ideal indicado pelo positivismo jurídico é coincidente com a inevitabilidade desse aspecto, com a positividade como pressuposto da mudança, com a tutela do valor "formal" da estrutura, com a "pureza" da lógica de funcionamento; esse ideal consiste na resistência do "arcabouço" à mudança que opera por meio do juízo em (mutáveis) bases substanciais. Arcabouço que, por outro lado, constitui a pré-condição de qualquer possibilidade ou realidade do direito como prática interpretativa[85].

Um segundo ideal regulador que seria útil extrair do juspositivismo normativista é a consciência vigilante da não-neutralidade dos processos hermenêuticos como processos valorativos. A justificação das conclusões interpretativas não só é aceitável dentro do *respeito a regras* (argumentativas, e procedurais sobretudo), como vimos, mas deve poder distinguir entre estas e o *valor ético-político* das opiniões interpretativas selecionadas exatamente por meio do processo da justificação. É de fato evidente que a justificação nunca se dá de maneira definitiva (e realmente as conclusões interpretativas podem variar), porque isso fecharia a via do direito como processo; mas o status não definitivo das decisões mostra que elas são sempre resultado de uma prescrição in-

---

85. Não se pretende afirmar que o "arcabouço" contém regras de estrutura isentas de conteúdos, regras válidas para qualquer ordenamento: essas regras não existem; todo arcabouço atende à lógica de funcionamento de um ordenamento e de um Estado, ou no máximo de um tipo ou de uma forma de Estado.

tersubjetivamente selecionada, segundo critérios de seletividade, de inclusão/exclusão, e não podem projetar-se como verossimilhanças provisórias nem simplesmente como *decisões* responsáveis, ainda que segundo regras predeterminadas (por sua vez fruto da escolha fundamental de um valor "formal"específico).

O jusnaturalismo, porém, tem condições de abordar o direito como prática interpretativa e como processo, por meio de uma variação da versão ontológica da hermenêutica, ou seja, do reconhecimento da raiz propriamente humana da capacidade de compreensão, de reportar-se a valores e de atribuir realidade ao fenômeno do "direito" (cf. cap. III, §§ 4 e 5). Dentro da concepção do direito como processo interpretativo é totalmente ocioso construir obstáculos de acesso a esse jusnaturalismo: por mais metafísica ou objetivista que possa parecer a convicção de fundo de quem parta à procura de uma condição estável de *verdade,* a ser atribuída em última instância a uma ordem *natural* das coisas, não há oposição nem à convicção da positividade como *fazer-se* nem às regras da justificação[86]. E exatamente em virtude disso, o jusnaturalismo continua como fonte de um ideal regulador, justificação externa para acesso a um sistema de condições, de procedimentos, de práticas interpretativas, em suma, ao *discurso racional,* justificação que cada um tem a liberdade de adotar, mesmo de maneira relativista, mas em ambos os casos não sem uma correspondente responsabilidade de escolha.

7. O caso Dworkin: direitos morais e *integrity*

Se olharmos no conjunto as orientações de pesquisa e as concepções do direito contidas na hermenêutica, mesmo

---

86. Entre outros, cf. por exemplo F. VIOLA, *The Judicial Truth: The Conception of Truth in Judicial Decision,* in L. GIANFORMAGGIO, S. L. PAULSON (eds.), *Cognition and Interpretation of Law,* cit., pp. 203 ss.

com referência à relevante contribuição de matriz analítica, perceberemos que um dos problemas de fundo para os quais a interpretação nos leva é a relação entre a transformação do direito e sua estabilidade, entre o direito posto e o direito que se conforma a valores, entre o direito como decisão e o direito como fato moral.

Não podemos negar que cada uma das concepções mencionadas aspira a superar a oposição, herança reformulada da oposição entre jusnaturalismo e juspositivismo, oposição considerada obsoleta e incapaz de representar o direito como ele é.

Assim, a obra de Ronald Dworkin também toca o cerne do problema, tomando como objetivo um direito capaz de superá-lo. O intérprete (juiz) deveria ter condições de escapar ao dilema entre *descoberta* do direito, como valor objetivo-natural, e *decisão*. A atividade interpretativa não deveria mostrar-se nem como *inventio* do direito nem como simples reprodução dos limites *postos* por suas "normas".

O trabalho de Dworkin nasce de uma tradição jurídico-constitucional tipicamente estadunidense, mais do que de um debate de teoria *geral* do direito. Por fim, *não* se vale de uma filosofia *analítica*[87], que se tornou de fato o método mais acreditado da teoria geral do direito.

Assim, *Taking Rights Seriously* (1977), a primeira obra que concentra o pensamento de Dworkin, com ampla ressonância internacional, enquadra-se no progressismo *liberal* americano dos anos 1970 e o interpreta sob um aspecto *diferente* da proteção do Estado social, do *Welfare*, herdeiro por sua vez da grande virada americana do *New Deal*. Aliás,

---

87. As críticas ao modelo dworkiniano como modelo não analítico são múltiplas e díspares quanto ao conteúdo. A título de exemplo, lembro aqui as de E. BULYGIN, *Norme, proposizioni normative, e asserti giuridici*, cit., que ressalta que o sucesso da obra de Dworkin deve ser atribuído à sua não-falsificabilidade, portanto não-verificabilidade, mostrando a confusão indevida entre normas e proposições normativas. Sobre a ausência de rigor analítico em Dworkin, produtora de conseqüências arbitrárias, ver A. PINTORE, *La teoria analitica dei concetti giuridici*, Nápoles, 1990, pp. 143-82 e *passim*.

para Dworkin esta última representava uma deformação do liberalismo, fundido com uma concepção de igualdade que lhe era estranha, ou seja, igualdade na distribuição dos recursos, igualdade que decorre de alguma concepção do bem comum e que subordina as escolhas individuais a algum objetivo ou obrigação para com a coletividade[88]. Não que a igualdade seja eliminada do discurso, mas, ao contrário, impõe-se como o princípio informador: princípio reformulado, porém, em sentido formal, como direito fundamental de cada um ao *equal concern and respect*, ao tratamento como "igual"e que se opõe radicalmente a uma teoria política *goal-based* (ou seja, baseada em objetivos coletivos, públicos). Na realidade, a teoria de Dworkin pretende ser também uma teoria *política*, porém centrada na reivindicação dos direitos (*right-based*) e tendente a qualificar-se como revisão crítica sistemática da política pública sob as luzes do constitucionalismo liberal americano.

Este último, desde as discussões do *Federalist*[89], parece incorporar, de um lado, a configuração de uma democracia republicana, baseada nas virtudes cívicas do cidadão, com o conseqüente repúdio à democracia igualitária, e por outro

---

88. Deve ficar claro que a posição de Dworkin não é individualista em sentido "liberalista", não corresponde à afirmação do egoísmo social contra o Estado protetor da eqüidade e "tutor" das classes desfavorecidas. Ela desempenha um papel radicalmente diferente, que corresponde à tentativa de favorecer o desenvolvimento da chamada *affirmative action*, instrumento de caráter geral disposto por normas legislativas e de execução administrativa e judicial, por meio do qual nos últimos trinta anos todas as minorias americanas tenderam a reequilibrar discriminações e todos os tipos ou posições de desvantagem associadas não tanto aos indivíduos, mas a estes como pertencentes ao grupo social determinado segundo um critério unitário. A difusão dessa atitude geral de respeito pelo status, atribuível à tutela da *affirmative action*, transformou-se com o tempo também numa pretensão geral em termos de usos e costumes cotidianos, no sentido da renovação da linguagem, com exclusão do léxico de expressões prenhes de "preconceitos" e a adoção de uma atitude *politically correct*. A bem da verdade, muitas vezes tudo isso se traduziu (e também foi assim percebido) numa subversão paradoxal e penosa do bom senso comum.

89. *Il Federalista*, M. D'Addio e G. Negri (org.), Bolonha, 1980.

lado o primado dos direitos de liberdade, com a conseqüente falta de confiança na soberania, no poder como organização potencialmente capaz de limitar e ameaçar os direitos dos indivíduos. As características do constitucionalismo americano informam todo o sistema estadunidense, conferindo-lhe peculiaridades que parecem relevantes (também) para compreender a perspectiva do próprio Dworkin. A concepção americana de soberania fragmentada entre os vários poderes, por exemplo, opõe-se à tradição européia que reforça sua unidade e configura uma organização central; a imputação (do exercício) da soberania, que a nossa tradição remete às assembléias legislativas, desloca-se para a vontade popular *na Constituição* (que não por acaso parte do sujeito: *We the People*). O Estado europeu continental concentra em si a representação unitária do interesse público, conceito este que se afirma na atividade administrativa do Estado e é interpretado por meio do poder legislativo; toda a organização visa a realizar (e pressupõe) a coerência e a coesão dos poderes públicos. Esse predomínio do Estado, que absorve o direito, é invertido nos EUA na afirmação da pluralidade dos sujeitos e no uso privado do direito como meio de oposição à ingerência dos poderes e contra o Estado; por fim, a própria cultura dos juristas, também pela tradição de *common law*, não desempenha um papel subalterno, mas arbitral e em todo caso de substancial independência em relação à "lei" (em sentido europeu)[90]. Por outro lado, a constituição americana (escrita) é garantida por uma Corte Suprema fortemente incisiva ao determinar as orientações em termos de princípios (constitucionalmente justificados, ainda que não explícitos na lei nem na práxis jurisprudencial ordinária), no deslindamento das controvérsias mais relevantes e difíceis para o sistema, na contraposição de seu próprio poder de

---

90. Sobre essas observações e para maior aprofundamento, cf. a primeira parte deste trabalho; importante é o livro de L. COHEN-TANUGI, *Le droit sans l'état*, Paris, 1985; e também os ensaios contidos em T. BONAZZI (ed.), *La Costituzione statunitense e il suo significato odierno*, Bolonha, 1988.

controle ao poder legislativo parlamentar: de tal forma que, a partir da própria práxis constitucional e da jurisprudência da Corte Suprema, Dworkin se opõe facilmente ao objetivo que o positivismo normativista de Hart escolhe (e muitas vezes reformula) como seu principal interlocutor. *Taking Rights seriously* mostra assim que não só as normas, postas e vigentes no ordenamento, mas também os "princípios" concorrem para constituir o sistema, em cuja base o direito é "adjudicado". As exigências morais e os direitos dos indivíduos, preexistentes ao processo, seus "direitos morais" não são estranhos ao sistema, mas fazem parte integrante dele. Os princípios são portanto imanentes ao ordenamento, pois estão presentes na constituição americana e constituem um limite à atividade judiciária, que deve levá-lo em conta assim como faz com as "normas"; os primeiros, de resto, intervêm na determinação da solução dos casos em razão de sua importância e de seu peso, portanto de modo diferente das normas, que se aplicam ou não a um caso (a dimensão do tudo ou nada)[91]. Os casos difíceis (*hard cases*) em que não é fácil identificar "normas" ou para os quais elas não estão disponíveis, em *Taking Rights seriously,* são o pressuposto para o recurso aos tipos de *standard* que não são normas: mas entre normas e princípios há uma relação ainda mais estreita, pois cada norma tem atrás de si um princípio, ao qual é em certa medida vinculável. A direção na qual a centralidade dos princípios se exprime é portanto a da superação do positivismo das normas, segundo o qual (*rule-book conception*) a norma posta salvaguarda os direitos dos cidadãos junto aos poderes do Estado; mas de novo, os *hard cases,* isentos de uma *settled rule,* só podem ser resolvidos por meio do recurso aos princípios (por sua vez, segundo a contraposta *right-thesis*), que são funcionais para a tutela dos direitos "morais" dos indivíduos.

---

91. R. DWORKIN, *I diritti presi sul serio,* trad. ital. de F. Oriana, Bolonha, 1982, p. 93. [Trad. bras. *Levando os direitos a sério*, São Paulo, Martins Fontes, 2002.]

Os juízes não devem argumentar com base em considerações de política do direito (para fins de *policy*), que enfatizam as conseqüências ou os objetivos das decisões em termos de bem-estar coletivo, mas sim, como mencionamos, em termos de *principles*: não lhes compete perseguir os interesses da comunidade, mas garantir e "adjudicar" os direitos, tutelar *nesse sentido* a justiça e a correção moral das decisões. O caráter "liberal"da garantia dos direitos é reinterpretado de tal modo que escapa a qualquer versão harmonizadora dos direitos individuais com hipóteses globais de *política social*, orientadas por postulados como o bem comum, o interesse público, portanto tendentes a reformular o tema dos direitos em termos "conseqüencialistas"ou, em linha geral, utilitaristas. O limite dessa abordagem, em termos de *policy*, ao problema dos direitos está na subordinação destes últimos a considerações de justiça substancial, de custos e benefícios coletivos, portanto na subordinação dos direitos dos indivíduos às oscilantes premissas postas pelas maiorias políticas e, no seu conjunto, pelo *Government*. Por isso, na teoria de Dworkin, a posição dos *juízes* assume absoluta centralidade; eles são intérpretes de um constitucionalismo entendido *tout court* como tutela dos direitos individuais contra o poder das *maiorias*.

É nesse horizonte (com grande capacidade de introduzir-se utilmente no debate europeu) que Dworkin elabora sua teoria não positivista e não realista do direito e do raciocínio jurídico; ele opõe-se às múltiplas formas de ceticismo acerca da existência de uma solução justa para cada caso (*right answer*), rechaçando objeções baseadas em argumentos de matriz diferente, como a indeterminação semântica dos *standards* jurídicos, a incompletude e a incoerência dos ordenamentos, a subjetividade dos juízos de valor, a impossibilidade de chegar a uma solução que conjugue em dado sistema jurídico as regras jurídicas postas e as pretensões "morais".

Ao contrário, para Dworkin há *uma* solução justa (e correta), e a separação entre direito e moral não tem fundamento. A solução se "encontra" no sistema (porque, justamente, este último contém *standards* independentes das *normas*, os *princípios*). Não é portanto defensável a tese do *realismo jurídico* segundo a qual não existem *standards* preestabelecidos em condições de determinar a decisão judicial; e por outro lado isso é falso, tanto quanto o positivismo é falaz; ele limita o ordenamento a um conjunto de "settled rules", negando a ponte que une direito e moral (pelos princípios).

Com *Law's Empire* (1986), a tese de que sempre é possível encontrar uma *right answer* no ordenamento é acompanhada pela superação de teorias "semânticas"[92] do direito, que vinculam a solução do caso à descoberta de um "significado" de um texto normativo, assumido como "dado" preexistente e preestabelecido à atividade "construtiva" do intérprete. Essa ênfase do aspecto "construtivo" da interpretação pretende ser uma superação não só do juspositivismo mas também do jusnaturalismo, sobretudo como teoria do caráter objetivo das normas de direito natural. Direito positivo é para Dworkin não só uma prática social específica, mas um objeto "social" cuja definição e cujo estudo são profundamente influenciados pelas intenções do intérprete, dependem, em outros termos, do observador. Não há um direito positivo em si, mas todo direito "positivo" é fruto de uma prática interpretativa e argumentativa que o constitui e reformula no tempo. O trabalho do jurista-intérprete, segundo Dworkin, desenvolve-se com uma *primeira atividade cognitiva* (que toma conhecimento do material normativo assumido provisoriamente como disponível segundo a comunidade jurídica e, num segundo momento, identifica também seus valores e suas escolhas de fundo, que parecem interpretáveis como seu pressuposto) e de uma segunda *atividade normativa* ou crítica, que avalia a correspondência do

---

92. As teorias que Dworkin chama de semânticas são caracterizadas pela *plain-fact view*, segundo a qual os desacordos acerca do direito são desacordos empíricos (e não teóricos) acerca do modo como o direito é. Cf. *Law's Empire*, Cambridge (Mass.), 1986, pp. 30 ss. [Trad. bras. *O império do direito*, São Paulo, Martins Fontes, 1999.]

direito positivo assim reconstruído com seus próprios princípios fundamentais e com seus valores, sugerindo novas hipóteses interpretativas. Assim é que as decisões legislativas ou as jurisprudenciais devem ser reelaboradas e justificadas à luz dos princípios (ou do princípio pertinente), e estes últimos devem ser o fundamento da conclusão interpretativa.

A direção em que o jurista intérprete se move é a que consiste em produzir uma exposição global do sistema que constitua a melhor representação possível da correspondência entre normas, princípios e valores fundamentais que informam o ordenamento; sua atividade, de tipo prático-argumentativo (pois não se dá por provas empíricas), pressupõe a idéia da completude e da congruência do sistema e visa ao mesmo tempo a construí-la, caso a caso, por meio da interpretação. O direito é sempre reconstruído, portanto, como *integrity*, congruência, e esta exige que o juiz, "sempre que possível, trate o sistema de *standards* públicos vigentes como se expressasse e respeitasse um conjunto coerente de princípios e, para tal fim, que interprete esses *standards* de tal modo que encontre *standards* implícitos entre os explícitos e por trás deles"[93]. À *integrity* corresponde a figura, surgida em *Taking Rights Seriously*, de Hércules, o juiz ideal, dotado de "capacidade, cultura, paciência e talento sobre-humanos" e empenhado em construir a *best Theory of Law*[94]. Naturalmente, se, em *Taking Rights Seriously*, o exercí-

---

93. Law's Empire, cit., p. 217. A *integrity* é, ademais, um imperativo também para o legislador (*id.*, pp. 166 ss.).

94. *I diritti presi sul serio*, cit., p. 203. A. AARNIO, *The Rational as Reasonable*, cit., adverte que a conexão entre a melhor justificação possível da *right answer* e a *best possible theory* dependem de valorações que Dworkin deve dar por absolutas: "Só com base nessa assunção podemos [...] considerar possível a construção da 'melhor teoria possível'. A assunção de um valor absoluto é, em todo caso, um ponto de partida muito forte. Se não se aceita esse tipo de teoria do valor, toda a idéia de uma *right answer* perde suas bases. 'A melhor teoria possível' é apenas um postulado filosófico injustificável. Ademais, a nossa cultura jurídica (ocidental) não se baseia nesse tipo de idéia absoluta. Portanto, a teoria dworkiniana de uma *right answer* não satisfaz nem mesmo às necessidades da dogmática jurídica contemporânea" (*id.*, p. 165).

cio de Hércules parecia partir sobretudo das necessidade dos *hard cases* (casos difíceis), na realidade em *Law's Empire* fica claro que Hércules continua trabalhando. O direito como integridade postula a interpretação como método e prática geral do discurso jurídico e do metadiscurso dos juristas e dos teóricos do direito, diz respeito a *easy* e *hard cases*, pressupõe que a existência de textos normativos de significado incontroverso não constitui uma específica *zona de luz* não passível de reconstrução (e reformulação) global dentro do sistema jurídico.

Por outro lado, o imperativo da congruência tem em Dworkin suas peculiaridades: *em primeiro lugar,* não acolhe, como critério preliminar e precedente de verificação elementar, o respeito a condições formais de *consistency* (de coerência em sentido lógico, de não-contradição); em vez disso, Dworkin considera que entre princípios em oposição, em se tratando de uma questão de graus, peso e importância, não é possível instaurar relações de contradição lógica; *em segundo lugar,* porque não recomenda ao juiz o limite da compatibilidade com o sistema jurídico (separando o exercício de suas funções da escolha dos valores últimos por ele pressupostos)[95], mas aspira a interligar constantemente exterior e interior do sistema, numa obra que expande indefinidamente seus confins na direção dos direitos (mesmo que não na direção das *policies*); *em terceiro lugar* e por conseguinte, a congruência refere-se ao que foi chamado de sistema de conteúdos (como o sistema jusnaturalista), e não a um sistema identificável (e circunscrito) com base nas fontes[96]. E se bem que esta última distinção seja efetivamente inadequada à realidade dos sistemas jurídicos constitucionais,

---

95. Cf. *supra,* cap. V, notas 74 e 76.
96. A propósito, ver CH. SAMPFORD, *The Disorder of Law, A Critic of Legal Theory,* Oxford, 1989, p. 16. Cf. a respeito a referência ao trabalho de Sampford, em A. PINTORE, *La teoria analitica dei concetti giuridici,* cit., p. 177. O volume de Pintore contém uma reconstrução – crítica – essencial e perspícua da obra de Dworkin, como teórico dos conceitos jurídicos.

que se *baseiam* tanto nas fontes quanto nos conteúdos[97], a questão é que em Dworkin a força expansiva dos "conteúdos" de valor, dos princípios, não pode ser decidida *a priori* com base no simples "conhecimento" de fato das *fontes*.

Neste quadro, do direito como *integrity*, o juiz por um lado descobre o direito e, por outro, o (re)cria (em suas próprias bases): "o direito como *integrity* recusa como inútil a antiga indagação sobre se os juízes descobrem ou inventam o direito; nós compreendemos o raciocínio jurídico só entendendo em que sentido eles fazem ambas as coisas e nenhuma das duas"[98].

Dizer que o direito é incoerente e incompleto de fato constitui, portanto, uma constatação "estática" (logo, falaz) que não leva em conta a "dinâmica" introduzida no sistema pela atividade do intérprete: coerência, completude, integridade do ordenamento são *conceitos interpretativos* (como, aliás, o próprio direito), ou seja, não decorrem de constatações de fato, mas da prática argumentativa do intérprete. E quanto mais ele considerar (e interpretar) o sistema jurídico como *integrity*, como congruente, como completo, mais o direito positivo o será.

É evidente que a admissão dessa função "construtivista" da atividade judiciária e do trabalho dos juristas em geral aproxima Dworkin bastante da hermenêutica contempo-

---

97. A distinção se pauta pela distinção entre sistemas estáticos e dinâmicos (sobre o assunto, ver segunda parte desta obra, caps. I e IV, § 3). PINTORE, *op. cit.*, ressalta em nota a unilateralidade da classificação, que contribui para reduzir o teste de validade dos positivistas a um teste formal relativo apenas às fontes (teste de *pedigree*) e não também – como se admite universalmente – aos conteúdos, aos aspectos prescritivos substanciais das normas (p. 177, n.º 76).

98. DWORKIN, *Law's Empire*, cit., p. 225. Essa ubiqüidade da atividade construtivo-interpretativa é, não por acaso, assumida no trabalho de H. Hurd (voltado a representar um modelo próprio, não comunicativo, de direito: ver acima, segunda parte, cap. III, § 5) como sintoma da falha de Dworkin nessa direção: Dworkin teria enveredado pelo caminho do modelo não comunicativo com a recusa da referência à intenção do legislador ou dos constituintes como critério para a interpretação (HURD, *op. cit.*, pp. 975 ss., pp. 987 ss., pp. 992 ss.).

rânea[99]. E, assim como a hermenêutica, precisa responder, entre outras coisas, às objeções que exigem a limitação "positiva" da atividade judiciária, reprovando-lhe a excessiva liberdade criativa e a falta de vínculos jurídicos e interpretativos eficazes. As defesas de Dworkin ressaltam que a atividade interpretativa encontra limites no contexto externo e interno à atividade do juiz: este, ao defender certas "concepções" dos valores fundamentais, depende (historicamente) dos "paradigmas" dominantes (ou seja, dos modelos de comportamento comumente aceitos como conformes a determinados valores)[100], das instituições culturais e jurídicas. Além disso, é obrigado a dar conta das regras internas do sistema jurídico, inclusive das interpretativas, bem como das formas de raciocínio que sejam correntes e aceitáveis segundo a cultura dos juristas.

Por outro lado, segundo Dworkin, na sua *integridade*, o sistema possibilita uma visão abrangente da justiça na qual os direitos (jurídicos) constituem o centro de gravidade[101]. A convicção fundamental de Dworkin é que o jurista só pode encontrar, como princípios fundamentais do sistema, os *background rights* em torno dos quais reelabora o sentido global da Constituição americana. O constitucionalismo como tal é sintetizado na aspiração à tutela dos direitos, como direitos individuais, e está definitivamente desligado – ao modo de Paine – de seu *tradicional* vínculo com a ordem coletiva[102]: esta não é entendida, nessa diretriz de pensamento, como a projeção de determinado equilíbrio social, mas como pretensão que lhe é independente e transcendente.

---

99. O próprio Dworkin refere-se a filósofos hermenêuticos, como Dilthey, Gadamer e Habermas (cf. DWORKIN, *Law's Empire,* cit., cap. II). Mas para observações críticas cf. entre outros, K. HENLEY, *Protestant Hermeneutics and the Rule of Law: Gadamer and Dworkin,* in "Ratio juris", vol. 3, n.º 1, março de 1990, pp, 14-28.

100. *Law's Empire*, cit., p. 72.

101. Por exemplo, *id.,* p. 134.

102. Pensemos na inspiração tradicionalista anglo-saxônica da constituição e dos direitos, na (oposta) concepção de E. Burke: para Paine e Burke, cf. primeira parte deste trabalho, cap. III.

Essa centralidade dos direitos, que se traduz no objetivo necessário da interpretação do direito como *integrity*, em certo sentido delimita claramente a tarefa do juiz, excluindo dos seus objetivos a ponderação (autônoma) do interesse público, da ordem coletiva *global*. Portanto, subtrai-se ao juiz o excesso de contigüidade com o conjunto dos objetivos da *policy*, que tornaria mais que hercúleo seu trabalho[103]. A atividade judiciária é uma atividade "política", exercida, porém, com base em argumentos de *principle* (não de *policy*), relativos aos direitos, e não ao "bem comum".

De resto, opõe-se radicalmente às teorias segundo as quais está excluída a possibilidade de que a tutela dos direitos seja perseguida de modo contrastante com as decisões da maioria, ou seja, com a *lei*. A questão é, como já lembramos, que Dworkin contrapõe substancialmente o poder judiciário ao legislativo, pressupondo que o primeiro tem um fundamento constitucional autônomo que o determina como – note-se – funcional para a proteção dos direitos *contra* o poder das maiorias políticas. De acordo com Dworkin, não por acaso, o próprio *Rule of Law* não pode ser interpretado, como ocorre na Inglaterra (ou no continente segundo o chamado princípio de legalidade), em sentido "formal", ou seja, como dependência do poder em relação às normas atributivas e aos limites postos por meio da lei. Essa concepção "formal" reduz o princípio de legalidade[104] à *rule-book-thesis*, à verificação semântica, histórica das normas postas[105]. Uma concepção material do princípio, porém baseando-se na *right-thesis*, deve implicar sua extensão bem além dos limites das *settled rules*; e o verdadeiro limite ao poder, portanto, não nasce das regras postas, mas da normatividade expres-

---

103. A propósito, cf. meu *I limiti del diritto mite*, cit., também com referência à diferente concepção do juiz como árbitro entre direitos, lei, e justiça social, e não como tutor dos direitos subjetivos.
104. A respeito, cf. primeira parte deste trabalho, caps. VII e VIII.
105. Cf. R. DWORKIN, *Political judges and the Rule of Law*, trad. ital. de R. GUASTINI, in *L'analisi del ragionamento giuridico*, I, cit., pp. 355 ss.

sa na totalidade do sistema interpretado à luz da tradição constitucional, logo à luz dos seus fundamentos de princípio (ou seja, os *background rights*).

A equiparação pressuposta por Dworkin entre constitucionalismo e tutela dos direitos morais dos indivíduos não se mostra como modelo universalizável, absoluto[106].

As Constituições contemporâneas, por outro lado, exprimem uma "totalidade dinâmica" que muitas vezes impõe o "bem comum", enuncia problemas de justiça distributiva, prescreve a funcionalização social dos direitos[107].

O recurso a "resolutivos" éticos dos valores muitas vezes expõe ao risco de não se fundar univocamente no sistema do direito, portanto de aumentar a incerteza. De resto, se dimensionada em suas implicações, de um ponto de vista sociológico, a *right-thesis* dworkiniana comporta a omissão radical do papel funcional desempenhado pelo direito

---

106. Cf. por exemplo N. MacCORMICK, *Taking the "Rights Thesis" seriously,* (1978), in *Legal Right and Social Democracy,* Oxford, 1986², p. 140: "os princípios que se podem propor razoavelmente como princípios deste ou daquele sistema jurídico são limitados pela necessidade de serem adequados a normas estabelecidas mais ou menos objetivamente. Seria absurdo, por exemplo, sugerir que o princípio da igual liberdade de todos os seres humanos estivesse implícito no direito do fim da república romana. Entre as razões pelas quais isso seria absurdo está a simples constatação das claras normas referentes à escravidão, que ainda vigiam em Roma".

107. É fato que nos ordenamentos continentais prevalece a tradição oposta que, baseada na *lei* (que se tornou instrumento regulador do *Welfare State*), redistribui por meio dela os direitos individuais, no interior de um quadro de coordenação do interesse coletivo. Em outros termos, a tradição continental compõe um entrelaçamento entre *principle* e *policy*, entre justiça (no sentido dworkiniano) e bem comum. A dupla tensão existente nos ordenamentos constitucionais continentais – que hoje, na verdade, não é estranha nem ao estadunidense – é confirmada em muitas áreas teóricas; por exemplo, cf. os trabalhos de P. HAEBERLE, *Le libertà fondamentali nello Stato costituzionale,* trad. ital. de A. Fusillo e R. W. Rossi, Roma, 1993; nos Estados Unidos, entre outros, C. SUNSTEIN, *Democracy and the Problem of Free Speech,* N. York, 1993; na práxis das Cortes Constitucionais, cf. E. DENNINGER, *Verfassunsrichtliche Schluesselbegriffe,* em Festschrift em honra de R. Wasserman, Baden-Baden 1985, pp. 279 ss.; F. MODUGNO, *Crisi della legge e sistema delle fonti,* in *Legislazione, Profili giuridici e politici, Milão,* 1992, pp. 147 ss.

como *medium* de uma ação reguladora do *sistema* social (evidenciada sobretudo por N. Luhmann, sobre o qual ver adiante). Em substância, as conseqüências do modelo interpretativo dworkiniano parecem reduzir drasticamente o perfil instrumental-funcional do direito a perfil moral ou de justiça em sentido moral (*right-thesis*). Redução que é aceitável (talvez)[108] em relação à atividade judiciária, mas que não pode ser estendida à compreensão do sistema jurídico como *integrity* por parte dos juristas em geral[109].

Definitivamente, Dworkin reconstrói o direito, a justiça, o papel da interpretação de tal modo que supera (pelo menos nas intenções, como vimos) algumas oposições tradicionais: entre jusnaturalistas e juspositivistas, entre defensores da criatividade do juiz e tutores da norma "preestabelecida" etc. Mas, admitindo-se que algumas oposições se resolvam, certamente outras virão à luz. Até de maior importância para a teoria jurídica e política no Estado constitucional.

---

108. Como se observou, J. HABERMAS, *Morale diritto politica*, cit., p. 29, nem "o Tribunal da Corte Constitucional, quando põe em confronto, criticamente, valores em conflito, dispõe de critérios que possibilitem fazer uma separação entre o papel dos princípios normativos (como paridade de tratamento e dignidade do homem) ou de relevantes princípios metodológicos (como proporcionalidade e pertinência) e o papel de imperativos funcionais (como paz empresarial, rapidez de recrutamento do exército, condições de exeqüibilidade etc.)".

109. À diferença de Dworkin, A. AARNIO e A. PECZENIK (*Suum cuique tribuere. Some Reflections on Law, Freedom and Justice*, in "Ratio Juris", 8, 2, 1995, pp. 142 ss.) mostram maior sensibilidade e consciência da complexidade funcional do direito e da concorrência entre vários valores na produção e na aplicação do direito. O trabalho de Aarnio e Peczenik, entre outros, assume a tarefa de resolver o dilema entre estabilidade e flexibilidade do direito, entre previsibilidade garantida pela formalidade do direito e equilíbrio dos valores em conflito (exigido pelas pretensões de igualdade e eqüidade materiais). Aarnio e Peczenik não por acaso rechaçam as teorias fundacionalistas (às quais a de Dworkin pode ser facilmente subsumida) segundo as quais uma lista segura e incontestável de valores e direitos pode ser dotada de indiscutível fundamento: "Essa teoria é falsa e moralmente equivocada, pois subestima ao mesmo tempo o papel das raízes históricas dos valores e a necessidade de sopesá-los e equilibrá-los na sociedade, de um ponto de vista moral" (*id.*, p. 146).

Essas oposições são exemplificadas pela relação entre a cultura dos direitos e a cultura "democrática"; entre o direito como justiça e o direito como instrumento regulador do sistema social; enfim, pela exigência de elasticidade e de aderência substancial aos "casos", por um lado, e pela exigência de estabilidade e de formalidade do direito, por outro. Com relação a tais alternativas, Dworkin *não* elabora uma teoria ou uma visão global do direito em condições de dissipar sua inverificabilidade. Na realidade ele sempre se coloca na primeira vertente, das duas que aqui delineei.

No fundo, Dworkin opta por recortar um papel "separado" para o poder judiciário, relançando o modelo constitucional de limitação ao poder legislativo (ratificado no papel da Corte Suprema a partir da famosa sentença Marbury vs. Madison, de 1803)[110]. A separação dos poderes é concebida na práxis constitucional estadunidense e na filosofia do *Federalist* como mais que simples distinção ou limitação, porém também como expressão de um papel *ativo* de cada um dos poderes no condicionamento e no represamento do outro, dispondo cada um dos meios para entrar em conflito com o outro[111]. A evolução da legislação em sentido historicamente mais ingerente, em linha geral ligada à pressuposição de tarefas gerais de intervenção do Estado ativo, do

---

110. Nessa sentença a Corte Suprema afirmou pela primeira vez desde 1787 seu poder de anular leis consideradas inconstitucionais, bem como o caráter rígido da Constituição (não modificável por uma lei ordinária). Dados da sentença Marbury *vs.* Madison: 5 U.S. (1 Cranch), 137 (1803). Cf. o texto, in *Appendice* a G. FLORIDIA, *La costituzione dei moderni,* cit.

111. "O poder executivo tem a faculdade de nomear os membros do judiciário e de vetar as disposições legislativas. Por sua vez, o poder legislativo examina as nomeações propostas pelo poder executivo e pode impedir a ratificação das suas diretrizes normativas. O judiciário, aparentemente tão dependente dos poderes executivo e legislativo no momento da nomeação dos seus membros, tem condições de barrar qualquer decisão normativa dos outros dois poderes declarando constitucionalmente nulos os seus atos. Além disso, no documento constitucional são expressamente indicados os limites relativos aos conteúdos dos atos legislativos [...]" (G. REBUFFA, *Costituzioni e costituzionalismi,* cit., p. 72).

Estado do bem-estar, por um lado, e o cada vez mais acentuado papel do poder executivo na determinação das prioridades do trabalho legislativo, por outro, são circunstâncias em vista das quais a opção pela interpretação do direito como tutela dos *background rights*, ao modo de Dworkin, talvez pareça uma saída compreensível, sobretudo no momento histórico favorável, caracterizado pela luta social de afirmação dos direitos das minorias[112], mas também depois, talvez, em presença da constante indagação sobre o papel e a função do direito, em sociedades nas quais os mecanismos da democracia representativa e da estabilidade do direito entraram em profunda crise.

---

112. V., neste capítulo, § 7 e nota 88.

VI. Legitimidade, direito, instituição: a identidade alternativa do direito

> SUMÁRIO: 1. Contexto – 2. Funcionalismo sistemático (N. Luhmann) – 3. Direito, mundo vital, consenso (J. Habermas) – 4. Perspectivas do direito-instituição

1. Contexto

A situação histórica do direito nos Estados constitucionais parece digna de redefinição à luz das transformações que se foram produzindo sobretudo entre os séculos XIX e XX e se consolidando no XX. Max Weber definira o Estado moderno como poder legal-racional, poder que obtém obediência porque mostra expressar-se nos limites da legalidade e por meio dela[1].

A legalidade vincula cada um dos poderes do Estado a comportamentos rigidamente determinados por regras prefixadas, regras por sua vez internas a um *sistema* (construído pelo trabalho de conceituação da casuística e da sistemática da segunda metade do século XIX)[2] que possui caráter de racionalidade porque cognoscível racionalmente, verificável como dado positivo. Cientificidade do direito é portanto sua objetividade que pode ser apreendida: para se conhecer e usar o direito, não se deve recorrer a valorações éticas, políticas e emocionais, de acordo com a necessidade. A aplicação do direito, assim como sua execução administrativa, beneficia-se das regras não ditadas para a ocorrência de um caso concreto, mas previamente definidas de modo neces-

---

1. Sobre esse aspecto ver primeira parte deste trabalho, cap. VIII, § 3, e relativas indicações bibliográficas.
2. Sobre isso e sobre WEBER, cf. primeira parte, *id.*

sariamente geral e abstrato, regras que disciplinam ademais a atividade de jurisdição e de administração. O domínio da legalidade comporta como conseqüência a previsibilidade e a certeza do direito, intensifica a estabilidade. Se isso faz parte do tipo ideal do Estado moderno ou Estado legislativo parlamentar, os fenômenos ligados à afirmação da democracia de massa, à degeneração qualitativa da lei, à transformação do Estado em Estado social[3] invertem a direção dos processos jurídico-legais, que abandonam progressivamente o esforço de formalização e tendem à materialização[4]: o direito dispõe cada vez menos de regras predeterminadas e cada vez mais de apreciações caso a caso; a produção do direito é cada vez menos remetida à lei geral e abstrata; a jurisdição, como mostram as diferentes teorias da interpretação, em vez de se valer de normas preestabelecidas parece precisar cada vez mais reconstruir os parâmetros de juízo, enunciar as prioridade de princípio, submeter a rigidez das regras postas ao ingresso de postulados de justiça "material", acolhendo as "pretensões" que emergem dos "casos" em cada circunstância[5]. A supremacia da legalidade, tipicamente continental, que, seguindo moldes positivistas, se tornara independente de conteúdos, reduz-se drasticamente, também graças à ascensão do direito constitucional, ao predomínio definitivamente concedido, no sistema das fontes, a Constituições cujas disposições de princípio, cujas declarações dos direitos subjetivos, civis, políticos, sociais[6] são cada

---

3. Cf., na vastíssima literatura, C. SCHMITT, *Il problema della legalità* e *Legalità e legittimità*, in *Le categorie del "politico"*, cit.; N. IRTI, *L'età della decodificazione*, Milão, 1986[2]; G. TEUBNER (ed.), *Dilemmas of Law in the Welfare State*, Berlim-N. York 1986.
4. Sobre esses conceitos cf. primeira parte, cap. VIII, § 3.
5. Sobre Weber e as observações acerca do declínio da legalidade formal, por exemplo, ver *Economia e società*, cit., pp. 197, 200, 263.
6. Note-se que essa concepção da Constituição era decididamente estranha a Weber: "O cerne da visão constitucional weberiana é [...] a idéia de que a ordem constitucional é antes de tudo organização das competências, e não também tutela direta das posições subjetivas, visto que estas são garantidas de modo mediato pela organização procedural mente racional dos poderes constitucionais" (G. REBUFFA, *Nel crepuscolo della democrazia*, Bolonha, 1991, p. 180).

vez mais entendidas como normativas, imediatamente vinculantes e não necessariamente dependentes de alguma concretização legislativa.

Também com relação aos ordenamentos continentais, baseados historicamente em tradição bem diferente, pode-se afirmar hoje que, *juridicamente, lei, direitos e justiça* estão em igualdade de condições e se impõem com a mesma força aos órgãos de aplicação, encontrando todos a mesma fonte na carta constitucional[7].

É esse o quadro em que filosofia, sociologia e teoria geral do direito, cuja evolução seguimos até aqui, estão de fato empenhadas. Elas não dispõem das inabaláveis certezas da dogmática pandectista, não têm diante de si um direito como sistema univocamente racional.

Para a cultura continental a primeira grande interrogação refere-se à sua capacidade de resposta; para o sistema jurídico, à chamada *materialização* do direito. Esta é conseqüência de cada uma das transformações que acabamos de lembrar e de muitas outras, que lhe são paralelas ou conseqüentes. Numa exposição sintética se poderia afirmar que a busca da "eqüidade" na aplicação do direito e a consciência do papel criativo dos juízes e da eqüipolência da lei e dos direitos desmantelam o mito da rigidez formal do direito e exigem uma adequação dele aos casos; mas isso cria uma *tensão* permanente entre exigência de *estabilidade* e exigência de *flexibilidade* do direito, por um lado, enquanto, por outro, impõe a coordenação entre direito como portador de ordem funcional, sistêmica, reguladora e organizativa e o direito entendido como expressão e fiador das convicções morais, de valores partilhados, de conteúdos específicos de justiça, de direitos subjetivos e de declarações de princípio assumidas agora, inclusive no plano jurídico, como "universais".

---

7. Para uma reconstituição nesse sentido remeto a G. ZAGREBELSKY, *Il diritto mite,* cit. Com relação aos problemas da "legitimação do poder" no horizonte do Estado constitucional, cf. o meu, *Legittimità, legge, costituzione,* in "Sociologia del diritto", 2, 1993, pp. 123-70.

Tal tensão está longe de ser resolvida e não pode provavelmente ser resolvida por uma teoria do direito (e muito menos por uma teoria do raciocínio jurídico). Exige a elaboração de uma reflexão mais consistente sobre os institutos da democracia contemporânea e sobre seu funcionamento, sobre as "regras" próprias de uma sociedade complexa, sobre as necessidades de uma nova dogmática, sobre as funções do direito.

No atual estado de coisas, tem significativo valor heurístico a indagação sobre os motivos pelos quais os cidadãos confiam no direito, que eu chamaria também de indagação sobre a legitimação do direito. Nesse contexto, a estabilidade, a verificabilidade e a previsibilidade não são facilmente asseguráveis. Portanto, não podem constituir de modo algum o veículo ou o motivo de nossa confiança no direito (por conseguinte da nossa obediência ao poder). A *legitimação* do direito não pode ser mais medida com base no desempenho funcional de uma ordem preestabelecida e racional e deve depender de alguma outra coisa: *admitindo-se que o direito possua uma legitimação,* ela deve ser diferente da simples capacidade *inercial* do "sistema".

Na reflexão sobre o assunto em termos "funcionalistas", é preciso percorrer o caminho aberto, como logo veremos, pelo sociólogo alemão Niklas Luhmann. No entanto, a referência mais constante e explícita que está por trás das teorias do raciocínio jurídico (e em especial de Aarnio e Alexy) é o trabalho de Jürgen Habermas. A tal respeito, é fundamental o recurso à teoria habermasiana do mundo vital e, em geral, ao seu conceito de ação (e de racionalidade) comunicativa. A perspectiva de Habermas pode, porém, ser explicada também com maior amplidão, levando-se em conta que suas contribuições para a filosofia do direito não precisam ser necessariamente vistas como funcionais (apenas) para a construção de uma teoria do raciocínio jurídico e que tratam dos temas da legitimação e das relações entre estabilidade e flexibilidade, entre "imperativos sistêmicos" e caracteres "institucionais" do direito, em contínua tensão com a própria proposta teórica de Luhmann.

2. Funcionalismo sistêmico (N. Luhmann)

A descrição sociológica do direito, proposta pela teoria de Luhmann, expressa uma nítida incompatibilidade com o modelo "hermenêutico", com a estrutura "comunicativa" do direito que a hermenêutica exalta. Ao contrário do modelo "jusnaturalístico" (ao modo de Hurd), o modelo não comunicativo da sociologia do direito de Luhmann está completamente descompromissado no plano da correspondência entre normas e fatos "morais" objetivos, aliás nitidamente centrado na diferenciação funcional entre direito e qualquer pretensão moral.

Luhmann olha o direito do ponto de vista da sociedade, entendida como sistema social, sistema não composto de sujeitos, mas de ações, que acabam por seguir os imperativos internos dos subsistemas em que se desenrolam (econômico ou político, por exemplo). Os sistemas sociais estão sempre confinando com um ambiente externo próprio, fonte de contingência e de variáveis que eles precisam dominar ou absorver, sob pena de ruptura do equilíbrio de funcionamento em que se baseiam. Os sistemas conseguem reduzir a contingência e regular seu próprio funcionamento selecionando a complexidade externa por meio de estruturas que estabilizam códigos de comunicação e prefiguram relações entre comportamentos e eventos sociais até determinarem as expectativas de cada um, expectativas atendíveis, e estabelecerem uma dupla referência graças à qual é possível esperar de si as expectativas alheias (aquilo que se espera de nós), o que simplifica drasticamente as improbabilidades de coordenação inerentes na relação entre ações. Nesse contexto, o direito é "estrutura de um sistema social que assenta na generalização congruente de expectativas normativas de comportamento"[8]. Essa definição pode ser explicada pelas considerações a seguir. Todo sistema reage às variações

---

8. N. LUHMANN, *Sociologia del diritto,* trad. ital. A. Febbrajo, Bari, 1977, p. 127.

externas acolhendo as mudanças (neste caso modificando as expectativas "frustradas") ou mantendo as expectativas, às quais atribui assim valor *normativo* (resistente às frustrações, às violações etc.). Neste segundo caso, está em jogo o direito que assegura a estabilidade das instituições e dos códigos de comportamento. Em particular, o direito presta um serviço específico ao sistema, que consiste em "generalizar" as expectativas normativas, de tal modo que as torne independentes e indiferentes em relação às mudanças contingentes, e em coordenar os instrumentos que tendem a garantir a ordem ou a coesão social. Relevante é que esta última é mais garantida quanto maior é *a institucionalização do consenso* (ou seja, a pressuposição de que as instituições reguladas juridicamente têm para si todo o consentimento possível), quanto menos o funcionamento e a coordenação das expectativas dependa de seu conteúdo, mas extraia delas efetiva diversidade. O sistema funciona com base em *media* de regulação e controle dessas operações estabilizadoras, seletivas, *media* que simplificam os processos de funcionamento porque codificam e regulam os seus mecanismos sem consideração das variáveis do consenso efetivo expresso a cada circunstância, da diferenciação dos conteúdos, da mutabilidade dos sujeitos. O sistema econômico deve otimizar seu próprio equilíbrio em nome do seu *medium* e dos seus imperativos internos (as suas lógicas internas) resumidos no *dinheiro*; o sistema administrativo e político, no *medium* de regulação que é o *poder:* este último, em particular, não é mais entendido como explicitação de domínio, mas como recurso essencial em torno do qual se torna possível organizar as respostas do sistema à complexidade externa.

O direito oferece a ordem que estabiliza esses mecanismos e os torna resistentes às "frustrações", afasta o medo e a incerteza que nascem de um mundo "arriscado" em que cada coisa seria improvável se não fosse instituído um mecanismo de seleção e regulação constante. A validade do direito é, portanto, a estabilidade da norma, ou seja, a impossibilidade de que ela mude em presença de comportamentos desviantes⁹. A estabilidade exerce uma função prático-seletiva em relação ao risco, à frustração, à contingência.

Mas a validade do direito é também função do seu caráter abstrato, ou seja, da independência dos seus mecanismos de estabilização em relação à mudança dos conteúdos materiais ou das opiniões e do consenso. Se as instituições não precisam depender da heterogeneidade dos humores dos indivíduos, "a indeterminação, a anonimidade, a não-julgabilidade e a não-interrogabilidade dos terceiros relevantes garantem a credibilidade e a homogeneidade das instituições"¹⁰. Na relação entre direito e sujeitos, ou melhor, entre instituições e cidadãos, determina-se uma ficção institucional das opiniões, em virtude da qual poucas expectativas gerais são mais relevantes que muitas expectativas particulares, e as substituem.

Empenhado numa tarefa referente a si mesmo, que é de auto-reprodução, o direito se transforma em sistema, funcionalmente diferenciado dos outros sistemas, entre os quais o primeiro é o moral. Os sistemas tornam-se *autopoiéticos,* logo funcionam de modo independente de sujeitos e valores que lhe são fatalmente externos.

O papel central assumido por *sistema* e *função* na análise luhmanniana resolve-se em eficaz análise da evolução das sociedades contemporâneas, dominadas por processos de administrativização e de racionalização; nesse aspecto, Luhmann prossegue, com novos meios, o aclaramento da mudança histórico-social iniciado por Max Weber. Weber indicara na racionalidade de fins, entendida como racionalidade formal, instrumental, "incompleta" e descorrelata dos fins e dos valores da ação, o nervo estrutural da organização social contemporânea.

Fique claro que o discurso de Luhmann não pode ser descartado como tecnocrático e neoconservador. Luhmann esmiúça os problemas propostos pela "velha" filosofia oci-

---

9. *Id.,* pp. 49 ss.
10. *Id.,* p. 87.

dental, as aspirações metafísicas a essências e valores, a tradicional superestimação da idéia de sujeito e de subjetividade (pensemos pelo menos nas filosofias idealistas), abrindo nossos olhos para um universo em que as dinâmicas dos processos sociais avançam por força "objetiva", em razão da irrefreável diferenciação social, da poderosa massificação e integração das sociedades contemporâneas: os sistemas, portanto, perdem qualquer referência à sua suposta "substância" ou aos seus fins, tornam-se autônomos e se separam dos "sujeitos", unificam, selecionam, simplificam, decidem o mundo. No fundo não têm centro. Mesmo a experiência vista como algo essencial para as teorias clássicas da democracia, a do consenso, como mencionei, pulveriza-se na constatação de que os processos de legitimação não consistem na comunhão de aspectos substanciais do direito ou das decisões tomadas pelo "poder" político: ocorrem em razão da participação – na qualidade de cidadão, eleitor, trabalhador, cliente, réu, intimado etc. – na experiência dos *procedimentos* previamente dispostos para o funcionamento da sociedade, participação em *papéis*, que concretiza a nossa aceitação, de todo independente de opiniões fundamentadas acerca destes ou daqueles conteúdos[11]. O que é apenas o reverso "objetivo" da "complexidade", pois mesmo com relação aos "sujeitos" cai a ilusão de sua capacidade de controle da realidade: a suposta relação "hermenêutica" por eles mantida com a realidade é drasticamente reduzida pela "falta de atenção", pela limitação do "tempo" disponível, pela setorização dos interesses individuais, pela impossibilidade de acompanhar as dinâmicas gerais, nem que sejam as do sistema jurídico, com suficiente bagagem de informações, de experiências relevantes, de competência suficiente para a sua explicação.

As dinâmicas sociais mostram-se assim traduzíveis em procedimentos de funcionamento dos sistemas, que não de-

---

11. Sobre estas observações, ver N. LUHMANN, *Legitimation durch Verfahren,* Neuwied-Berlin 1969, p. 32 e *passim;* e *Sociologia del diritto,* cit., pp. 82 ss.

correm, porque não podem decorrer, diretamente das tensões éticas, dos conflitos sociais, da perseguição de objetivos específicos etc. O sistema jurídico – como, aliás, todo sistema – não é por isso estático, mas está em continua transformação, no movimento de um perene processo adaptativo. O direito mesmo não tem nenhuma relação com algo que possa ser definido como verdade/falsidade; ele é inteiramente artificialidade; seus efeitos de mediação não medeiam sujeitos, não ocorrem na vida, mas exclusivamente nas ações, para além dos sujeitos.

E a justiça?

Em geral verifica-se a convicção de que, também em virtude do vigor das nossas Constituições, os temas substanciais da justiça podem entrar definitivamente na ponderação concreta dos princípios e dos valores por parte do intérprete do direito, sobretudo do juiz. O direito poderia, na experiência européia continental, abandonar o formalismo dos conceitos e da dogmática oitocentista. Essa convicção campeia não só na hermenêutica jurídica contemporânea, mas em grande parte da doutrina jurídica ocidental preponderante, e relança o tema da função do direito como dimensionador dos conflitos segundo um critério de eqüidade, ou seja, torna o direito mais flexível e dúctil diante da variedade dos casos, logo mais "justo". Nessa lógica, os conteúdos, e não as formas, a compreensão do significado concreto, das tensões materiais próprias das situações da vida, conquistam foros de cidadania perante a diamantina dureza da inflexível "lei", cujo caráter abstrato e cuja distância da realidade enrijeciam o direito no conceitualismo das velhas pandectas, à custa da "justiça". Se o conflito entre juspositivismo e jusnaturalismo pode ser sintetizado (e simplificado) na oposição entre o valor do direito como autoridade e o valor do direito como verdade, entre o direito como positivo e o direito como natureza, enfim, o direito como lei e o direito como justiça, a tese dominante é, no fundo, que o Estado constitucional deve estabelecer as condições necessárias para superar esse antigo contraste. O direito positivo pode ser justo. E transformar-se também em fiador do pluralismo dos valores.

A justiça assumiu um caráter que não decorre tanto de *regras* predeterminadas, mas de avaliações; aparece como justiça distributiva, no sentido de que assume sobre seus próprios ombros o encargo da diferenciação caso a caso, da pluralidade dos eventos, dos sujeitos. Ela é então, por isso, justiça substancial. O direito assume, por assim dizer, uma tarefa que, em algumas fases – e no mais das vezes por meio da adjudicação dos direitos –, coincide com a satisfação das necessidades e com a (não-)discriminação dos interesses. Enquanto seu formalismo recua, aumenta sua intervenção como interpretação de si mesmo, realizada por um inédito papel "distributivo" desempenhado pelos juízes.

É com essa descrição da realidade do direito que deve ser confrontada a teoria de Luhmann, que adota uma perspectiva razoavelmente diferente.

Luhmann exclui a possibilidade de que o conceito de justiça ainda conserve normatividade: "Quando sob os pés do jurista foge o chão do direito positivo, porque o que está em jogo é a sua transformação, ele deveria poder argumentar servindo-se da justiça, mas não pode, pois a idéia de justiça foi relativizada e reduzida a juízos sobre igual e desigual, que por sua vez são logicamente decorrentes de decisões sobre o interesse, sobre a valoração ou sobre a função [...]. Nas atuais condições sociais, usando o conceito tradicional da justiça, o jurista se sujeita a uma política na qual ele mesmo não crê"[12]. Mas precisamos ainda definir o conceito de justiça que Luhmann está usando, ou melhor, prescrevendo.

Ele insiste no fato de que a justiça não pode ser justiça do caso singular, pensada em relação a este ou àquele valor (igualdade, liberdade, saúde, ambiente ou qualquer outro). Essa justiça produz apenas maior complexidade; já não é um conceito unitário, sustentado por uma medida formal, mas torna-se avaliação de elementos contingentes. Não bastasse, ela produz de fato maiores diferenciações: determina uma infinita corrida de cada posição subjetiva para esta ou

---

12. N. LUHMANN, *La differenziazione del diritto,* trad. ital. de R. De Giorgi, Bolonha, 1990, pp. 318-9.

aquela pretensão de valor. Cada decisão de valor, cada afirmação de igualdade, cada atribuição de direitos, de status, cria maiores diferenças, alimenta novas pretensões de ajuste.

Isso, segundo Luhmann, não satisfaz o conceito de justiça, ou melhor, não pode corresponder à idéia de justiça entendida como propriedade *distintiva* do direito. Não é isso que caracteriza a justiça que o direito *deveria* garantir.

O discurso de Luhmann pode ser estendido também à concepção do direito como fiador do pluralismo dos valores. Assim entendido, o direito valeria como limite à realização da absolutez de um valor. Um Estado constitucional não tolera a adaptação da justiça apenas ao valor da igualdade sem que este último seja "equilibrado" com o respeito à liberdade; não tolera a maximização da propriedade individual sem consideração de sua função social, e assim por diante.

No conjunto, tais concepções tendem a refletir o fato de que o direito já não possui um critério de justiça: ele se entrega à busca da solução contingente, mas falta-lhe um critério unívoco.

Podemos então voltar a Luhmann: o direito, visto pela óptica funcional e sistêmica, não tem a ver com a ótima realização de um valor. Ao contrário, visa a "otimizar" a relação entre "os graus de realização de vários valores"; portanto, a "justiça" "não encontra mais em si mesma nenhum motivo de preferência por determinados valores, mas trata os valores de modo igual e indiferente"[13].

Por outro lado, pode-se indicar – não com mais clareza do que Luhmann, de um modo que ele mesmo julga provisório – o conceito de justiça pertinente ao direito, que é:

a) um conceito de sistema, ou seja, apenas sob a condição de que vários casos possam ser decididos por meio de um (único) sistema, é possível algo como a justiça do direito;

b) "complexidade adequada": nem ideal normativo de justiça nem norma de ação, mas requisito do sistema jurídico, que implica que a sua complexidade seja "compatível com um decidir consistente no sistema". Em especial, es-

---

13. *Id.,* p. 323.

creve Luhmann, dado o crescimento enorme da pressão social que sobrecarrega as capacidades de resposta e de decisão do direito, "a complexidade socialmente exigida do sistema jurídico é mais alta do que a suportável e adequada e do que aquela com a qual é possível decidir"[14]. Diante de tal sobrecarga, o direito precisa ter condições de aumentar adequadamente sua própria complexidade e capacidade de resposta.

Isso significa que a justiça não está na correspondência a esta ou àquela exigência do caso particular, mas, ao contrário, na salvaguarda do funcionamento global do sistema. Não são as decisões individuais que podem ser definidas como justas, mas o sistema jurídico como um todo, assim como, por exemplo, a qualidade de solvência de uma empresa está relacionada com sua capacidade global, e não com um único contrato[15]. As decisões podem ser justas só como elemento de um sistema, não por sua relação específica com este ou aquele valor.

Assim, garantir uma "decisão consistente", do ponto de vista do sistema, significa coisa diferente de apurar a compatibilidade desta ou daquela avaliação de mérito com um conjunto de valores.

Aqui convém reafirmar com um breve parêntese a distância que eu diria abissal entre o projeto luhmanniano e qualquer defensor da razão prática no discurso jurídico[16]: o

---

14. *Id.*, p. 333.
15. *Id.*, p. 334.
16. A razão prática (alma da hermenêutica jurídica e protagonista das teorias procedurais da racionalidade e da justificação) tende a mostrar a validade argumentativa do uso dos juízos de valor na justificação do direito: as regras que ela segue são regras da argumentação. Segundo a hermenêutica dialética (de Gadamer a Esser) não é por meio da forma dos argumentos, mas de seu *conteúdo*, que pode ser verificada a atividade de compreensão, portanto de justificação; para a hermenêutica analítica (R. Alexy, e J. Habermas sobretudo, sobre o qual ver adiante), a verificação da justificação ocorre por meio do respeito a regras que disciplinam um procedimento argumentativo. Conquanto a segunda contenha uma sensibilidade maior para o tema da univocidade e para o critério *content-independent* do discurso, ambas são estranhas ao horizonte luhmanniano.

sentido do direito, na perspectiva "comunicativa", é aquele que deriva da obra interpretativa como *medium* entre valores e caso particular. Direito é práxis. E a práxis jurídica consiste também em decidir determinando uma ordem de preferências entre valores e uma escolha entre as possíveis "conseqüências" da decisão com base numa hierarquia pré-selecionada: a razão (prática) não pode justificar, como hoje sabemos, também os limites da forma de vida, ou seja, o horizonte de premissas fundamentais que constituem as próprias condições (de fato) do discurso e da comunidade jurídica[17]: portanto, deve-se deduzir que ela não pode justificar o sentido *global de suas próprias operações*, mas apenas justificar sua intervenção no caso, a cada circunstância.

O que preocupa Luhmann é a radical impossibilidade de representar o direito como algo dotado de racionalidade própria, na qualidade de sistema e de estrutura destinada a "desempenhos" específicos.

A complexidade e a sobrecarga (que para a hermenêutica aparecem apenas sob o aspecto de providencial fonte de "sentido" e riqueza vital) são "fatos" que o direito enfrenta penosamente todos os dias. Perseguindo a justeza do caso, como discurso concreto da razão prático-jurídica sobre valores e relações de valores, o direito não consegue reduzir a complexidade, mas a alimenta. Desse modo ele consegue acompanhar vertiginosamente as novidades dos casos, entrando num perene e rapidíssimo processo de transformação. Cada decisão garante assim ao direito o seu ajuste à pressão externa. No entanto, ele precisa coordenar a capacidade de transformação com a estabilidade. A positividade do direito, que (como bem sabemos) foi estimulada no século XIX pela exigência de certeza, tinha e tem o significado de garantir que o direito, na transformação progressiva de que é capaz,

---

17. Sobre isso, cf. o que dissemos acima, cap. V, § 5. Mas cf. também as palavras de um partidário da hermenêutica como G. ZACCARIA, *Complessità della ragione giuridica*, in "Ragion pratica", I, 1, 1993, esp. pp. 92 ss. Aqui é sintomático que o sentido de complexidade é exatamente o sentido produzido pela interpretação como atividade que ocorre caso a caso, de maneira concreta.

na adesão à concretude das necessidades e dos interesses, consiga permanecer idêntico a si mesmo, continuar como medida reguladora, independentemente dos casos, ou seja, ponto unitário de referência. Pois bem, não há dúvida de que a resposta "interpretativa" à sobrecarga, à corrida da multiplicidade dos casos, dos valores e das necessidades, ainda que proposta como único modo de garantir a completude (assistida por critérios de verificação da unidade e da coerência do ordenamento, como ocorre na hermenêutica analítica, sobretudo) tende a ameaçar a positividade, no sentido agora definido. Luhmann está preocupado justamente com esse tipo de problema[18]. Podemos dizer que ele percebe a ausência de metacritérios estáveis de transformação. E de fato escreve que o direito não consegue *regular* suas transformações progressivas (transformações que ele realiza continuamente) por meio de *critérios predeterminados* e *estruturas categoriais novas* (adequadas a essa nova situação). A transformação contínua do direito é substancialmente sustentada por uma única condição mínima, por um único elemento de estabilidade, representado pela instituição e pela definição das *competências*.

O direito pode contar apenas com a definição dos *poderes* e dos *órgãos* que sustentem a tarefa de transformação. Mas não ocorrem categorias operacionais para a interligação e a unificação dessas transformações[19]: em outras palavras, não é possível definir o como e o porquê, a ordem e o critério. É por isso que o direito, como sistema, não atinge a "complexidade adequada", não produz decisões "coerentes" com o sistema (ou seja, com sua unidade e positividade, mais que com esta ou aquela relação com os valores). O sistema não consegue "afinar as variáveis".

---

18. N. LUHMANN, *La differenziazione del diritto,* cit., p. 122: "Não deveria ser possível melhorar de modo eficaz a organização dos processos decisórios de produção e aplicação do direito sem que a estrutura conceitual das decisões se conformasse às novas exigências de abstração. Em cada caso se tratará de um processo longo que será tanto mais difícil encetar quanto mais as experiências continuarem a renovar-se nas velhas categorias."

19. *Id.,* p. 343.

Se para Luhmann a justiça não é questão do caso particular, mas sim a certeza do *funcionamento* global, independente das oscilações e das transformações dos casos, então diz respeito à capacidade do sistema de dar consistência e critérios ou categorias operacionais unitárias, de governar as relações entre as partes de modo generalizado, e não específico[20].

E não significa que para tanto não seja necessário, com o tempo, "desjuridicizar" os problemas, limitar o acesso ao direito de questões que ele basicamente não pode resolver e que precisam ser deslocadas para relações internas a toda a sociedade, para equilíbrios de força, interdependências econômicas etc. A certeza do direito deve tornar-se *certeza da função* e não corresponder à capacidade – em abstrato – do direito de intervir em cada questão.

Por esse itinerário, pelo percurso que por ora é mais alusivo que propositivo, a teoria de Luhmann também visa a resolver – e para nós serve pelo menos para propor – o problema da alternativa entre concepção do direito como forma,

---

20. Em outros termos, a autonomia do "jurídico", expressa no conceito de positividade, depende da decisão acerca do modo como o direito responde a certo número de variáveis (e de problemas) em seu conjunto, ou seja, simultaneamente. Tais variáveis são: dimensões do sistema (número de decisões por tomar), variedade (diversidade das decisões), interdependência (relação de dependência entre as decisões), graus de generalização (nível máximo de generalidade com que são estabelecidas premissas decisórias programáticas, organizativas, pessoais), freqüência e velocidade da transformação de premissas decisórias (*id.*, p. 347). O direito, portanto, deve dizer que variáveis, entre as arroladas, pretende sacrificar e com que fim, para atingir o tipo adequado de complexidade que lhe é exigida. O peso da decisão, segundo Luhmann, não pode ser descarregado sobre as capacidades pessoais dos juízes, mas principalmente sobre "programas decisórios" e sobre teorias dogmáticas (*id.*, p. 351). Se tais programas e teorias forem excessivamente abstratos, gerais, acabarão por não desempenhar essa função. Eles devem permitir uma "interdependência" das decisões, uma estabilidade nas transformações que correspondem ao critério definido de justiça. De resto, a instabilidade e a mutabilidade decisória do direito no tempo produzem de fato injustiça. Aqui, a conceituação de aspectos relevantes para o direito, a criação de categorias, em suma, o trabalho dogmático, deveriam socorrer a produção legislativa e a jurisprudencial.

de um lado e como justiça do caso concreto, por outro. Em Kelsen, a estabilidade do direito e sua coerência dogmática proscrevem a justiça como "idéia moral ou política que não tem correspondência alguma nos programas decisórios do mundo do direito"[21]. Para Luhmann, portanto, não cabe parar por aí. Mas sua reformulação do problema da justiça está prenhe de implicações relevantes, que ainda precisam ser explicitadas.

3. Direito, mundo vital, consenso (J. Habermas)

A contribuição de Habermas é extraordinariamente eclética e utiliza tanto os instrumentos da filosofia analítica quanto os da grande tradição da filosofia clássica alemã, chegando a aprofundar-se nos temas da sociologia contemporânea. Herdeiro da "teoria crítica"da Escola de Frankfurt[22], de Horkheimer, Adorno e Marcuse, Habermas indagou os processos históricos que, no capitalismo avançado, modificaram os pressupostos nos quais se apoiava a análise do marxismo e do materialismo histórico. Para nós é extremamente interessante o fato de Habermas ter reconhecido acima de tudo os resultados da sociologia sistêmica, aceitando a realidade da diferenciação dos sistemas sociais em subsistemas, dotados de lógicas internas e de imperativos funcionais, segundo os quais eles se distinguem do "ambiente". Mas exatamente em razão dessa consciência, Habermas rejeita uma visão pansistêmica da realidade, entendida como um conjunto de sistemas auto-regulados e guiados por imperativos de puro equilíbrio interno, assim como exclui a possibilidade de que a integração sistêmica possa representar a única trama de que a realidade social é tecida: a ela Habermas acrescenta a

---

21. *Id.*, p. 361.
22. Sobre a qual cf. M. JAY, *L'immaginazione dialettica. Storia della Scuola di Francoforte e dell'Istituto per le ricerche sociali, 1923-1950*, trad. ital. de N. Paoli, Turim, 1979.

urdidura das relações de vida, o que define interação social em bases "comunicativas"; ao mesmo tempo considera que os processos de legitimação não são inteiramente formais (decorrentes de procedimentos entendidos no sentido de Luhmann, como efeito da aceitação por parte dos sujeitos de papéis prefixados no funcionamento do sistema), mas que se baseiam de fato também em alguma visão de valores aceitos, portanto em hipóteses de justiça.

A ação comunicativa representa a chave de acesso ao cerne da proposta habermasiana. É tratada como ação orientada para a compreensão de sentido, para o entendimento entre participantes de um discurso realizado numa situação "ideal", à qual se tem acesso com iguais oportunidades de expressão, partilhando critérios discursivos comuns, com base na disposição de aceitar a lógica do "argumento melhor". A comunicação pressupõe a *paridade* entre os interlocutores, paridade que é violada sempre que, em vez de se buscar o consentimento em bases racionais, são contrapostos pseudo-argumentos baseados dogmaticamente em postulados, argumentos emocionais, fideístas, autoritários etc. A ação comunicativa orienta-se para a compreensão, não para o sucesso; contém uma racionalidade interna que possibilita o confronto entre juízos de valor, com base numa ética do discurso fundada no princípio de universalização: toda pretensão substancial deve potencialmente ter condições de obter o consentimento de livres participantes do discurso prático; o confronto entre posições de valor é possível distinguindo os interesses generalizáveis dos particulares. Ou seja, deve vigorar o princípio moral segundo o qual cada um se compromete a invocar pretensões apenas se elas puderem ser transformadas em aspirações generalizáveis. Falar num discurso comunicativo implica necessariamente normas fundamentais que se devem pressupor universalizáveis.

O tipo de racionalidade que emerge do modelo da ação comunicativa não é neopositivista e cientificista, porém capaz de guiar a "vida prática". A convicção de Habermas, amadurecida na epistemologia pós-empirista contemporânea, é que a verdade não é tanto um fato ontológico quanto uma questão relativa aos critérios admitidos para construí-la corretamente, e entre eles o critério do consenso prevalece sobre qualquer outro. Para Habermas é possível atribuir aos juízos de valor uma objetividade *sui generis*, construída com base no consenso racional[23]. O recurso ao consenso (não de fato, mas) racional comporta a referência a condições ideais, decorrentes exclusivamente do respeito a determinados procedimentos. Só se forem garantidas como resultado de um discurso sob condições procedurais específicas, as conclusões argumentativas poderão pretender validade. Portanto, a teoria da ação comunicativa se traduz numa teoria procedural orientada para o consenso com base no argumento melhor. Como tal teoria procedural consta de critérios para garantir a *justeza* da conclusão e como esta se resolve no respeito a tais critérios, trata-se de uma teoria procedural orientada para a produção de um resultado garantido e válido[24].

---

23. A situação ideal em que, para Habermas, ocorre o discurso racional é tributária, em muitos aspectos, das teses de O. Apel sobre o *a priori* da comunidade de comunicação. (Cf. O. APEL, *Comunità e comunicazione*, trad. ital. de G. Carchia, Turim, 1977, esp. pp. 168 ss.) Segundo Habermas, quando "defrontamos um discurso prático, pressupomos inevitavelmente uma situação ideal do falar, que por força das suas qualidades formais admite consenso apenas sobre *interesses generalizáveis*. À ética cognitivista do falar não cabe nenhum princípio; ela se baseia unicamente em normas fundamentais do discurso racional, que, admitindo-se que façamos discursos, devemos desde sempre pressupor" (*La crisi della razionalità nel capitalismo maturo*, trad. ital. de G. Backhaus, Bari, 1975, p. 122). Verificam-se condições transcendentais e portanto necessariamente constitutivas da possibilidade de qualquer comunicação; a escolha da comunicação consiste em reconhecer a necessidade do recurso à razão e da busca da verdade; isso corresponde à adesão a uma ética universal do discurso, a uma norma ética que é o pressuposto transcendental de toda comunicação.

24. Certamente o elo entre procedimento e consenso não é um ponto não discutido nem indiscutível, visto não estar univocamente claro por que o respeito a determinados procedimentos deve produzir consenso, mesmo em condições ideais puras, a menos que, obviamente, alguns participantes "ideais" estejam dispostos a renunciar às suas preferências em vista do conhecimento e da escolha da solução melhor, levando em conta os interesses de todos; por

No plano sociológico, essa convicção decorre do fato de Habermas não reduzir a realidade a um agregado de sistemas, do fato de postular como existente o *mundo vital* em que tais processos comunicativos são ativos e a racionalidade e a possibilidade de consenso são realizáveis; o mundo vital, em que se encontram os nexos primários de interação entre sujeitos, portanto os conteúdos materiais das formas de vida, em termos de convicções morais, de práticas lingüísticas e todo tipo de produção simbólica dotada de significado, não passa de um conjunto cultural no qual têm origem nossos modelos interpretativos.

O recurso à ação comunicativa, orientada para o entendimento, elimina a assimetria entre observador e ator, pois põe ambos na condição de participantes do discurso e implica que não se pode isolar o plano da *descrição* do plano da compreensão dos significados. Os interlocutores confrontam suas pretensões de sentido, numa posição em que cada um leva consigo seu próprio mundo vital e *não* aparece como observador desinteressado. A questão da objetividade da compreensão do significado, logo de toda pretensão de conhecimento, só pode ser formulada esclarecendo que não é possível o intérprete separar-se de suas próprias pré-compreensões, de suas convicções de fundo; não se pode de modo algum descrever ou entender o significado das pretensões de sentido sem usar e explicitar, confrontar e co-

---

outro lado, a questão diferente, de que o respeito a procedimentos garante resultado substancial, decorre do fato de que, segundo Habermas, a verdade ou a validade das conclusões se resolve no respeito aos critérios procedurais que ele prescreve. Tais critérios são informados por um princípio moral, o do respeito e da participação de cada um, ou da autonomia, e é esse princípio moral que orienta o uso da racionalidade (pelo princípio da universalizabilidade). Isso de tal modo que o resultado do discurso não seja uma transação entre pretensões, decorrente da *vontade* das partes, mas um ato de *conhecimento*, com que estas chegam à decisão racionalmente melhor, levando em conta qualquer potencial interessado. Ao ter em mira um resultado cognitivo, o procedimento visa a determinar tal resultado, em vez de ser indiferente a ele, pois esse resultado substancial, esse resultado cognitivo é projeção do princípio moral do respeito pela autonomia de cada um, pressuposto no próprio procedimento.

municar as convicções de fundo ou o saber pré-teórico, dos participantes.

A proximidade, evidente, em relação às posições de Gadamer não é observada por Habermas em um ponto substancial. Habermas reprova no modelo gadameriano a unilateralidade segundo a qual o *interpretandum* é assumido como um "clássico", resistente à crítica histórica e possuidor de uma pretensão de sentido, por comunicar, reconhecida de fato pelo intérprete como um saber superior. Não por acaso, a hipótese gadameriana de que o juiz constitui um relevante tipo ideal da compreensão como *aplicação do texto ao contexto do intérprete* parece impedir a invocada paridade entre os participantes do entendimento: ao contrário, segundo Habermas deve ser possível "o autor aprender algo *de nós*[25]. A limitação da hermenêutica gadameriana decorreria do fato de ter construído o modelo nos moldes da exegese filológica dos textos sagrados: e o modelo não permite pôr em dúvida ou avaliar criticamente, portanto em si, as pretensões de verdade do *interpretandum*. Ao contrário, "compreender uma expressão simbólica significa saber em quais condições poderia ser aceita a sua pretensão de validade"[26], ou seja, poder fazer a distinção entre aquisição-compreensão do significado e aceitação da validade de suas pretensões. Compreender não deveria, portanto, implicar a atualização e a aplicação daquele significado em nosso contexto, pois ao contrário é exatamente a compreensão do significado que poderia levar a uma rejeição das suas pretensões de validade. A compreensão do significado do *interpretandum* não é ainda atingir o entendimento consensual sobre sua validade; verificar uma pretensão, examinando sua fundamentação, não implica aceitá-la[27].

---

25. *Teoria dell'agire comunicativo*, trad. ital. P. Rinaudo, Bolonha, 1986, p. 218.
26. *Id.*, p. 220.
27. No mesmo sentido, a crítica de O. APEL, *op. cit.*, p. 128, segundo quem o ideal do juiz não pode ser generalizado na hermenêutica, na qual sobre a tradição e o *interpretandum* deve poder ocorrer também uma atitude de distanciamento, como a do médico ou do psicoterapeuta.

É digna de nota essa reserva crítica em relação à hermenêutica, mesmo porque a distinção entre questões de significado e questões de validade depende de um critério central para Habermas. E sobretudo porque esse critério é fundamental para as intervenções específicas de Habermas nos âmbitos atinentes ao direito e à legitimação.

Partindo da descrição de um tipo de ação que ele chama de *regulada por normas*, Habermas afirma que o intérprete pode dar-lhe uma interpretação racional só compreendendo a atitude específica do agente em relação à norma, ou seja, avaliando as razões pelas quais o agente considera, subjetivamente, uma norma válida ou justificada. Tal avaliação diz respeito à compreensão das pretensões de justeza (dos critérios de justeza adotados) implícita ou explicitamente levantadas pelo agente ao considerar válida ou justificada uma norma. A própria avaliação obriga o *intérprete* (que quer ser intérprete, e não mero observador externo do comportamento físico dos *agentes*) a confrontar a vigência social de uma norma com critérios de valor (próprios e do *agente*).

Por isso, a interpretação racional da ação regulada por normas é sempre uma compreensão que se realiza no plano do confronto entre pretensões de validade (ou seja, entre pretensões de justeza, verdade, excelência etc. daquilo que se afirma), e em particular uma verificação intersubjetiva das questões (critérios) de valor subjacentes à aceitação de normas[28].

Não espanta, portanto, que as teorias do raciocínio jurídico, em particular as da justificação de conclusões normativas (de Aarnio e Alexy), devam tanto a Habermas e também compartilhem com ele a indissociabilidade entre *procedimento de justificação* e *confronto racional* entre posições de valor.

---

28. Cf. *Teoria dell'agire comunicativo*, cit., pp. 181 ss. Como escreve Habermas em *Faktizität und Geltung. Beiträge zur Diskurstheorie des Rechts und des demokratischen Rechtsstaats*, Frankfurt am Main, 1992, p. 277, a validade de um juízo depende do atendimento de condições que não estão na simples evidência empírico-factual, mas são esclarecidas no andamento do discurso argumentativo: os argumentos são fundamentos (*id.*, p. 276), e justeza significa "aceitabilidade racional sustentada por boas razões" (*id.*, p. 277).

Este é um dos elementos distintivos fundamentais entre a teoria construtivista de Dworkin e a de Habermas: conforme este escreve em seu último e importante trabalho, *Faktizität und Geltung* (1992), a tentativa dworkiniana de incluir e defender as premissas extrajurídicas do raciocínio jurídico numa teoria "abrangente" ocorre sem uma construção intersubjetiva da teoria e refere-se ao esforço "solipsista" do juiz ideal, *Hércules*; entretanto, a aceitabilidade racional do juízo não se baseia simplesmente na qualidade dos argumentos, mas também na estrutura do processo argumentativo. Em outros termos, sem um conceito de racionalidade procedural, que fixe as condições nas quais deve desenvolver-se o procedimento intersubjetivo do confronto entre argumentações, não pode ser determinada a validade de uma conclusão normativa, de um juízo de validade, pois a dimensão pragmática dos procedimentos de fundação (de justificação) é "constitutiva" da validade[29].

Habermas refuta o conflito, inaugurado pela modernidade[30], entre moral privada e norma jurídica "externa", esta-

---

29. HABERMAS, *Faktizität und Geltung*, cit., p. 277. Além dessa questão, no confronto com Dworkin, é relevante o fato de que o cognitivismo de Habermas, nos discursos jurídico, político e interpretativo, tende a promover a idéia de que os critérios da argumentação racional podem levar ao encontro de uma *right answer*, no sentido de Dworkin. Mas a "resposta justa" tem para Habermas um *status* "provisório", pois pertence a uma ordem provisória, construída e exposta em prol do avanço de um progressivo processo de aprendizagem; é em outros termos uma idéia regulativa (*id.*, pp. 278 ss). A extrema delicadeza dessa questão consiste no fato de que provisoriedade e justeza não são compatíveis; parece que em Habermas são, *sic stantibus rebus*, levando-se em conta a situação, o contexto, as condições do discurso, as pretensões em jogo: a justeza, em vez de aspirar a uma validade absoluta, indicaria mais o melhor horizonte possível, considerando-se a posição da qual os sujeitos potencialmente interessados poderiam observá-lo em dado momento (dadas por estáveis e permanentes as garantias procedurais próprias do "discurso"). Poder-se-ia também dizer que a provisoriedade não parece tanto fazer parte do discurso dos potencialmente interessados, mas talvez do metadiscurso com que a teoria o julga, o percebe ou com que, num momento diferente, num contexto subseqüente os próprios potenciais interessados poderiam ser induzidos a avaliar a solução adotada anteriormente, a resposta anterior.

30. *La crisi della razionalità nel capitalismo maturo*, cit., pp. 96 ss.

tal e positiva, conflito que pode resolver-se uma vez que a validade das normas (neste contexto, a "justeza" que uma norma possui) se torne dependente do consenso, ou seja, da "formação discursiva da vontade dos potencialmente interessados"[31]. Em síntese, a validade não é um dado de fato, derivado da positividade da norma, mas é um juízo de valor sobre o qual poderiam, abstratamente, convergir as vontades racionais dos sujeitos potencialmente interessados. Isso é o que liga a validade à sua justificação.

E nessa perspectiva também pode ser revista a teoria da legitimidade do poder enunciada por Weber. Habermas afirma que esta separa validade e verdade e que de tal modo subtrai o poder ao controle racional. Como sabemos, para Weber, todo poder deve alimentar a confiança em sua legitimidade. Mas essa confiança pode decorrer de uma crença verdadeira ou falsa. Os cidadãos podem concedê-la com base numa convicção errônea ou por uma atitude psicológica alimentada pelo poder. E isso, mesmo quando é crença no caráter legal-racional deste. Portanto, a legitimação, que diz respeito ao motivo pelo qual se obedece ao poder, em Weber é independente da *verdade* (mas dependente do fato de que o poder consegue *induzir os cidadãos a crer em algumas de suas qualidades*). A legitimação, segundo Habermas, deveria basear-se numa pretensão *racional* de validade (do poder), logo numa pretensão cuja *verdade* fosse verificável e criticável racionalmente.

Se relacionada com a verdade, a legitimação não pode mais ser explicada com o fato (nem dele pode decorrer) de que o Estado se ajusta a um sistema de regras positivas, ou seja, segue corretamente um procedimento fixado de aplicação e produção do direito. Um "procedimento como tal não pode gerar legitimação; antes, o próprio procedimento de estabelecer normas está sujeito à obrigação de legitimação"[32]. E, segundo Habermas, *deve* haver legitimação do procedi-

---

31. *Id.*, p. 97.
32. *La crisi della razionalità*, cit., p. 108.

mento, que pode, por exemplo, nascer do fato de que ela é confiada a um poder constitucionalmente constituído[33]. Se bem que, como logo veremos, não se trata só disso.

A correção procedural e a legalidade (em sentido weberiano) do exercício do poder dizem apenas que ele se exprime com base em regras que estabeleceu, mas não justificam a existência desse poder nem o conteúdo das suas decisões. A validade das normas internas ao sistema legal-racional não pode ser considerada justificada apenas pelo fato de que elas são fruto de uma decisão: ao contrário, uma decisão pode ser entendida como vinculante e obter obediência sem imposição da força somente se possuir um conteúdo que, se necessário, possa ser defendido num confronto racional com base em justificação e em argumentos[34].

Obviamente, tudo isso pressupõe que seja possível um discurso racional para a verificação e o entendimento em torno de problemas práticos; que as controvérsias morais referentes aos valores possam ser resolvidas por meio do discurso. Habermas considera que o fundamento de validade de uma norma não assenta apenas em sua validade jurídica ou no fato de pertencer ao sistema: por esse caminho simplesmente se deslocaria a pergunta sobre o fundamento de validade do sistema e entende a validade como problema da legitimidade substancial.

Habermas também reexaminou a descrição positivista do direito como sistema autônomo e funcionalmente diferenciado (Luhmann). Essa autonomia do direito, que rejeita qualquer justificação e não exige para si nenhum fundamento "justo", é uma descrição parcial: "a crítica imanente ao positivismo jurídico – que, partindo de Fuller para chegar

---

33. *Ibid.* Habermas critica portanto a posição de Luhmann, segundo quem a busca de motivos substanciais, racionalmente verificáveis e criticáveis, de validade do poder não é necessária, mas pode abalar a útil ficção de que à legalidade corresponde a legitimidade. Luhmann substitui a legitimação do procedimento (ver acima) pela legitimação por meio do procedimento.

34. Cf. também HABERMAS-LUHMANN, *Teoria della società o tecnologia sociale,* trad. ital. de R. Di Corato, Milão, 1973, p. 164.

a Dworkin, desenvolveu-se em relação a Austin, Kelsen e Hart – já demonstrou que é cada vez menos possível aplicar o direito sem recorrer explicitamente à posição de objetivos políticos, à justificação moral, bem como ao confronto crítico entre princípios diversos. Traduzido nos termos de Luhmann, isso equivale a afirmar que no código jurídico confluem conteúdos provenientes dos códigos da moral e do poder: portanto, que o sistema jurídico não é fechado e auto-suficiente"[35].

A necessária abertura para fora do sistema jurídico implica que nenhum procedimento de justificação deve partir exclusivamente de premissas apenas "internas" ao sistema jurídico, se não por outro motivo, pelo menos porque as premissas internas, como por exemplo os valores constitucionalmente tutelados, só podem ser compreendidas num contexto "vital", externo ao direito, e em que o direito prova sua legitimação.

Habermas identifica uma dinâmica de relações entre sistemas e mundo vital. Os sistemas autodiferenciados (e regulados por *media* como o poder e o dinheiro), dependentes de lógicas funcionais e orientados por uma racionalidade instrumental, de fins, tendem a separar-se do mundo vital e a sobrepor-se-lhe. Poder e dinheiro, que regulam os fluxos internos dos sistemas político e econômico, não só são estranhos à racionalidade comunicativa própria do mundo vital como também tendem a absorver este último, submetendo-o a seus próprios imperativos. O sistema jurídico, por sua vez, representa um caso de autodiferenciação sistêmica, em virtude da qual ele perde qualquer ligação com o conjunto de valores e com as necessidades internas do mundo vital, até deixar de considerar, como no juspositivismo formalista, qualquer ligação do problema da validade com a legitimação do direito que proviria de sua correspondência a valores aceitáveis ou aceitos no mundo vital. Nenhuma legitimação do direito, nesse sentido, pode provir do "siste-

---

35. HABERMAS, *Morale, diritto, politica*, cit., p. 53.

ma" e o mundo vital pode e deve reforçar sua resistência à "colonização" que sofre por parte dos imperativos sistêmicos. Estes últimos – escreve Habermas – "*chocam-se* com estruturas comunicativas irredutíveis"[36]. É fatal, por conseguinte, que essa duplicidade antagonística do mundo concentre em si as razões de cada uma das grandes oposições em que Habermas se deteve, inclusive a oposição entre validade e legitimidade, que parece assim corresponder às razões do sistema jurídico pensadas em contraposição com as razões do mundo vital.

A transposição desse fundo teórico em termos de uma "teoria discursiva do direito e do Estado democrático de direito" mostra-se sistemática e grandiosa em *Faktizität und Geltung*, obra que parte de uma assunção típica da "teoria crítica" da Escola de Frankfurt: a de que os conteúdos ideais presentes no mundo vital, na linguagem, nas instituições (mas também as próprias declarações dos direitos, os valores universalmente aceitos etc.) não são vãs pretensões nem ficções de acomodação, mas pressionam a ação humana, exigindo constantemente uma prática que lhes seja conforme, chegando a pôr em tensão fatos e valores e incumbindo a teoria da tarefa de indicar caminhos adequados à redução ou à solução dos conflitos. E emergem conflitos claros entre

---

36. *Teoria dell'agire comunicativo*, cit., p. 1071. Nesse sentido, o poder exercido, por exemplo, pelos meios de comunicação de massa choca-se com tendências contrárias e limitações diversas, ou seja, não consegue determinar um universo unidimensional, inteiramente subjacente a lógicas sistêmicas. Em relação à imperatividade das lógicas internas, de orientação para o sucesso ou para os fins, do sistema político ou do econômico, pode valer a refratariedade dos nexos sociais primários à manipulação, a íntima autonomia das comunicações internas do mundo vital nas relações de trabalho, mas sobretudo na escola e na família. Até mesmo os processos autônomos de agregação espontânea da opinião pública constituem uma reserva do mundo vital que tem percursos não profundamente domináveis por lógicas "colonizadoras". A tecnicização do mundo vital – segundo a qual os processos são determinados por regras capazes de adquirir validade normativa independentemente de sua origem e de seu fundamento nos processos comunicativos – é portanto aquilo a que Habermas se opõe (Cf. também *Teoria dell'agire comunicativo*, cit., p. 902).

a exigência de salvaguardar a positividade do direito e a de discutir ou pretender sua legitimação social e política, entre o Estado como titular da força e o Estado como expressão do autogoverno do povo, entre o conceito ideal das instituições e os processos factuais que nelas se encontram, assim como entre a noção ideal de democracia e as suas realizações concretas, entre a idéia de comunidade de sujeitos livres e iguais e a realidade das condições de exercício dos direitos. E a Habermas não escapa nem mesmo o íntimo caráter contraditório entre a finalidade ideal do Estado social, a autonomia dos indivíduos – que o Estado sustenta intervindo para garantir as bases materiais da existência deles – e o permanente risco concreto de que tal intervenção penetre excessivamente nessa autonomia, reduzindo-a de fato, malogrando ele também no intento já perseguido pelo Estado liberal. Este último ignorava até que ponto a real desigualdade e as condições materiais da sociedade eram relevantes para um Estado fundado no princípio de (efetiva) autonomia individual[37]. Finalmente, é nesse âmbito que Habermas levanta o véu daquilo que lhe parece ser o conflito central: entre autonomia privada e autonomia pública, ou seja, a tensão entre a liberdade individual e a democracia (a idéia de uma comunidade de consociados livres e iguais). Dessa perspectiva torna-se possível ater-se às questões jurídicas por um lado e aos temas da justificação e do "discurso" por outro.

Segundo Habermas, o princípio democrático deve levar a estabelecer um procedimento para a legítima produção do direito[38], que se baseie no acordo dos consociados admitidos juridicamente no processo de formação das leis[39]. O que – como veremos – tem conseqüências tanto em termos de re-

---

37. HABERMAS, *Faktizität und Geltung*, cit., pp. 489 ss.
38. *Id.*, p.141.
39. *Ibid.*, p. 141: por isso, escreve Habermas, "o princípio democrático está em plano diferente do princípio moral". Assim, o princípio democrático torna-se o princípio do discurso racional de que falamos acima, dentro das condições garantidas por um sistema legal (*id.*, pp. 146 ss. e p. 154).

lações entre autonomia privada e pública quanto de condições procedurais da democracia.

Democracia é a realização do princípio do discurso dentro de um *sistema legal*: o conceito-chave é um paradigma procedural do direito (capaz de garantir as condições ideais do discurso). Pode-se dizer que o paradigma procedural é uma superação dos limites do Estado liberal e do Estado social. Habermas, não por acaso, atribui certa relevância à teoria constitucional procedural de J. Ely (1980)[40], que concebe a Constituição americana como orientada pelo princípio de liberdade e considera que este último é sustentado apenas por um esquema de garantias que assegure iguais oportunidades de acesso aos processos decisórios e obrigue os titulares das decisões a levar em conta todos os interesses em jogo. A função da Corte Constitucional passa a ser principalmente a vigilância do respeito às normas de organização e de procedimento das quais depende a legitimação dos processos democráticos[41]. Na função judiciária, o esquema substitui a escolha de valores caso a caso pelo controle do respeito às normas de procedimento e organização fixadas para garantir uma condição sobre qualquer outra: a de que as decisões ocorrem no respeito às garantias democráticas de acesso e participação e que atendam a critérios de universalizabilidade[42].

Na realidade, o cerne da função procedural do direito está numa concepção político-deliberativa da democracia constitucional[43]. O problema para Habermas é que uma visão procedural destinada a assegurar atenção igual para todos[44] se apóia, por sua vez, num princípio de *justiça,* ou seja, não está isenta de *conteúdo* normativo (que substitui a concepção paternalista do juízo de constitucionalidade como

---
40. J. ELY, *Democracy and Distrust. A Theory of Judicial Review,* Cambridge, Mass., 1980.
41. HABERMAS, *Faktizität und Geltung,* cit., p. 321.
42. *Id.,* p. 323.
43. *Id.,* pp. 349 ss.
44. *Id.,* p. 323.

decisão última sobre valores). Em particular, há uma conexão interna entre direitos humanos e soberania popular: os direitos fundamentais são condições para o exercício da autonomia política, que se apresenta como uma síntese entre autonomia privada e autonomia pública; assim, o exercício da autonomia política e a realização proceduralmente regulada do princípio de autolegislação não são apenas realização do ideal democrático, mas, por meio deste último, são tutela dos direitos de cada um[45]. Os direitos individuais mostram-se então em Habermas à luz do bem público que lhes serve de eixo; eles ditam os critérios para a deliberação pública (em primeiro lugar, impedem a ditadura da maioria e impõem regras procedurais que conferem às minorias os direitos de acesso ao "discurso"). Para Habermas o paradigma fundamental do Estado constitucional é o de uma *comunidade de livres e iguais,* em que é decisivo o peso da autonomia pública em relação à autonomia privada[46]. A oposição entre a tutela dos direitos e o poder da maioria de decidir, de exercer sua soberania, desapareceria, portanto, caso a decisão ocorresse por um acordo racional entre consociados, obtido no respeito a garantias procedurais para o acesso de cada um e decorrente de critérios de universalizabilidade das decisões (ou de potencial reciprocidade destas). A violação de direitos e a exclusão de direitos fundamentais reduzem a capacidade de participação no processo deliberativo, invalidam o conceito de comunidade de livres e iguais, ao qual só podem ser cabíveis a soberania e, portanto, a decisão. O *procedimento* resolveria assim a tensão entre o princípio democrático e os direitos fundamentais. Nisso, Habermas parece aproximar-se das teses, que ele mesmo discute, da parte do constitucionalismo americano que, em vez de se voltar para uma *rights thesis,* à maneira de Dworkin, justifica a *centralidade* constitucional da liberdade de expressão (*Free Speech: First Amendment,* na constituição americana), pois ela é o

---

45. *Id.*, p. 162.
46. *Id.*, p. 474.

pressuposto essencial da reabilitação da democracia, do exercício de uma política deliberativa, porque promove a possibilidade e a capacidade de participação nas decisões acerca das questões públicas: o que significa que ela é o canal para a tutela do discurso público, em que está o cerne da cidadania e da democracia[47].

Em certo sentido, nessa construção, o direito assumiria o duplo papel de cuidar da organização e das condições do discurso (mas com base num valor de fundo, o da autonomia política), bem como a função de determinar, de acordo com a prioridade desse valor, a ordem conseqüente de valores (levando em conta que devem ser tuteladas sobretudo as pretensões que se resolvem indiretamente na proteção do processo democrático)[48].

É evidente que a tese de Habermas se sustenta desde que se compartilhe o princípio do discurso como instrumento de mediação ou de solução da oposição entre justiça e democracia, desde que se atribua ao princípio da aceitabi-

---

47. HABERMAS, *Faktizität und Geltung*, cit., faz referência (cf. p. 335 e *passim*) aos trabalhos de C. Sunstein. Não pode considerar as obras posteriores, em que esse autor desenvolve com mais insistência sua teoria da prevalência da autonomia pública sobre a autonomia privada, formulando também questões relativas ao papel da legislação e do controle judiciário, como sobretudo C. SUNSTEIN, *Democracy and the Problem of Free Speech* (1993), N. York 1995[2]; na realidade a paternidade dessa interpretação do *Free Speech* no debate constitucional americano cabe a A. MEIKLEJOHN, *Free Speech and Its Relation to Self-Government*, N. York, 1948. Quanto aos fundadores, nos *Federalist Papers* remonta-se particularmente a Madison. A contraposição teórica central é entre "pluralismo" e "republicanismo": o direito, na concepção pluralista, acaba por exercer o simples papel de canal de negociação entre interesses em conflito (C. SUNSTEIN, *Constitutions and democracies: an epilogue*, in J. ELSTER e R. SLAGSTAD (eds.), *Constitutionalism and Democracy*, N. York, 1993[2], pp. 327 ss.), enquanto numa perspectiva baseada nas virtudes cívicas, no bem comum, no republicanismo, "propriamente entendida, a política não era um processo em que o povo buscava satisfazer suas escolhas de consumidor. A seleção dos valores, ao contrário, era o objeto do processo. A virtude cívica, entendida como dedicação ao bem público, [...] era o princípio inspirador da participação política" (*id.*, p. 329).

48. HABERMAS, *Faktizität und Geltung*, cit., p. 529.

lidade racional e do consenso dos potencialmente interessados (também em sentido puramente regulativo) a capacidade resolutiva das controvérsias e, enfim, desde que se queira reconhecer nos processos de formação da opinião pública uma autonomia progressiva em relação a influências e manipulações. A teoria de Habermas é claramente normativa ("contrafactual") e opta por privilegiar a orientação para a democracia e por atribuir ao direito, por um lado, e aos juízes, por outro, papéis o menos possível comprometidos com a opção política por valores (funções de tutela das condições da autonomia política).

Seria possível dizer que a teoria geral da ação comunicativa tem aí uma realização específica, no sentido de que o pressuposto da comunicação, orientada para o entendimento: a) está pragmaticamente presente na disposição de cada um à auto-realização *como membro de uma comunidade*; b) está incorporado no direito como estrutura de tutela da autonomia política; c) é contraposto à ação política como estratégia do sucesso, no choque entre objetivos individuais, interesses, preferências.

4. Perspectivas do direito-instituição

I. Habermas utiliza um conceito de direito-*instituição*, que ele opõe ao de direito-*meio*. O significado desse conceito pode ser confrontado com a evolução do institucionalismo jurídico, que se delineou no início do século XX e recentemente foi enriquecido com as contribuições de filósofos analíticos do direito.

No conceito de direito-instituição, é relevante saber qual é o papel atribuído às regras: Santi Romano, por exemplo, ensinara que a realidade social possui uma normatividade sua, que se deve poder impor ao "direito", que é ela mesma "direito"; em certo sentido, seu institucionalismo teria recusado a idéia de normas às quais fosse atribuída uma eficácia "constitutiva" do mundo.

Mas, para tentar esclarecer essa relação, deve-se fazer referência à distinção entre regras prescritivas e regras *constitutivas*. No direito-*instituição* o fato social se organiza como direito. Se, ao contrário, o direito é suposto como *constitutivo*, entende-se que ele forma e determina práticas sociais por meio de regras. John Searle e John Rawls[49] contrapuseram o conceito de regra constitutiva ao de regra regulativa, atribuindo à primeira a qualidade de constituir e regular uma atividade social cuja existência é logicamente (posterior) decorrente das regras, enquanto a segunda disciplina uma atividade preexistente cuja existência é logicamente independente das regras. Se bem que a noção de regra constitutiva tenha recebido numerosos e progressivos aperfeiçoamentos (com outras tantas subdivisões), convém aderir à caracterização geral das regras constitutivas, segundo a qual elas são condição daquilo sobre o que versam, no sentido de que uma regra *definitória* do xeque-mate é condição de algo como o xeque-mate[50].

---

49. J. RAWLS, *Two concepts of Rules*, in " The Philosophical Review", 64, 1955, pp. 3 ss.; e J. R. SEARLE, *How to derive "Ought" from "Is"*, in "The Philosophical Review" 73, 1964, pp. 43 ss.: trad. ital. de R. Guastini: *Come dedurre " deve" da "è"* in R. GUASTINI (ed.), *Problemi di teoria del diritto*, Bolonha, 1980, pp. 155 ss. Um antecedente fundamental, entre os muitos, é sem dúvida L. Wittgenstein: ver *Osservazioni filosofiche*, trad. ital. de M. Rosso, Turim, 1976, e Id., *Ricerche filosofiche*, cit. Para um aprofundamento, A. G. CONTE, *Paradigmi d'analisi della regola in Wittgenstein*, in R. EGIDI (ed.), *Wittgenstein, Momenti di una critica del sapere*, Nápoles, 1983, pp. 37 ss.

50. As regras constitutivas não são, portanto, *prescrições* destinadas a influenciar diretamente o comportamento. Quanto à tipologia das regras, em particular as regras eidético-constitutivas são condição de pensabilidade e possibilidade daquilo sobre que versam (regras sobre o xeque-mate), enquanto as regras tético-constitutivas levam a ser diretamente aquilo sobre que versam (a norma que ab-roga outra norma); as regras anankástico-constitutivas ditam as condições para a validade daquilo sobre que versam (compra e venda de bens imóveis por ato público, chamada *forma ad substantiam*). Mas também foram indicadas regras noético-, metatético-, nômico-constitutivas, e parece que a tipologia está destinada a ampliar-se. Seu artífice principal é A. G. CONTE, numa longa série de ensaios, entre os quais menciono *Konstitutive Regeln und Deontik*, in MORSCHER E. e STRANZINGER R. (eds.), *Ethik*

O direito-instituição, também no sentido adotado por Habermas, indica práticas sociais que não são *produzidas* por regras e que não dependem de regras como condição: instituição significa anterioridade em relação à intervenção regulativa, que é externa, artificial[51].

Ou seja, se existem fatos que "extraem de regras sua identidade constitutiva"[52], o direito-instituição não pode ser, nesse sentido, dependente de regras constitutivas, pois a "identidade constitutiva" dos fatos que são instituição (direito) não pode ser pensada como algo *produzido* por normas jurídicas.

O direito como instituição não é redutível a um conjunto de normas porque a instituição tem uma identidade "social" própria da qual decorrem normas. Quando o direito tem função constitutiva ele atribui identidade a fenômenos sociais que cria segundo lógicas "auto-referenciais", nas quais a sociologia de Habermas e sobretudo a de Luhmann insistiram de modos diferentes.

Habermas caracterizou o direito "moderno" como o ponto de partida de um desempenho organizativo e regulativo do direito que se impõe com função *constitutiva*: "o moderno direito coativo está desvinculado de motivações éticas; funciona por meio de delimitação de âmbitos de ar-

---

Grundlagen, Probleme und Anwendung, Viena, 1981, pp. 14-8; *Regola costitutiva in Wittgenstean,* in CASTELLANI F. (ed.), *Uomini senza qualità. La crisi dei linguaggi scientifici nella Vienna delgi anni Venti,* Trento, 1981, pp. 51-68; *Regola costitutiva, condizione, antinomia,* in SCARPELLI U. (ed.) *La teoria generale del diritto. Problemi e tendenze attuali,* Milão, 1983, pp. 21-39; *Regole eidetico-costitutive,* in "Nuova civiltà delle macchine", 3 (1985), 3-4, pp. 26-33. Mas uma ampla exposição (também bibliográfica) das contribuições de Conte está no volume de G. AZZONI, *Il concetto di condizione nella tipologia delle regole,* Pádua, 1988, trabalho que constitui uma atenta classificação tipológica e um rico quadro reconstrutivo do problema. A tese de que todas as normas jurídicas são constitutivas, porque produzem efeitos de modificação no sistema jurídico, é defendida por G. CARCATERRA, *La forza costitutiva delle norme,* Roma, 1979.

51. Sobre esse assunto cf. o meu *L'istituzione del diritto,* cit.
52. A. G. CONTE, *Fenomeni di fenomeni,* in *Interpretazione ed epistemologia. Atti del VII Colloquio sulla Interpretazione,* Turim, 1986, p. 180.

bítrio privado para pessoas de direito privado ou então de espaços de atributos legais para detentores de cargos (para detentores de posições de poder organizado em geral). Nesses âmbitos de ação as normas jurídicas *substituem* o substrato pré-jurídico da eticidade transmitida [...]. O direito não se enxerta mais em estruturas de comunicação preexistentes, mas produz formas de relações e cadeias diretivas conformes com os meios de comunicação, para os quais os contextos tradicionalmente consolidados de agir orientado para o entendimento são marginalizados como ambientes sistêmicos"[53].

A importância dessa alternativa entre direito-meio e direito-instituição deriva do fato de que o direito contemporâneo é permeado por duas tendências opostas: uma exalta sua capacidade planificadora das interações sociais, instituidora de mecanismos artificiais de distribuição e de alocação dos recursos e se explicita por meio de uma "juridificação" que permeia todos os âmbitos da vida social; a outra consta do reconhecimento cada vez mais constante de necessidades "pós-materialistas", da incorporação no direito positivo de premissas éticas e de uma orientação para os "valores", que devem decorrer da referência aos processos internos àquilo que, conforme Habermas, chamamos de "mundo vital". Esta segunda diretriz constitui o limite de "identidade" que o direito-instituição opõe à onipotente estratégia do direito "sistêmico", do direito-meio.

II. A caracterização fortemente "sociológica" desse conceito de direito-instituição leva a resultados bem diferentes dos da recente reformulação do mesmo conceito por parte de Neil MacCormick e Ota Weinberger. Pondo-se em oposição com as teorias realistas que reduzem o direito a um conjunto de "fatos", a teoria institucionalista de MacCormick e Weinberger parte da qualificação do direito como um fato *sui generis*, cultural, um fato *institucional*, nunca profundamente redutível apenas a "normas", mas que não pode

---

53. HABERMAS, *Teoria dell'agire comunicativo*, cit., pp, 961-2.

ser entendido nos moldes de qualquer outro fato bruto ou natural, porém apenas com base nas *regras* que definem e constituem assim seu significado. MacCormick e Weinberger não se referem tanto a instituições no sentido romaniano de entidades sociais (acepção sociológica), mas aos conceitos jurídicos característicos por sua função sistemática no ordenamento, *institutos* como o contrato, o casamento, o testamento; tais institutos são fixados por meio de *normas*[54].

No entanto, as normas não são suficientes para esgotar os significados do direito-instituição porque os casos *concretos* que representam "instâncias", "amostras" determinadas, na prática, do conceito-instituto contrato, casamento, testamento, podem evocar razões substanciais e princípios por meio de cujo uso interpretativo se estende ou reduz a área do conceito[55].

Não está muito claro qual é o papel atribuível a normas como algo *distinto* das práticas sociais por elas individualizadas[56]; a impressão é de que a teoria institucional tem em vista uma conciliação do *normativismo* com a realidade da ação *prática*, com o direito como âmbito de *ação*.

---

54. Para cada um deles estabelecem-se normas instituidoras, normas derivativas (ou de conseqüência) e normas terminativas: as primeiras estabelecem quando, em que condições, um caso concreto (uma "amostra") de um conceito de instituto (contrato, casamento, testamento) vem a ser e começa a ser existente no tempo segundo o ordenamento; as segundas estabelecem quais efeitos jurídicos conseqüentes, em termos de responsabilidade, poderes, direitos e deveres, delas decorrem; as terceiras indicam em que acontecimentos ou atos uma "amostra", ou seja, um caso concreto desses institutos cessa no tempo (MacCORMICK-WEINBERGER, *Il diritto come istituzione,* trad. ital. de M. La Torre, Milão, 1990, pp. 63-5).

55. MacCormick e Weinberger escrevem, entre outras coisas, que, "sendo a instituição-conceito articulada em ou mediante normas, todo processo de surgimento, desenvolvimento ou evolução de normas pode ser um processo de surgimento, desenvolvimento ou evolução de instituições. Isso dependerá do modo como os órgãos competentes conceituam as normas [...]" (*Il diritto come istituzione,* cit., p. 18).

56. Quanto a esses aspectos, cf. M. La TORRE, *Appendice* a MacCORMICK-WEINBERGER, *op. cit.,* esp. p. 404; A. PINTORE, *La teoria analitica dei concetti giuridici,* cit., pp. 183-227. Cf. também meu *L'istituzione del diritto,* cit.

MacCormick e Weinberger situam nos fatos institucionais o ser e o dever-ser (as normas). Por exemplo, num fato institucional como a "promessa", o ato de prometer não vincula de per si: não se pode inferir a *obrigação* de cumprir a promessa do *fato* de ter prometido[57]. A obrigação nasce simplesmente porque o fato de prometer tem natureza *institucional*, ou seja, é disciplinado pela regra *prescritiva* de cumprir as promessas; a instituição *compreende* portanto o dever-ser como um elemento constitutivo seu.

Assim, o direito-instituição de MacCormick implica a *presença simultânea* de: a) uma *prática social efetiva*, por meio da qual as normas se tornam direito(-instituição); b) um *conjunto de regras* instituidoras e prescritivas para poder distinguir fatos institucionais de simples fatos brutos, ou de outros fatos externos ao sistema de regras a que se faz referência.

Essa tese sobre a natureza do direito como fato-institucional tem implicações que favorecem a abordagem "hermenêutica" porque a qualificação do direito como complexa interação de ações sociais e de normas implica que o "conhecimento jurídico é conhecimento daquilo que as normas são para os participantes envolvidos e conhecimento dos fatos institucionais constituídos pela interpretação dos eventos naturais dentro dos esquemas fornecidos pelas normas"[58].

---

57. J. SEARLE, *Come dedurre "deve" da "è"*, cit., e *Atti linguistici*, trad. ital. de R. Cardona, Turim, 1976, defendeu essa tese, criticada por MacCormick e Weinberger, afirmando que a presença de regras *constitutivas* do fato institucional da promessa permite deduzir o *"deve" do "é"* (a obrigação de cumprir a promessa). MacCormick e Weinberger especificam, ao contrário, que a obrigação decorre apenas da presença, nos fatos institucionais, de uma *prescrição* em tal sentido, ou seja, de regras prescritivas, normativas, e não somente constitutivas. O que remete ao conceito de fatos institucionais como algo decorrente de normas dos três diferentes tipos evidenciados pelos autores, instituidoras, de conseqüência e de cessação, ou terminativas (ver aqui, nota 54).

58. MacCORMICK e WEINBERGER, *Il diritto istituzione*, cit., p. 132. Como não me posso aprofundar mais no trabalho de MacCormick e Weinberger, lembro algumas teses fundamentais que também servem de esclarecimento do trecho no texto. Para os dois filósofos do direito deve haver uma explicação para a normatividade das normas, no sentido da capacidade que as

III. O conceito proposto por Habermas possibilita-lhe insistir, porém, na *duplicidade* do direito, que reflete a duplicidade entre mundo vital e sistema e se exprime em termos de contraposição entre direito-meio e direito-instituição. Habermas admite que as "matérias jurídicas tecnicizadas e deseticizadas, surgidas da complexidade do sistema econômico e administrativo, devem ser avaliadas com referência a imperativos funcionais e em concordância com normas superiores"[59], o que significa que não há sentido algum em buscar a legitimação no mundo vital de um direito que tem tarefas exclusivamente funcionais e que não toca questões centrais do mundo vital. O direito como *medium* regulativo, dentro dos sistemas, é plenamente verificável por meio de sua adequação aos objetivos funcionais do sistema: desse ponto de vista é suficiente para ele a noção de validade como pertença (juspositivista) formal de uma norma ao sistema jurídico, decidida com base em critérios de correção procedural. As coisas mudam, porém, sempre que o direito é visto nos seus aspectos *institucionais,* que o radicam na esfera dos sujeitos, esfera público-privada, no mundo vital: "Por instituições jurídicas entendo normas jurídicas que não

---

normas têm de guiar a ação, e devem ser explicáveis as normas que não decorrem de outras normas, porém nascem originariamente de convenções ou costumes. A obrigatoriedade das normas é compreensível apenas de um ponto de vista interno, "segundo o qual devemos entender os fatos humanos e sociais nos termos em que eles são inteligíveis para os sujeitos humanos que participam de tais fatos. Outro modo de expressar essa tese é dizer que devemos adotar uma postura hermenêutica para compreender os fatos em questão" (*id.*, p. 20). Além disso, para MacCormick e Weinberger as normas têm "uma importância crucial para a ação", portanto a ação deve ser "compreendida hermeneuticamente, ou do ponto de vista interno com referência às normas". Ademais, as normas devem "ser exprimíveis por uma forma (ou redutíveis a uma forma) que se refira a alguma possível ação humana"; não por acaso elas se tornam "reais apenas funcionando como parte de um sistema de orientação da ação para alguma pessoa ou algum grupo. Isso deve implicar pelo menos (a) algum uso ou alguma prática regular (não invariável), e (b) alguma atitude em relação a essa prática [...]. Isso remete ao conceito de costume como razão prática compartilhada [...] e ao tema geral do raciocínio prático" (*id.*, p. 21).

59. *Id.*, p. 1036.

podem ser suficientemente legitimadas mediante a menção positivista a procedimentos. São típicos delas os fundamentos do direito constitucional, os princípios do direito penal e do direito procedural penal, bem como todas as regulamentações de formas penais contíguas à moral (como assassinato, aborto, violência sexual etc.): sempre que na prática quotidiana é posta em discussão a validade dessas normas, não é suficiente a referência à sua legalidade. Elas necessitam de uma justificação material, pois pertencem *aos ordenamentos legítimos do mundo vital* e, em conjunto com as normas informais de ação, constituem o fundo da ação comunicativa"[60]. O direito, se e como direito-instituição, dispõe do potencial consenso com base nos mesmos processos comunicativos a que diz respeito; deles recebe seus elementos normativos.

O que Habermas diz, essencialmente, é que *sobrescrever, rejuridificar* o direito-instituição é operação que exige as energias comunicativas dos sujeitos e a atenção aos valores, porque o direito-instituição não se justifica formalmente, porém substancialmente (com base em critérios de justiça *próprios do mundo vital*, sem consideração dos critérios próprios ou admitidos na verificação formal de validade relativa ao sistema jurídico).

Nesse âmbito, juridificar, entendido no sentido da contínua intervenção de reescrita do direito-instituição, é perigoso: não por acaso, a intervenção regulativa (típica do Estado social) na vida do indivíduo, destinada a garantir as condições do seu bem-estar, mesmo atendendo a exigências éticas, de respeito à dignidade, à vida, à igualdade substancial etc., compromete fortemente o mundo vital, entrando nele com um *medium*, o direito, que acaba por subordinar, segundo as circunstâncias, os processos de socialização, de reprodução cultural, os nexos primários da vida (Habermas insiste na juridificação da família e da escola) a uma colonização que os arrasta "no turbilhão da dinâmica do cresci-

---

60. *Id.*, p. 1035.

mento econômico, portanto da juridificação"[61]. A tecnicização do mundo vital está, pois, à espreita, justamente pelo *medium* direito[62]. O direito-instituição, que resiste àquilo que Habermas chama de deseticização e tecnicização, exige um consenso *direto* da comunidade, ou seja, sua natural legitimidade não decorre da *validade* e da *congruência* dos seus conteúdos normativos, segundo os critérios de pertença ao sistema jurídico[63]. Ela não é uma legitimidade *mediata* (ou seja, derivada da conformidade ao sistema jurídico, cuja legitimidade, por sua vez, se presume).

A introdução dessa duplicidade no direito (direito-instituição, direito-meio) comporta conseqüências, em termos de teoria da interpretação, que, provavelmente, ainda precisem ser deduzidas de modo explícito. Se, por exemplo, se confrontar essa exigência de legitimação com as teorias contemporâneas da interpretação, poder-se-á deduzir que ela é satisfeita em princípio apenas pelas teorias que possibilitem ao intérprete reconstruir as normas de um ordenamento jurídico como um *tecido aberto aos valores fundamentais de uma comunidade*: não como um sistema fechado, mas em condições de aprender constantemente (por exemplo, Aarnio ou Dworkin), portanto de modificar-se em relação à escolha dos significados dos textos normativos que se suponham racionalmente aceitáveis no que diz respeito aos "valores" *da comunidade* de referência. O que pode ser entendido também como conseqüência do fato de que o critério de que Habermas se vale não é o de "coerência" mas, como sabemos, o de "consenso", pois só este liga a interpretação do

---

61. *Id.*, p. 1038.
62. "É o mesmo *medium* direito que viola as estruturas comunicativas do âmbito de ação juridificado" (*id.*, p. 1042).
63. O direito-instituição *não é dependente* de verificação de suas formas e de seus conteúdos (portanto formal e substancial) em termos de congruência *com o sistema* jurídico (congruência sobretudo com as normas constitucionais, em termos de validade formal e de validade substancial). Eventualmente, é o sistema jurídico que não pode deixar de informar seus conteúdos normativos segundo os "princípios" e os "valores" do direito-instituição.

direito positivo a uma realidade externa, como a participação no discurso argumentativo, ideal, dos potencialmente interessados.

A resposta à tecnicização das esferas do "mundo vital" (que é um efeito de sua "juridificação") seria então imaginável, segundo Habermas, na tensão contrária, que consiste na contínua "reeticização" do direito.

IV. Habermas utilizou a distinção entre direito disponível e direito indisponível. Se o primeiro atende apenas à lógica dos interesses do poder, o segundo dá testemunho de um limite por ela intransponível[64]. A tese de que nem todo o poder é instrumento disponível para os objetivos próprios do soberano, que remonta à idéia da sacralidade do direito, pré-medieval[65], apreende um fenômeno ineludível e permanente, visível em novas formas também nos nossos dias. Creio que se pode agora ligar o direito-instituição, como Habermas o concebeu na época da *Teoria da ação comunicativa* (1981), a esse diferente conceito histórico-reconstrutivo de direito indisponível. Em ambos os casos, o direito adquire uma "vertente" não passível de processos autoritários de definição, ou seja, não aparece como produto de uma decisão política, mas como necessário continente de intrínsecas premissas de valor, de ordem moral, dadas na "lei da terra", no código simbólico dos processos comunicativos: logicamente anteriores e *superiores* ao direito positivo como direito político ou como *medium* ("tecnológico") regulador dos sistemas sociais.

Por essa razão, segundo Habermas, nos limites em que se preestabeleça um constante controle *ético* do direito (que

---

64. Mencionei esse par conceitual na primeira parte, vinculando-lhe o par *gubernaculum-iurisdictio.*
65. HABERMAS, *Morale, diritto, politica,* cit.: "Esse direito divino, ou natural, *não* está à disposição do soberano. Ele fornece o quadro legitimador dentro do qual o soberano exerce o seu poder mundano por meio das funções da jurisdição e da legiferação"; e ainda: "Entre estes dois momentos – o da *indisponibilidade* de um direito pressuposto na composição judiciária dos conflitos e o da *instrumentalidade* de um direito tomado a serviço do exercício do poder – vem a produzir-se uma tensão insolúvel" (pp. 56-7).

o próprio Habermas prescreve em termos de tutela do "mundo vital" por parte dos mecanismos de "juridificação"), é necessário dispor, na esfera pública, de processos relativamente autônomos de formação das opiniões, processos que não sejam governados por imperativos ligados ao "dinheiro" e ao "poder". A *esfera pública*, entendida como fonte da soberania popular, é o lugar da soberania "difusa" – ou seja, não exercida exclusivamente por meio dos canais políticos tradicionais e institucionais (o voto, sobretudo) –, garantida por um direito que salvaguarde a autonomia dos processos comunicativos "internos", subtraindo-os o mais possível à opressão e à manipulação. Ou seja, nos âmbitos do direito-instituição, o direito deveria "retrair-se" e exercer uma função de garantia da autonomia ética das escolhas[66], o que corresponde ao respeito a esse núcleo indisponível, que não pode ser violado.

Se bem que o raciocínio habermasiano também nesse plano tenha grande interesse teórico, é duvidoso que tudo isso possa ocorrer confiando-se na circunstância de que as constituições contemporâneas encerram o sistema com normas de princípio de conteúdo moral. De resto, a subordinação de toda e qualquer "decisão" às práticas do "Discurso",

---

66. Quanto a esses aspectos, cf. *Morale, diritto, politica,* cit. Também na obra anterior, *Teoria dell' agire comunicativo,* cit., Habermas havia contraposto a legitimação substancial das decisões à "lealdade de massa" produzida por meio dos mecanismos institucionalizados de formação do consenso, incluída "a formação da vontade mediante a concorrência partidária", e em geral por meio dos "serviços organizativos do sistema político" (*id.*, pp. 1009-10). O sistema político, segundo Habermas – que aqui acata a lição de Luhmann –, obtém a lealdade geral de massa em troca de serviços sociais e subtraindo à discussão pública temas substanciais. A participação democrática, portanto, não pode ser entendida como resultado dos canais institucionais e políticos de participação, mas deve apoiar-se na vivacidade dos processos comunicativos espontaneamente ativos na opinião pública, no mundo vital como sede não organizada e não organizável da "esfera pública". Quais são e em que consistem os percursos concretos e as potencialidades desse âmbito comunicativo livre do domínio é problema que merece aprofundamento, tanto quanto a definição do conceito de "soberania difusa".

do "consenso", é de fato fonte de absoluta paralisia do sistema. A tese da duplicidade do direito talvez reduzisse essa necessidade de legitimação por meio do discurso apenas às "práticas sociais"que se enraízem nos nexos primários, nas convicções éticas essenciais do "mundo vital". Mas, entre outras coisas, ainda não está claro quem decide sobre a pertença das questões práticas ao domínio do sistema ou ao do mundo vital.

No plano da interpretação e da aplicação do direito, isso se traduz no problema dos vínculos efetivos com o poder interpretativo do juiz, que ainda é um problema aberto. A própria proteção do direito-instituição habermasiano em termos de reeticização do direito, implica uma série de dificuldades (opostas) que consistem em garantir "estabilidade"ao direito, que enfrenta pretensões conflitantes, muitas das quais redutíveis sobretudo ao conflito entre esfera pública, mundo vital, por um lado, e imperativos de equilíbrio, de estabilidade de funcionamento da "máquina"dos sistemas sociais, por outro.

É provável que também disso a filosofia do direito ainda precise tratar.

Índice onomástico

Aarnio A., 292n., 309-15 e n., 318-9 e n., 320, 332n., 338n., 344, 361, 379
Ackerman B., 45n.
Adorno Th. W., 356
Alchourron C. E., 291
Alexy R., 309-13 e n., 314n., 344, 352n., 361
Alfieri L., 95n.
Apel O., 358n., 360n.
Aristóteles, 8, 10-2, 14, 20
Ascarelli T., 275n.
Austin J., 121-2, 123n., 124, 169, 210, 246, 365
Austin J. L., 213n., 215n., 241n., 300 e n.
Azzoni G., 373n.

Bacon F., 50
Bagolini L., 306n.
Baldassarre A., 133n.
Baratta A., 232n.
Barcellona M., 287n.
Barilli R., 292n.
Beccaria C., 104 e n.
Bentham J., 105-6, 121, 141n., 210
Bergbohm K., 129
Bigliazzi Geri L., 308n.

Blackstone W., 45, 55
Bobbio N., 8, 12n., 15n., 18n., 50n., 72-3n., 78 e n., 95-6 n., 108n., 114n., 121, 140n., 150n., 170n., 177n., 217 e n., 232n., 249n., 295 e n., 307
Bolingbroke J. St. H., visconde de, 52
Bonazzi T., 328n.
Bonnecase J., 111
Borutti S., 54
Bovero M., 8, 95n.
Bracton E. di, 47
Bugnet J.-J., 111
Bulygin E., 264-5, e n., 291, 326n.
Burke E., 48-52, e n., 84, 88, 102, 116, 123, 335n.

Campanale D., 233n.
Capograssi G., 205n., 228 e n., 229
Carcaterra G., 6, 213n., 373n.
Carnap R., 293
Carré de Malberg R., 144
Carrió G., 256n.
Carrozza R., 145n.
Cassese S., 139n., 141n.
Cassirer E., 303n.

Castellani F., 373n.
Castignone S., 170n., 177n. 212n., 252n.
Catania A., 205 n.
Cattaneo M. A., 9n., 229 e n.
Cavalla F., 228n.
Celano B., 6
Cícero, 8, 10, 16
Cohen-Tanugi L., 328n.
Coke E., 49–52, 55
Comanducci R., 256n., 274n., 310-1n., 317n.
Condorcet Mj. A. N. de Caritat, marquês de, 57
Constant B., 72-5 e n., 76
Conte A. G., 213n., 372-3 e n.
Corradini D., 42n., 85n., 90n., 106n., 108n., 111n., 144n.
Cotta S., 40n., 229, 232-4n.
Croce B., 205n.

D'Addio M., 45n.
D'Agostino E., 229n., 232n., 235, 243n.
Dal Brollo A., 239
De Lucia R., 213n.
Del Vecchio G., 227, 229
Denninger E., 337n.
Denozza R., 287-9n., 309n.
Dewey J., 206
Dicey A.V., 139 e n., 141 e n.
Dilthey W., 302, 335n.
Dogliani M., 46-7 e n., 131n.
Domat J., 24, 107-8
Donoso Cortés J., 188 e n.
Duguit L., 198
Durkheim E., 248 e n.
Dworkin R., 277n., 288n, 326 e n., 327n., 326-40, 362n., 369, 379

Egidi R., 372n.
Elster J., 370n.
Ely J., 368 e n.
Encisch K., 306n.
Espinosa, 15
Esser J., 304, 308-9n., 352n.

Faralli G., 213n.
Fassò G., 208, 228 e n.
Ferrajoli L., 260-3n., 281n., 282n.
Ferrari V., 248n.
Ferraris M., 302n.
Feyerabend P. K., 298 e n.
Fichte. T. G., 83-4 e n.
Filipponio A., 215n.
Filmer R., 11, 36
Fioravanti M., 40n., 46-7n., 131n., 134n., 143n., 182n.
Floridia G., 46n., 59n., 339n.
Frank J., 207-8
Frosini V., 130n.
Fuller L., 235-8 e n., 243, 245

Gadamer H. G., 270, 302-4, 321n., 335n., 352n., 360
Galileu G., 8, 62
Gargani A., 300n.
Garin E., 42n.
Gavazzi G., 211n.
Gentz R., 84 e n.
Geraci G., 206
Gerber C. F., 131-2 e n., 166n.
Gianformaggio L., 172n., 262-3n., 321n., 323n., 325n.
Giannini M. S., 148n.
Giddens A., 270n., 298n.
Gierke (von) O., 183 e n., 198, 203 e n.
Grice O. P., 242n.
Grócio H., 6, 10, 15

Guastini R., 120n., 170n., 219n., 251n., 256n., 274n., 277-9n., 285n., 311n., 313n.
Gurvitch G., 203n.

Habermas J., 13n., 26, 28 e n., 53n., 80n., 152n., 239, 267n., 270 e n., 335n., 338n., 344, 352n., 356-71 e n., 373-4 e n., 377-81 e n.
Haeberle R., 337n.
Hägerström A., 213
Hamilton A., 45 e n.
Hare R., 215n., 294 e n.
Hart H. L. A., 9 e n., 22, 171n., 215-6n., 236 e n., 238 e n., 245-7, 249-59, 261, 263-5, 268-9, 271, 365
Hauriou M., 203 e n.
Hegel G. W. F., 8, 9n., 17, 87-100 e n., 112, 116, 143, 201 e n., 202
Heidegger M., 230-1 e n., 302
Heise G. A., 113
Heisenberg W., 299n.
Heller H., 197 e n., 198-200
Henley K., 335n.
Hesse M., 299n.
Hobbes Th., 6, 9n., 10-9, 17n., 30-3, 36-7, 50 e n., 101 e n., 102, 106, 121, 124
Hobsbawn E., 145n.
Holmes O. W., 206 e n.
Horkheimer M., 356
Hugo G., 89, 113, 123n.
Hume D., 8, 9n., 16-22, 17n., 33, 50, 58, 65n., 76, 141n.
Hurd H., 240, 241n., 242-3 e n., 334n.
Husserl E., 302

Irti N., 342n.

James W., 206
Jay J., 45 e n.
Jay M., 356n.
Jellinek G., 131 e n., 132-4 e n., 138, 142
Jhering (von) R., 126-8
Jori M., 214n., 262n., 268 n., 323n.

Kalinowski G., 285n., 291
Kant, 6-7, 10, 21-4, 26, 30, 37, 62-3 e n., 65n., 66-7, 69n., 70-1, 74-80 e n., 84-5 e n., 87, 90n., 104, 114, 227, 246
Kelsen H., 71, 125, 145-6, 150, 156, 161-79, 183, 185-92, 195, 197, 200 202, 217, 219, 221-4, 245, 258-9, 263 e n., 273-4, 275n., 295, 356, 365
Kronman A. T., 208-9n.
Kuhn H., 297n., 298 e n.

La Torre M., 375n.
Laband R., 132-3
Lakatos I., 297n., 298 e n.
Langdell G., 207
Laquer W., 180n.
Laski H. J., 139
Lazzaro G., 285n.
Leibniz G. W., 6-7, 22-4, 107-8
Llewellyn K., 207-9
Locke J., 6, 10, 30-7, 32n., 36n., 42, 52, 54-5, 58, 74, 91, 102, 141n.
Lombardi Vallauri L., 233-4n., 306n.
Losano M. G., 168n.
Luhmann N., 80n., 289, 307n., 344-5 e n., 347-8 e n., 350-2 e n., 354-7 e n., 364n., 381n.
Lundstedt V., 211

Mac Cormick N., 55n., 141n., 309, 313n., 315-7 e n., 337n., 374-6 e n.
Mac Pherson C. B., 54n.
Madison J., 45 e n.
Maihofer W., 231 e n.
Maitland F. W., 139
Maleville J., 109
Marcuse H., 356
Matteucci N., 56 e n., 138n.
Mayer O., 144 e n., 146n.
Mc Ilwain G.-H., 28, 39n., 46 e n., 47, 55n., 59n.
Meiklejohn A., 370n.
Mengoni L., 307n.
Merkel A., 129
Merkl A. J., 169
Misch, 302
Modugno F., 337n.
Mohl (von) R., 137
Montesquieu (Ch. L. de Secondat), 40 e n., 41, 58, 72 e n., 77, 90, 272
Moore G., 17
Morscher E., 372n.

Negri A., 9n.
Negri G., 45n.
Neumann E., 11n., 40n., 44n.
Neurath O., 293, 298n.
Newton I., 8, 62
Nigro M., 137 e n., 138n.

Olbrechts-Tyteca L., 292n.
Olivecrona K., 176, 210-3 e n.
Opocher E., 228n., 229
Orlando V. E., 131n., 133n., 142-4 e n.
Paine Th., 45 e n., 50-1, 51n., 53-4, 58, 59n., 335n.
Palombella G., 309n.

Pattaro E., 213n., 217-8n.
Paulson S. L., 263n., 325n.
Peczenik A., 309, 310 e n., 312-3n., 338n.
Peirce Ch., 206
Perelman Ch., 291-2, 315n.
Piantelli M., 214n.
Pierandrei F., 133-4n., 136n.
Pintacuda F., 34n.
Pintore A., 326n., 333-4n., 375n.
Piovani P., 328n.
Platão, 15
Poincaré H., 296
Polin R., 34 n.
Popper K. R., 296, 297n., 302n.
Portalis J., 109-10, 110n.
Pothier R. J., 24, 107-8, 110
Pound R., 207, 209
Preuss H., 198
Puchta G. F., 117
Pufendorf S., 6, 15, 22-3

Quine W. V. O., 298n.

Radbruch G., 226
Rawls J., 239, 372 e n.
Raz J., 242n., 264n., 309
Rebuffa G., 49n., 137n., 140n., 147n., 339n., 342n.
Reichenbach H., 299n.
Rickert E., 302
Riedel M., 94n.
Romano B., 231n.
Romano S., 133n, 203-4, 371
Rosmini A., 229 e n.
Ross A., 150n., 176, 210-6, 220 e n., 252n., 291
Rossi P., 129n.
Rousseau J.-J., 6, 41, 42n., 50n., 59, 69n., 77, 104
Rusconi G. E., 13, 180n.

Sampford Ch., 333n.
Sartori G., 72 e n.
Savigny F. C., 89, 104, 112-8, 114n., 118n., 129-31, 143
Scarpelli U., 213-4n., 219n., 268-9 e n., 291, 373n.
Scheler M., 188n.
Schiller F., 298n.
Schleiermacher D., 302
Schlick M., 293
Schluchter W., 152 e n.
Schmitt C., 16, 56, 57n., 148n., 183-7, 192-7, 199-200, 342n.
Schütz A., 302
Searle J. R., 372 e n., 376n.
Siéyés E., 53, 57 e n., 59 e n., 104, 109
Sivini G., 11n.
Skjervheim H., 270
Slagstad R., 370n.
Smend R., 182 e n., 196
Smith A., 53, 94-5
Sócrates, 15
Stammler R., 227 e n.
Stranzinger R., 372n.
Sunstein C., 337n., 370n.

Tarello G., 108n., 170n., 172n., 177n., 247n., 275 e n., 276-8n., 285n., 291n., 310n.
Teubner G., 342n.
Thibaut A. F. J., 89, 112, 114-5 e n.
Tocqueville (de) A., 116 e n.
Tomás de Aquino, 14

Tomásio C., 21-3, 30, 63
Toullier B. M., 111n.
Toulmin S., 291, 292 e n.
Treves R., 162n.
Tronchet F.-D., 109
Troper M., 275n.

Vattimo G., 231
Vico G. B., 8
Viewheg Th., 291, 306
Villa V., 262n.
Villata C., 213n.
Viola F., 172n., 234n., 325n.
Viora M. A., 108n.

Weber M., 128-9, e n., 145-7, 149-52, 155-6, 161, 184, 195-6, 266, 341 e n., 342n., 347, 363
Weinberger O., 315n., 374-6 e n.
Winch P., 270n.
Windelband W., 302
Windscheid B., 117
Wittgenstein L., 215, 299 e n., 300-2, 314n., 322
Wolff C., 24
Wright von G. H., 291
Wroblewski J., 274n., 309 e n., 310n.

Zaccaria G., 309n., 353n.
Zagrebelsky G., 182n., 304-6n., 309n., 343n.
Zitelman E., 162
Zolo D., 80n., 298n.